重庆市重点文科基地研究项目"基础教育学生核心素养培养及其质量监测研究"【批号：16SKA001】成果

教育与语言

—

学生核心素养培养及监测研究

——以基础教育为视角

唐智松　宋乃庆　徐竹君　唐一山　著

吉林大学出版社

·长春·

图书在版编目（CIP）数据

学生核心素养培养及监测研究：以基础教育为视角 /
唐智松等著 . —长春：吉林大学出版社，2021.10

ISBN 978－7－5692－9213－8

Ⅰ.①学… Ⅱ.①唐… Ⅲ.①基础教育—素质教育—
教学研究 Ⅳ.①G632.0

中国版本图书馆 CIP 数据核字（2021）第 220077 号

书　　名　学生核心素养培养及监测研究——以基础教育为视角
　　　　　XUESHENG HEXIN SUYANG PEIYANG JI JIANCE YANJIU
　　　　　——YI JICHU JIAOYU WEI SHIJIAO

作　　者　唐智松　等著

策划编辑　李潇潇

责任编辑　杨　宁

责任校对　闫竞文

装帧设计　中联华文

出版发行　吉林大学出版社

社　　址　长春市人民大街 4059 号

邮政编码　130021

发行电话　0431-89580028/29/21

网　　址　http：//www.jlup.com.cn

电子邮箱　jdcbs@jlu.edu.cn

印　　刷　三河市华东印刷有限公司

开　　本　710mm×1000mm　1/16

印　　张　20.5

字　　数　332 千字

版　　次　2022 年 3 月第 1 版

印　　次　2022 年 3 月第 1 次

书　　号　ISBN 978－7－5692－9213－8

定　　价　98.00 元

目 录
CONTENTS

下篇　活动探索：培养活动与测量评价

导 言

作为导言，先放一点"盐"：来自境外的主要词语"key competences"及"key skills""core competencies""core skills""basic skills""essential skills"似乎该译称"关键/核心能力/技能"；我国学术语言中的"核心素养"应该译为"core quality"，因为它还包括我国创造性增加的"必备品格"（essential character）。你看，是不是许多研究在这些概念的使用上是混沌的呢？还有，你可能已经发现，自核心素养框架体系提出以来，或质疑或调侃之声不断。为什么呢？可能是站在教育学价值逻辑推理的角度去对从心理学实证研究筛选指标体系作评判，这不是一场"鸡鸭同讲"的闹局吗？再者，如同素质与素质教育是有联系而不同的两个概念一样，核心素养、发展核心素养、核心素养教育之间，显然也是有联系但是有区别的概念，但我们在使用时却常常混混不清，你看是不是需要厘清、厘定呢？是不是需要在心理学"核心素养"概念的基础上创新性地提出一个教育学的"核心素养教育"的概念呢？诸如此类的问题，敬请阅读下文。

随着境外关键能力理论研究与教育实践的广泛展开，随着我国核心素养研究及其教育试验的全面展开，无可置疑的是，我们进入了核心素养教育的时代。本著作是重庆市重点文科基地西南大学基础教育研究中心重点课题《基础教育学生核心素养培养及其质量监测研究》（编号：16SKA001）的研究成果，就是为了引导基础教育更好地走向核心素养教育而作。

为了便于您阅读，这里主要向您介绍本著作如下几个基本问题。

首先，为什么要在研究基础上撰写本著作？概而言之，如何更好地引领基础教育全面地走向核心素养教育，这是撰写本著作的动因所在。具体而言，撰写本著作的原因有三个方面：

其一，为了便于了解核心素养教育的来龙去脉。众所周知，围绕核心素养概念的研究成果，非常丰富，同时也显得混沌。所以，本著作特别对国外关键能力及核心素养、核心技能、关键技能、基本技能等理论研究与实践活动的来龙去脉用了两个篇章进行了系统的介绍；同时，对我国在关键能力、核心素养方面的研究做了系统梳理，同时对在核心素养基础上创造性地建构核心素养教育理论等等做了清晰的呈现。

其二，为了利于读者理解核心素养教育的理论。尽管"核心素养"在今天教育界不绝于口，但细心的人也会发现：境外使用频率最高的"key competences"到底该怎么翻译？就是"核心素养"吗？我国教育话语中的"核心素养"怎么翻译，难道还是"key competences"吗？那么我们核心素养中所包括的"关键能力"又该怎么翻译？还有"必备品格"的翻译呢？至此，你就发现了核心素养等概念使用的混沌！同时，核心素养是一个偏重于心理学的概念，在引入教育中时就出现核心素养教育的概念，如同素质与素质教育是两个有联系而又有区别的情况一样，核心素养与核心素养教育两个概念之间的情形也是这样的。所以，本著作里不遗余力地对核心素养及其教育的概念、体系、学理等问题做了系统、深刻的思考，希望以此向读者呈现清晰的核心素养教育原理。

其三，为了有效地指导核心素养教育的实践活动。核心素养及其教育理论研究的重要价值还在于发挥其对实践的指导作用。因此，本著作对核心素养教育的问题给予了高度的关注，特别是对学校教育中的几个关键环节做了研究：一是在中观层面，对学校工作在总体设计上怎么由素质教育升华到核心素养教育、学校教育中的人才培养模式怎么转变、学校教师的核心素养教育胜任力如何培育等做了探讨；二是在学校核心素养教育范式下，诸如课程设置、教学设计、社会实践活动及劳动教育，学生学业评价及人才选拔等方面的具体工作做了初步探讨。

其次，这本著作里呈现了课题研究哪些成果？出于对核心素养及其教育理论研究与实践研究的全面性、整体性考虑，本著作对核心素养教育的理论与实践做了系统的安排，在内容呈现层面反映出较好的完整性。本著作安排了上、中、下三篇、共十二个专题来系统、全面地展开。

其一，"上篇　理论思考：历史演进与原理探微"对核心素养教育的国际经验与本土沿革、关键能力与核心素养及核心素养教育等基本概念、核心素养教育理论学理，学校核心素养教育的认识先导等问题做了偏重理论层面的研讨。

其二，"中篇　完善设计：教育转型与教师胜任"对中小学如何从素质教育升华到核心素养教育下的核心素养人才培养模式改革、基于核心素养的基础教育课程重构、教师核心素养教育胜任力现实与理论差距等问题进行专门的探讨。

其三，"下篇　实践探索：培养活动与评价测量"对核心素养视野下的中小学教师的考察、如何利用社会实践、劳动教育等活动发展学生的核心素养、指向发展核心素养的学业评价偏重于实践层面等问题进行了专门的探索。读者自行观察目录结构可知，这些篇章基本上涵盖了核心素养教育的相关问题。

最后，本著作撰写遵循的基本原则是什么？

其一，理论上，吸收继承与创新相结合。众所周知，由于境外、国内对关键能力、核心素养及必备品格已有较为丰富的研究，因此在课题研究和著作撰写时，既要考虑吸收已有研究成果中的有益营养，同时又必须对理论研究与实践尚未涉及的领域进行科学的研究，由此规定了本课题研究和著作撰写必须兼顾继承与创新，即既要充分吸收、总结已有境外关键能力、国内核心素养研究的成果，观照基础教育核心素养教育实践的探索，又要发现、思考核心素养及其教育实践在理论上和实践中的盲区、误区，推进核心素养及其教育的理论与实践创新。

其二，方法上，定性与定量研究相结合。核心素养及其教育既是重大的理论研究问题，也是重要的实践探索问题。其中，涉及核心素养及其教育实践的指导性、价值性、方向性等基础性的问题，必须依据马克思主义的方法论、社会主义核心价值观进行定性的研究，给出教育原理层面的回答，如核心素养及其教育的基本概念、历史演进、学理体系，以及核心素养教育与全面发展教育、素质教育的关系，核心素养教育下人才培养和课程设置等专题的研究就是如此。同时，针对核心素养及其教育实践的过程性、技术性、操作性等问题，采取定量的研究方法，给出教育实践层面的指导。如核心素养教育下的社会实践、劳动教育，学业评价和教师的胜任力等专题就偏向于定量研究。

其三，国际视野与中国特色相结合。众所周知，我国的核心素养研究源于境外的关键能力。分析已有的众多文献可发现，境外的研究其实包括以关键能力为主的众多概念，如核心素质、核心技能、关键技能、基本技能等。我国核心素养概念的内涵与外延，诸如林崇德先生领导的团队，其研究成果所坚持的是关键能力与必备品格所构成的核心素养，其中必备品格是具有中国文化与教育特色的，是对境外较为单纯的关键能力理论的发展。这也体现了马克思主义指导下的社会主义教育的特色，更是我国历史与现实考量下的、文化传统与教育创新兼容下的理论创新。所以，本研究中充分注意到境外关键能力与我国核心素养的区别。同时，本研究还在核心素养概念的基础上，创造性地提出了核心素养教育的概念，并且给以内涵界定、框架外延及其学理层面的分析，以此更进一步推进核心素养教育的创新，既体现国际视野，更彰显中国创新。

其四，态度上，尊重个性与统一体例相结合。如上所述，本著作作为对核心素养教育理论实践的系统性思考、探索，其中有的偏重于理论层面的逻辑思考，有的偏重于实践层面的实证研究。因此，为了避免"以文害义"，其中偏重于理论层面思考的专题尊重单纯理论研究及作者风格，偏重于实践层面实证研究的专题则尊重作者所用的实证研究范式。当然，在基本概念上保持一致，但在概念阐释、文献注释、文献参考等方面还是尊重作者意见，以期望这样既彰显学术研究的基本属性，同时又反映了不同问题研究需要相应的有效方法。此外，这种尊重还体现在一些话题的反复出现，虽然话题相同但观点未必一致，出于学术越争越明的考虑，还是允许相同话题"重复"出现。

在此，本著作所呈现的研究成果主要是关注了核心素养教育的一般性、基础性、共同性的问题，而对于核心素养教育的学科实施则没有涉及。所以，核心素养教育如何走向具体的学科教学、各种各样的教育实践活动则还需要做更多的探索，特别需要一线的基础教育工作者来进一步完成。

最后，核心素养教育作为未来教育的主流，其探索还刚刚起步，未来"在路上"的过程还很长，本著作为初期探索成果之一，由于研究者的水平有限、时间精力有限等因素的影响，肯定存在不少的不足、缺点，恳请各位专家、教师、读者提出宝贵意见！

课题组

2020 年 10 月 18 日

上篇

01

理论探讨：历史演进与原理探微

I. 本篇的专题目录

★专题01：核心素养教育的国际经验研究

★专题02：核心素养教育的本土沿革研究

★专题03：核心素养及其教育概念的研究

★专题04：核心素养教育理论的学理分析

★专题05：走向核心素养的学校教育转型

Ⅱ. 本篇的内容概要

本"上篇　理论探讨：历史演进与原理探微"首先是对核心素养教育的国际经验、核心素养教育的本土沿革进行系统的梳理，理清核心素养及其教育理论的来龙去脉；然后对核心素养及关键能力的内涵与外延作逻辑上的清理，对核心素养教育理论概念在内涵与外延、价值与实践方向作学理层面的思考，同时对基础教育走入核心素养教育的认识问题做了探讨，从而为对接"中篇　实践设计：学校变革与教师胜任""下篇　实践探索：培养活动与评价测量"的核心素养教育奠定理论上的认识基础。

专题 01：核心素养教育的国际经验研究①

【摘要】 自 20 世纪后半叶以来，世界各国纷纷探索如何依据时代要求对教育进行改进以提高质量，通过提升国民综合素质以应对未来世界的剧变形势，进而提升政治、经济、文化和军事的综合整体实力。同时，全球化和信息化的趋势对社会成员自身的能力素质要求不断增多，人与人之间的交互性和关联性也不断扩大，经济和文化的多元化都要求提高个体的文化理解力和接纳能力，对于个体而言，获得这些能力是适应未来社会的必要条件。关键能力或核心素养的理念作为学生学业质量标准的关键内容被纳入众多国际组织和重要国家的学生学业成就目标的重要内容，并且各个国家还试图建立符合本国国情的关键能力或核心素养的框架或指标体系，用以指导教育实践的改革与发展。在这些探索中获得了一些重要经验。

【关键词】 教育应对；学业评价；学业成就；关键能力

一、国际组织的核心素养研究及经验

（一）教科文组织的研究及经验

联合国教育、科学及文化组织（以下简称"联合国教科文组织"）早在1972 年发布的《学会生存：教育世界的今天和明天》报告中就指出，人发展的最终目标是"人的完整实现"，是人类个体具有丰富内涵的"全面实现"。② 这种观点反对只注重技能培养和训练的教育理念，前瞻性的呼吁教育重点应该由

---

① 本专题撰写作者：赵鑫（教育学博士，西南大学教授、硕士生导师）；宋乃庆（国家教学名师、西南大学教授、博士生导师）。

② Faure E. Learning to be：The world of education today and tomorrow [M]. UNESCO, 1972：156.

技能获取转向人的主体发展，强调技能获得和主体发展的全面教育。1996年联合国教科文组织又发布了《教育：财富蕴藏其中》报告，该报告在"终身学习"思想的指导下，界定了"21世纪社会公民必备的基本素质"，即终生学习的四大支柱：学会认知、学会做事、学会共处和学会生存。① 2003年联合国教科文组织教育研究所又提出了"学会改变"的观点，并将其视为终生学习的第五大支柱。涵盖五大方面的终身教育完全打破了20世纪的技能导向型教育理念，人的全面发展成为教育发展的基本出发点，虽然联合国教科文组织并没有将五大支柱称为21世纪个体发展的核心素养，但实际可以列入核心素养研究的早期成果体系。

1. 学生核心素养概念及其内涵

2004年，联合国教科文组织出版的《发展教育的核心素养：来自一些国际和国家的经验和教训》对核心素养作的界定是使个人过上他想要的生活和学习社会良好运行所需要的素养，而具体的素养指标要落实到终身发展的五大支柱体系当中。换言之，核心素养就是通过学校教育使学生获得能够过上想要的生活和融入社会良好运行状态的素养。2013年，联合国教科文组织和美国布鲁金斯学会联合发布了《向普及学习迈进——每个孩子应该学什么》研究报告，该报告在世界各国教育质量检测项目的基础之上，采集了五百多名专家学者的观点，从七个维度提出了贯穿终身教育的具体指标，分别是身体健康、社会情绪、文化艺术、文字沟通、学习方法与认知、数字与数学、科学与技术，构筑了基础教育阶段学生学习的目标体系。② 这一目标体系注重学生思维能力的培养，强调知识与实践紧密结合，重视信息技术能力的养成，凸显教育的社会功能，最大的特色是依据不同年龄段的学生发展特征提出了相应的学习重点，③ 实质上就是学生需要习得的、有助于终身并且全面发展的核心素养。

2. 内容框架及其指标

结合联合国教科文组织的教育目标体系和终身教育理念，核心素养具体涉及学会认知、学会做事、学会共处、学会生存和学会改变等五大素养。在学校

---

① 联合国教科文组织. 教育：财富蕴藏其中 [M]. 北京：教育科学出版社，1996：2.

② 滕珺，朱晓玲. 学生应该学什么——联合国教科文组织最新基础教育学习指标体系述评 [J]. 比较教育研究，2013，35（07）：103.

③ 刘义民. 国外核心素养研究及启示 [J]. 天津师范大学学报（基础教育版），2016（02）：72.

教育中，它们是关乎个体达成完满生活与发展状态所需的健康状况、思维方式、知识技能以及社会性互动能力。

学会认知是终身学习理念下的第一大素养，也是人接受全面教育的基本前提，包含了个体在成长为社会人的过程中认识各种社会关系、习得正确价值观念等，超越了从书本和学校教育中获取知识。学会认知的具体指标为学会学习、注意力、记忆力和思维品质。

学会做事侧重于学生实践能力和精神力量的培养，是为了适应"智能化"知识经济时代而必须具备的综合能力，具体指标包括专业技能、社会行为、团队合作、创新进取和冒险精神等。在社会实践情境中，具备相关的专业技能是基本条件。实践活动由个体的社会行为组成，既需要个体的冒险和创新进取精神，也需要个体之间的团队合作，才能达到良好的实践状态。

学会共处是作为一个社会成员所必备的基本素养，当代社会没有人可以脱离其他社会人而独立存在，因此学会共处也可以说是合理的认识人与人之间的关系，包含了认识自己的能力、认识他人的能力、同理心和实现共同目标的能力。在社会环境之中，能够与他人共处的前提是能够正确的认识他人，而认识他人之前必须要正确认识自己，否则就会形成他我不明的混淆意识。

学会生存是终身教育和个体全面发展的关键素养，也是学校教育的根本目标，包含促进自我精神发展、丰富人格特质、形成多样化的表达能力以及责任承诺。人的生存就是要处理好内部与外部的关系，其中，自我精神发展和丰富人格特质都是个体内部发展的主要内容，与自我认识高度相关，而多样化的表达能力和责任承诺则指向外部关系的构筑和加强。

学会改变是为了帮助个体应对现代社会飞速变化的物质与精神环境而需要个体习得的素养。从学会改变在社会生活中的运作程序来看，它要求个体首先接受改变的现实，并适应变化的状态，进而主动地改变自身，最后尝试引领社会的变化。终身学习的内部出发点是促进人的全面教育和持续发展，外部出发点则是希望个体通过持续学习能够顺应并把握外部世界的变化规律，从而把学习作为一种适应机制，也能培养引发改变的能力。

3. 基础教育质量检验的指标

依据联合国教科文组织国际教育分类标准，《向普及学习迈进——每个孩子应该学什么》报告将学习领域框架做了阶段性划分，分为学前教育、小学教育和初级中等教育三个阶段。由于世界各国入学年龄和学制不同，因此这三个阶段相应的年龄段有所交叉，学前教育阶段主要指 0~8 岁，小学教育阶段主要指 5~15 岁，初级中等教育阶段主要指 10~19 岁。该报告也综合了已有研究成果、国际政策对话和日常经验三方面，提出了七个维度的检测指标，分别是身体健康、社会情绪、文化艺术、文字沟通、学习方法与认知、数字与数学、科学与技术等，并强调这些方面只能用于检验学生的学习成果，未必适用于政策制定和课程教学。①

（二）经合组织的研究及经验

1997 年经济合作与发展组织（以下简称"经合组织"）开启了"素养的界定与遴选：理论和概念基础"研究项目，试图在跨国家、跨学科背景下，与科学界合作开展"素养"的内涵界定、概念化和测量研究，在成员国建立统一的核心素养概念和研究指标，解决教育研究的分歧问题。2003 年该项目形成了最终报告，并于 2005 年公布在官方网站上。由于经合组织的核心素养研究具有首创性，一经颁布就在全球教育界掀起了核心素养研究热潮，各国家、各地区纷纷效仿，开展本土的核心素养研究。经合组织分别于 2009 年、2013 年和 2015 年开展了后续研究，都紧随时代变化，结合社会发展中的热点问题，深入研究 21 世纪的教育应该帮助学生发展哪些和社会进步相关的技能和素养。如 2009 年与 2013 年年度报告都强调了信息通信技术对社会和个人的影响，明确了信息交流技术应当成为个人适应社会发展的必备素养。

1. 核心素养的内涵

经合组织的"素养界定与遴选：理论和概念基础"研究项目指出，核心素养是在特定情境中，通过使用和调动心理社会资源（包括技能和态度），以满足复杂需求的能力，以成功的生活和健全的社会逻辑为起点。② 核心素养也是基于行动和情境导向应对复杂要求、并成功开展工作的能力，比知识、技能的意义更加宽泛，是覆盖多个生活领域的、促进成功生活和健全社会的重要素养。目标是"促进人的全面发展、适应社会需要"，解决"培养什么样的人"的问

---

① 滕珺，朱晓玲. 学生应该学什么——联合国教科文组织最新基础教育学习指标体系述评 [J]. 比较教育研究，2013，35（07）：104.

② 师曼，刘晟，刘霞，等. 21 世纪核心素养的框架及要素研究 [J]. 华东师范大学学报（教育科学版），2016，34（03）：29-30.

题，既是一种教育理念，也是一种基于人的教育的顶层设计。① 经合组织的 DeSeCo 项目组也认为核心素养的功能是让个体在生活中获得成功以及使社会变得健全，注重"人"与"社会"的双重构建，从功能论的角度出发来看待核心素养，不仅涉及教育领域，对社会整体发展也起着至关重要的作用。因此，核心素养这一教育理念打破了传统的学科知识育人观念，强调跨领域和跨学科的协同教育作用。核心素养教育是要通过学校教育手段，让学生在进入社会之前形成由自然人向社会人转化所必备的基本素养。核心素养对基础教育的导向非常重要，基础教育作为学校教育的伊始阶段，对于学生未来的生活成功和促进社会良好运转起着奠基作用。

2. 内容框架及其体系

经合组织 2005 年公布的研究成果中，确立了核心素养的概念参照框架，将核心素养体系划分为"互动地使用工具、自主行动和在社会异质群体中互动"三个大类别。其中，使用工具是指使用新兴技术、新知识和语言等，并非只是传统意义上的实物工具；自主行动是指个体要让自己的生命价值得到最优化的实现，在社会大环境中通过主动行为来建构自我认同；在异质群体中互动则指的是个体与周边环境，包括其他人群、事物的有效交流和互动。三方面的素养结构反映了人与工具、人与自身、人与社会之间的互动关系，将个体生活纳入社会的发展进程之中。② 互动地使用工具、自主行动和在异质群体中互动是该框架的一级指标，互动地使用工具主要包含互动的使用语言、符号和文本工具，互动地使用知识和信息工具以及互动地使用技术性工具；自主行动包括在复杂的大环境中行动，自主形成并执行个人计划或生活规划，自主保护和维护权利、利益、限制与需求等二级指标；在异质群体中互动则包含与他人建立良好的关系，团队协作、合理管理以及解决自身与他人的冲突等二级指标。虽然结构的各个部分关注不同方面，但是彼此之间高度关联，共同构成了核心素养体系的基础框架，超越了传统的知识与技能教育观念，整合了各个方面的素养标准，将核心素养认定为人人所需的必备要素，在多个领域都有特殊价值。

---

① 刘义民. 国外核心素养研究及启示 [J]. 天津师范大学学报（基础教育版），2016（02）：72.

② 李新. 核心素养结构的四种类型比较研究 [J]. 上海教育科研，2016（08）：29.

3. 质量保障指标

在核心素养体系的质量保障指标方面，互动地使用工具强调个体能够互动地使用语言、符号和文本等交流工具，互动地使用知识和信息等抽象和具象的经验工具，以及能够互动地使用各种新兴技术性工具。语言、符号和文本作为日常生活中最基本的交流工具，针对学前儿童应着重关注对儿童语言和符号运用能力的培养，对于文字符号进行初步的接触，产生较为浅显的认识，达到能够表达自我意愿和听懂他人言语的水平。小学阶段的学生在能够清晰地表达自我和准确地理解他人的基础之上，对文字符号和文本有更为深刻的认识，能够在理解文字符号的基础上对其加以灵活运用，以文本的形式扩充自身的表达能力。中学教育则重点关注学生通过文字符号和文本手段的有效表达能力，在文本表达中具有较为严密的逻辑性与结构性，能够完整地表述内在想法，这一阶段，学生的语言表达能力已经接近成熟状态。中学生正处于对知识和外界信息的大量接收阶段，对于知识和信息工具的运用也处在最具优势条件的时期，而且知识不仅限于学校教育中所传递的内容，也包括课堂教学之外所接收的生活信息。更重要的是，学生将通过学习所获得的系统性知识灵活地应用于生活实践当中，在生活实践当中获取并处理信息，以应对生活情境的实际需要，从生活中获取生存与生活技能，这与终身教育的观念不谋而合，也对学生个体成长和社会持续发展起着持续推进的作用。基础教育阶段的学生在知识和信息应用能力方面处于上升阶段，随着年龄的增长，学生知识与信息采集能力增强，辨识与思维能力也随之增强，逐步满足了复杂社会对公民个体的要求。随着信息技术的发展，新兴技术的开发与传播得到了更为有力的推进，学生对新兴事物的接收、掌握、更新能力也日趋重要。特别是到了中学阶段，学生对于新技术的学习和运用能力达到了一个更高的层次，对于技术的运用不仅停留在应用层面，也能够尝试进行自主理解和开发，将意识与能力迁移到其他类似的生活情境中。

（三）欧盟的研究及经验

在教育发展领域，欧盟深受终身学习和经合组织于 20 世纪末引领的核心素养理念的影响，制定了"教育培训 2010 计划"（ET2010）（以下简称"ET2010计划"）与"终身学习计划"。可见，终身学习和核心素养这两大教育理念就是欧盟进入 21 世纪后教育研究的两大要点和发展教育的基本方向。欧盟将两大理念充分结合，发展核心素养为学生终身学习奠定基础，在基础教育阶段习得一生所需的核心素养，为成年后的终身学习奠定基础，不断更新和完善是作为社会优秀成员的核心素养，这是二者在个体发展进程中的结合。另外，还将个人目标与经济社会目标相结合，终身学习和发展核心素养的目的一方面是为了个人的自我实现和幸福生活，另一方面是为了欧盟及其成员国的经济增长与综合竞争力的提升。①

1. 核心素养的定义

欧盟的核心素养理念及文本的提出经历了一个发展过程，它最初的来源主要有三个：第一个是传统的"读、写、算"基本技能；第二个则是 2000 年在里斯本欧洲理事会会议上针对 21 世纪的世界人才需求趋势而提出的"新基本能力"；第三个来源则是负责欧盟核心素养研究的"Group B"在前两个来源的基础上扩展而来的。2002 年，Group B 发布了一份关于核心素养的研究报告，首次出现了"Key Competencies"这一概念，并且将核心素养定义为代表一系列知识、技能和态度的集合，是可以迁移的、多功能的，这些素养是每个人发展自我、融入社会以及胜任工作所必需的，在基础教育阶段这些素养应得以具备，并为终身学习奠定基础。② 即学生在基础教育阶段所必须习得和养成的基础性素养或技能，例如读写算技能，语言交流能力等。欧盟对于核心素养的最初定义版本，至今为止也没什么改变。欧盟定义的核心素养与传统的技能型理念紧密相关，在读写算等基础技能之上，强调能力、态度的多功能性和迁移属性，是个体生存和生活的必需，从基础教育中发端，服务于个体的全人生发展，目标指向终身学习。

2. 内容框架及其功能定位

欧盟关于核心素养框架的研究前后公布了四个版本，反映出欧盟关于核心素养的研究在持续更新和发展。本文以 2006 年公布的第四版为例，该版核心素养框架由八项表述构成，分别是：使用母语交流、使用外语交流、数学素养与基本的科学技术素养、数字素养、学会学习、社会与公民素养、主动意识与创

---

① 裴新宁，刘新阳. 为 21 世纪重建教育——欧盟"核心素养"框架的确立 [J] 全球教育展望，2013，43（12）：90.

② 褚宏启. 核心素养的概念与本质 [J]. 华东师范大学学报（教育科学版），2016，34（01）：1.

业精神、文化意识与文化表达。① 该报告对每一项素养都给出了描述性定义，并从知识、技能和态度三个维度做了详细阐释。这种素养体系的呈现方式，打破了单纯的知识维度，突出了学生素养的综合性和多样性，同时也为核心素养在学校教育中的实施和评价提出了更为明确的要求及指导。

欧盟核心素养框架被视为欧盟教育和培训系统的总体目标体系，这一体系的突出特点在于整合了个体、社会和经济三个方面的教育整体要求。在个体发展方面，核心素养提供了关键目标导向，为个性发展和个人愿望提供基本的支持力量。在社会生活当中，核心素养可以满足个体建构公民身份、行使公民权利和成员融入社会群体的需要。在经济生活方面，核心素养能够满足社会劳动对个体所提出的要求，无论是技能还是品格，都可以使个体从事一份合适的工作，支持欧盟在知识经济时代的全球竞争。同时，欧盟核心素养框架在兼顾个体发展、社会进步与经济增长的同时，与欧洲的终身学习战略密切结合，为学前教育、中小学教育、高等教育、职业教育、成人教育及在职培训等各级各类教育建立明细化的素养结构，特别是研制具体的课程改革计划和课程标准、开发学业成就测量与评价，以及开展教师培训等研究和实践，起到了统领作用。②

3. 核心素养的评价经验

欧盟核心素养的提出及其在成员国的推广使得欧盟课程改革实现了由分科知识教育转向基于核心素养的综合性课程，如何进行有效评价则是实施核心素养后的焦点问题。欧盟委员会在"ET2010 计划"的 2010 年进展报告中指出，虽然母语、外语、数学和信息技术已经纳入全部成员国的传统考试范围，但应该警惕那种认为将相关科目纳入考试范围就能够落实对各项核心素养评价的想法，因为态度、动机、性向等核心素养中的关键要素是无法通过传统考试进行充分评估的，特别是八项核心素养中的一些跨学科素养也无法使用传统方法评价。

核心素养之所以比分科知识更加难以有效评价，原因之一是核心素养具有更强的综合性和内隐性，不易于解析出可量化和便于描述的评价指标体系。但

---

① 叶小敏. 基于终身教育视角的欧盟核心素养框架分析［J］. 江苏教育研究，2019（10）：4.

② 裴新宁，刘新阳. 为 21 世纪重建教育——欧盟"核心素养"框架的确立［J］全球教育展望，2013，43（12）：89-102.

目前欧盟国家中普遍将核心素养转换为可观察的外显表现，然后再开发出相应的测量标准，具体方式主要是通过态度调查问卷、表现性评价等手段开展评价。奥地利、立陶宛和法国等分别在数学素养、学会学习、自主创新能力等素养的评价方面展开了此类探索。例如，克罗地亚的课程评价方式包括对学校和学生学习结果两个层面的评价。对学校的评价主要借助 10 个统计指标，对教师进行问卷调查，获取数据并参考学生的学习结果，做出对学校的评价。对学生的评价采用的是基于布卢姆教学目标分类理论而开发的由知识、技能和态度三个维度的评价量规。该量规的指导思想被概括为"SMART 原则"，即具体的（Specific）、可测量的（Measurable）、可达到的（Attainable）、确切的（Relevant）和及时的（Timely）。所采用的具体评价方法可谓丰富多彩，包括小组互评、个人自评、项目评价、论文展示、实地工作与真实任务评价等。①

重视形成性评价，丰富和扩展总结性评价是当前欧盟各国应对核心素养评价的一种重要思路。传统的学生考试，特别是基于标准化检测的大规模考试，设计目标多定位于检查学生学业水平的总结性评价，为了便于统计和测量，题型设计普遍较为单一，这种形式并不能适应核心素养评价的要求。而形成性评价在课程理念的转变过程中，对学生发展有着即时的导向作用，对学习过程的评价直接影响学习结果。当前欧盟对于形成性评价和总结性评价的地位认识逐渐趋于相同，而且二者的边界趋向模糊。一方面，对传统总结性评价手段的丰富和拓展以及对成绩报告与使用机制的研究，使其同时具有了形成性评价的功能；另一方面，强调形成性评价与教学、学习过程的融合，认识到形成性评价对于"学会学习"等核心素养评价的优势和重要性，形成性评价手段也被用于对核心素养，尤其是跨学科素养的总结性评价，比如用于描述学生在基础教育阶段结束时所具备的各项核心素养水平。② 实施方法主要有丰富标准化检测的题目形式，增加开放性问题，增大面向态度的调查性问题比重，将表现性评价中的方式方法应用于总结性评价，如档案袋、展示和面谈等。

① 刘新阳，裴新宁. 教育变革期的政策机遇与挑战——欧盟"核心素养"的实施与评价[J] 全球教育展望，2014，43（04）：75-85.

② 刘新阳，裴新宁. 教育变革期的政策机遇与挑战——欧盟"核心素养"的实施与评价[J] 全球教育展望，2014，43（04）：75-85.

二、重要国家的核心素养探索及经验

（一）美国的 21 世纪技能素养探索

2002 年，美国正式启动 21 世纪核心技能研究项目，创建美国 21 世纪技能联盟（Partnership for 21st Century Skills，简称：P21），努力探寻可以让学生在 21 世纪获得成功的技能。美国建立的 21 世纪技能框架体系在世界范围内产生了广泛影响。① 美国提出的核心素养尤其是学生核心素养更加偏重于技能层面，这与其传统的实用主义精神紧密相关。

1.21 世纪技能框架体系

美国教育界开展的 21 世纪技能研究即是针对国内学生核心素养的研究，作为一种整体系统型框架结构，以核心素养为中心辐射影响教育的各个环节，从而融入整个教育体系当中。该系统包含三个部分，分别是：核心素养内容、核心科目和 21 世纪主题、教育的支持系统。核心素养内容主要包括"学习与创新技能""信息、媒体与技术技能""生活与职业技能"三个方面，描述了学生在未来工作和生活中必须掌握的技能、知识和专业智能，是内容知识、具体技能、专业智能与素养的融合。核心科目是实践三大核心素养的具体承担者，美国教育界所选定的核心科目包括英语、阅读和语言艺术、外语、艺术、数学、经济、科学、地理、历史、政府与公民等。同时，为了紧扣 21 世纪的国际发展潮流，还增设了 5 个世纪议题，目的在于引导学生学会应对生活中的实际问题，这些议题都是跨学科的，具体形式要融入学科当中，并不单独开展教学活动。21 世纪议题包括：全球意识、理财素养、公民素养、健康素养和环保素养等。核心素养、21 世纪议题与核心课程的整合需要借助一系列的支持系统，主要包括 21 世纪标准与核心素养的评价、21 世纪课程与教学、21 世纪教师专业发展、21 世纪学习环境这四大方面，它们是整个框架的基础部分。②

（1）学习与创新技能

学生的学习与创新技能主要包括创造力与创新、批判思维与问题解决、沟通与合作等方面，是整个 21 世纪技能的精神内核部分，也是学生发展的根本要点。在整个基础教育阶段，学习与创新技能贯穿了所有的核心科目和世纪议题，

---

① 师曼，刘晟，刘霞，等.21 世纪核心素养的框架及要素研究 [J]. 华东师范大学学报（教育科学版），2016，34（03）：31.

② 辛涛，姜宇. 全球视域下学生核心素养模型的构建 [J]. 人民教育，2015（09）：55.

无论是人文社科类还是自然科学类的核心科目，学生学习都不能以单纯的知识积累为主，而是要在日益壮大的知识量中引领知识和学科的质性变化。对于英语、外语、阅读和语言艺术等学科，在常规学习的前提下需要拓展其应用性和交互性，在多维和多元的文化氛围中灵活地运用语言工具来应对复杂情境，这是学习与技能的创新和沟通合作素养的根本体现；艺术、数学、经济和科学等核心科目，就其学习过程和应用过程而言，批判思维和问题解决等技能都贯穿始终，创造与创新能力在思维和具体问题解决中才能促进学生发展，同时也推进学科发展；地理、历史、政府与公民等学科则需要教会学生以发展的视角来审视过去、当下以及未来的社会状态和世界形势。21 世纪议题中的全球意识、理财素养、公民素养都与核心科目的发展息息相关，创新推进核心科目的发展，自然能够促进学生对这些世纪议题的理解和掌控能力，从而更好地服务于世界发展和自身生活。因此，学生掌握学习与创新技能才能够顺应学科发展需要，紧扣21 世纪的世界发展主题。

（2）信息、媒体与技术技能

信息、媒体与技术技能包括信息素养、媒介素养、ICT（信息、沟通和技术）素养，这些素养是美国 21 世纪技能框架体系的技术基础部分，并且当下的核心科目和世纪议题都需要海量的信息支撑。母语、外语、阅读和语言艺术等学科教学当中的信息呈现形式需要借助信息、媒体与技术，具体的信息内容更新也离不开世界范围的信息传递与交换。信息、媒体与技术不但加速了世界信息交流，也推动了信息呈现方式的改进，从传统的书报广播电视发展到计算机网络等多媒体，再到自媒体等形式，信息表现的多元化形式也在不断影响信息本身的丰富性和多维性，学生吸收信息也不再是单一维度的积累，而是经由多维度的信息采集之后，形成更为客观的信息集合。艺术、数学、经济、科学、地理、历史、政府与公民等学科也普遍受到信息、媒体与技术的影响，形成了全球一体化的信息交互领域。华尔街的一项贸易活动全世界范围内都可以知晓其交易概况，中东地区的一次武装冲突也可以引发全球的关注与分析。由此可见，全球意识、环保素养和理财素养等世纪议题无不依赖于信息、媒体与技术。学生习得信息素养、媒介素养、ICT 素养增强了自身的信息意识，在外界信息高速更新、传递和消散的日常生活中，掌握能够筛选自身所需要的信息而略去无关信息的能力。

（3）生活与职业技能

生活与职业技能主要包括个体行为的灵活性和适应性、主动性和自我导向、社会和跨文化技能、生产力与负责、领导力与责任等素养，它们是学生在未来生活和工作中必备的关键素养。关注学校教育对学生未来职业发展的促进作用，在奉行实用和实干主义的美国颇有渊源。生活与职业技能从个体生活能力出发，要求学生在复杂多变的生存环境中，能够主动掌控自身意识，以灵活性和主动性积极响应外部环境需求，满足职业生活中的工作需求。在核心科目和 21 世纪议题当中，这些素养也需要通过跨学科的形式来培养。在以满足生活和工作需求为目的的学校教育进程中，核心科目的理论性知识学习不会被视为必须掌握的内容来教授，技能性的知识则会受到额外的重视。因此，实践技能在核心课程中占据了主要地位，这与美国教育一贯看重个体自主性和独立性不谋而合，核心课程设置自然就会偏向于独立意识和人格。但在 21 世纪议题范围内，并非某一学科或某一种能力就可以达成全球意识、理财素养、公民素养、健康素养和环保素养。生活和职业技能的素养培养打破了学科的界限，通过多门学科培养出来的具备灵活性、主动性和适应性等特性的学生才能理解并执行 21 世纪议题。

2. 核心素养教育的经验

（1）整合 21 世纪技能与课程标准并完善学校测评系统

美国 21 世纪技能在学校教育中的落实和测评，必须依赖清晰与明确的课程标准。美国各州的政治和经济相对独立，在基础教育领域也是如此，各州均依据本州基础教育具体情况设立标准，推动基础教育的实施。直到 2010 年，美国才颁布了第一个国家课程标准《共同核心州立标准》，然而并没有强制要求所有地区都遵循《共同核心州立标准》，2013 年又颁布了科学学科标准。[①] 为了帮助各州在基础教育阶段有效落实 21 世纪技能，P21 颁布了《21 世纪核心素养框架与共同核心州立标准整合指导手册》，该手册给出了七条关于将 21 世纪技能融入标准的建议。[②] 一是 21 世纪技能应该对应核心科目，整合应该围绕核心学科标准，对于不同的学科灵活地采取不同处理方式，进行科学的整合而非生硬的

[①] 余发碧，王禹苏. 美国 21 世纪核心素养的落实：以教育为主，倾全社会之力 [J]. 中小学管理，2016（12）：23.

[②] Partnership for 21st Century Learning. Standards：A 21st Century Skills Implementation Guide [Z/OL]. [2021-01-27]. http：//www. battelleforkids. org/networks/p21.

强制融合；二是将五大 21 世纪议题整合进合适的一个或多个学科标准当中；三是在各个学科领域的标准当中，只用呈现那些最重要的知识和思维习惯，不用包含全部知识和技能内容，突出学科内部的知识核心性；四是将 21 世纪技术素养和技术工具灵活地整合进各学科的标准之中，增强各学科领域对实践的实用性；五是确保标准的可操作性，即能够观察和测量，建立与之配套的评价系统；六是标准应当是实用方便的，反映的具体内容能够适应社会实践需要；七是标准的内容应当包含课程、评价、教师专业发展等多方整合的结果。2010 年，美国基础教育部专门设立了 3.5 亿美元的研发基金，用以开发与《共同核心州立标准》配套的评价系统。该项目最终由益智平衡测评联盟（SBAC）、为大学和职业生涯做准备测评联盟（PARCC）协同研究①。近年来，该项目已经开发出了一套聚焦于批判思维、问题解决和写作的评价系统。学校或学区可以从"信息沟通技术素养"的测评入手，通过技术层面的调整，在传统评价的基础上，逐步完善本校或本地的 21 世纪核心素养测评开放系统。②

（2）制定可操作和落实的课程与教学指南

美国 21 世纪技能联盟经过理论研究和实践经验的总结分析，制定了易于理解且操作性较高的《课程与教学：21 世纪技能落实指南》（以下简称《指南》)③，分别对课程与教学两个部分提出了建议。该建议认为，开发有关 21 世纪技能的课程应紧扣核心科目，且该课程要有利于师生对于技能和世纪议题含义的深入理解，有利于学生在实践中习得相关素养；课程要起到解释标准中所包含的重要基础教育理念和核心素养内涵的作用；课程设置本身要精准清晰，围绕明确的理念和重要问题建立广泛的共识，使各层级的基础教育人士（基础教育管理人员、校长和教师等）能够对标准内涵和核心素养的理解达成一致认识；在课程中嵌入表现性评价的内容；持续开发与 21 世纪技能相关的课程，维持课程结合素养的更新状态；基础教育工作者应该同相关人员（内容开发者和课程提供者等）建立稳定的联系，并及时交换实践信息。关于教学的建议包括：以"为了理解而教"作为教学出发点，教师在自身深刻理解标准和课程的基础

---

① Horan K. Two Consortia of States Win Race to the Top Funds ［Z/OL］. ［2021-01-27］. https：//districtadministration. com/.

② Partnership for 21st Century Skills. The Mile Guide：Milestones for Improving Learning and Education ［R/OL］. ［2021-01-27］. http：//www. battelleforkids. org/networks/p21.

③ Partnership for 21st Century Skills. Framework for 21st Century learning ［Z/OL］. ［2021-01-27］. http：//www. battelleforkids. org/networks/p21.

上，对学生进行关键点的指导；为学生掌握21世纪技能创设有意义的机会；采用"以学生为中心"的教学方法；对21世纪技能的教学进行反思、提炼和提高。《指南》为了配合具体的指导建议，还列出了相关的优秀教学案例和资源链接，以供基础教育工作者进行学习和参考。从《指南》对课程和教学的指导建议中可以看出，教师和学生对于标准、课程与核心素养的理解居于十分重要的地位，在标准研制和课程设计方面尽可能贴合教师和学生的实践情境与思维方式。

（3）开展针对教师实践的培训

他们所有基础教育改革活动的落实都离不开基础教育工作者，特别是学校教师，是否具备相应的资质和能力对于基础教育活动的有效开展至关重要。因此，21世纪技能联盟十分注重基础教育工作者的"专业发展"在21世纪技能落实中的作用。此处的专业发展不仅是针对教师而言的，还包括与之关系密切的基础教育管理者、学区领导和监测人员。美国各州或学校在基础教育人员的专业发展方面致力于明确以下问题，如：本州、学区或者学校是否具备21世纪技能的专业发展基础和思路；学区或学校是否进行了自我测评，用于检验基础教育人员都需要哪些必备资源和相关培训；能否调动教师对21世纪技能的教研兴趣，并为之组建教研小组。基于这些问题，美国看重的付诸21世纪技能基础教育的专业发展工作是面向教师、行政人员和管理人员的，不仅在职前准备阶段进行，也在职后发展阶段开展，集中培训和日常管理交替进行。①

（4）充分发挥现代技术在学习环境中的关键作用

21世纪技能联盟在学习环境的建设方面，极力推崇应用现代技术，体现21世纪学习的现代性和先进性。针对当前的状况制定了《虚拟学校与21世纪核心素养》和《效果最大化：技术在21世纪系统中的关键作用》两大指南性文件。在2015年，21世纪技能联盟、国家教育技术协会、电缆影像协会和相关专家以及实践者联合研制了《21世纪学习环境建设路径》报告。该报告指出，通过技术（设备、互联网、宽带以及数字化设备）与基础教育要素的协同作用，可以克服先进技能、技术在基础教育中的脱节问题，也可以避免基础教育技术与内容因素之间相互关系的考虑缺失。报告还界定了五个对于21世纪学习至关重要的环境成分——学习、教学和专业发展、评估和问责、领导和文化以及基础设

---

① Partnership for 21st Century Skills. Framework for 21st Century learning [Z/OL]. [2021-01-27]. http：//www. battelleforkids. org/networks/p21.

施等，强调妥善落实 21 世纪技能必须从学习环境的这五个方面出发。

（二）英国的核心素养培养探索

2016 年 6 月，英国举行了全国性脱欧公投，最终以 51.9%的脱欧支持率与 48.1%的留欧支持率，确定脱离欧盟。这意味着英国政治和经济将如同自身的文化一样，独立于西欧大陆之外了，教育也不可避免地受到政治、经济和文化形势变迁的影响。因此在核心素养研究当中，英国也将独立于欧盟核心素养研究。

1. 英国核心素养探索的范畴

（1）核心素养的本质与特征

在英国的核心素养研究进程当中，学者伯恩斯坦（Basil Bernstein）曾主张，对于素养这一概念的认识，应当从多个学科领域予以剖析。从人类学和社会学的视角来看，素养与民主主义社会的发展理论具有关联性，强调所有的社会成员具有平等的发展机会与潜能，并且个体在发展内涵上也是平等的。但从经济学的角度来看，素养是一种全新的人力资本概念，涵盖了劳动力和劳动者品质等方面，具备高等素养的个体在未来社会和生活中意味着一种优质的资源，对于个体生活和社会整体发展均是如此。在教育领域内，人们不能仅仅把核心素养视作一个教育概念来考察。基于核心素养发展的学校教育基本假设是：所有人都有平等的决策权与参与权，在有意义的社会活动中，每个人都具有创造性，都能够因为获得教育而自我规范。[①] 核心素养即是将这种个体的自我规范过程结合到学校教育当中，融合到课程内容当中，以教学的方式辅助学生养成核心素养。这种培养方式是将培养过程进行教育化规范，对培养结果具有更强的预见性。核心素养培养体现了学生发展的进程，在过程中达到的规范状态也是学生核心素养发展的具体结果。但这些素养并不随着学生的存在而存在，也不能够直接灌输，而是深深根植于学生自主、合作与探究的学习过程中，是学生周遭的外部环境与自身内部条件相结合的过程和结果。[②] 在这种培养范式下，学校教育所关注的重点应是学习活动、学习主题与学习形式，而非单一的学科知

[①] Alejandro Tiana，José Moya，Florencio Luengo. Implementing Key Competences in Basic Education：reflections on curriculum design and development in Spain［J］. European Journal of Education，2011：46.

[②] 张紫屏. 基于核心素养的教学变革——源自英国的经验与启示［J］. 全球教育展望，2016，45（07）：4.

识及技能。在课程设计过程中，需要弱化学科知识的地位，强化活动与行为实践的地位。所有的学生都应该在课程活动和学习主题当中有所表现，表达个人见解或意见，理解他人所提出的异议，以协商的方式谋取多方见解的统一，这是未来社会对学生学习方式和主体意识提出的新要求。

（2）核心素养研究的理论成果

英国的核心素养研究紧扣着课程框架，最大限度地将核心素养融入课程内容当中，在课程实施层面，主要采用"Competency-based Curriculum"（CBC）这个概念。各类课程开发的主要参考框架均为英国皇家艺术制造与商业协会（Royal Society for the Encouragement of Arts, Manufactures and Commerce, 简称RSA）的开放思维能力框架（Opening Minds Competence Framework），包含了公民素养、学习素养、信息管理素养、人际关系素养和形势管理素养等。[①]

2. 基于核心素养的英国经验

（1）基于学生核心素养的课程定位

英国的核心素养概念 CBC 是紧密结合学校课程来定义的，目的定位于使学生掌握必要的系统知识、技能和态度，能够在现实生活中灵活应用这些素养。英国学者 Jenny Byrne 等人通过访谈学校的课程领导，总结出围绕核心素养的课程对于学生的价值主要体现为：在具备核心素养的前提下，学生能够成为人格健全且具有创造性和独立性的社会优秀成员，甚至发展为具有强大思维能力的思想家。在学校教育中习得和发展的素养，是学生发展路上的基石，有助于他们的独立思考，懂得使用不同的技能和态度去支撑自己的学习和生活。在英国的学校课程中嵌入 CBC 对于学生的未来发展是极为重要的。它传递的既是方法，又是对方法进行迁移和改进乃至开辟新方法的基本理念，对于学生人生发展具有长远意义。当然，也有一些学校课程实施的目的是帮助小学生顺利过渡到中学，以减少因学段变化带来的各种挫折和创伤，顺利实现学业与社会性发展的过渡。[②] 无论是这两种取向当中的哪一种，核心素养都致力于促进学生的未来发展，引导学生成为优秀的国家公民和社会成员。

---

① 张紫屏. 基于核心素养的教学变革——源自英国的经验与启示 [J]. 全球教育展望, 2016, 45（07）：5.

② Christopher Downey, Jenny Byrne, Ana Souza. Researching the competence - based curriculum: preface to a case study of four urban secondary schools [J]. The Curriculum Journal, 2013：321-334.

（2）基于学生核心素养的教学变革

执行基于核心素养的课程内容，其本质是教学在发生变革，这种变革走向了以学生为本，脱离了为教育本身而实施课程的传统教育观念。教学是核心素养课程的开发和实施过程，也可以说课程成了教学的开发对象，二者共同作用于问题的发掘和解决过程。因此，匹配于核心素养课程的教学是一种全新的育人模式，其在教学目的、教学方法和学生的学习方式等方面都具有独特的要领。

首先，教学目标指向学生的自主性、社会性和认知性发展。英国 CBC 的根本目标在于促进学生思考，开发独立的分析和辨别能力，能够在不同的情境中灵活运用自身已掌握的技能。对于不同的学科领域，能够分析其中暗含的内在联系，并建立具体的学习关联，从中习得必备的知识、技能和态度等素养，使学生将来具备在任何情境中都能应对各种变化的基础能力，成为具有辨识能力和创造能力的独立思考者。

其次，主题教学横跨多个学科领域。英国的 CBC 课程是基于已有学科内容自主开发的，采取的是跨学科主题教学，即找到不同学科之间的交叉连接点，设置跨学科主题，进而在不同学科之间建立起关联。各学科之间的交叉连接点成为教学的核心，各学科的知识只是作为教学基础或验证材料，其教学也是为了支撑核心的主题，即以主题统摄教学，并非为了主题而教学，进而关注学生的学习过程而不是学科内容，要达到的学习状态就是跨越一系列学科科目进行综合性学习。当然，教师在实施核心素养教学时，需要突破占据主导地位的学科话语权，如果教师无法在二者之间寻找平衡，那么基于核心素养的跨学科主题就会隐藏在教学中，教学依然会转向学科知识传授。① 为此，教师需要保持一种专业的敏感性和探究态度，以便随时应对突如其来的变化。

最后，CBC 课程中的自主学习情境化。英国学校在暑假为学生提供了发展团队协作技能的系列活动，如团队的夏令营、田野实践等。或在当地小学毕业生来学校游学那一天组织各类参观活动，走进企业参观体验企业方案制定与最优方案选择过程等。学生真实体验的这些活动在英国很多中小学都会实施，学校会充分利用这类课外活动发展学生更加多样化的素养，而有些学校每两周还

---

① 艾伦·C. 奥恩斯坦，弗朗西斯·P. 汉金斯. 课程：基础、原理和问题［M］. 柯森，译. 南京：江苏教育出版社，2002：333-334.

会单独腾出一天的时间让学生在各种各样的校外活动中发展核心素养。① 然而，英国文化固有的保守观念导致在制定课程计划时，学生的参与度极低，课程主题与素养发展计划都是由课程领导设置，学生依然是在相对被动安排下的情境中学习。这种状况在课外得到了一些弥补，英国的中小学生都自主地通过课外实践来丰富自身的学习经验。同时也有一些课程改革的"先行者"正积极尝试，通过学科领域整合核心素养的方式，将教师和学生从被计划的"驯化教育"状态转变为"自主教育或学习"的状态，在学生自主学习过程中形成自己的认识与学习结论，增强学生对外界的批判意识，并不断反思自己的内在学习状态，以此促成学生的解放。

---

① Jenny Byrne, Christopher Downey, Ana Souza. Planning a competence-based curriculum: the case of four secondary schools in England [J]. The curriculum journal, 2013: 335-350.

专题 02：核心素养教育的本土沿革研究①

【摘要】 核心素养及其教育在我国是一个渊源较为复杂的概念。一方面，我国教育传统中有一个极其重要的要求就是以仁义道德教育培养仁人君子，形成了立德树人的浓厚传统。同时，在新中国教育的历史发展进程中，我们一直秉持全面发展的教育方针，特别是在 20 世纪 80 年代中后期还掀起了素质教育的热潮，国家多次发文强调实施全面发展的素质教育。当然，透过素质教育的主张和时间的探索，其中不乏包括必备品格和关键能力的影子。另一方面，近年来境外关键能力的研究及其实践呈现如火如荼的状态，我国部分学者敏锐觉察到这种趋势、并且将其引入我国学界。当然，一些学者也深刻地看到境外关键能力偏重于技能、智能而欠缺了品格，于是在吸收境外关键能力思想的同时增加了具有中国特色的必备品格，由此形成了具有中国味道的核心素养概念。

【关键词】 全面发展教育；素质教育；关键能力；必备品格；核心素养

一、中国核心素养教育的萌芽

核心素养作为一种外来的教育概念，具有一定的新颖性和先进性。但这并不意味着其内涵与我国的教育传统和理论根源毫不相干。20 世纪 80 年代为了矫正"应试教育"的极端化倾向，我国提出了"素质教育"这一理念，作为具有宏观指导性的教育思想，重在转变以应试为唯一取向的教育目标，使教育发展朝着培养全面健康发展的人迈进。在教育实践层面，重点关注学生在德智体美劳等各方面的发展状况，并在每个方面解析出了学生所需要掌握或习得的有助于个体发展和未来生活的具体指标。同时，也顺应社会和国家发展需求，明确个体为适应环境所掌握的必备知识、技能和品行。在素质教育中，我们所倡导的德智体美劳即是核心素养在我国教育实情中的潜在形式，随着教育改革与发

---

① 本专题撰写作者：赵鑫（教育学博士，西南大学教授、硕士生导师）。

展的深化和细化，素质教育则需要通过更为明晰的方式来阐述自身内涵，并提升其操作性，核心素养理念就是这一内涵的具体表现形式。

（一）国家大力倡导素质教育思想

20世纪80年代，我国教育界就开始了对素质教育思想和实践的探索。随着研究的深入，素质教育的相关理念与实践不断发展与完善，也逐渐嬗变为我国教育事业的一场深刻变革，党和国家领导人关于素质教育做出了一系列重要的指示。1999年6月，中共中央、国务院召开了第三次全国教育工作会议，做出了《中共中央国务院关于深化教育改革全面推进素质教育的决定》。该文件指出，"实施素质教育，就是全面贯彻党的教育方针，以提高国民素质为根本宗旨，以培养学生的创新精神和实践能力为重点，造就'有理想、有道德、有文化、有纪律'的、德智体美等全面发展的社会主义事业建设者和接班人"，"素质教育应当贯穿于幼儿教育、中小学教育、职业教育、成人教育、高等教育等各级各类教育，应当贯穿于学校教育、家庭教育和社会教育等各个方面"。这一次教育盛会同时也拉起了新世纪我国新一轮教育改革的帷幕。2004年，中共中央和国务院联合颁布了《中共中央国务院关于进一步加强和改进未成年人思想道德建设的若干意见》，2006年，国务院批准的《国家教育事业发展"十一五"规划纲要》明确提出，"十一五"期间，教育事业发展要"以素质教育为主题"。党和国家领导人的重要讲话和中央系列文件表明，素质教育已经提升为党和国家的重大决策。推进素质教育不仅是坚持与时俱进的中国化马克思主义理论，坚持中国特色社会主义道路的必然要求，也是我国社会主义教育事业坚持以邓小平理论、"三个代表"重要思想为指导，深入贯彻落实科学发展观的体现。①

（二）各方努力建构素质教育体系

1. 素质教育的含义

在20世纪80年代的探索与争鸣当中，"素质"概念从一开始所指代的就不是狭义的先天禀赋，而是具有丰富内涵，包括生理层面、心理层面和社会文化层面的广义概念。综合学者的分析，素质的特点可归纳为遗传性与习得性的统一，自然性与社会性的统一，稳定性与发展性的统一，潜在性与现实性的统一，

---

① 杨叔子，余东升. 素质教育：改革开放30年中国教育思想一大硕果［J］. 高等教育研究，2009，30（06）：2.

共性与个性的统一。① 近四十年来的教育理论研究和实践发展成果，为素质教育的概念界定和充实其内涵提供了大量的参考。通常意义下的素质即人基于先天禀赋，在后天环境和教育的影响下形成和发展起来的内在的、相对稳定的身心组织结构及其质量水平，主要包括身体、心理和社会文化等方面，且它们是维持个体生存和促进发展的基本要素。个体素质的多样性和丰富性表明人的个体发展也是由多重素质综合作用而成，之所以会出现个体发展的差异性，则是因为个体所具有的素质的总量与水平状态、不同素质的组合结构不同而造成的。这也影响了个体的生存状态、成长路径和发展的可持续性强弱。而素质教育就是为了实现学生素质的组合不断优化，形成科学健全的素质结构，促进受教育者全面、均衡和稳定的发展。因此，在教育学意义上的素质教育概念可概括为：素质教育就是培育、提高全体受教育者综合素质的教育。以促进人、社会、自然的和谐发展为价值取向，以德智体美劳全面发展的合格公民为培养目标，以全面贯彻党和国家的教育方针为根本途径，以教育质量的全面提升为显著特征。②

2. 素质教育的推动

20 世纪的最后十年，我国改革开放和社会主义现代化建设进程不断加快。党的十四大提出了科教兴国战略以应对国家经济文化发展对教育提出的要求。教育被赋予了提高整体国民素质和储备二十一世纪发展所需人才的使命。同时，国家还从政策层面加强了对素质教育实施的辅助。1993 年 2 月颁布的《中国教育改革和发展纲要》是第一个对素质教育做出表述的中央文件，目标指向基础教育阶段，中小学要由"应试教育"转向全面提高国民素质的轨道，同时，还要面向全体学生，全面提升学生的思想道德、文化科学、劳动技能和身体及心理素质。1994 年 6 月召开的第二次全国教育工作会议又强调，基础教育必须从"应试教育"转到素质教育轨道上来。1996 和 1997 年，分别在湖南汨罗和山东烟台举行了全国中小学素质教育经验交流会，进一步总结了两地的实践经验。同年，原国家教委颁发《关于当前积极推进中小学实施素质教育的若干意见》，将全面推行素质教育作为基础教育的一项重大任务，提出了有效实施素质教育的若干措施。在上述政府行动的引导下，教育理论界对素质教育进行了更为全

① "素质教育的概念、内涵及相关理论"课题组. 素质教育的概念、内涵及相关理论［J］.
教育研究，2006（02）：3-4.

② "素质教育的概念、内涵及相关理论"课题组. 素质教育的概念、内涵及相关理论［J］.
教育研究，2006（02）：5.

面的深入研究。在理论方面，广泛吸纳和采用相关学科的理论，如知识经济理论、终身学习理论、建构主义学习理论、人本主义学习理论、多元智能理论等，通过一系列多元研究方式，对素质教育的内涵进行了进一步充实。同时还认识到，素质教育还要培养学生的主体性和主动性，着眼于学生的终身发展，培养学生的完整人格。在实践层面，理论研究者和一线教育工作者们主要针对素质教育与应试教育的矛盾关系，探讨二者对于学生个性发展和特长培养等方面的各类影响，尤其是素质教育与考试升学的关系。

1999 年 6 月召开的第三次全国教育工作会议以素质教育为主题，并提出 21 世纪教育的持续发展就是继续深化素质教育的发展，素质教育关乎国家发展的大局。会议还做出了有关素质教育的一系列重大决策。《中共中央、国务院关于深化教育改革全面实施素质教育的决定》明确指出：实施素质教育，就是全面贯彻党的教育方针，以提高国民素质为根本宗旨，以培养学生的创新精神和实践能力为重点，造就有理想、有道德、有文化、有纪律的德智体美等全面发展的社会主义事业建设者和接班人。本次会议将素质教育发展带上了一个新的阶段，所涵盖的领域被进一步拓宽，贯穿于学前教育、基础教育、高等教育和职业教育等各级各类教育，学校教育、家庭教育和社会教育等多维度均需渗透，其内涵更加具有丰富的 21 世纪特征，强调了创新精神和实践能力的培养。在课程与教学领域，素质教育理论研究和实践探索不仅涵盖了考试评价、课程教材和师资力量等方面，还涉及了教育结构、体制等宏观问题。迈入 21 世纪之后，人们立足于社会主义和谐社会的建设需要，以科学发展观为新的出发点，对素质教育进行了新的审视，素质教育自身理论体系的完善问题、素质教育的均衡发展问题、素质教育实施的环境建设问题、素质教育的实践模式问题、素质教育的评价体系问题等受到广泛的重视。

3. 素质教育的理论

马克思主义视野下的人的全面发展理论积极关注人的智力和体力的发展，它们是人发展的基础性素质。这一理论也就是素质教育最主要的理论基础，支撑和论证了素质教育所倡导的价值目标。此外，素质教育还需要从社会学、心理学以及经济学等学科理论中吸取思想的养分，滋养着素质教育的理论发展。

教育学理论本身的价值和功能属性是基于社会学与心理学的，一方面揭示人发展的可能性，另一方面又揭示教育和培养人的合理性与可行性，这是素质教育最直接的教育理论支撑点。社会学理论中的集体性学习和终身学习理论凸显了学习的社会性与终身性，改变了旧有的人类学习理念和模式，强调学习应该贯穿于各种规模（个体和集体）与各人生阶段，而不只是在学校集体中和青少年时期。例如，1972年，联合国教科文组织发表国际教育委员会的报告《学会生存：教育世界的今天和明天》，深刻地分析了科学技术革命对人类活动的影响，认为人类正在走向学习化社会，每个人必须终身不断地学习，才能适应科学技术的发展和社会的变革，终身教育是学习化社会的基石。心理学理论则更多的是从个体特性出发，多角度、多层面的剖析人的潜能和素质构成，以及素质养成和表现的主体条件。

在社会学和心理学理论之外，许多学科的相关理论具有拓展素质教育研究思维的作用。例如，人力资本理论凸显了人的特性和能力在经济增长中的作用，也对劳动力自身的发展提出了更为全面和高远的要求。可持续发展理论则从代际关系和发展的可延续性方面，要求对人的素质培养超越最低的生存标准，达到发展不间断型教育的高度。生活教育理论倡导回归生活世界，关注和引导学生的日常生活问题，引领学生过有意义的生活，有助于构建开放性课堂、生活化课程和互动对话性师生关系，为促进师生、生生间的沟通、互动、交往关系的形成和升华提供了新的认识视角。① 由此可见，素质教育理念指向学生发展的全面性，其深层原因在于其自身理论基础也具有极大的广泛性和丰富性，进而才能够综合指导教育要兼顾人发展的各个方面和各种属性。

（三）通过教改落实素质教育

1. 创新的学校观

学校作为教育的实践与检验场所，也是学生进行系统学习的组织机构。在当代学校管理和运行中，虽然具有行政属性和营运机制，甚至还带有一定的封闭性，但是，当代学校在本质上有别于官僚机构和公司以及监狱等社会机构。随着教育理念的革新，原有的官僚本位等管理体制正在被打破，学校是新教育理念的研发和实践中心。这意味着教育改革将登上每一个教师的生活舞台，走向学生的学习空间，强调所有成员拥有共同的价值观和规范，以便使学校更具活力，更有效率。学校在教育实践的最前沿，应当加强与社区、科研机构等的联系，通过合作交流、反思和探索，形成合作团队，拓展学校教育对教育理念的理解与执行，实现学校自身的特色化发展。特别是中小学自身的理念转变和发展，对于学生核心素养在教育教学环境中的融入和体现均有助益。打破学校和社会的理念界限，有助于强化学生在学校生活中的社会参与意识和体验；将

---

① "素质教育的概念、内涵及相关理论"课题组. 素质教育的概念、内涵及相关理论 [J].
教育研究，2006（02）：6.

学校氛围与科学研究前沿紧密结合，那么科学精神则在潜移默化中传递给了学生。因此，突破学校只是学生学习、读书场域的观念局限，方可把自身的育人性发展为最鲜明的特色。

2. 创新的课程观

在传统教育中，无论是学校教育还是非学校教育，课程知识多半是以文本形式进行呈现的，且其在组织和安排上具有以下几个特点：第一，在组织上遵循竖向线性顺序，知识的系统结构主要依据本学科或领域的发展先后顺序来制定，跨学科的横向关联并不会过多的纳入编排结构当中；第二，单向性，课程知识在组织好之后，教师只需按部就班的讲授就可以了，不用再进行额外的开发；第三，课程知识只是围绕一个主题或观点来进行论述和描写的，其在更大范围内的地位和作用不易表述清楚。核心素养视野下的课程观念强调，课程知识要尽量打破文本的局限，课程应该由文本等抽象形式向"经历、体验"等具象形式转变。这才能使得同样的课程内容和意义对于不同的人产生不同的影响。在特定的教育情境中，每一个教师、学生在对课程文本的理解和解释中，总要融入个人独特的生活经验，形成不同意义的生长域，从而对课程做出某些生产性或创造性的改变。课程成为一种动态的、生成的"生态系统"。在这一过程中，学生、教师、课程之间是互动的、交流对话的，他们通过反思人类的生存状态、个体生活方式来理解课程、创造课程。①

3. 创新的教材观

核心素养理念的教材观念延续了新课程改革中坚持"教材是范例"的观点，认为教材是学生学会认知、学会做事、学会共同生活和学会生存的范例，但在此基础之上，新的理论目标要求教材内容丰富和具有一定的可融合性。其丰富性包括两种内涵，一是要为学生提供尽可能多的教育内容要素，或者说教育启发点，以满足学生对内容认识的海量需求，第二种内涵则是使教材能够应对不同学生的不同需求，使教材的作用面向全体学生。而教材内容的融合性提升主要是为了顺应核心素养实践的跨领域和学科特性。教材不再是学生必须完全掌握的内容，而是引导学生进行探索和发现的起点，同时也是学生进行分析、理解、反思和批判的中介，是师生对话的"话题"和交往的桥梁。突破传统教材观念和范畴的局限可以结合当下的时代需求和社会热点，因为除了传统的典型经验可以支撑学生的成长之外，当下的生活实情和社会进程才能开启学生未来

① 靳玉乐，张丽. 我国基础教育新课程改革的回顾与反思［J］. 课程·教材·教法，2004（10）：11.

发展的新生长点。当然，教材的内涵不仅限于非生物的环境、材料等，也包含生物类的，如动植物和人类自身，教师本身其实就是一种最好的教材，其学识和品格深刻地影响着学生，并且其最大的优势之处在于可调节与表达，可以最大限度地适应学生的学习与发展需要。

4. 创新的教学观

传统的教学观念是把教学过程视为知识和技能传递的过程，它在形式和实质上都被狭隘地认识为知识的流动和积累。核心素养视野下的教学观认为，匹配于主动性和能动性都更加强大的教育主体，教学就不能只是被定位于知识传递和课程计划的执行，而是课程开发与探索的过程，且该过程必须在师生交往和互动中形成。在这个交互过程中，学生就不只是知识的流入方，他可以产出知识，也可以依据现有知识在交互过程中形成新的知识并传递给教师或自身。因此，学生能够培养出批判意识和质疑能力，敢于直面现实生活中的问题，并提出合适的办法解决问题，形成一种发现问题、分析问题、解决问题的能力。教学不再重教知识，而是关注学生的生命体验，重在引领学生如何发现知识甚至如何创造个性化的知识，它是师生富有个性化的生命活动。在这种新型的教学观念里，教师所持有的教育要素主要是思维方法和学习方法，也是教师需要教给学生的关键内容。

5. 创新的师生观

传统的师生观念里，教师是立于上的"传道、授业、解惑"者，而学生是居于下的静听者。学生要发展核心素养则要求师生双方都要进行角色重塑，打破原有地位尊卑有别的桎梏。首先，教师应当向批判者、反思者和建构者转变，由课程与教学的忠实执行取向变为课程的开发者和新知识的建构者，须要将教材置于工具地位，而并非教学的金科玉律，这意味着教师和教材的权威性降低，但自主性和灵活性得以加强。其次，教师对于学生的领导关系应当有所削弱，摆脱"控制者"角色，变为学生的合作者、促进者、引导者，突出学生发展的主体地位和责任担当，进而减弱学生学习对于教师作用的依赖性。对于自身而言，教师还必须利用教学实践转变为自身教育行为的批判者和反思者，在反复的实践中提升和发展自身的教育教学能力，达到教师发展与学生同步，与教育的真实需求同步。而在新的学生观念里，学生是具备发展为完整生命形态潜力的人，同时具备了生命的完整性和发展的可能性与能动性。正因如此，教师应该尊重学生，树立为学生发展服务的意识。这就要求教师要尊重学生的人格，尊重学生多元化和多样化的发展取向，尊重学生在学习方面的思考，尊重学生主动学习的精神，把精神与生命发展的主动权交给学生。①

二、中国核心素养教育的发展

(一) 核心素养研究的中国旨归

中国学生发展核心素养是党的教育方针的具体落脚点，是适应世界教育改革与发展潮流的需要，也是继续推进素质教育综合改革的需求。党的十八大和十八届三中全会都将立德树人作为宏观层面的教育方针，需要通过继续丰富素质教育的内涵，建立以核心素养为详细指标的课程体系和评价标准来解决这些问题，树立更加科学的教育观并进一步提升教育质量。

1. 以培养核心素养落实立德树人

在中华人民共和国成立之初，党中央提出的教育方针就明确了"德智体"全面发展的教育方向，经历了七十多年的实践检验和发展，在反复的修改和补充之后，如今已进化为德智体美劳全面发展。在这一漫长而又缓慢的进程中，教育发展也曾行差踏错。改革开放之后，基于社会和国家发展的迫切需要，学校教育逐渐产生了片面追求升学率的现象，教育进而异化为只为应付升学考试或就业筛选的应试教育，对于人的自身发展并不关注，甚至是刻意忽视人本身之所以为人应该取得的品质和特性。为了消除应试教育所带来的弊端，国家层面和教育界纷纷发出了对学生进行素质教育的呼声，在一定程度上遏制了应试教育这一异化教育理念的传播，基础教育发展所关注的重点又逐步回到了人本身的发展和社会对人发展的需求上来。受世界形势、经济和文化等各方面剧烈变革的影响，素质教育在随后的发展中不仅要针对应试教育，更要顺应时代发展的趋势和国家发展的需求。为此，素质教育应明确以品德教育为核心，以创新精神和实践能力为重点，为全面提高民族素质服务。

迈进 21 世纪，世界范围内的发展进程不断加快，时代变革势头也愈发趋于多元化。基于信息化和数字化的全球一体化浪潮已经势不可挡，因而未来社会各方面的变化愈加难以预测。着眼于当代教育，基础教育改革与发展的根本任务和历史责任就是培育出能够主动适应未来，顺应时代潮流甚至把握未来社会发展趋势的优秀公民。2010 年的全国教育工作会议发布了《国家中长期教育改革和发展规划纲要（2010—2020 年）》明确提出："全面实施素质教育是教育

---

① 靳玉乐，张丽. 我国基础教育新课程改革的回顾与反思［J］. 课程·教材·教法，2004
（04）：5-8.

改革发展的战略主题，是贯彻党的教育方针的时代要求"，其具体内涵是，坚持德育为先，坚持能力为重，坚持全面发展。① 同时，党的十八大提出，"立德树人"是教育的根本任务，并大力推动"教育综合改革"，变挑战为机遇，进一步促进人与社会的协同发展，以实现中国梦。《中国教育现代化 2035》提出了推进教育现代化的八大基本理念：更加注重以德为先，更加注重全面发展，更加注重面向人人，更加注重终身学习，更加注重因材施教，更加注重知行合一，更加注重融合发展，更加注重共建共享。增强综合素质，树立健康第一的教育理念，全面强化学校体育工作，全面加强和改进学校美育，弘扬劳动精神，强化实践动手能力、合作能力、创新能力的培养。完善教育质量标准体系，制定覆盖全学段、体现世界先进水平、符合不同层次类型教育特点的教育质量标准，明确学生发展核心素养要求。在这一全新的时代背景下，基础教育必须直面培养怎样的人和怎样培养人这一系列的问题。并且，要将 21 世纪的教育理想落实于微观的教育实践工作当中，而不能继续停留在世纪之交时对未来教育的计划和构想当中。发展学生核心素养的教育理念就是将素质教育思想照进社会现实的方式之一。素质教育本身是一种具有宏观指导意义的教育思想，主要目的在于转变单纯强调应试应考的教育价值观念，更加关注培养健康而且全面发展的人。核心素养则是对素质教育所要培养的"全面发展的人"的具体阐述，它使得新世纪的素质教育目标更加明晰，内涵也更加充实、丰富，其操作性和指导性都得以增强。

2. 以发展核心素养深化教育改革

我国于 2001 年正式启动了新一轮的基础教育课程改革，2004 年将改革推进到普通高中。到 2014 年，教育部颁发了《教育部关于全面深化课程改革落实立德树人根本任务的意见》（以下简称《意见》）这一文件，标志着我国的新一轮课程改革已经进入了深水期。全面深化课程改革是我国 21 世纪教育发展的重要任务，这一时期的深化课程改革需要继续坚持大课改理念，并坚持既定的目标任务，继续加强全局的统筹规划和顶层设计，深化关键领域和主要环节的改革进程。

全面深化课程改革，其核心要点是立足于立德树人的根本任务，结合学生核心素养的培养和发展。以人的持续和全面发展为本，课程改革的范围已经在深化过程中扩大至各层次各类别的教育，突出了以课程改革推动教育改革与发

① 张民生. "立德树人"新行动：核心素养教育［J］. 教育参考，2016，（04）：5-8.

展的理念，并经由课程改革完成五项统筹任务。第一，统筹小学、初中、高中、本专科、研究生等学段（包括职业院校）。通过深入改革统筹各阶段的课程体系，以此定位各学段的育人功能和层次，阐明各自的教育教学目标，使学段之间的过渡平稳有序，特别要规避学科内容重复、脱节和混乱的现象。第二，统筹各学科，特别是德育、语文、历史、体育、艺术等学科。统筹人文学科、社会学科和自然学科的育人功能，发挥各自独特的育人优势，加强学科间的相互配合，不断提高学生综合运用知识解决复杂问题的能力。第三，统筹课标、教材、教学、评价、考试等环节，突出课程标准在课程设计、教材编写、教学实施和考试评价等环节中的统领作用，使各环节紧密相连，协同配合，达到良好的衔接状态。第四，统筹一线教师、管理干部、教研人员、专家学者、社会人士等力量。统筹各部分力量在于围绕育人目标形成各界的合力，展现出不同领域在教育中的指导、支持、服务和保障等作用。第五，统筹课堂、校园、社团、家庭、社会等阵地，发挥学校教育的主要作用，提升课堂教学和校园文化建设的品质，同时推进学校和家庭、社会的合作力度，营造全社会一致的良好育人环境。以上五大统筹方面，也为深化基础教育课程改革指明了具体方向。①

　　21世纪初，基础教育课程改革的最初五年是试点阶段，第二个五年则是全面推广阶段，其主要目的在于使一线的学校和教育工作者适应改革，并积极参与到改革进程中来，这十年过渡期的成效十分显著。在进入新时代全面深化改革的阶段之后，必须要进一步加强教育发展的顶层设计，原因在于前十五年的改革在实践过程中暴露出了不得不反思的问题，比如，形式上的改革风风火火，但实际上并未取得显著的成效。另外，在进行自主改革的过程中，国际社会的课程改革也出现了新的形势和潮流，注重与国际的接轨，才能保障国内基础教育改革与发展的与时俱进。比如，全面深化课改的重要任务，就是要结合立德树人的育人理念，加快研究制定学生发展的核心素养体系和学业质量标准。在《中共中央国务院关于深化教育改革全面实施素质教育的决定》出台之前，我国在这些方面的研究较为缺乏，甚至可以说是空白的。重新审视顶层设计，就是要进一步明确究竟要培养学生哪些核心素养，这些核心素养在课程和学科教学中应该如何体现。在推进基础教育改革和课程建设的同时，应该深入思考学生学业质量标准应该如何发展，特别是在各学科的课程标准中如何体现，是顶层设计应该关注的一个重点。随着学生培养与发展观念和内涵的丰富，评价制度

---

① 田慧生. 落实立德树人根本任务全面深化课程教学改革 [J]. 课程·教材·教法，2015，35（01）：3-5.

正在由一元的书面测试向多元评价发展，其对于学业质量评价标准的要求愈加明确。过去的课程标准缺乏对学生表现方面的基本规定，因此教育内容或者说是课堂教学内容与教育理念中我们所希望培养的学生形象略有脱节。另一方面，课程标准在指导教材编写和教学进程时，因为其内容过于笼统，导致教材只是依据标准呈现了材料内容，而对于要求学生学到什么样的程度，并没有做到具体阐释。因此，在进一步加强教育发展的顶层设计时，应当充分关照以上两个方面，对基础教育阶段相关的课程标准和教材进行修订，并将学生发展核心素养与学业质量的具体标准等内容，充分地融入课程方案、标准和教材的修订与编写当中。

《意见》的具体要求既涉及教育的国家顶层设计，也明示了基层基础教育改革的具体落脚点。比如，明确要求进一步改善课程管理，适度扩大学校在课程内容的选择、教学进度的安排和教学方式手段应用的自主权，发挥学校在实施层面的主导和主管作用，特别是在教学进度安排方面，在不影响总体教育进程的前提下，依据学生和教师实际需求，作灵活调整与安排。即每所学校在课程教学的设计和实施方面，要具备一定的自主性，以此为基础才能办出独具特色的学校教育。

（二）核心素养的中国理论建构

在基础教育课程改革的持续深化进程中，由北京师范大学等多所高校的近百名研究人员所组成的团队，于2013年接受了该年度教育部哲学社会科学研究重大课题委托项目"我国基础教育阶段和高等教育阶段学生核心素养模型研究"。课题组基于总体设计和统筹谋划，开展了基础理论研究、国际理论比较、教育政策和传统文化分析、现行课程标准分析和大量的实证调查研究，全方位、多层次地征询各方建议并反复修改完善，于2016年9月向社会公布了研究成果。该成果主要包含了中国学生发展核心素养的基本内涵及总体框架。

1. 开展核心素养的原理探讨

中国学生发展核心素养研究以科学性、时代性和民族性为基本原则，以培养"全面发展的人"为核心，充分反映新时期经济社会发展对人才培养的新要求，高度重视中华优秀传统文化的传承与发展，系统落实社会主义核心价值观。第一，坚持科学性研究是根本前提。研究紧密地围绕立德树人的根本要求，坚持"以人为本"，遵循学生的身心发展规律，以科学的理念指导研究工作，将科学的研究方法贯穿研究工作的全过程，重视理论依据和实证支撑，从两方面确保研究进程的严谨性和规范性。第二，注重时代性。核心素养的研究过程紧贴当下人和社会发展的需求，充分满足新时期经济社会发展对人才培养的新要求，同时也满足个体对认识社会新形势和潮流所需要的基础观念，充分体现教育思想和理念对于社会整体和个体的先进性，同时也确保了研究成果的时代性和前瞻性。第三，强化民族性。核心素养的研究理念虽然是西方舶来的，但是其思想内涵却是我国优秀传统文化中早已具备的。强调中华优秀传统文化的传承与发展，就是要紧密结合核心素养研究和民族的文化历史根源，使外来的理论深深地融入民族的文化土壤，达到不分彼此的中西结合状态。同时，系统落实社会主义核心价值观的基本要求，重点强调社会责任、国家认同以及民族责任，才能充分保留民族特质，确保立足于中国的国情，创造中国特色。

在秉持以上三个原则的基础上，课题组在明确研究思路和设计研究方案之后，分三个步骤展开研究工作。第一步，开展多方研究，草拟素养框架。通过基础理论研究，厘清了核心素养的内涵和理论结构，对核心素养的价值定位有了进一步的明确。通过国际对比研究，充分考察了联合国教科文组织、经合组织，欧盟以及英国等 15 个国际组织、发达国家和地区的学生核心素养研究过程、方法、指标框架和落实情况，在分析和比较中汲取有价值的研究经验，同时摒弃不适用于我国的方法与内容。通过对本国教育政策历史的分析与研究，梳理从新中国成立以来党和国家对人才培养的总体要求，在对政策历史发展的梳理中，进一步明确了学生核心素养的国家意志取向，明晰学生发展必须紧密结合国家发展。通过开展传统文化分析，筛选出了中华优秀传统文化中的修身成德思想和传统教育对人才培养的具体要求，作为本土核心素养体系建构的思想基础和文化土壤。通过已有课程标准的分析，明晰现行课程标准中的潜在核心素养理念及其相关表述，为核心素养成型后的课程标准修订工作奠定基础。在以文献和历史素材分析等方法进行理论考察的同时，课题组还开展了实证调查研究，深入了解当下社会对人才的需求，准确把握各界对于核心素养的期待，也为建构符合国情以及国民生活现实需要的学生核心素养框架提供了实证依据。课题组基于以上研究，召开了 60 多次专家论证会，通过同行观点的碰撞和已有研究的结论，初步提出了核心素养的总框架。第二步，开展转化研究，修订课程标准。核心素养本质上就是学生发展的目标体系。要使其切实地落实到学生的日常教育当中，则必须充分结合课程标准的内容。本部分研究的第一阶段则是，在教育部基础教育二司的指导下，由教育部基础教育课程教材专家工作委员会对学生核心素养总框架进行审查和讨论，在此基础之上进行再修订。随后教育部基础教育二司委托专家工作委员会，召集课程、教学、评价、教研和管理等方面的国内一流专家，开启了"核心素养与课程标准衔接转化研究"，该研究着眼于核心素养在课程标准中的落实方法，以期最大化地突出其指导性和实践性。2015 年 1 月，专家工作委员会审议了衔接转化研究的成果，并对研究组提出的落实方式表示赞同。至此完成了课题研究的第二步。第三步，广泛征求意见和建议，认真修改完善框架体系。课题研究至此，学生核心素养框架已经大体成型，但为了确保其科学性和适应性，2015 年 4 月和 2016 年初，课题组两次呈请教育部基础教育二司将核心素养初稿和基本框架递送教育部相关司局和单位征求意见。同时，课题组也正式向全国各省级教育行政部门、教育学会和相关分支机构征求意见，最终落脚于一线教育实践专家们的专题座谈会，思考学生核心素养应如何从教育实践中来，又回到基础教育实践中去。

2. 建构核心素养的模型指标

学生发展核心素养，主要是指学生应当习得适应终身发展和社会发展需要的必备品格和关键能力，其种类和内涵必然是复杂多元的，而且各个类别之间必然相互影响并共同作用，才能全面推动个体的发展。课题组基于研究最终提出的核心素养框架如图 2-1 所示。

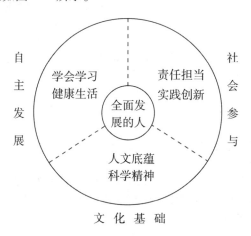

图 2-1　中国学生发展核心素养基本模型

核心素养分为文化基础、自主发展、社会参与三个领域，综合表现为人文底蕴、科学精神、学会学习、健康生活、责任担当、实践创新六大素养，具体细化为国家认同等十八个基本要点。各素养之间相互联系、互相补充、相互促进，在不同情境中整体发挥作用，① 具体的素养指标参见表 2-1。

---

① 核心素养研究课题组. 中国学生发展核心素养［J］. 中国教育学刊, 2016（10）: 1.

表 2-1　中国学生发展核心素养基本要点和主要表现①

核心素养	基本要点		主要表现描述
文化基础	人文底蕴	人文积淀	重点是：具有古今中外人文领域基本知识和成果积累，能理解和掌握人文思想中所蕴含的认识方法和实践方法等
		人文情怀	重点是：具有以人为本的意识，尊重、维护人的尊严和价值；能关切人的生存、发展和幸福等
		审美情趣	重点是：具有艺术知识、技能与方法的积累；能理解和尊重文化艺术的多样性，具有发现、感知、欣赏、评价美的意识和基本能力；具有健康的审美价值取向；具有艺术表达和创意表现的兴趣和意识，能在生活中拓展和升华美等
	科学精神	理性思维	重点是：崇尚真知，能理解和掌握基本的科学原理和方法；尊重事实和证据，有实证意识和严谨的求知态度；逻辑清晰，能运用科学的思维方式认识事物、解决问题、指导行为等
		批判质疑	重点是：具有问题意识；能独立思考、独立判断；思维缜密，能多角度、辩证地分析问题，做出选择和决定等
		勇于探究	重点是：具有好奇心和想象力；能不畏困难，有坚持不懈的探索精神；能大胆尝试，积极寻求有效的问题解决方法等
自主发展	学会学习	乐学善学	重点是：能正确认识和理解学习的价值，具有积极地学习态度和浓厚的学习兴趣；能养成良好的学习习惯，掌握适合自身的学习方法；能自主学习，具有终身学习的意识和能力等
		勤于反思	重点是：具有对自己的学习状态进行审视的意识和习惯，善于总结经验；能够根据不同情境和自身实际，选择或调整学习策略和方法等
		信息意识	重点是：能自觉、有效地获取、评估、鉴别、使用信息；具有数字化生存能力，主动适应"互联网+"等社会信息化发展趋势；具有网络伦理道德与信息安全意识等

---

① 核心素养研究课题组. 中国学生发展核心素养［J］. 中国教育学刊, 2016（10）：2-3.

续表

核心素养	基本要点	主要表现描述
自主发展 社会参与	健康生活 责任担当 实践创新	珍爱生命：重点是：理解生命意义和人生价值；具有安全意识与自我保护能力；掌握适合自身的运动方法和技能，养成健康文明的行为习惯和生活方式等

核心素养		基本要点	主要表现描述
自主发展	健康生活	珍爱生命	重点是：理解生命意义和人生价值；具有安全意识与自我保护能力；掌握适合自身的运动方法和技能，养成健康文明的行为习惯和生活方式等
		健全人格	重点是：具有积极的心理品质，自信自爱，坚韧乐观；有自制力，能调节和管理自己的情绪，具有抗挫折能力等
		自我管理	重点是：能正确认识与评估自我；依据自身个性和潜质选择适合的发展方向；合理分配和使用时间与经历；具有达成目标的持续行动力等
社会参与	责任担当	社会责任	重点是：自尊自律，文明礼貌，诚信友善，宽和待人；孝亲敬长，有感恩之心；热心公益和志愿服务，敬业奉献，具有团队意识和互助精神；能主动作为，履职尽责，对自我和他人负责；能明辨是非，具有规则与法治意识，积极履行公民义务，理性行使公民权利；崇尚自由平等，能维护社会公平正义；热爱并尊重自然，具有绿色生活方式和可持续发展理念及行动等
		国家认同	重点是：具有国家意识，了解国情历史，认同国民身份，能自觉捍卫国家主权、尊严和利益；具有文化自信，尊重中华民族的优秀文明成果，能传播弘扬中华优秀传统文化和社会主义先进文化；了解中国共产党的历史和光荣传统，具有热爱党、拥护党的意识和行动；理解、接受并自觉践行社会主义核心价值观，具有中国特色社会主义共同理想，为实现中华民族伟大复兴中国梦而不懈奋斗的信念和行动
	实践创新	国际理解	重点是：具有全球意识和开放的心态，了解人类文明进程和世界发展动态；能尊重世界多元文化的多样性和差异性，积极参与跨文化交流；关注人类面临的全球性挑战，理解人类命运共同体的内涵与价值等
		劳动意识	重点是：尊重劳动，具有积极的劳动态度和良好的劳动习惯；具有动手操作能力，掌握一定的劳动技能；在主动参加的家务劳动、生产劳动、公益活动和社会实践中，具有改进和创新劳动方式、提高劳动效率的意识；具有通过诚实合法劳动创造成功生活的意识和行动等

续表

核心素养	基本要点	主要表现描述
社会参与 实践创新	问题解决	重点是：善于发现和提出问题，有解决问题的兴趣和热情；能依据特定情境和具体条件，选择制订合理的解决方案；具有在复杂环境中行动的能力等
	技术应用	重点是：理解技术与人类文明的有机联系，具有学习掌握技术的兴趣和意愿；具有工程思维，能将创意和方案转化为有形物品或对已有物品进行改进与优化等

核心素养体系是一套基于理论的实践研究，并经过系统设计的育人目标框架，属于教育的上层建筑。发挥其对教育的指引和导向作用，必须要通过从整体上推动各教育层面和教育环节的改革，形成一套以学生发展为核心，且充分结合社会发展需求的完整育人体系。

（三）核心素养的中国实践探索

1. 方向：从三维目标走向核心素养

所谓的三维目标，即知识与技能、过程与方法、情感态度与价值观目标，它们是新一轮基础教育课程改革的核心理念。内涵应该是一个目标的三个方面，而不是三个互相孤立的目标，对其理解，可以准确表述为"在过程中掌握方法，获取知识，形成能力，培养情感态度价值观"。[①] 由此可见，只有紧密把握三维目标三个方面内在联系的教学活动才能促进学生的整体发展，缺乏或偏重某些维度的教学则会使学生的全面发展失衡。在基础教育实践当中，受到理论和现实等各种因素的影响，三维目标仍旧侧重于"知识与技能"的教学，"过程与方法"则被轻视，而"情感、态度和价值观"则完全被形式化了。主要原因在于这一目标体系未能在基础教育实践中体现出它和实践的内在关系。就这个角度而言，核心素养可以在一个新的视角下重新审视三维目标的实践问题。

核心素养是社会个体应该具备的一种综合品质，它在个体的未来社会生活中起着发现、应对、解决复杂和不确定问题的作用，是个体实现个性发展的必

---

① 余文森. 从三维目标走向核心素养 [J]. 华东师范大学学报（教育科学版），2016，34（01）：11-12.

需基础。在这个意义上，核心素养是对三维目标分属内涵的总体概括，它可以将原本割裂的三维目标转化为一个系统的且与基础教育阶段学生发展紧密结合的整体。另一方面，核心素养在内涵上又是个体在具体学科以及跨学科的知识和技能、思维模式与探究方式、态度或价值观的整合。① 核心素养的养成要在实际情境中培养学生提出或解决问题的能力，它要求个体调动与问题相关的知识技能、思维方式、态度和价值观等在内的综合作用。在这种意义上，核心素养是跨学科"三维目标"的整合，适度淡化学科界限，有助于弱化基本知识与技能目标教学的极端侧重性。同时，在掌握知识与技能的基础上，对问题的分析与解决过程、对态度和价值观等的反复启用，则可以进一步增强三者之间的协同作用，增强其内在联系和整体作用性。

核心素养之于三维目标，既有传承改善，更有超越与发展。三维目标的理论体系较为深入，同时也明确了要指向个体的全面发展，但在当下的基础教育实践当中仍有需要改进之处：一是对教育的内在性、人本性、整体性和终极性的关注度不够；二是在强调全面性的基础之上，对个体关键素质的发展没有清晰的描述和科学的界定。"现有的课程标准虽然在总目标中提及类似学科核心素养的目标，但没有以学科核心素养为纲，没有将学科核心素养落实到课程标准的各个方面，特别是各个学段或年级或水平的表现标准。"② 核心素养较之于三维目标，更加强调了基础教育要以人为本。素养培养或者说教育是人内在的发展，核心素养则是以人为出发点来界定课程与教学的应然内容和实然操作。同时，就意义而言，素养教育更加贴合人的内在性和终极性。就素养的本质来看，它是内在素质和外在教养的综合产物，是天赋和教育的结合。素养完完全全只属于人，并且使人真正地成为人，它决定着人的发展取向。而基础教育的终极目的就是辅助人自身的全面发展，素养则真正从人的角度来思考教育。

在内涵上，三维目标和核心素养表现为传承、改进与超越的关系，但在具体的形成机制和表现形态上，表现为因果关系。核心素养是三维目标综合作用的进一步提炼和整合，是要基于系统的学科学习之后才能习得的品性和能力。它高于三维目标，因为个体在面对复杂的、不确定的情境时，对于知识技能、

---

① 杨向东. 核心素养与我国基础教育课程改革的深化 [J]. 上海课程教学研究，2016（02）：6.

② 余文森. 从三维目标走向核心素养 [J]. 华东师范大学学报（教育科学版），2016（01）：12.

观念与解决方法的应用是综合性的，它所表现出来的关键能力和必备品格是三维目标的任何一个方面都不能实现的。由此可见，三维目标并不是教育教学的终极目标，而是能力和品格，也就是核心素养的内含物。但是，知识能力的基础地位不能被教育的终极目标遮蔽。基础知识技能本质上也是个体素养的一部分，而且是重要的奠基部分，没有良好的知识技能基础难以形成良好的素养。

2. 关键：将核心素养融入学科课程

总览教育学界的各种观点，将核心素养同学科教学紧密结合的呼声最高。有学者指出，学科核心素养既是一门学科对人的核心素养发展的独特贡献和作用，又是一门学科独特教育价值在学生身上的体现和落实。[①] 在目前还难以打破学科界限和价值观的教育实情下，基础教育要想推进学生核心素养的全面落实，只能充分借助核心素养理念自身的灵活性与适应性，来厘清不同学科教学对于人的发展价值和意义，体现各学科对学生发展的独特作用。同时又紧密结合核心素养体系的内在一致性，使得学科核心素养发展并不会因为学科的界限而走向分裂。核心素养只有在教育实践中达到形散神聚的状态，才能使学科教育真正回到服务于人的全面发展的方向和轨道上来。

在 21 世纪初的基础教育课程改革中，对义务教育阶段课程标准进行修订时，以"四基"教育教学理念代替了原有的"双基"理念，即在基础知识和基本技能的基础上，增加了基本思想与基本活动经验。基本活动包括了学习的过程与方法，在此基础上获得活动的经验和思维的经验，其本质就是让学生能思考，能做事。而基本思想就在于学生在习得了一些基本概念和技能之外，能够形成特有的思想方法，而且它们是紧密结合于各个学科或领域的。当涉及核心素养培养的具体操作时，制定相应的学科课程标准也就十分必要了。若无课程标准指导，课程与教学内容的选择易出现散乱、游离主题的偏差。将核心素养培养融合到学科当中，就是要形成学科所特有的思维品质和关键能力。其中的思维品质主要表现为对各种思维方法运用的熟练程度高低，它大概包括了具象思维、抽象思维、逻辑思维和辩证思维等方法。如物理和化学学科中需要对抽象和具象思维进行训练，几光年外的星球或是肉眼不见的细小分子都要基于这些思维方法来认识和探究。我国历来的基础教育对思维方法的训练是十分看重

---

① 余文森. 从三维目标走向核心素养［J］. 华东师范大学学报（教育科学版），2016（01）：12.

的，加强了学生的演绎推理能力，但弱化了归纳推理能力，即缺失了通过条件预测结果、通过结果探究成因的能力培养，这也限制了学生的创新能力发展。核心素养的落实则要规避这些传统定势，达到品质与能力的双管齐下。

基于核心素养的学科教学要把握知识本质，明确知识与素养的关系，并在二者之间寻得合适的转接方式。学科知识只是形成学科素养的载体，学科活动只是形成学科素养的渠道。因此，核心素养的养成不能只是依赖课堂上的知识传授，而是应该让学生真实参与其中的教学活动；不仅仅是要基于理解和记忆知识点，而且更需要感悟和思维。可见，在基于核心素养的学科教学中，教师要明确知识的功能和地位来开展学科活动。在活动中对学科知识进行加工、消化和吸收，以及在此基础上内化、转化和升华，在设计过程和方法的选择当中应当要格外注重将学科性质和特点与学科核心素养的结合，使学科教学过程成为学科核心素养的形成过程。总而言之，基于核心素养培养的课堂教学不仅是传授知识、培养技能，而且要帮助学生养成良好的学习习惯，启发学生独立思考，帮助学生积累思维的经验和实践的经验。①

在评价方面，传统方法主要是通过对知识的评价来考查学生对知识点的了解、理解和掌握的程度，而基于核心素养的评价是要关注思维品质和思维过程的，很明显传统方法对于核心素养的评价是不适用的，这就要求必须对学生学业质量评价进行改革。在 2015 年实施的基础教育质量监测中，数学领域的检测标准中提出：监测不以计算速度为评价指标，而要更加关注学生对知识的理解，关注学生的能力是否达成。这一类的标准就体现了对学生核心素养的关注。在对思维品质的具体考查过程中，我们可以运用开放式题目来考查学生的思维过程。以下是一道给四年级学生的开放性问题：

有甲乙两个居民小区，有一条直路连接这两个小区，计划在这条路边为这两个小区的居民建一个超市，你认为应当设计在哪里？为什么？

与此题类似的考查方式，评价原则和标准是思维与结论一致。学生的思考和结论若保持一致，就可以视为回答正确，同时我们可以判别他具有严密、规范和一致的思维品质。如果有些学生分析得更深刻，答得更好，那么可以采取加分原则，因为我们重在考查学生的思维过程。同时，这些题目必须是在现实

---

① 史宁中. 推进基于学科核心素养的教学改革 [J]. 中小学管理，2016（02）：20-21.

世界中可能发生的事情，不能硬编。① 以核心素养为导向的基础教育评价，其他涉及专业人员（教师、家长、管理者）、评价技术、评价方法、评价反馈和技术团队等方面。例如，在评价技术方面，可依托大数据背景，为评价方法和技术的选择提供支持。信息技术在学生学业质量方面的应用是教育评价的主流趋势，因此，可以将信息技术与核心素养评价进行有机结合。②

① 史宁中. 推进基于学科核心素养的教学改革 [J]. 中小学管理, 2016 (02): 21.
② 刘国飞, 张莹, 冯虹. 核心素养研究述评 [J]. 教育导刊, 2016 (03): 7.

专题03：核心素养及其教育概念的研究①

【摘要】 我国教育学话语中的核心素养与境外的关键能力既有联系、又有区别，需要加以澄清。总结已有文献发现，目前，我国教育理论以及与实践的各个方面在关键能力、核心素养等重要概念在学术论文、著作中的使用显得混沌不清，这不但带来了理论上认识的混乱，也对实践指导带来操作上的困难。所以有必要通过研究来加以澄清。偏重于心理学的学生发展核心素养的概念显然难以涵盖教育领域的理论与实践，需要在心理学核心素养概念的基础上创造性地发展核心素养教育的概念。核心素养教育是培养学生核心素养的教育，它的逻辑起点是学生发展核心素养学习，并由这一学习的逻辑起点衍生，形成了相对完善的核心素养教育体系。核心素养教育是对我国传统教育和国际教育经验的超越和发展，它是新时代具有中国特色的教育创新；同时，它作为推动人类教育发展的中国教育智慧，有助于推进人类教育理论与实践的重大创新。

【关键词】 概念澄清；概念发展；内涵阐释；外延厘定；学理体系

一、核心素养通用概念的厘定

（一）概念解释各自为是，给出定论以统之

从文字上看，"核心素养"这个概念是由"核心"和"素养"两个词结合而成。因此，在阐释"核心素养"概念时自然需要分别界定"核心""素养"和"核心素养"三个概念。"概念"是"人类在认识过程中，把所感觉到的事物的共同特点抽出来加以概括"②，那么《中国学生发展核心素养（征求意见

---

① 本专题撰写作者：唐智松（教育学博士，西南大学教授、博士生导师）；唐一山（西南大学博士研究生）。

② 中国社会科学院语言研究所词典编辑室. 现代汉语词典第7版 [M]. 北京：商务印书馆，2016：419.

稿）》及有关"核心素养"研究的成果，对上述概念做过完善概括吗？答案是否定的。众所周知，"核心素养"是我国学者在吸收境外"关键能力"理论的基础上创造性地提出的一个概念，不但不能套用境外的"关键能力"的概念来解释，而且还要根据汉语言规律、结合人们的语言习惯来加以解释。①

首先，《现代汉语词典》解释"核心"为"主要部分（就事物之间的关系而言）"，如"领导核心、核心小组、核心工事、核心作用"②，亦即核心是一种对象性的关系存在，它是与非核心——外围、次要相对而言的。将此比之于当前核心素养概念中之核心，那么该"核心"是与什么对象关系性地存在的，以及它作为核心自己是什么、与其相对应的外围或次要又是什么呢？综观目前诸如《中国学生发展核心素养（征求意见稿）》③ 等众多的核心素养研究，基本处于阙如状态。当然，也可能有人会说，文化基础、自主发展、社会参与三个一级层次，以及六个二级、十八个三级层次不就是那个"核心"。即使如此，它也没有明确说出与之相对应的"外围"到底是什么。同时，需要提醒的是，当这样理解核心素养之"核心"概念时，不要脱离了汉语言一般习惯上的核心概念的本意。

其次，《现代汉语词典》解释"素养"为"平日的修养"④，亦即素养在性质上是一种修养，它在状态上是一种稳态。将此比之于当前核心素养概念中的素养，就是众多修养中最为核心的部分，而且这个核心的修养处于一种稳态。反观当下众多核心素养的研究成果，其中不乏不厌其烦地阐释素养概念的，但往往是脱离了核心素养这个语言背景来说的。同时，一方面说核心素养之素养包括知识、技能和态度。另一方面又说核心素养之素养又是包括三个层次、十八个要素之众的"必备品格"和"关键能力"，以及诸如"素养是人在特定情境中综合运用知识、技能和态度坚决问题的高级能力与人性能力"等说法。同时，这些研究成果中往往将素养、素质、能力、品格等词交叉混用。如此，可见目前我国学者关于素养概念理解的混沌。

---

① 注：本研究选择使用中国社会科学院语言研究所词典编辑室编辑的《现代汉语词典》（商务印书馆印刷出版第 7 版）来解释基本的概念。

② 中国社会科学院语言所词典编辑室. 现代汉语词典第 7 版 [M]. 北京：商务印书馆，2016：529.

③ 中国教育学会. 中国教育学会关于征求对《中国学生发展核心素养（征求意见稿）》意见的通知 [EB/OL]. 人民教育出版社官方网站，2016-02-22. https://www.pep.com.cn/xh/zyh_174090/tz/201605/t20160505_1264857.shtml.

④ 中国社会科学院语言所词典编辑室. 现代汉语词典第 7 版 [M]. 北京：商务印书馆，2016：1248.

最后，"核心素养"在《中国学生发展核心素养（征求意见稿）》中说是"学生应具备的，能够适应终生发展和社会发展需要的必备品格和关键能力。"① 但分析这个说法就会发现它的尴尬之处，如果简约一下这个说法就是：核心素养是必备品格和关键能力。而按照汉语习惯，"核心素养"望文生义就是指众多素养中那个居于核心的素养——数量应是一个，而且为核心。但这里却出现了"必备品格"和"关键能力"两个核心。这不符合汉语的一般表达习惯。当然，也有学者另对"核心素养"概念进行了界说，有诸如核心素养是社会需求、综合素养、能力素质、知识素质、学科素质、价值诉求和高级素养的要素说②；还有诸如核心素养是双基指向、问题解决指向、思维指向的层次说；以及"核心素养就是智慧"③ 等说法。这些各自为是的说法，不禁让人感叹："核心素养概念众说纷纭，这在增进我们理解的同时也带来一些困惑。"④

总之，正如有学者感叹："对到底什么是核心素养、如何理解核心、核心素养的要素是什么，各要素之间具有怎样的关系，学术界还需要一个清晰统一的认识。"⑤ 根据钟启泉先生关于核心素养概念界定应当具有唯一性、渗透性、整合性的呼吁⑥，应当在符合语言规律的前提下，按照汉语言表达习惯对"核心素养"在文字层面做出"确定性"的表达。其一，基于汉语合成词的词尾指代，它所指归的对象是"素养"——平日的修养，这种素养是一种长期的、稳定的修养，而非临时的应景做作。其二，基于汉语合成词中修饰词尾的功能，它所规定的重点是"核心"——事物关系中的主要部分，是与"外围"相对应的，而非没有外围的抽象性核心。其三，它作为一个合成性的整体概念，在方向上指向素养，焦点却聚焦在核心；虽然这个核心本身可以再分，但它作为一种对象性、关系性的存在，它与"外围"的、处于"非核"位的要素相对而言却是整体的、居于"核"位的。

---

① 中国教育学会. 中国教育学会关于征求对《中国学生发展核心素养（征求意见稿）》意见的通知［EB/OL］. 人民教育出版社官方网站，2016-02-22. https：//www. pep. com. cn/xh/zyh_ 174090/tz/201605/t20160505_ 1264857. shtml.

② 中国教育学会. 中国教育学会关于征求对《中国学生发展核心素养（征求意见稿）》意见的通知［EB/OL］. 人民教育出版社官方网站，2016-02-22. https：//www. pep. com. cn/xh/zyh_ 174090/tz/201605/t20160505_ 1264857. shtml.

③ 成尚荣. 核心素养的"核心"［J］. 今日教育，2017（02）：14.

④ 龚继萌，张艳红. 我国核心素养研究述评［J］. 教育导刊，2017（12）：10-14.

⑤ 朱立明，马云鹏. 国内核心素养研究的进展与前瞻［J］. 中小学教材教学，2016（09）：17-21.

⑥ 钟启泉. 基于核心素养的课程发展：挑战与课题［J］. 全球教育展望，2016，45（01）：3-25.

2014 年颁布的《关于全面深化课程改革落实立德树人根本任务的意见》中提出要研制学生发展核心素养、制定和落实各学段学生发展的核心素养①。这表明了核心素养研究及其实践探索即将成为我国教育改革与发展的重要方向。"概念"作为"反映客观事物的一般的、本质的特征"②。如果完成了如上所述的有关"核心""素养"和"核心素养"等基本概念的、符合语言规律、切合大众习惯的通俗、通用的阐释，那么对即将全面推行的核心素养教育实践无疑会带来理论认识上约定俗成、心意会通的效果。

（二）内涵界定众说纷纭，析出本质以释之

界定概念必然需要阐释其内涵。概念的内涵作为"所反映的事物的本质属性的总和"③，在界定概念时自然需要对其本质属性进行阐释。将其比之于核心素养概念内涵的界定，就是要将其本质属性阐释出来。但当下是否将其本质属性阐释出来了呢？答案是否定的。"核心素养"作为我国学者对境外"关键能力"理论的模仿、借鉴、吸收后的创造性用词，在对其本质属性进行界定时，既可能受境外话语体系的影响，而将核心素养的本质属性概括为诸如完整性、阶段性、综合性、结构性、核心性④；也可能受本土话语体系的影响，而将核心素养的本质属性概括为诸如普遍存在与特殊关键能力的统一、广泛参与和交叉融合的统一、横向个性化和纵向生长性的统一。⑤ 可见当下"核心素养"概念内涵界定众说纷纭。

核心素养概念的本质属性是什么呢？这个需要回到我国学者们经过科学研究、系统论证、多方咨询而确定的核心素养权威资料——《中国学生发展核心素养（征求意见稿）》和《21 世纪学生发展核心素养研究》上来。前者解释"核心素养"是"学生应具备的，能够适应终生发展和社会发展需要的必备品格

---

① 教育部. 关于全面深化课程改革落实立德树人根本任务的意见 [EB/OL]. (2014-04-08) [2021-01-27]. http：//www. moe. gov. cn/srcsite/A26/jcj_ kcjcgh/201404/t20140408_ 167226. html.

② 中国社会科学院语言所词典编辑室. 现代汉语词典第 7 版 [M]. 北京：商务印书馆，2016：419.

③ 中国社会科学院语言所词典编辑室. 现代汉语词典第 7 版 [M]. 北京：商务印书馆，2016：419.

④ 朱立明，马云鹏. 国内核心素养研究的进展与前瞻 [J]. 中小学教材教学，2016（09）：17-21.

⑤ 刘霞云，卢志刚. "核心素养"研究现状及可开拓空间的文献综述 [J]. 湖南第一师范学院学报，2017，17（05）：32-38.

和关键能力"①，后者解释"核心素养"是"学生在接受相应学段的教育过程中，逐步形成的适应个人终生发展和社会需要的必备品格和关键能力"②。综合二者，核心素养就是学生在接受相应学段的教育过程中逐步形成的，必须具备的，能够适应个人终生发展和社会发展需要的必备品格和关键能力。按照这个表述，"核心素养"的本质属性可以解读为：①"教育过程中逐步形成的"——类别的教育性、效能的获得性；②"学生应具备的"——对象的内在性、发展的必要性；③"能够适应终生发展"——存在的稳态性、功能的适用性；④"社会发展需要的"——影响的社会性、价值的有用性（或曰价值性），亦即教育性和获得性的统一、内在性和必要性的统一、稳态性和适用性的统一、社会性和价值性的统一是核心素养的本质属性。

进一步从属性归类看，核心素养不但是因为面向学生而具有教育性，而且还因为面向社会而具有价值性；不但是因为指向学生而是一种个体品质，而且还因为联系社会又是一种社会品质；不但因为存在的稳态性而具有稳定性，而且还因为能适应发展需要而具有发展性。当然，在核心素养的属性分析中，需要特别注意其教育性这个首要的品质。众所周知，境外的关键能力或学习能力的研究主要基于职业胜任、终生教育的语境，而我国的核心素养及其教育则在吸收其关键能力的同时增加了必备品格的要素，是对境外关键能力研究的借鉴和发展，是视野更为广阔的、指向人的全面发展的终极目标的宏达教育构建。而且，在国家即将通过相关主导性政策以推动落实的态势下，它将不仅主导教育领域的言论方向，而且影响整个社会的发展走向③，其教育性品质将在指导不同学龄阶段、不同学校类型、不同学生个体的教育与发展中产生重要作用。反之，如若忽视核心素养的教育性品质这个根本的属性，核心素养教育则容易滑入教育工具论的泥潭，从而背离教育的"育人"本质。

当前，我国关于核心素养的理论研究已经蓬勃兴起，关于核心素养的教育实践落实也即将进入雨后春笋状态。因此，厘清了核心素养概念的上述本质属性，不但有助于在理论上澄清认识、消除混沌，而且在实践上也有助于鉴别真假核心素养教育，特别是反观当下一些冠以"核心素养"之名的核心素养实践研究，大都是"名副其实"的牵强附会之作，这容易使人联想到以前素质教育

---

① 中国教育学会. 中国教育学会关于征求对《中国学生发展核心素养（征求意见稿）》意见的通知［EB/OL］. 人民教育出版社官方网站，2016-02-22. https：//www. pep. com. cn/xh/zyh_ 174090/tz/201605/t20160505_ 1264857. shtml.

② 林崇德. 21世纪学生发展核心素养研究［M］. 北京：北京师范大学出版社，2016：29.

③ 晋浩天. 教育部制定各学段学生发展核心素养体系［N］. 光明日报，2014-04-26（6）.

概念出现后的那种情况：任何教育概念中间嵌入"素质"二字就成了"×××素质教育"，以至于人们戏称：素质教育是个筐，什么东西都往里面装！因此，核心素养教育在理论研究及实践运用甫兴之际，就要通过对其本质属性的科学界定而使其走上科学之道。

（三）外延表述偷梁换柱，采用体系以概之

界定概念同时需要阐述其外延。概念的外延作为"逻辑学上指一个概念所确指的对象的范畴"①，将其比之于核心素养概念外延的界定，就是要将其所确指对象的范畴指出来。那么当下是否已将其对象的范畴确指出来呢？答案不甚圆满。

顾名思义，"核心素养"指的应是众多素养要素中居于核心的那一个。但当下的核心素养却不是这个意思。首先，"核心素养"的权威资料《中国学生发展核心素养（征求意见稿）》讲的不是众多素养要素中居于核心的那一个，而是将学生必备品格和关键能力细化为三个一级维度、六个二级维度、十八个三级维度，是一个由众多素养要素构成的庞大体系，简而言之，它讲的是体系而不是核心。其次，国内学者对核心素养的内涵虽然是从不同角度分析的，但都认为核心素养是以人的发展为终极目标，包含了相关的能力、知识、态度、价值观等内容②，是能力、知识、态度、价值观等众多要素而不是核心。可见这些材料所讲的"核心素养"都不是一个核心，而是一个涉及诸多要素的综合性体系。至此可见，当下流行的"核心素养"，其实是把"核心"偷换成了"体系"！上述"核心素养"中的这种偷梁换柱现象，一开始就引起了人们的"吐槽"："核心素养不核心，倒像综合素养"。因为"核心者，应该是最关键之要点；什么都进，称之为'综合素养'更妥帖"③。"目前这种多核心的表达，就已经陷入'多核心'而无异于'无核心'的尴尬境地"④。

那么就此废弃核心素养理论？当然不是！因为正如众多专家指出的那样：这场以"核心素养"为名的教育改革，它是三维目标的提炼和整合，把知识、

---

① 中国社会科学院语言所词典编辑室. 现代汉语词典第 7 版 [M]. 北京：商务印书馆，2016：1345.

② 朱立明，马云鹏. 国内核心素养研究的进展与前瞻 [J]. 中小学教材教学，2016（09）：17-21.

③ 黄家骅. 核心素养不核心，倒像综合素养 [EB/OL] 江苏教育网，2016-9-15. https://www.sohu.com/a/114474012_227820.

④ 左璜. 基础教育课程改革的国际趋势：走向核心素养为本 [J]. 课程，教材，教法，2016，36（02）：39-46.

技能和过程提炼为能力，把情感态度价值观提炼为品格，核心素养更能体现以人为本的教育思想和教学的终极追求；也是对我国多年来素质教育"面向全体学生、促进学生全面发展"探索的重要发展、改革深化。① 所以，需要的不是废弃"核心素养"，而是要发展"核心素养"的概念。

如上所述，当下所谓的"核心素养"其实不是一个关于众多素养中的那个"核心"，而是包括众多要素的、具有层次结构的庞大框架，实际上就是一个体系。既然如此，那么不如就以"核心素养体系"概念替代"核心素养"。如此这样，当下包括三个一级、六个二级、十八个三级要素构成的庞大的要素体系就"名正言顺"了。同时，分析欧盟、经合组织等国际组织的相关理论，以及美、英、法、德、日等各个国家"关键能力"理论也会发现，它们都是一个包括众多构成要素的庞大框架。② 所以，建设性地使用"核心素养体系"这个概念也有助于与国际教育研究接轨、对话。

同时，进一步分析认为，"核心素养体系"概念具有重要的内涵和意义：其一，它是一个体系，并非仅仅只有一个"核心"。其二，体系中有核心，并非"无核"的"核心"或"多核"。其三，"核心素养"作为一个"体系"，理论上是容纳众多要素的逻辑体系，实践上是指导德智体等方面全面发展的活动体系；它既与全面发展教育理论相容，也与人的全面发展相通。其四，可以基于核心素养体系而建构"核心素养教育理论"——以核心素养体系科学研究为内核支撑的现代教育理论，其意义不但是在实践上实现了对中国传统教育的吸收与超越，而且在理论上可望实现当代中国特色教育论的创新；同时它还会是中国当代教育对世界乃至人类的重大贡献。

（四）对象聚焦欲言又止，置定学力以贯之

如上所述，界定概念外延需要指出所确指的对象。将其比之于核心素养概念外延的阐释，就是要求指出居于"核心"位置的"素养"这个对象。那么，当下指出了那个居于"核心"位置的"素养"了吗？答案是否定的。从直观的角度讲，"核心"就是有一个"核"，并居于"心"之位。反之，如果没有这个"核"，或者有"核"但不居于"心"位，都不可谓之"核心"。同时，"核心"之"核"通常只有一个，且位于中心。反之，如若"核"多了，那从逻辑上

---

① 余文森. 从三维目标走向核心素养 [J]. 华东师范大学学报（教育科学版），2016（01）：11-13.

② 徐田子. 义务教育阶段学生核心素养研究与分析 [J]. 教学与管理（理论版），2017（06）：1-4.

讲，它们彼此平等且难言谁为核，在实际情形下也是众多而散居、未必在核位。

但反观当下核心素养话语中，根本没有指归"核心"为何。首先，《中国学生发展核心素养（征求意见稿）》在阐释"核心素养"是"学生应具备的，能够适应终生发展和社会发展需要的必备品格和关键能力"概念后，用分层次技术给出了该概念的对象或范畴。但这里关于"核心素养"概念外延指归的那个"核心"就有两种理解：一是指"必备品格和关键能力"，这显然不妥，因为"必备品格"和"关键能力"表述仅仅是指出了是品格或能力的性质，但是并没有具体地指出这种品格或能力是什么；二是将其理解为第一层次的文化基础等3个要素也不妥，因为这三个是并列关系，至于第二层次的6个要素、第三层次18个要素则更不像。其次，其他学者"核心素养"中的"核心"是诸如基础素养、高级素养、高阶素养、通用素养、普适素养、关键能力、精要能力等说法①，但遗憾的是，这些说法也仅仅都是在界定"核心"素养的本质属性，而没有具体确指对象为何。

当然，也有人绘出了核心素养的同心圆或球形结构图，认为居圆心的"人的全面发展"就是核心。但分析这个说法是有问题的。因为人的全面发展当是核心素养教育的追求、目标，而非核心素养本体，核心素养与人的全面发展之间显然主要是手段和目的的关系。故有学者质疑：中国提出的核心素养已经变味，并不是强调"核心"，而是强调"全面"，是一种完整性、综合性和结构性的表达，其中"核心"一词可有可无②。可见，当下的核心素养话语其实对"核心"处于欲言又止的状态。难怪专家们追问："核心素养的'核心'在哪里？"③

当然，有人会说，境外有关"关键能力"的话语也是指由众多的要素构成、且没有置定一个"核"。其实，问题恰恰就出现在这里：我们认为的境外"关键能力"，是针对诸如 key/core competencies、key/core/ basic/essential skills 等单词。我国文献中有诸如核心素养、核心能力、关键能力、基本能力等多种译法④。

我国的表达是"核心素养"。前面诸多的外语表达中，基本上都是复数形

---

① 龚继萌，张艳红. 我国核心素养研究述评［J］. 教育导刊，2017（12）：10-14.

② 肖磊. 关于核心素养研制的几个基本问题［J］. 教育发展研究，2016，36（22）：28-34.

③ 钟启泉. 核心素养的"核心"在哪里［EB/OL］.（2016-04-01）［2021-01-27］. http：//blog. sina. com. cn/s/blog_ 783e83040102wc6g. html.

④ 林崇德.21世纪学生发展核心素养研究［M］. 北京：北京师范大学出版社，2016：24.

式——自然包含众多要素，亦即它们其实所指的是"能力群"而非仅仅一种能力。而且关键或基本或必要"能力群"话语中的关键、基本、必要本身可以允许有多个"关键"存在，甚至允许在不同领域存在不同的关键。但是，后者"核心素养"是在汉语言的语境中使用的，按照汉语言的习惯，"核心素养"应该是有且最好只有一个"核心"点（即 core）要素——也是一种素养（即 quality）。综观境外"关键能力"在我国转化为"核心素养"话语后引起的混沌不清、模糊不详，恐怕就是在概念使用时没有考虑汉语言中"关键"与"核心""能力"与"素养"的异同，及其在外译中的区别：关键—key、核心—core、能力—competency、素养—quality。

另外，在国际组织方面，如经合组织的"最关键能力"、欧盟的"综合性素养"等观点，在具体国别方面，如美国的"必备能力"、日本的"关键素质"[①]等论说，特别是从欧盟 2002 年发布、至今未变的报告中关于"关键能力"的表述等，可见他们不但置定了这些能力或素质或素养的内涵，而且对其所包含具体对象的要素也几乎达成了共识[②]。但他们说的是"关键能力"，而我们说的是"核心素养"。所以，当下我国"核心素养"之核心所指阙如现象仍是简单模仿、套用境外"关键能力"。

所以，需要根据汉语言的规律、习惯来厘定"核心素养"之"核心"。首先，需要厘清核心素养之核心的本质属性。其一，它在数量上，核心素养中的"核心"，应当强调的是少而精，而不是多而全，应当抓住关键要害；这些素养不是一般性的素养，而是最基础、最具生长性的关键素养。[③] 其二，它在品质上，核心素养不是只适用于特定情境、特定学科或是特定人群的特殊素养，而是适用于一切情境和所有人的普遍素养。[④] 其三，在价值上，核心素养是最关键、最必要的共同素养[⑤]。

其次，需要厘清核心素养之核心到底为何。要回答这个问题，就需要回归教育学的逻辑起点上来。依据康德关于逻辑起点是"关于科学从何开始"的观点，瞿葆奎、郑金州先生在比较、剖析诸多教育学逻辑起点认识后认为：学习

---

① 辛涛，姜宇，林崇德，等. 论学生发展核心素养的内涵特征及框架定位［J］. 中国教育学刊，2016（06）：3-7.

② 张丹. 基于内容分析法的核心素养国内研究综述［J］. 四川职业技术学院学报，2017，27（04）：65-69.

③ 褚宏启，张咏梅，田一. 我国学生的核心素养及其培育［J］. 中小学管理，2015（09）：4-7.

④ 施久铭. 核心素养：为了培养"全面发展的人"［J］. 人民教育，2014（10）：13-15.

⑤ 施久铭. 核心素养：为了培养"全面发展的人"［J］. 人民教育，2014（10）：13-15.

是教育学的逻辑起点①。从内涵上讲，学习承载着教育学的起点、构成教育学研究对象的核心、具有历史起点和逻辑起点相一致等品质。从理论上讲，全部教育研究的终极指向是学生的学习。从实践上讲，所有教育实践活动都是围绕学生的学习而展开。从属、种概念之间的逻辑关系上讲，作为种概念的核心素养及其教育应该是包含于作为属概念的教育之中，亦即核心素养的"核心"应该是属于学习这个逻辑起点之内。

　　学习作为不同因素之间的相互作用，它的外延包括学习的基础、学习的知识、学习的能力和学习的认知。其中学习的能力（简称"学力"，英译：Learning Power）似可作为核心素养之核心。原因有以下几点。其一，如钟启泉先生综合分析所指出的，在国际组织方面，经合组织的关键能力集中于互动地使用工具、自主行动和在社会异质团体中互动的学习能力②，欧盟的关键能力强调的是学会学习的品质③；在具体国别方面，法国的"共同文化"、德国的"关键能力"、美国的"核心知识"、日本的"基础学力"、国际学生评估项目（PISA）的语文素养、数学素养、科学素养等研究，都是学力模型研究的适例④，其指向是学习能力。也就是说，与我国的"核心素养"相近的大多数世界组织或国家的关键能力之关键在于学习能力。因而可以认为，学习能力作为教育的核心目标，就是《中国学生发展核心素养（征求意见稿）》所要寻找的那个"关键"。其二，以学力为核心的学习能够在逻辑上、实践上与我国核心素养体系三个层次的十八个要素链接起来，亦即这些三个层次的 18 个要素既是学习的目标、也是学习的对象、还是学习的结果，是一个理想层面的召唤性结构。同时，站在核心素养教育的角度看，学力及其所支撑的、内容呈现的核心素养要素是课程开发设计、教师专业发展、课堂教学活动乃至教育质量评价、教育考试和人才选拔的依据，又是现实层面的实践结构。如此就把核心素养之核心——学力与核心素养体系要素之间在理论上链接起来了。其三，从系统要素结构的角度看，学力可以分解成若干要素，如动力系统（包括学习动机、态度、价值取向等）、行为系统（包括学习途径、方法、技巧等）、调控系统（包括学

---

①　瞿葆奎，郑金洲. 教育学逻辑起点：昨天的观点与今天的认识（一）[J]. 上海教育科研 . 1998（3）：2-6.

②　张娜. DeSeCo 项目关于核心素养的研究及启示 [J]. 教育科学研究，2013（10）：39-45.

③　裴新宁，刘新阳. 为 21 世纪重建教育——欧盟"核心素养"框架的确立 [J]. 全球教育展望，2013（12）：89-102.

④　钟启泉. 核心素养的"核心"在哪里 [EB/OL]. （2016-04-01）　[2021-01-27]. http：//blog. sina. com. cn/s/blog_ 783e83040102wc6g. html.

习效率、反馈、调节等）和环境支持系统（包括学习经费、物理、信息等）等①。从层次水平角度看，学习包括学力基础、基础性学力和发展性学力（亦称创造性学力）。无论从哪个方面来看，学力的要素、水平都具有显示度，当然就可以设计相应的测量。那么以此学力贯穿、渗透的核心素养体系要素也可以此思维进行测量。如此就能够把核心素养之核心——学力与核心素养教育的实践链接起来了。

厘清"核心素养"之"核心"——学力及其所支撑、贯穿的外围要素——三个层次的十八个要素的内容与关系具有重要的意义，有助于实现一些学者关于"核心素养"理论及其实践的学科"核心素养"关系的期望：学科素养要建立在核心素养基础之上，没有核心素养哪里来的学科核心素养。核心素养的框架应该只有一个，各学科可以在这个顶层设计之下构建自身的学科体系②。

（五）概念外译莫衷一是，推敲说法以定之

在学术交流全球化的形势下，核心素养作为具有中国特色的教育理论与实践创新，走向世界成为必然。此时涉及其诸如英文名的外译问题。那么当下的核心素养概念的译名问题解决了吗？答案是否定的。

首先，核心素养概念源于境外关键能力等概念，源头本身复杂纷繁。对我国众多有关"核心素养"研究的文献分析发现，当下流行的核心素养研究最早可追溯到 1972 年德国学者梅腾斯（D. Mertens）提出的"关键能力"——一种普通的、可迁移的、对劳动者未来发展能够起到关键性作用的能力。1997 年国际经济合作与发展组织（简称 OECD）开展"关键能力的界定与遴选：理论和概念基础"研究项目后，欧盟等国际组织，以及美国、英国、德国、日本、韩国、法国、芬兰等国家和地区，分别在职业胜任、终生学习、生活准备等不同价值追求下迅速掀起了一场有关"关键能力"研究与实践的热潮。其中，我国众多文献中都提及的 OECD 研究报告中使用的是"key competences"③。另外，维克（Armin Wiek）、巴斯（Matthias Barth）、里兴（D. S. Rychen）等所作的，

---

① ［美］W. C. Kirby. 学习力 ［M］. 金粒，译. 海口：南方出版社，2005：1.

② 杨磊，朱德全，林克松. 核心素养研究热点领域解析 ［J］. 当代教育科学，2017（06）：92-96.

③ The European Parliament and the Council of European Union. Recommendation of the European Parliament and the Council of 18 December 2006 on Key Competences for Lifelong Learning ［J］. Official Journal of the European Union，2009（08）：18.

被高频率引用的文献中①，使用的也是"key competences"。此外，境外文献中还有 key skills, core competencies, core skills, basic skills, essential skills 等表述，我国文献中有核心能力、关键能力、基本能力等多种译法。可见，我国核心素养源于境外关键能力等的研究，它们本身在概念表达上就是多样、复杂、交叉、混合的。因此，我们在对外使用核心素养概念时，需要注意汉语言核心素养概念的习惯性本意与境外关键能力等概念所指的联系和区别。

其次，汉语言中的核心素养概念外译表达形式多种，情形较为混乱。笔者在系统搜集、分析近年来我国有关研究中关于中文"核心素养"概念的英文译名的表达后，发现有"key competences"②、"core competences"③、"core quality"④、"core literacy"⑤ 四种（当然，其中大多数情况是使用了"key competences"）。观察这些研究题目中都有"核心素养"一词，但其题目对外翻译后，表达却不相同，让人莫衷一是。再者，大多数文献外译时虽然使用了"key competences"，但其范畴、内容不仅包括境外所理解的"key competences"——关键能力，还包括境外"key competences"话语中所没有的、中国话语中增加的"essential character"——必备品格。当境外学者看到中国学者的"key competences"时，对他们所造成的困顿情景可想而知。同时，境外学者看到我国学者其他诸如 core competency、core quality、core literacy 时，可能还会困惑：这些概念中到底哪一个才真切地反映了中国的"核心素养"？至此可见，需要对汉语言中"核心素养"概念的外译名达成共识。

最后，具有中国特色的核心素养概念该如何外译，亟待研究解决。这个问题涉及以下要领。其一，汉语言的"核心素养"不可译为"key competences"。因为"key competences"倒译过来为"关键能力"，这岂不是说"核心素养"等同于"关键能力"？显然不妥。正如有学者已经发现的："核心素养"的含义不

① 刘永凤. 国际"核心素养"研究的最新进展及启示 [J]. 全球教育展望, 2017, 46 (02): 31-41.

② 刘永凤. 国际"核心素养"研究的最新进展及启示 [J]. 全球教育展望, 2017, 46 (02): 31-41.

③ 邱小健, 龚筠茜, 邱恬. 学生核心素养问题的研究综述 [J]. 教育与教学研究, 2017, 31 (09): 11-15.

④ 刘霞云, 卢志刚. "核心素养"研究现状及可开拓空间的文献综述 [J]. 湖南第一师范学院学报, 2017, 17 (05): 32-38.

⑤ 卓晓孟. 近七年来我国核心素养研究的回顾与展望 [J]. 现代教育科学, 2017 (10): 144-150.

同于包括知识、技能的"关键能力"，前者的范围更广泛①。同时，在汉语言里，"核心素养"与"关键能力"是两个不同的概念：其中核心素养是上位概念，关键能力是下位概念；核心素养包含关键能力，二者自然不可等用。其二，"核心素养"中之"核心"何译？《牛津英汉双解词典》解释"core"有（水果的）果心、核儿，（事物的）中心部分，最重要的部分，核心等意②；其他如key（重要的、关键的）、basic（基本的）、essential（必需的）都不具备core所拥有的内涵，所以，核心素养之核心一词译作core为妥。同时，学界也有类似的立场："core"更贴切中文"核心"一词的意义③。其三，"核心素养"中之"素养"何译？《牛津英汉双解词典》解释"quality"有质量、品质，人品、素质、品德，特征、特质、特色等意④；其他如competences（能力、胜任、本领）、skills（技能、技巧）、ability（能力、才能、本领）的内涵都不如quality丰富，也更难以反映汉语言中素养的内涵，所以，"核心素养"之"素养"一词译作quality为妥。至此，综合起来，汉语"核心素养"的概念英译为"core quality"较妥。

总之，我国核心素养源于对境外关键能力等研究的借鉴和发展，使用这一概念时，既要在理论上注意它与境外关键能力的联系和区别，又要在实践上考虑它的汉语言习惯和规律。如此，既可保证学术研究的科学性，也可避免实际使用的混沌状态。

二、核心素养教育概念的创生

（一）创生概念：核心素养教育

众所周知，我国学界的核心素养概念源于境外关键能力的研究。具体而言，近年来由于受欧盟、经合组织、联合国教科文等国际组织，英、德、法、日、韩、澳、美等国家，我国台湾地区等有关关键能力（key competences）、基本技

---

① 汪瑞林. 核心素养：素质教育再出发的起点［N］. 人民教育报，2015-05-13（10）.

② A. S. Hornby（霍恩比）. 牛津高阶英汉双解词典第9版［M］. 北京：商务印书馆，2014：453.

③ 林崇德. 21世纪学生发展核心素养研究［M］. 北京：北京师范大学出版社，2016：28.

④ A. S. Hornby（霍恩比）. 牛津高阶英汉双解词典第9版［M］. 北京：商务印书馆，2014：1671.

能（basic/essential skills）等理论研究与实践探索的影响①，我国以心理学家为主要代表的学者创造性地提出了核心素养（core quality）的概念，并且在较大规模研究的基础上，取得了《中国学生发展核心素养》② 的发布、《21 世纪学生发展核心素养研究》③ 的出版，以及一批有关核心素养及其教育实施研究的丰富成果，获得了文化基础、自主发展、社会参与三个方面、六大素养、十八个基本要点的核心素养结构的理论共识，推动了核心素养的相关课程标准落实和教材、教学落地的实践进展。

核心素养作为基于境外关键能力而又高于关键能力的创造性概念，按照《中国学生发展核心素养》④ 和《21 世纪学生发展核心素养研究》⑤ 两个代表性材料的说法，核心素养是学生在接受相应学段的教育过程中逐步形成的，适应个人终生发展和社会发展的需要所必须具备的必备品格和关键能力。这里需要特别注意的是，我国学者的核心素养概念在境外"关键能力"的基础上，在继承中国教育立德树人的优秀传统基础上，增加了具有当代中国特色的"必备品格"，也就是说，我国的核心素养概念是对境外关键能力概念的吸收、发展和超越，更加具有理论的科学性、民族的文化性。

显然，核心素养与核心素养教育是两个概念。前者是一个倾向于心理学的概念、后者才是教育学的概念；前者指向人类个体的品格特质，后者指向人类群体的教育活动。当然，二者存在密切的联系，即核心素养作为个体品格特质，构成了核心素养教育的基础，亦即核心素养教育就是要培养个体的核心素养。同时，也如某学者所言：学生核心素养的概念需要找准定位，厘清与教育、教学、课程多方面的关系。⑥ 也就是说，核心素养——作为一种素养，它还不是教育本身，要发展学生的核心素养就需要创造性地提出一种发展核心素养的教育——核心素养教育。可见，核心素养教育是在新时代提出的一个崭新的教育

---

① The European Parliament and the Council of European Union. Recommendation of the European Parliament and the Council of 18 December 2006 on Key Competences for Lifelong Learning [J]. Official Journal of the European Union，2009（08）：18.

② 中国教育学会. 中国教育学会关于征求对《中国学生发展核心素养（征求意见稿）》意见的通知 [EB/OL]. （2016-02-22）[2021-01-27]. https：//www. pep. com. cn/xh/zyh_ 174090/tz/201605/t20160505_ 1264857. shtml.

③ 林崇德. 21 世纪学生发展核心素养研究 [M]. 北京：北京师范大学出版社，2016：11.

④ 中国教育学会. 中国教育学会关于征求对《中国学生发展核心素养（征求意见稿）》意见的通知 [EB/OL]. （2016-02-22）. https：//www. pep. com. cn/xh/zyh_ 174090/tz/201605/t20160505_ 1264857. shtml.

⑤ 林崇德. 21 世纪学生发展核心素养研究 [M]. 北京：北京师范大学出版社，2016：29.

⑥ 林崇德. 21 世纪学生发展核心素养研究 [M]. 北京：北京师范大学出版社，2016：33.

学概念。

（二）阐释概念：何谓核心素养教育

核心素养教育是一个合成词，包括核心、素养、教育等基本概念，以及与之相近的关键、基本、素质、技能、能力、教学等重要概念。鉴于学者已对这些概念作出相关探讨①，此处不再赘述。所谓核心素养教育，就是培养学生核心素养的教育，亦即通过各学段教育，逐步培养学生必备的、适应个人终生发展和社会发展需要的必备品格和关键能力的教育。

依据上述关于核心素养教育概念的界定，可以从中提取核心素养教育的基本特点：其一，学生"所必须具备的"——对象的主体性、性质的必要性；其二，"教育过程中逐步形成的"——状态的发展性、结果的获得性；其三，"适应个人终生发展""社会发展"的需要——价值的有用性、效能的长期性。

2014年，教育部颁发《关于全面深化课程改革落实立德树人根本任务的意见》，提出"根据核心素养体系，明确学生完成不同学段、不同年级、不同学科学习内容后应该达到的程度要求"。② 显然，核心素养教育具有自己特殊的内涵。首先，从教育目标的角度看，核心素养教育提出培养诸如信息意识、问题解决、技术运用、批判质疑、勇于探究等关键能力，培养诸如人文积淀、人文情怀、自我管理、珍爱生命、社会责任、国家认同、国际理解等必备品格，其目标是培养"共存类主体"，是对过去"占有性个人主体"教育目标的扬弃。③其次，从教育过程的角度看，核心素养教育与知识为本的传统教育相比，它关注的是学生素养达成、而非分数或等级，关注的是知识的生活运用、而非重复再现，关注的是学习本身的持续、而非学习时间的长度。④最后，从科学基础的角度看，核心素养教育具有追求生命卓越的存在论、提升生活品质的生活能力论、追求社会正义的政治哲学论的科学基础⑤。可见，核心素养教育是一个在新时代落实立德树人背景下提出的一个崭新的教育理论体系。

---

① 林崇德.21世纪学生发展核心素养研究［M］.北京：北京师范大学出版社，2016：1（序）.

② 教育部.关于全面深化课程改革落实立德树人根本任务的意见［EB/OL］.（2014-04-08）［2021-01-27］.http：//www.moe.gov.cn/srcsite/A26/jcj_kcjcgh/201404/t20140408_167226.html.

③ 冯建军.个人主体教育的反思与类主体教育的建构［J］.南京师范大学学报（社会科学版），1999（06）：60-66.

④ 冯翠典.素养为本的教育：内涵、模式、原则和挑战［J］.教育科学研究，2017（04）：30-34.

⑤ 高伟.论"核心素养"的证成方式［J］.教育研究，2017（07）：4-13.

总之，核心素养与核心素养教育之间是既有联系而又有区别的概念。其中，核心素养教育的目的是"立德树人"，但核心素养则回答了"立什么德、树什么人"①。此外，在核心素养研究权威著作《21 世纪学生发展核心素养研究》中多次使用了"发展学生核心素养"的表达，"发展"作为"事物由小变大、由简单到复杂、由低价到高级的变化"②，这种变化恰恰就是核心素养教育的旨归、追求。可见发展学生核心素养与核心素养教育具有内在的一致性，在发展学生核心素养说法的基础上提出核心素养教育也是顺理成章的。

三、核心素养教育概念的意义

（一）实践价值：指路中落实核心素养

第一，指明人类教育培养主体人的未来之路。历史地看，人类教育培养目标的演进进程，农业时代的教育着重培养以继承型"德性"为基本素养的人，工业时代着重培养以就业型"能力"为基本素养的人，当代乃至未来教育则在继承和发展的基础上着重培养创新型"素养"的全面发展的人。可以说，核心素养概念的演变与人类进步和社会发展密切相关，是社会生产力与生产方式发展变化的产物③。现实地看，核心素养教育培养的是主体的"人"④，实现了由"客体人"到"主体人"的转变。同时，由于"主体人"不但包括主体性，而且包括主体间性——主体之间关系的特性，是一种"己欲立而立人，己欲达而达人""己所不欲，勿施于人"的推己及人的仁爱、共生精神，这正契合了在当前人类面临诸多全球性问题威胁下构建人类命运共同体的时代需求，代表了面向未来的教育旨归，具有全球性的教育引领价值。

第二，助推素质教育在新时代的转型升级。近 30 多年来，为了走出应试教育的泥潭，国家先后发布了《关于当前积极推进中小学实施素质教育的若干意见》等文件，提出"中小学要由'应试教育'转向全面提高国民素质的轨

---

① 林崇德.21 世纪学生发展核心素养研究［M］.北京：北京师范大学出版社，2016：24-29.

② 中国社会科学院语言所词典编辑室.现代汉语词典第 7 版［M］.北京：商务印书馆，2016：352.

③ 林崇德.21 世纪学生发展核心素养研究［M］.北京：北京师范大学出版社，2016：3（序）.

④ 林崇德.21 世纪学生发展核心素养研究［M］.北京：北京师范大学出版社，2016：5（前言）.

道"。① 经过多年努力，取得了科学认识、素质教育理论如期完成"两基"工作、推动新课程改革、实施全面素质教育等重大成就。但是，素质教育也面临着新的挑战，如中小学课程目标有机衔接不够、学科内容交叉、教材系统性和适应性不强，特别是知识与技能、过程与方法、情感态度价值观"三维目标"较为抽象等②。"核心素养是党的教育方针的具体化，是连接宏观教育理念、培养目标与具体教育教学实践的中间环节"③，是我国近30多年来素质教育的创造性继承和发展，它将素质教育的知识、技能、态度、情感、价值观进一步具体化为三个方面、六大要素、十八个基本要点，从而实现素质教育向核心素养教育的转型、实现了素质教育的转型升级。

（二）理论意义：超越中彰显中国智慧

第一，实现了对国际教育的超越和创新。我国核心素养包括学生必备的、适应个人终生发展和社会发展需要的"必备品格"和"关键能力"两大领域。其中，"关键能力"领域是吸收了境外诸如欧盟、经合组织等国际组织和英、美等一些国家的理论研究成果与实践探索经验，并且突破了国外仅仅指向职业胜任或终身学习的关键能力的局限性。同时，"必备品格"领域则是具有新时代中国特色的元素，正如学者研究指出的："核心素养研究中充分考虑了我国的国情特色，立足我国的实际情况和历史文化特点，体现了中华优秀传统文化的继承与创新"，④ 其中国家认同等社会责任的品格更是具有中国特色。所以，在一定程度上说，核心素养理论既有对境外关键能力理论的吸收和超越、也有具备中国特色的必备品格的思考与创新，培养核心素养的教育则是具有中国特色的教育创新。

第二，彰显教育理论创新的中国智慧。核心素养教育是涵盖态度、知识与能力等方面的全人教育，着重于全人素养或全方位素养的培养，它不但超越了西方行为主义教育传统，而且也契合我国"教人成人"或"成人之学"教育传统文化，是对已有人类教育在继承基础上的重大突破、创新。在实践层面，我国已经提出诸如通过从幼儿园、中小学到大学的各个学段教育贯穿下去，通过

① 中共中央 国务院. 中国教育改革和发展纲要 ［EB/OL］. (1993-02-13) ［2021-01-27］. http：//ggw. mku. edu. cn/info/1003/1011. htm.

② 教育部. 基础教育课程改革纲要（试行）［EB/OL］. (2001-06-08) ［2021-01-27］. ht-tp://www. moe. gov. cn/srcsite/A26/jcj_ kcjcgh/200106/t20010608_ 167343. html.

③ 汪瑞林，杜悦. 凝练学生发展核心素养，培养全面发展的人——中国学生发展核心素养研究课题组负责人答记者问［N］. 中国教育报，2016-9-14（09）.

④ 林崇德. 21世纪学生发展核心素养研究［M］. 北京：北京师范大学出版社，2016：10.

从课程标准、课程设计到课程实施的整体设置渗透进去，通过课堂评价、社会选拔和单位用人的一致连接贯彻下去，通过学校、家庭和社会各个教育途径推展开去。可以预见，我国核心素养教育的探索，将为人类新时代的教育理论与实践创新贡献中国智慧。

专题 04：核心素养教育理论的学理分析[①]

【摘要】　教育学理分析作为教育学学科建设的"元"研究，无疑是核心素养教育理论建设中最为基础性的工作。历史地看，已有教育学范式中蕴含学理的色彩，如公民训练的传统教育学理、公民养成的现代教育派学理，还有服务苏式教育的学理体系，这些虽然有其时代贡献，但随着信息社会的到来及其对人才培养的新要求，显然需要诸如核心素养教育的理论创新来应答。那么，核心素养教育理论的学理体系的逻辑起点是什么？由逻辑起点衍生的基本要素有哪些？次要要素有哪些？这些要素之间构成了什么样的关系？这些关系对教育规律的揭示又有何启发？如此等等。因此，本研究采用文献法和访谈法，再通过对赫尔巴特、杜威、凯洛夫的教育学理论所代表范式的学理分析，提出了核心素养教育学理的前进方向——回到逻辑起点、推演教育要素、揭示要素关联。然后从理论和实践两方面对核心素养教育及其理论建构进行思考，从而完成核心素养教育的学理分析。

【关键词】教育学范式；学理；逻辑起点；构成要素；教育规律

一、核心素养教育的问题之源与史鉴

（一）问题之源：国际关键能力研究的得与失

1. 关键能力研究之得

首先，从研究目的来看，国外"关键能力"的研究顺应了时代之变，满足了社会发展与个人实现之需。无论是经合组织"关键能力框架"、欧盟"关键能力指标"，还是美国、日本、新加坡的"21 世纪技能框架"，其研究无一例外地都是为了面对 21 世纪的众多挑战。经合组织作为国际性经济组织，其主要目的

---

①　本专题撰写作者：徐竹君（教育学硕士，乐山师范学院讲师）；唐智松（教育学博士，西南大学教授、博士生导师）。

是要促进各成员国间的合作，共享信息及提供经济发展的渠道。具体而言，在全球化竞争加剧、知识膨胀的环境之下，人才培养成了国家或地区实力的关键保障。基于依靠教育促进经济合作与发展的基本思路，经合组织开始研究如何提高学生能力以提高竞争力与经济实力。因此，提高学生哪些能力，便成了经合组织研究"关键能力"的直接原因。欧盟作为欧洲经济政治共同体，在教育领域与其竞争对手美国相比还存在众多问题，特别是人力资本的不足。为提高国际竞争力，促进国家未来经济的发展，欧盟提出了立足于终身学习的"关键能力指标"，以提高公民素质，提升整体竞争力。美国的"21世纪技能框架"是在技术化所推动的职场素养标准变化以及以能力为本的教育改革的推动下提出的。可见，上述主要国际组织和国家所开展的"关键能力"研究都是基于对经济全球化、信息化和知识社会趋势的考量，在力图满足社会需求与个人现实需要的前提下，期望通过建立"关键能力"的目标体系，提高个人能力，加强本国或本地区国际竞争力。不得不说，各国际组织和国家对于"关键能力"的研究，捕捉到了社会对于人才的新需求，是顺应时代，立足社会发展、满足个人所需的重要举措。

其次，从研究框架与内容来看，国外"关键能力"侧重于个人技能或能力的提升。经合组织通过"素养的界定与遴选"项目，确定了该组织关键能力的框架体系，其中包括能在异质社会团体中互动的能力、能够互动地使用工具的能力以及能够自主行动的能力，其下又包括了合作的能力、控制与解决冲突的能力、在复杂环境中行动的能力、互动地使用知识与信息的能力等具体能力要求。经合组织提出的三大能力彼此关联，相互依存，全方面展现了个人面对复杂情境、时代变化与激烈竞争所应具备的各项能力。欧盟将关键能力界定为"个人在知识社会中实现自我、融入社会，以及具备就业时所需要的能力"①，并建构了以母语交流、外语交流、数学与科技素养、数字化素养、学会学习、社交与公民素养、主动与创新意识、文化意识与表达为关键能力的框架体系，以此应对知识经济对于个人能力的挑战。美国的"21世纪技能框架"主要包含了生活与职业技能、学习与创新技能、信息技术与媒介技能。从上述关键能力框架中的具体内容来看，大多是以"能力""技能"为落脚点，注重培养个人面向真实情景、面向社会需要、面向未来变化的能力。侧重个人能力的关键能力框架体系，有利于提升青年学生就业所需的技能水平，一定程度上满足了全球快速变化的形势下对新技能的需要。

---

① 林崇德.21世纪学生核心素养发展研究［M］.北京：北京师范大学出版社，2016：64.

2. 关键能力研究之失

国外关于"关键能力"的研究众多，大体上是顺应时代之变，立足于个人能力之位，指向了以提升技能与能力来提高国际竞争力，促进经济发展这一目的。但面向真实情景、面向社会需要、面向未来变化的关键能力是否是完美无瑕的？急速变化的信息社会是否只需要解决"燃眉之急"的关键能力？答案是否定的。

国外关键能力研究尽管在其出发点和结果层面，都具有无可替代的积极意义与正向价值，但是它也有弊端与局限性，即国外"关键能力"研究过分强调个人对生存、社会适应与职场就业的需要，过分侧重外在技能与能力的提升，忽视内在品格与德行的培养。从研究出发点来讲，大多数国际组织和国家都是以提升能力、提高竞争力以适应经济全球化为根本出发点，例如美国就是在其就业市场对人才需求发生变化的背景下提出的。由于经济全球化、信息化和技术化带来的产业调整，对劳动者提出了更高的要求，美国劳工部专门为此成立委员会，以寻找和确定人们在职场中获得成功的关键技能。此外，美国自《国防教育法》颁布以来，其教育改革一直以能力为本，形成了普遍的"能力观"，其"21世纪技能框架"也是紧紧围绕"生活与职业技能""学习与创新技能""信息技术与媒介技能"而展开，旨在培养个人在生存与就业中所需的信息、媒体、领导、创新等能力与技能。同样，经合组织、欧盟等其他国际组织、国家和地区其关键能力的研究也是侧重于能力与技能的，甚至旨在"通过教育、科学和文化促进各国合作"的联合国教科文组织在开展全民教育的过程中也认为"当前急需解决的问题是提升青年的技能水平，以保障他们能够顺利找到工作"[1]。

从研究的内容框架来看，基于"关键能力"所建构的内容框架过于偏重个人能力的提升，缺失或缺少对人"责任担当""心理品质""文化情怀"等内在品格的关注，因而无论是美国"21世纪知识技能彩虹结构图"的三维立体式框架体系、欧盟的整体交互式框架体系，还是经合组织的同级并列式框架体系，尽管它们都具备适应时代、细目多维的特征，但研究成果的重心主要是聚焦在关键能力等智能类素养上面、而对内在的个体社会性品格的关注度则是不够的。究其原因可能是受到西方特定的经济社会政治体制、文化价值观念的影响，较多地关注非意识形态层面的智能、而对涉及意识形态的社会性品德等方面未予重视所致。

---

① 林崇德.21世纪学生核心素养发展研究［M］.北京：北京师范大学出版社，2016：41.

另外，通过对经合组织、欧盟与美国的"关键能力"框架的具体内容分析可知，三者的主要内容都是指向外显的具体能力，而对内在品格的要求往往是缺失或者占比较小，因而难以体现对个人内在品格与德行的重视。然而，人的发展应当是全面的，既有外在知识与能力，也有内在的品格与涵养，反之人将失去人本身的内涵与意义，而成为服务于就业、服务于经济发展的移动工具。从人类的长远发展来看，除了外在的知识技能态度，更需注重植根于内心深处的品格。

3. 对关键能力的超越

我国的"核心素养"受到国外"关键能力"的启发，作为国外的"舶来品"，存在诸多版本。在相同的时代背景下，各国际组织、国家和地区都基于本土实际情况与培养目标，指向与之契合但重点不同的"关键能力"。例如欧盟以胜任力为关键，联合国教科文组织以终身学习为关键，美国以应用力为关键、日本以适应力为关键。我国的核心素养就是在此背景下兴起的，并由林崇德教授牵头开展了关于我国学生发展核心素养的系列研究，并运用心理学等多学科研究方法，获得了表征中国学生的核心素养的结构及其相应的指标体系。其中，这个核心素养的结构最为值得称道的是在吸收境外关键能力的基础上，增加了具有中国特色的必备品格，由此形成了中国学者对境外关键能力研究的突破与创新。核心素养中关于必备品格的内容的定义有其特殊的原因。具体而言，在我国传统文化中，修身立德一直以来都是培养和发展人的重要诉求，在以儒家文化为核心的中国传统文化中，"仁民爱物""孝亲爱国""重义轻利""诚信自律""礼敬谦和"作为传统修身立德的主要思想，在不同的历史时期薪火相传，经久不衰，它们对于当下人的素养结构的建构以及素养的提升具有重要意义与借鉴价值。基于此，我国学者在核心素养研究时提出以传统文化和传统教育为视角，建构以道德修养为核心的学生核心素养指标体系。①

2016年9月，我国的核心素养研究课题组在综合开展基础理论研究、国际比较研究、教育政策研究、传统文化分析、现行课标分析、实证调查研究的基础上，最终确定了核心素养的概念与内涵，即学生发展核心素养，主要是指学生应具备的，能够适应终身发展和社会发展需要的必备品格和关键能力，以"全面发展的人"为核心，分为文化基础、自主发展、社会参与三个方面，综合表现为人文底蕴、科学精神、学会学习、健康生活、责任担当、实践创新六大

---

① 林崇德. 21世纪学生核心素养发展研究［M］. 北京：北京师范大学出版社，2016：134-136.

素养，具体细化为人文积淀、理性思维、乐学善学、社会责任等十八个要点。①
由此可见，我国的核心素养在研究上主要采用了传统文化与传统教育的视角，
重视人素质结构中的道德修养，在我国核心素养的内涵与框架结构中，贯彻和
体现了"仁民爱物""孝亲爱国""重义轻利""诚信自律""礼敬谦和"的重
要思想，与此同时也借鉴并吸收了国外"关键能力"解决就业问题、满足社会
发展需要、提升人才竞争实力的现实目的及与之对应的"信息意识""合作能
力""技能应用""问题解决"等重要内容。综上所述，我国的"核心素养"是
学者们在吸收国外关键能力这个概念的基础上，结合我国文化教育中立德树人
的历史传统、培养社会主义建设者和接班人的时代特质，增加了必备品格这个
重要的素养结构而创造性提出的，是对关键能力的吸收与超越。

（二）历史之镜：教育学代表范式的学理探析

教育学的发展具有多元化的特征，在教育学的发展历程中涌现出许多著名
的教育家，他们的教育思想及教育理论为教育学学科的发展做出了重要的贡献。
从数量上看，尽管诸多教育家通过研究形成了各具特色的教育理论，但是从教
育学理角度来讲，能够构成一个完整的教育学理体系且对教育学产生了重要影
响的教育理论则为数不多。在笔者看来，典型代表有赫尔巴特的教育学理论、
杜威的教育学理论和凯洛夫的教育学理论。赫尔巴特、杜威和凯洛夫，分别著
有《普通教育学》《民主主义与教育》和《教育学》，在著作中他们系统地阐释
了各自的教育理论，代表了教育学的三类研究范式——"教师中心论""活动中
心论"和"系统建构论"。直到今天，三类范式对教育学仍然发挥着重大的影
响，大多数教育学教材仍然继承或发展着他们的教育理论。因此本研究选择了
他们的教育理论，尝试通过对三者教育理论的深入分析，进一步明晰教育学理
的前进方向。

1. 赫氏教育学理论的学理

众所周知，赫尔巴特被称为"科学教育学之父"，他的《普通教育学》被
认为是科学教育学形成的标志。通过对赫尔巴特著作的分析，我们可以总结出
其基本特点，即其教育理论具有明显的国家主义教育思想倾向，强调道德教育、
纪律与管理。具体而言，赫尔巴特的教育理论是在伦理学和心理学的基础上提
出的，他认为："教育作为一门科学，是以实践哲学与心理学为基础的。前者指
明目的，后者指明途径和手段。"② 因此，赫尔巴特的教育理论可以分为两部

---

① 核心素养研究课题组. 中国学生发展核心素养［J］. 中国教育学刊，2016（10）：1-3.
② 滕大春. 外国教育通史［M］. 济南：山东教育出版社，1995：253.

分：一方面是伦理学指引下的教育目的，赫尔巴特在其五种道德观念——内心自由、完善、仁慈、争议、公平或报偿的影响下提出了教育的最高目的是道德，他要培养的人是具备五种道德观念的、具备完善品格的人；另一方面，在心理学的影响下赫尔巴特提出了教学的目的是培养人的德行，明确了"教育性教学"的原则，在教学内容的设计上发展多方面兴趣，强调知识的系统性，与此同时提出了教学的三种类型与三种教学方法，最后还根据心理学的统觉理论提出了明了、联想、系统、方法等环节的"教学阶段论"。

不得不说，赫尔巴特的教育教学理论对教育学的发展作做了卓越的贡献，阐明了心理学之于教育学的重大意义，规定了教育性教学的概念以及提出了教学阶段论。另外，从其教育思想与理论内容中可以发现其学理特征。首先，赫尔巴特的教育理论是在心理学与伦理学基础上建立起来的，理论基础较丰富。其次，其理论涉及了教育目的、教学目的、教学原则、教学内容设计、教学方法、教学管理等多种教育要素。但是，从教育学理的角度看，赫尔巴特的教育理论没有明确的学理逻辑意识，尽管在理论中谈到要以心理学和伦理学为理论基础，但是却缺少对教育学理论逻辑起点的思考，在教育要素的构成上始终围绕"教学论"展开，教育要素比较贫乏，"教师""学生""教育环境""教育评价"等教育要素都没有涉及，并且对各教育要素间的关系也没有明确说明，最终也没能建构出一套完整的、具有逻辑性的教育学理体系。

2. 杜氏教育学理论的学理

杜威是美国实用主义的代表人物，也是实用主义教育思想的创始人。早在1897年发表的《我的教育信条》中，杜威就指明了教育过程的两个方面——一部分是心理学的，一部分是社会学的，由此为出发点，杜威进一步提出了他对教育本质的基本观点。而杜威的代表著作《民主主义与教育》比较全面地代表了杜威的教育思想。杜威认为"教育即生活""学校即社会"是教育的本质，并且在其中特别强调了教育的"无目的"论，即教育过程之外是无目的的，教育的目的在教育过程之中。基于对教育本质的理解，杜威提出了"从做中学"的教学基本原则，认为儿童的学习应当在活动中获得，在经验中获得。紧接着，由"从做中学"的教学原则出发，杜威又谈到了课程与教材的问题，他认为要以儿童的出发点来考虑课程与教材，以儿童的兴趣和需要为根据，将各学科知识恢复到原来的经验。此外，杜威认为教学活动应当培养儿童的思维习惯和能力，为此，他提出了"思维五步"的观点，将教学过程相应地划分为五个步骤。在学校生活组织方面，杜威严厉地批判了传统教育的"教师中心观"，提出了学校生活组织要以儿童为中心，教师作为协助者应为儿童生长服务。最后，他还在职业教育和伦理教育方面做出了重要的论述。

杜威在其教育目的之上建构起来的教育理论，对于当时的教育界以及之后都有着极其深远的影响。在杜威的影响下，许多新式教学制度与方法频频出现，教育的实用主义思潮红极一时，直到今天他的教育理论还值得吸取经验。从教育学研究的学理角度看，杜威的教育理论相比赫尔巴特而言更具备教育学的学理意识。首先，他具备了研究的起点意识，以教育的"无目的"论为起点，展开了对教育本质的讨论等；其次，他的教育理论中教育要素更为丰富、更为全面，涉及教育目的、教育本质、教学原则、课程与教材、教学方法、儿童与教师的关系以及职业教育、道德教育等；最后，他在对教育理论展开系列论述的过程中，关注到了部分教育要素之间的关系，例如教育目的与教育本质，教育本质与教学原则等，注重要素之间的逻辑联系。但是，他的理论以实用主义哲学和行为主义心理学为基础，突出解决教育的实际问题，从其教育理论的整体架构来看，缺乏整体的逻辑线索，缺乏对教育理论的整体设计，所有教育要素间的排列是非逻辑的。此外，他作为"儿童中心论"的代表人物，其教育理论始终以儿童为中心，缺少教育之于社会等外在的教育目的。

3. 凯氏教育学理论的学理

凯洛夫是苏维埃教育学的代表人物之一，他的教育主张与思想集中体现在其《教育学》一书中，这本著作对二战后社会主义阵营国家教育学的发展产生了十分深远的影响。凯洛夫的教育理论以马克思主义哲学为指导，在教育学的教育总论、教学论、德育论等内容方面有一定新的思考。具体而言，凯洛夫的《教育学》一书中将教育学分为四大部分，即"教育总论""教学理论""德育论"和"学校管理论"，在教育总论部分，凯洛夫以唯物辩证法作为指导，进而探讨了教育的本质、教育的功能、教育的价值等问题；在教学理论部分，凯洛夫以马列认识论为出发点，认为教学的本质是一个"特殊的认识过程"；在德育论部分，凯洛夫以马列主义思想为指导思想，认为该指导思想应当贯穿政治思想和道德教育的内容、方法与原则；最后，在学校管理论部分，他仍然强调在马列主义思想指导下进行学校管理，开展教育行政工作。

凯洛夫的《教育学》是对马克思主义基本原理运用于教育理论的首次尝试，并建构出了较为系统的教育学理论体系，成为了我国50年代以来教育学的基本范式，一直影响着我国的教育学教材内容体系的建构。从凯洛夫的《教育学》一书中，可以明显地看出其教育理论的学理系统性，章节分明，结构清晰，具体而言，他始终以马列主义思想为指导，有逻辑地从教育学本质属性、价值功能出发，进而探讨教学这一教育活动，随后深入到德育的研究，最后具体到教育行政与学校管理等方面。然而，如果说杜威的教育目过分强调了儿童生长的内在目的，那么凯洛夫教育理论中对教育目的的论述则过分强调了教育的外在目的。从凯洛夫的教育理论中可以明显感受到其"马列主义思想指导一切"这一明显特征，该理论过分强调了教育的社会性、阶级性，特别是政治制度对教育的制约，对我国教育理论与实践产生了深刻的影响，如教师与学校方面，强调学校权利忽视教师自主性；教学计划与实施方面，强调课程统一设置，缺乏灵活性与变革性等。因此，尽管凯洛夫的教育理论具备较为清晰的学理意识，逻辑体系也比较完整，但是他教育理论的出发点、学理逻辑的起点——教育目的过于强调社会本位，导致它的教育实践偏离了"人"。

综上所述，无论是赫尔巴特、杜威，还是凯洛夫，他们的教育思想或理论或多或少地彰显了一些教育学理特征，即起点唯一性与根源性、要素的生长性与丰富性、联系的内隐性与逻辑性以及学科的理论性与系统性。其教育理论包含了对教育学理的一些思考，为后世勾勒出了教育学理的大致轮廓。但是，对比本研究对教育学理的界定——从教育学的逻辑起点出发，进而由出发点衍生出来、具有内在逻辑关联性的系列要素所构成的体系。他们的学理体系存在以下两个共同的问题：一是未能清楚或从正面回答教育学的学理体系该从什么样的逻辑起点出发；二是对于从某一逻辑起点出发应当建立怎样的教育学理体系，其认识较为模糊，具体表现为教育要素的不完整以及各教育要素表达的不清晰。那么，如何建立健全教育学的学理体系、推进教育学理建设的前进方向，便成了本研究需要进一步思考的问题。

（三）前进方向：回到教育学理研究的原理

1. 回到原点：逻辑起点

要建立完整严密的教育学理体系，需要寻求教育学的逻辑起点。一直以来，教育学家们在各自建构的教育理论中或多或少地涉及了教育的出发点或基础，赫尔巴特的教育理论是在伦理学和心理学的基础上提出的，并基于此提出了教育的目的和手段，建构起了以"教师""教材"和"课堂"为中心的传统教育理论体系；杜威以"儿童的生长"为出发点，在其"教育过程本身就是教育的目的"基础上，建构起了以"儿童""活动"和"经验"为中心的现代教育理论体系；凯洛夫的《教育学》从教育的基本概念出发，建构起了一套较为系统的教育理论体系。教育家们在建构其教育理论时都具备了一定的起点意识，并且随着起点的逐步明晰，教育学理特征愈发明显。可见，要建构完整的教育学理体系，首先应当明确其逻辑起点。

潘懋元先生曾谈到，"学科的科学理论体系，是指该门学科的概念和联结这些概念的判断，通过推理、论证，形成一个层次分明、结构严密的逻辑系统。教育学科的理论体系，应当解释一系列的教育科学概念、规律，构成逻辑严密的科学理论体系，而这个理论体系应当充分反映教育本身固有的内在逻辑。因而，最重要的工作是确定理论体系的逻辑起点。"[①] 可见，逻辑起点是关于"科学从何开始"的问题，它是一门科学或学科的起始范畴、理论体系思维的起点，它是该学科研究对象的核心要素。与此同时，回到教育原点——逻辑起点对学理建构具有重要的指导意义。首先，逻辑起点奠定了学理体系的性质，是整个学理体系"质"的规定，例如杜威的逻辑起点从"儿童"出发，其学理体系便带有"人"的色彩，而凯洛夫的逻辑起点从"社会阶级"出发，整个学理体系带有浓厚的政治色彩；其次，逻辑起点间接影响了学理体系"量"的范畴，例如赫尔巴特的教育理论以心理学和伦理学为理论基础，因此他的教育理论中的各教育要素都紧紧围绕该起点的规定所展开，其中的教育目的、教学目的、教学原则、教学内容设计、教学方法、教学管理都是对基础理论的借鉴与教育学延伸，可见，基于不同逻辑起点"质"的规定，所衍生的教育要素在数量和范畴上也是有所区别的。因此，教育学理的建构需要回到教育学理的原点，回归教育的逻辑起点。

2. 推衍范畴：推导要素

教育学的学理体系是一个内涵丰富、范畴完整的庞大逻辑体系，因此，基于逻辑起点出发的教育学理，除了需要科学的起点作规定之外，还需要合适的教育要素使其丰富。从对赫尔巴特、杜威、凯洛夫的教育理论的建构中，可以发现各自学理体系中所包含的教育要素。具体而言，赫尔巴特所建构的教育理论以心理学与伦理学为支撑，涵盖了教育目的、教学目的、教学原则、教学内容设计、教学方法、教学管理等多种教育要素；杜威从教育目的出发，提及了教育目的、教育本质、教学原则、课程与教材、教学方法、儿童与教师的关系以及职业教育、道德教育等教育要素；凯洛夫从教育概论开始述说，其《教育学》囊括了马克思主义的教育本质与属性、辩证唯物主义的教育功能与价值、马克思主义哲学认识论的教学本质、马克思主义德育论、社会主义的学校管理等教育要素。可见，教育家们对自身教育理论中的教育要素都有所论述，并基于不同的逻辑起点有所侧重，既有相同的部分，也存在个别的差异，因此，教育要素的推衍需要以科学、合理的逻辑起点为学理根源。

---

① 潘懋元. 潘懋元论高等教育 [M]. 福州：福建教育出版社，2000：66.

从逻辑起点推衍教育要素是教育学理建构的必然。首先，教育学的逻辑起点对学理体系"质"与"量"的规定决定了教育学理要素的推衍方向和生长范畴，好比不同类型的果树种子所结出的果子品种不同，其数量也是不一致的；另外，从教育学的逻辑起点出发推衍教育要素的必须性在于教育学的学理体系应当是严密的，其教育要素之间需存在必要的逻辑联系，而从逻辑起点出发所推衍的教育要素具有共同的目的指向性，即指向其逻辑起点。杜威以儿童生长为其教育理论的出发点，因此他所建构的教育理论中，教育的内容、教学的方法以及教师等教育要素都是围绕该出发点所提出的，不同教育要素的内涵与外延也是由"儿童生长"这一出发点所规定的，由此形成了严密的学理体系。

3. 揭示关系：发现关联

人们常说"按教育规律办事"，而马克思认为规律是事物发展中本身所固有的、本质的、必然的、稳定的联系，那么按教育规律办事也就是要从教育发展中探寻那些固有的、本质的、必然的、稳定的联系，在教育学理层面表现为教育要素间固有的、本质的、必然的、稳定的联系。在赫尔巴特、杜威和凯洛夫的教育理论中，尽管没有明确说明各教育要素之间的内在逻辑关系，但在他们各自的理论体系中，都不同程度显示了对教育要素关系的关注。例如赫尔巴特的教育要素关系以其心理学与伦理学为基础，在伦理学的影响下衍生出了教育目的——道德，在其心理学影响下衍生出了"教育性教学"教学原则和"教学阶段论"教学方法，但是由于赫尔巴特的教育理论基础不同，其教育要素的关系也是较为分裂的，没有形成统一的、连贯的、必然的联系。而杜威的教育理论与之比较，更好地体现了教育要素间的逻辑关联，他紧紧围绕其"教育即生长"的目的，以"教育即生活"作为指导，通过典型的学校生活来实践其"教育即经验的改造"，坚持教学"从做中学"的方法论原则，提出了教育目的、教育本质、教学原则、课程与教材、教学方法、儿童与教师的关系以及职业教育、道德教育等教育要素，并关注到了教育目的与教育本质，教育本质与教学原则等教育要素间的关系，建构了一个要素关系紧密的教育学理体系。

可见，无论在哪一个时期，教育学理论中都蕴藏着教育学理，随着教育学的发展，教育理论的不断完善，教育的逻辑起点逐渐明晰，由逻辑起点衍生出的教育要素也不断浮现，而教育要素间的逻辑联系成为了解决学理体系建构的重点与难点，也是形成和检验严密逻辑体系的关键。那么，教育要素关系的梳理要与教育要素的衍生同时进行，在教育要素衍生的同时明确教育要素与逻辑起点、新生教育要素与已有教育要素之间存在联系。此外，在寻找教育要素逻辑关系时，应明辨其中的真假关系，去伪存真，真正揭示由逻辑起点所衍生的、教育要素固有的、本质的，必然的、稳定的联系。

总之，历史是一面镜子，它照亮了教育学理建构的前进方向——回到逻辑起点、推演教育要素、揭示要素关联。通过对学理的逻辑起点、教育要素与要素关系的辨析与梳理，大致能勾勒出教育学理的轮廓，呼应了本研究对教育学理的内涵解释——从教育学的逻辑起点出发，进而由出发点衍生出、具有内在逻辑关联性的系列要素构成体系。由此，基于教育学理视角的核心素养教育理论建构具备了逻辑可能。

二、核心素养教育的逻辑起点与体系

（一）核心素养教育的逻辑起点

逻辑起点是关于"科学从何开始"的问题，它是一门科学或学科的起始范畴、理论体系思维的起点，它是该学科研究对象的核心要素。与此同时，逻辑起点还规定了理论体系中所有教育要素的"质"与"量"，关系到整个理论体系的科学性、逻辑性和严密性，因此，要建构核心素养教育理论，必须对其逻辑起点进行科学合理的置定并说明其科学依据与丰富内涵。

1."学习"逻辑起点的置定

黑格尔在其《逻辑学》一书中最早论述了逻辑起点的问题，在开篇他提出了两大问题，即"逻辑学的开端是什么""必须用什么作科学的开端"他提出逻辑应该是一个最简单、最抽象的规定，"不能是一个具体物，不能是包含本身以内包含着一种关系那样的东西……"① 学科的理论体系应当是基于逻辑起点层层递进的体系，逻辑起点揭示的是学科最为本质的规定，是科学与历史的统一。那么何为教育学的逻辑起点？教育学的逻辑起点研究在 1986—1988 年曾是我国教育学研究中的热点问题，在我国，曾有诸多学者对教育学的逻辑起点做出过精彩的论述。根据瞿葆奎等人的观点，逻辑起点是与一门学科紧密相连的，是理论体系中思维的起点；逻辑起点表现为学科的起始范畴，并提出了逻辑起点的五个基本规定：①逻辑起点是一门科学或学科中最常见、最简单、最抽象的范畴；②逻辑起点应与研究对象相互规定；③逻辑起点是一切矛盾的"胚芽"，是事物全部发展的雏形；④逻辑起点表现着或者说承担着一定的社会关系；⑤逻辑起点同时也是历史的起点。② 其次，何种元素才符合教育学逻辑起

---

① 黑格尔. 逻辑学（上卷）［M］. 杨一芝，译. 北京：商务印书馆，1997：61.

② 瞿葆奎，郑金洲. 教育学逻辑起点：昨天的观点与今天的认识（一）［J］. 上海教育科研，1998（03）：2-9.

点的要求呢？对此，瞿葆奎等人在明确逻辑起点质的规定性的基础上将15种起点论分为单一起点论和多重起点论两个大类，并通过对两类起点论，特别是以活动起点论、关系起点论、要素起点论和属性起点论为代表的单一起点论的讨论，提出了教育学逻辑起点的单一性，批判了以教育理论出发点作为逻辑起点和以教育中的某一活动作为逻辑起点的非科学性，最终确定了"学习起点论"，认为教育学的逻辑起点是"学习"。①

基于"学习是教育学的逻辑起点"这一结论，以及逻辑起点对学科理论核心的确定和要素范畴的规定，核心素养教育的学理逻辑起点逐渐明晰。依据核心素养教育是教育的种属概念的关系得出，核心素养教育的理论逻辑起点应当是"核心素养的学习"，即以培养和发展学生核心素养为目的的学习。进一步讲，学习——核心素养的学习，之所以是核心素养教育的逻辑起点，在于学生个体需要形成核心素养，才能够适应学习时代乃至未来，或者说，学生必须具备核心素养这些素质才能够在未来社会里生存和发展。与此同时核心素养的学习还满足了教育学逻辑起点的内在规定性，即最常见、最简单、最抽象的范畴——核心素养的学习是该体系中最核心、最关键、最基本的要素，不以其他要素为中介；与研究对象相互规定——核心素养的学习与核心素养教育之间存在内在的必然的联系；一切矛盾的"胚芽"——核心素养教育中所言一切都是以此为核心而展开；承担着一定的社会关系——核心素养的学习是自然人走向社会人的必须；逻辑的起点同时也是历史的起点——核心素养教育的一切活动发生于核心素养的学习。所以，核心素养的学习成了核心素养教育的逻辑起点。

2."学习"逻辑起点的内涵

教育学中的"学习"含义相对狭窄，它以思维为支撑，是人通过思维的运动与外界事物发生作用而获取经验的活动，是人通过加工客观事物获得主观认识的过程。在核心素养及其教育出现以前，学生的学习是基于"三维目标"而开展的，即以获得知识与技能、过程与方法、情感态度及价值观为目标，以教师为主导的分科教学为主要手段，以德智体美等为学习内容的预设性活动。而核心素养是学生在接受各学段教育过程中逐渐形成的，学生应具备的能够适应个人终身发展和社会发展需要的必备品格和关键能力。它具备教育性和获得性的统一、内在性和必要性的统一、稳态性和适用性的统一、社会性和价值性的统一四大属性，是21世纪信息社会的产物，极大程度反映了当下社会发展与个

---

① 瞿葆奎，郑金洲. 教育学逻辑起点：昨天的观点与今天的认识（一）［J］. 上海教育科研，1998（03）：2-9.

人自我实现的现实需要。核心素养的学习就是以培养和发展学生核心素养为目的的学习，通过核心素养教育、教学、评价、管理等实现。因此，核心素养的学习既是基于传统学习也区别于传统学习，它继承了传统学习对人的全面发展的追求，更加强调学习的情境、学习者的思维、整合化的知识以及学生的主体地位。

首先，核心素养的学习注重学习的情境性。素养是个体在面对复杂情境要求与挑战下，能够适应新变化，顺利完成任务的先决条件，是个体在与真实情景互动中逐渐生成的，不能脱离情境谈个人素养。因此，在发展学生"核心素养"的呼声下，在真实情境中学习成了当前教育发展趋势的主要表征之一。而从现实角度看，随着社会对个人发展需求的变化，非常规的交往技能等逐渐代替了常规的认知技能，成了学习者新的学习内容。在该背景下，核心素养教育活动不再只是通过班级授课获取常规知识与技能，而是更加注重学习者在真实情景中开展学习活动，培养和发展与情境相对应的素养。例如近年来基础教育阶段引进的"STEAM"课程、"研学旅行"等，都凸显了学习的情境性特征。

其次，核心素养的学习强调学习者高级思维品质的培养。从学习活动的角度看，思维贯穿于学习活动的始终，思维能力是学习能力的核心。而核心素养的学习试图通过教育活动发展学生的人文底蕴、科学精神、学会学习、健康生活、责任担当、实践创新六大素养，其中特别是理性思维、批判质疑、勤于反思、问题解决等，要求学生从学习的"标准化""一元化"等低阶思维逐步走向"举一反三""辩证统一"等高阶思维。当下，随着核心素养及其教育的提出，我国学科质量评价也随之调整。在开展核心素养教育、深化教育改革的新形势下，学科质量评价越来越重视对学生思维能力的考察。可见，从教育实践层面学习者的思维品质是学习者基于核心素养学习的重要内容。

与此同时，核心素养的学习强调学科知识的整合。从外部要求讲，核心素养的学习离不开情境化的教育活动，注重学习者思维品质的培养，因此，这要求核心素养的学习内容，特别是知识内容应当是适应情境的、复杂的、综合化的。此外，从内在诉求讲，核心素养是"人"的核心素养，更是学生的关键品格与必备能力的综合，它不是以单独的知识、技能或价值观呈现的，而是与复杂情境所对应的综合化品格与能力。就知识的呈现方式而言，学习的情境性促使知识由条例式的呈现方式转为以"知识团"的方式呈现，这也是核心素养的学习对与学习内容提出的新要求。反之，学科知识的整合也为学生发展核心素养提供了支持，通过跨学科知识的融合，打破分科学习割裂知识整体性、情境化的困境，促使学习者通过"知识团"的学习和获得完整的、面向现实的、真实的知识。

最后，核心素养的学习更加彰显了学习者的主体性。在 2001 年启动的新课改中提出要重新设计课程体系，其中包括对教材进行新编写，确立三维教学目标，创新合作学习、探究学习和实践活动等教学活动。但是，该课改所提倡的三维目标——知识与技能、过程与方法、情感态度价值观仍然是外在于学习的主体——学生的，是客观外在的非主体性的。而核心素养教育所提出的三方面、六素养与十八个要点的核心素养框架体系是基于人内在素养的，内在于学习主体——学生的，是发展学生内在品格与能力的主体性教育。基于"千万次的外在教育，不如学生一次性的觉醒"教育实践常识，核心素养的学习实现了教育实践向主体性教育的迈进。

（二）核心素养教育的要素体系

1. 核心素养教育理论的要素推导

逻辑起点作为理论体系思维的起点，它能够衍生出若干要素来，那么在明确核心素养教育理论的逻辑起点——核心素养的学习基础上，也可以推衍出核心素养教育理论体系中的若干基本要素。在对教育学理论历史发展的分析中，可以明确学理体系中教育要素的两个重要的规定性：一是由逻辑起点出发，其"性质"与"数量"受逻辑起点的制约；二是从逻辑起点出发衍生的教育要素与逻辑起点之间应当存在必然、固有、稳定的逻辑联系，共同指向同一个逻辑起点。

核心素养教育理论的要素受"核心素养的学习"制约，由"核心素养的学习"所衍生出的教育要素需要彰显"人"的主体性特征，因为学习是人发出的，人这一客观存在为学习提供了可能性与必然性；其次，核心素养教育的学理要素衍生的数量不是越多越好，而是关键适度，根据"核心素养的学习"这一根本逻辑起点衍生出不同级或层次的教育要素，以此保证学理体系的逻辑严密性和态势开放性；最重要的是，由"核心素养的学习"这一逻辑起点所衍生的教育要素与逻辑起点之间应存在直接或间接的必然联系，所衍生的各级各类教育要素也应当是指向"核心素养的学习"这一逻辑起点的。基于以上，核心素养教育理论的要素便具备了衍生的依据与可能。

首先，要从"核心素养的学习"这一逻辑起点开始言说核心素养学理中的教育要素，应当先厘清"核心素养的学习"这一逻辑起点本身所包含的丰富内涵。就逻辑起点本身而言，它包含了发展学生核心素养的内在目的、核心素养学习的必要性与可能性、核心素养学习的本质与属性、核心素养学习的价值与作用等。可以说，"核心素养的学习"作为核心素养教育理论的逻辑起点，规定了整个核心素养教育理论体系的终极目标，即指向发展学生核心素养。

其次，基于"核心素养的学习"这一逻辑起点可衍生出两个基本教育要素——发展核心素养的学生和核心素养课程（内容），即学习主体和学习对象。具体而言，要进行核心素养的学习活动务必需要学习的主体与对象，于是由"核心素养的学习"这一逻辑起点首先衍生出了核心素养下的学生和核心素养课程这两大基本教育要素。其中，核心素养教育下的学生是指以开展核心素养学习，发展自身核心素养为目的的学生，该要素包含了核心素养下的学生的特点、属性、权利与义务等；而核心素养课程是指围绕发展学生核心素养这一内在目的所设计的课程，包括核心素养课程的内容、标准、改革等。

再次教师是促进学生开展核心素养学习的重要角色，是学生进行核心素养课程学习的促进者，与发展核心素养的学生和核心素养课程两个基本要素构成三角同级要素。核心素养下的教师是指具备开展核心素养教育教学胜任力的教师，这一教育要素同样具有丰富的内涵，包括核心素养教育活动中教师的角色与定位、作用与条件、培养与提升等具体内容，是对学生进行核心素养学习的重要支撑。

最后，由发展核心素养的学生、核心素养课程和教师所构成的一级要素互动作用构成了核心素养教育理论逻辑起点的外在表象——核心素养教育活动，为支撑核心素养教育活动的开展，衍生出核心素养教育的途径——学校教育和校外教育、核心素养教育的组织、教育教学过程与方法、核心素养教育的管理、教育制度与测评、核心素养教育的环境、社会环境与人文环境等教育要素，这些使支撑核心素养教育活动所衍生的三级教育要素丰富了核心素养教育理论范畴，直接服务于核心素养教育活动，且指向"核心素养的学习"的内在目的——发展学生核心素养。

总之，上述核心素养教育理论的要素综合衍生出"学科核心素养教育及核心素养教育理论研究"这一元素，作为对从"核心素养的学习"出发所衍生出的"发展核心素养的学生""核心素养课程""核心素养下的教师""核心素养教育""核心素养教育的途径""核心素养教育的组织""核心素养教育的管理"以及"核心素养教育的环境"等教育要素的实践延伸与理论深入，为核心素养教育活动提供理论指导，以促进学生核心素养的培养与发展，进一步完善核心素养的理论体系。

至此，核心素养教育理论体系中的基本构成要素就全部呈现出来，它们共同满足逻辑起点的两点基本规定——由逻辑起点出发，其"性质"与"数量"

受逻辑起点的制约、与逻辑起点存在必然、固定和稳定的联系且共同指向同一个逻辑起点。如此推导的核心素养教育理论要素既丰富全面，又具备内在逻辑，避免了当前众多公共教育学教材中"命题概念模糊，缺乏统一性与连续性，随意而混乱""知识结构各异，缺乏稳定性""内容空洞，缺乏实践性"① 的一些问题的出现。

2. 核心素养教育理论的要素关系

基于教育学理视角的核心素养教育理论是指具有内在逻辑联系的核心素养教育理论体系，即由核心素养教育的逻辑起点出发，进而不断衍生出来的、具有内在逻辑关联性的核心素养教育要素所构成的体系。那么，从核心素养教育的逻辑起点——核心素养的学习出发，不但能衍生出以逻辑起点为核心的教育要素，与此同时也包含着多种教育要素与逻辑起点、教育要素之间的逻辑关系。具体而言，首先核心素养教育的逻辑起点与各教育要素之间应存在一种总—分关系，或者说是引领与被引领的关系，即所有衍生出的教育要素应当指向"核心素养的学习"这一逻辑起点，这一规定在核心素养教育要素的推导过程中有所提及与证明；其次，基于"核心素养的学习"这一逻辑起点，各教育要素之间也应当存在必要的关联性，更进一步说是存在着层级并列和同级分工的关系。

首先，"核心素养的学习"是核心素养教育的根本目的、核心和灵魂，一切教育要素都指向、围绕和服务于它，由这个核心内容衍生出了核心素养学习的主体与对象——"核心素养下的学生"与"核心素养课程（内容）"，这两个教育要素是发展学生核心素养的基础保障，也是建构整个核心素养教育理论体系的基本要素，是其他教育要素衍生的必然条件。

其次，为更好地满足"核心素养的学习"这一根本目的，服务于核心素养下的学生与核心素养课程，"核心素养下的教师"发挥了重要的桥梁作用，是帮助学生学习核心素养课程、发展核心素养的重要条件；由围绕"核心素养的学习"所衍生的"发展核心素养的学生""核心素养课程"以及"核心素养下的教师"三大教育要素，形成核心素养教育活动这一外在表征，进而稳固了三个基本要素间的关系，并指向"发展学生核心素养"这一终极目标，并为核心素养教育理论的其他要素提供了空间与可能；由"核心素养的教育"活动所衍生出的核心素养教育的途径、组织、管理和环境四大教育要素形成了核心素养教育活动的支持体系，支撑着核心素养活动的落实和深入；与此同时，核心素养

---

① 胡金木. 师范生正在学习怎样的教育学？公共教育学教材编写中的问题研究 [J]. 中国教育科学，2014（04）：219-235、218、241.

下的学生、核心素养下的教师、核心素养课程贯穿其中，最终指向发展学生核心素养这一根本目的。

最后，学科核心素养教育与核心素养教育理论研究为其他核心素养教育要素内涵的深入与外延的丰富提供理论指导，其他核心素养教育要素为学科核心素养教育与核心素养教育理论研究提供实践检验，整体上推进了核心素养教育理论的发展，呼应了教育变革的时代需要。可见，核心素养教育理论中各教育要素相互关联，彼此支持，其要素关系彰显了核心素养教育理论的逻辑性和丰富性。

3. 核心素养教育理论的范畴解读

"核心素养的学习"，作为核心素养教育理论逻辑起点，可衍生出若干教育要素——发展核心素养的学生、核心素养课程、核心素养下的教师、核心素养教育的途径、核心素养教育的组织、核心素养教育的管理、核心素养教育的环境、学科核心素养教育及核心素养教育理论研究。这些核心素养教育理论中的教育要素以"核心素养的学习"为根本目的与精神指引，并受其内在目的的影响，通过要素的内涵与外延得以体现，因而在继承教育学基本教育要素的基础上具备鲜明的核心素养特征。其中，发展核心素养的学生、核心素养课程以及核心素养下的教师作为由逻辑起点衍生的一级教育要素，其相互作用构成了核心素养教育活动全过程，并为核心素养教育的途径、组织、管理等要素的衍生提供了必然条件。可以说，发展核心素养的学生、核心素养课程以及核心素养下的教师是核心素养教育理论中的重要范畴，说明三者与教育学理中一般教育要素的区别，便能够解读核心素养教育理论中其他教育要素的特殊性。

基于"核心素养的学习"逻辑起点，核心素养下的学生、教师和核心素养课程其内涵贯穿了发展学生核心素养的根本目的，其外延紧紧围绕中国学生发展核心素养的内容框架，与一般意义上的学生、教师和课程存在一般与特殊、共性与个性的关系。

首先，传统意义上的学生是指一切接受教育的人，是教育实践活动中的主体，具备个体学习的独立性、教育影响的选择性、学习活动的自觉性。而核心素养下的学生在具备以上特质的基础上，立足于全新的时代背景——经济全球化、信息技术迅猛发展、人才要求更新换代。在此背景下，他们面临着更多的信息洪流和未来选择，为了适应个人终身发展和社会需要，核心素养下的学生需要更加突显学习的主体性、独立性和自觉性，重点发展自身在自主发展、社会参与与文化基础三方面的核心素养，发展能够适应个人终身发展和社会发展需要的必备品格与关键能力。

其次，传统意义上的教师是学校教育中承担教育教学工作的专职人员，具备专业知识、技能、理念与师德，而核心素养下的教师其专业要求更为具体化和现代化，要求教师具备核心素养理论知识、掌握开展核心素养教育活动的专业技能、理解认同和支持核心素养教育事业、具备开展核心素养教育活动的教育情怀，与此同时，要紧紧围绕人文底蕴、科学精神、学会学习、健康生活、责任担当、实践创新六大素养开展教育教学活动并逐步完善个人专业发展，服务于发展学生核心素养这一根本目的。

最后，核心素养课程与传统课程存在着继承与超越的关系，核心素养课程以应对时代之变、适应个人发展与社会发展需要为目的，以中国学生发展核心素养的内容框架为基本依据，其范畴——课程标准、课程内容、课程设计、课程评价、课程管理等从以"三维目标"为指向逐渐过渡到"发展学生核心素养"的具体要求。综上所述，核心素养教育理论中的重要范畴——核心素养培养的学生、从事核心素养教育活动的教师、核心素养课程具备独特的时代内涵和现实意义，是对一般意义上的教育要素的内涵发展与理论深化。

（三）核心素养教育的关系结构

1. 核心素养教育理论中的基本关系

马克思认为规律是事物固有的、本质的、必然的、稳定的联系，因此，要进一步探索核心素养教育理论中的基本规律，就是要进一步揭示核心素养教育的学理体系中所存在的固有的、本质的、必然的、稳定的联系。核心素养教育理论中的基本关系是学生与内容的关系，即发展核心素养的学生与核心素养课程的关系。

首先，之所以说学生与内容的关系是学理中的基本关系，是因为：其一，"学生"与"内容"这两个教育要素是由"核心素养的学习"这一逻辑起点所衍生出的，在要素推导的顺序上处于首要地位；其二，"学生"与"内容"的关系是必然的，前者是水平较低一方，后者是水平较高的一方，前者需通过后者实现学习的目的；其三，由"学生"与"内容"的关系出发，可以衍生出学理中的其他教育要素或教育关系，例如"教师"这一教育要素就是基于为"学生"和"内容"提供更便捷、更优质、更有效的互动所产生的。

其次，学生—内容的基本关系，不仅是核心素养教育理论体系中必然的联系，且是必要的联系。学生作为学习的主体，其根本目的是满足学习需要，基本活动是学习，因此，必须借助学习的对象——内容得以实现。

再次，学生—内容这对基本关系包含了教育理论与实践活动的基本规律，所有核心素养教育中的其他联系都是由此产生，以此为基础并且围绕这对关系开展和运动，在学生—内容这一基本关系的基础上，产生了教师—学生、教师—内容两对重要关系，以丰富和补充学生—内容的基本关系。

最后，学生—内容这对基本关系还蕴藏着丰富的内涵。一方面，学生地位的变化会影响学习内容，例如当关注学生的主体性时，学习内容则会调整为以学生、活动和经验为中心的活动课程，而当忽视学生主体性时，学习内容会随之调整为以教师、教材和课程为中心的传统课程；另一方面，学习的内容也会影响学生地位，例如当以学科为课程内容时，学生在学习中往往是被动接受的学习方式，而当以活动为课程内容时，学生在学习中则处于主动的地位。由此可见，在对学生—内容这对基本关系把握中要注重两者的平衡与综合考量。

2. 核心素养教育理论中的重要关系

核心素养教育理论中的重要关系是指学生与教师，教师与内容之间的关系，即发展核心素养中的学生与教师的关系以及从事核心素养教育活动的教师与核心素养课程的关系。

在教师与内容的关系中，教师是内容的领悟者与实施者，前者通过对后者的综合、领悟与实践，与之产生必然的联系。具体而言，教师要满足学生学习的需要，首先要理解核心素养教育的学习内容，掌握相应的教育教学方法，在此基础上开展教育教学活动，那么便产生了教师与内容之间的必然联系。进一步讲，在教师与内容的关系中，内容代表了社会对学生学习的要求，包含了通过学习要求学生具备的人文底蕴、科学精神、学会学习等必备品格和关键能力，而教师相较学习内容而言则是处于较低发展水平的主体。在教师与学生的关系中，教师相对于学生来说是已经掌握了核心素养要求的教育主体，与学生相比具有较高的水平，学生通过教师获取学习内容，因此两者也就产生了必然的联系。具体而言，教师具备更为完善的系统知识与技能，掌握教育教学的方法和过程，具备相对成熟的德行，因此他们在教育教学中扮演着重要的"传授者"的角色，在核心素养教育教学中同样如此，是促进学生发展的重要力量。

教师—内容、教师—学生这两对关系不仅在核心素养教育的学理体系中扮演着重要的角色，而且两对关系本身还具备着重要的内涵。古德莱德认为"课程"应该划分为五个层次——理想的课程、正式的课程、领悟的课程、运作的课程和经验的课程，其中领悟的课程与经验的课程关系到教师个人的理解能力与教育教学方式，这从一定程度上反映了教师与内容（课程）之间的重要联系，即教师影响课程的实施方式及效果；反之，课程内容的变化也会影响教师的教育教学，例如核心素养教育要求教师具备相应的教育理念、教学内容与方式等。其次，教师—学生这对关系既是核心素养教育中的重要关系，也是原始社会到现当代社会教育理论与实践中的重要关系——师生关系，尽管其内涵随着时代在不断改变，但是这对关系始终发挥着重要的作用，且随着教育对"人"的关注变得越来越重要。

3. 核心素养教育理论中的次要关系

首先，核心素养教育理论中的次要关系是指基本关系与重要关系以外的其他要素间的关系，即发展核心素养的学生、核心素养下的教师、核心素养课程与核心素养教育的途径、组织、管理、环境、学科研究之间的关系。由学生、教师、课程这一级要素群衍生出了围绕三大要素展开的核心素养教育活动，与此同时，为满足核心素养教育活动的需要，核心素养教育的途径、组织、管理、环境等为其活动提供支撑，形成了核心素养教育活动的次要要素群，而核心素养教育的学科研究既是对教育活动的总结也是升华，为基于"核心素养的学习"这一逻辑起点所衍生出的各要素理论与实践的深化发挥作用。换句话说，核心素养教育理论中的拓展关系始终围绕学生—内容—教师这一关系群展开，并指向"核心素养的学习"这一逻辑起点，它们之间存在必然的、本质的、稳定的联系。

其次，学生、内容、教师等要素分别与核心素养教育的途径、组织、管理、环境等要素存在多重复杂的关系，例如学生与核心素养教育的途径、学生与核心素养教育的组织、学生与核心素养教育的管理、学生与核心素养教育的环境、内容与核心素养教育的途径、内容与核心素养教育的组织、内容与核心素养教育的管理、内容与核心素养教育的环境、教师与核心素养教育的途径、教师与核心素养教育的组织、教师与核心素养教育的管理、教师与核心素养教育的环境等。这些关系又进一步丰富了核心素养教育理论的内涵，对学生的核心素养学习发挥着或大或小的作用，也是核心素养教育理论体系中不可忽视的关系，若处理不当，则很可能影响到学生核心素养学习的效果，所以必须重视核心素养教育理论中的拓展关系丛建设。至此，形成了核心素养教育理论的关系丛，有利于核心素养教育理论的进一步明晰与丰富。

通过上述对核心素养教育的学理逻辑起点的确定，由逻辑起点所衍生的教育要素的推导以及对逻辑起点与教育要素、教育要素之间关系的梳理，以及对核心素养教育理论中基本关系、重要关系和次要关系的明晰，大体可建构出基于教育学理的核心素养教育理论体系，清晰展示了核心素养教育理论的全貌——一个起点唯一、要素丰富、逻辑严密、态势开放、关系清楚的核心素养教育理论体系。

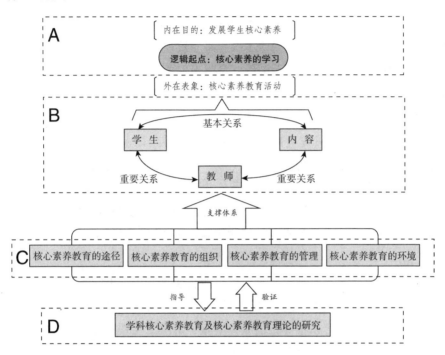

图 4-1　核心素养教育理论建构图

上述结构图中，该体系的一级教育要素（A）——核心素养教育的逻辑起点，即以发展学生核心素养为内在目的的核心素养的学习，该要素是核心素养教育理论建构的根本目的与逻辑根源；其次，是核心素养教育理论的二级教育要素（B）——核心素养的学生、教师与核心素养的内容，这三大基本要素相互作用构成了核心素养教育活动，即以"核心素养的学习"为逻辑起点的外在表象，奠定了下级要素衍生的逻辑基础；随着逻辑起点与基本要素的产生，核心素养教育活动运行衍生出了核心素养教育理论的三级教育要素（C）——核心素养教育的途径、组织、管理、环境，以保障核心素养教育活动的顺利展开；最后，为保障核心素养教育的实践落实与理论深化，衍生出了核心素养教育理论的四级教育要素（D）——学科核心素养以及核心素养教育的研究。至此，基于教育学理视角的核心素养教育理论建构图大致成形（见图 4-1）。

三、核心素养教育学理的意义与未来

（一）核心素养教育学理的理论意义

1. 发展了教育学的学理理论

首先，将"核心素养的学习"作为核心素养教育理论的逻辑起点，是对教育学逻辑起点的继承与发展，规定了核心素养教育理论体系的"人"本位。"逻辑起点是学科源头的核心及各范畴的联系起来的关键点"①，通过对"核心素养的学习"这一逻辑起点的置定，满足了教育学逻辑起点"最常见、最简单、最抽象的范畴""与研究对象相互规定""是一切矛盾的"胚芽""是事物全部发展的雏形""表现着或者说承担着一定的社会关系"以及"逻辑的起点同时也是历史的起点"的内在规定性，发展了以"学习"为逻辑起点在核心素养教育中的意义，核心素养教育逻辑起点的置定也是对以"学习"为教育学逻辑起点的进一步具化与深化。另外，就"核心素养的学习"逻辑起点本身而言，体现了核心素养教育对"人"的重视，呼应了核心素养教育对学生核心素养的关注和目标指向。

其次，基于"核心素养的学习"这一逻辑起点所推导出的教育要素，是对教育学中教育要素的梳理，进一步明确了各教育要素在教育学理中的位置。基于"核心素养的学习"所推导出的教育要素，解决了在教育理论辨析以及当下我国公共教育学教材中所存在的"知识结构各异，缺乏稳定性"的问题，始终围绕"核心素养的学习"这一逻辑起点展开，并最终指向"核心素养的学习"，丰富了核心素养教育的学理内涵，确定了不同教育要素的等级、作用和位置，为核心素养教育理论的深入研究奠定了基础。

最后，由"核心素养的学习"这一逻辑起点出发所建构的核心素养教育的理论体系进一步完善了教育学对学理的探讨，明晰了各教育要素间的关系。目前对于教育学理本身的探讨并不多，例如张楚廷运用公理方法对教育理论进行考察，刁培萼、吴也显教授等从教育学逻辑起点出发对教育学理进行探究等，本研究以"核心素养的学习"为逻辑起点的核心素养教育理论建构是对从教育学逻辑起点出发的教育学理研究的拓展与丰富，在前者学理体系建构的基础上，对学理体系中的各教育要素特别是要素关系做出了进一步说明，深化了核心素

---

① 李小融. 现代教育学研究应有多个逻辑起点 [J]. 教育理论与实践，1987（01）：46-48.

养教育理论的发展，也推动了教育学理研究的深入。

2. 描绘了教育实践的理论导图

实践层面，描绘了核心素养教育实践的理论导图，为核心素养教育的实践提供了实践参考。尽管核心素养已成为我国教育改革的热点与重点，核心素养教育实践也在各大中小学校中大力推行，但是，如何在教育实践中贯彻落实核心素养理念、如何开展核心素养教育教学等仍然是核心素养教育实践中亟待解决的问题，而核心素养教育的理论建构为问题解决提供了实践思路与理论支撑，满足了学生个人发展和社会发展的时代需求。

一方面，以"核心素养的学习"为逻辑起点的核心素养教育理论建构为核心素养教育的实践研究提供了支撑和保障。具体而言，以"核心素养的学习"为逻辑起点的核心素养教育理论体系为核心素养课程的落实、核心素养下的教师胜任力、核心素养教育的评价与考核模式以及核心素养教育的实践途径等提供了理论支点——核心素养的学习，与此同时能够为核心素养教育的实践研究理清研究脉络，有利于核心素养教育实践研究的完善。

另一方面，以"核心素养的学习"为逻辑起点的核心素养教育的理论建构，为核心素养教育实践提供了方向指引，核心素养教育活动的"灵魂"是核心素养的学习，对学生而言，发展核心素养成了学习的主要任务，也是进行学习效果检验的重要指标；对教师而言，学生核心素养的学习成了教师教育教学的重点内容，也是衡量教师教育教学质量与效果的重要依据；对学校而言，它是学校的办学根据，也是检验学校教育质量的标杆；对国家和社会而言，核心素养的学习指引着教育改革的发展方向，是教育活动的最终归宿，回答了"教育培养什么样的人"的起始性教育问题。

此外，"核心素养的学习"这一逻辑起点的放置和确定既满足了学生个体生存与发展的需要，也是社会进步与变革的迫切要求。21世纪是信息的时代，经济全球化、信息技术迅猛发展使得各国之间联系更加紧密，国际竞争越来越明显，经济运作模式与社会工作、生活方式的综合化、多样化、多元化对学生个体发展提出了新的要求，在该背景下，学生只有发展与形成适应时代变化的核心素养才能适应现代化的学习，在快速变化的信息社会中生存、生活和充分发展。也就是说，学生个体必须具备核心素养才能适应当下，面对未来。以"核心素养的学习"所开展的核心素养教育，培养的是适应当下、面向未来的人才，人们通过核心素养的学习获得社会发展所需要的必备品格与关键能力，并以此推动社会发展，实现经济发展与工作生活方式向智能化和综合化转变。反之，如果失去对学生核心素养学习的观照，核心素养教育的实践研究就会趋于迷茫，走向迷失。

（二）核心素养教育的未来之路

1. 前提：全面普及，开展理论研究与学习

首先，加强核心素养理论的研究与学习从内容上讲是要加强对核心素养概念、核心素养来源、核心素养结构范畴、核心素养具体内容以及核心素养相关理论的研究与学习，厘清核心素养的内涵与外延，建构完整丰富的核心素养体系，从而理解、接受、认同核心素养的教育理念。

其次，在研究核心素养理论的主体方面需要注意，"学生"是社会中的人，其发展不仅仅需要学校的支持、教师的引导，还需要和家庭、社会形成协力。为此，核心素养的理论学习需要落实到学校、家庭和社会的各方面。具体而言，学校核心素养理论的学习主体是学校教师，家庭核心素养理论的学习主体是家长，社会核心素养理论的学习主体是大众，为此应为之提供核心素养学习的条件与保障，例如：借助网络媒体将核心素养及其教育的理念向社会大众进行宣传、利用专题讲座向教师、家长普及核心素养教育理论等，多主体多角度多个方面普及核心素养理论，落实核心素养的教育理念，推进核心素养教育实践的进程。

最后，从调查结果中可知，教师进行核心素养教育理论的学习或研究的动机大多来自外部，比如学校的讲座培训，校园文化影响等，较少主动开展学习研究，因此，无论是教师还是家长，应尝试通过自主阅读、论文写作等方式主动开展学习研究，进一步提升对核心素养教育的认识。

加强核心素养及其教育理论的研究和学习既是推进核心素养教育实践的前提，也是丰富和完善以"核心素养的学习"为逻辑起点的核心素养教育理论的基本路径。与此同时，核心素养研究是关于"人"的研究，加强核心素养理论的研究有利于不断完善学生的核心素养结构，促进学生核心素养的发展；加强核心素养理论的学习有利于突显核心素养教育中学生主体性，减少教育的"行政化""阶级性"，走向对"人"本体的关注。

2. 载体：求同存异，整体完成课程建设

核心素养作为课程发展的"DNA"，是课程建设的关键所在，因此核心素养课程建设要始终围绕"核心素养"进行。另外，要充分发挥核心素养课程系统的作用，需从课程方案的设计、课程标准的编制及教科书的编写三方面整体完

成核心素养课程的建设。

首先，课程方案作为课程的"指挥棒"，在核心素养课程建设中发挥着宏观指向的作用，它是指"在国家的教育目的与方针的指导下，为实现各级基础教育的目标，由国家教育主管部门制定的有关课程设置、顺序、学时分配以及课程管理等方面的政策性文件"①。因此，要建设以"发展学生核心素养"的课程方案，必须首先尽快从原有的"三维目标"转化为"核心素养"教育目标，在明确两者发展关系的基础上，紧扣"发展学生核心素养"的教育目的，对现行课程方案做出适当调整，逐渐从"分层式"目标转化为"整合性"目标，制定出适合开展核心素养教育教学活动的课程方案。

其次，课程标准作为课程的"尺度"，规定着核心素养课程中各类课程的性质与质量标准。当前高中阶段的新课标已经发布，新课标在凝练学科核心素养的基础上进一步优化了教学内容，补充了学业质量要求，大大增加了课标的可指导性，是对核心素养教育的重要补充，因此，高中要逐步接轨新课标，循序渐进地完成核心素养课程建设。而尽管中小学阶段的新课标还在研制中，但是学校可在根据原课标开展正常教学活动的基础上，根据核心素养教育的目标要求，参考高中新课标，在"求同存异"中转换学科教学思路，为接轨新课标做好充足准备。

最后，教材作为课程的"载体"，从我国教育的现实情况及新课标的内容要求来看，核心素养教育教材的编制不是"推倒重来"，而是"稳中求进"。无论是国家统一编写的教科书还是校本教材编写或是特色课程的创建，都应围绕"学生"，以"发展学生核心素养"为根本出发点，基于课程标准进行设计和编写，要体现"核心素养的学习"逻辑起点所包含的内涵——学习的情境性、思维的高阶性、知识的整合性及学生的主体性。

完善核心素养教育的配套课程建设既是推进核心素养教育实践的重要载体，也是对核心素养课程内涵与外延的丰富与完善，即从核心素养课程方案、核心素养课程标准、核心素养教材三个方面更加细化了核心素养课程的内涵与范畴。

3. 核心：角色转型，形成教师的胜任力

核心素养教育的教师胜任力是指教师个体所具备的、与实施成功和核心素养教育教学有关的一种个体潜在特征，包括核心素养教育知识、核心素养教育技能、核心素养教育理念和职业道德规范。因此，核心素养下的教师胜任力建

---

① 王道俊，郭文安. 教育学［M］. 北京：人民教育出版社，2009：132.

设实际上就是要基于一定的支点与范畴，明确教师胜任力的发展品质，探寻可行的路径以丰富教师核心素养教育知识储备，培养核心素养教育教学技能，促进教师教育理念的转变，进一步提升教师职业道德。

众所周知，要成为一名合格的教师，需要经历教师教育和培养，促使教师向专业化发展。然而"大学提供理论知识，中小学提供实践场所"的传统教师培养模式，往往会造成知识与实践的割裂。因此，在日新月异的教育新时代，发展学生核心素养的提出给教师带来了新的挑战，要求教师从原来"知识的接受与传递者"转换为"教育教育的探究者与反思者"，逐渐成为教和学的专家。立足该支点，具体而言，教师的核心素养教育的胜任力建设需要经历认识—接受—认同—反思四个阶段，并通过教师核心素养教育理论的自学、核心素养课堂教学的试验、核心素养教育的反思优化三种形式实现教师核心素养教育胜任力建设的内在驱动；通过参加核心素养教育的理论培训、开展核心素养教学的校本教研、实行核心素养教学的片区示范等形式实现教师核心素养教育胜任力建设的外在驱动；通过以个人业绩考核为中心的直接支持、以学校绩效评价为重点的间接支持和以社会评价为导向的背景支持加强教师核心素养教育胜任力的环境支持，从而促使教师在专业发展的过程中逐渐向"专家型"教师角色转变。

形成教师的核心素养教育胜任力既是核心素养教育实践的重点，也是对核心素养教育的学理体系中"教师"这一要素内涵的完善与丰富，通过提升教师的核心素养教育胜任力，对于学生"核心素养的学习"以及由此衍生出的核心素养教育具有重要意义，也进一步加深了"教师"与"学生""课程"之间的联系。

4. 关键：关注学力，调整教育测评标准

当前中小学核心素养教育测评的问题主要体现在测评与实践的不配套，具体表现在核心素养教育测评与核心素养教育出现的时间不同步以及现有教育测评与核心素养教育测评的不相融两方面。因此，核心素养测评标准的调整也应当从这两方面着手。

首先，加快研制核心素养教育的配套测评体系，完善核心素养教育的测评环节，让核心素养教育实践有"评"可依。《中国教育现代化2035》中重点部署了面向教育现代化的十大战略任务，其中，在发展中国特色世界先进水平的优质教育这一战略任务中，提到了要进一步完善教育质量标准体系，以明确学生发展核心素养的要求。① 核心素养质量标准体系的建设对于核心素养教育质量的测评具有重要的参考价值，因此学校核心素养教育的测评要跟紧质量标准建设的步伐，并结合学校具体情况，有区别有特点地调整教育测评标准。

其次，以"学力"作为测评标准，科学调整核心素养教育测评系统，发挥核心素养教育测评的导向、诊断和激励作用。学力评价——作为教育目标设定的学力，儿童是否掌握了的评价，处于教育评价的核心地位。② 目前已有的评价——高考、中考、综合素质评价、基础教育质量监测等与核心素养教育测评相比应当是有所区别的，核心素养教育所特有的一套育人目标体系与现有教育测评目标与指向有所不同，因此在研制核心素养教育测评体系时要着重考虑核心素养教育的"学力"教育目标与现有目标的差异，重点补充教育测评中对"必备品格"的考察。与此同时，基于教育测评科学改进的困难，以及我国当前对原有教育测评系统的"根深蒂固"，核心素养教育测评要结合原有测评标准的基础上进行调整，尝试开展融入型调整，坚持在"求同存异"中完善和推进。

教育测评标准的调整既是核心素养教育实践的关键，也是对核心素养教育目的——发展核心素养的体现，是核心素养教育的管理这一教育要素衍生出的重点内容，是核心素养教育的途径、核心素养教育的组织在具体教育实践中的"指挥棒"，对于核心素养教育理论建构的完善具有重要的实践意义。

5. 保障：协同发展，创设支持的环境

核心素养教育的支持环境主要是指核心素养教育的社会支持环境，包括了政府、学校、家庭、研究机构或民间机构等构成的支持体系。核心素养教育是培养"人"的教育，学生核心素养的培养与发展需要社会各界力量的支持，以推进核心素养教育理念的贯彻及核心素养教育的落实。

首先，政府作为最主要的支持力量，其政策支持是最有力度的支持方式之一，在国外，许多国家都出台了核心素养教育的相关政策以推进核心素养教育的落实，例如西班牙的《教育组织法》、泰国的《国家教育计划2002—2016》等，鉴于此，我国政府即相关部门有必要制定核心素养教育的相关政策，以全力推进核心素养教育的实践。

其次，要加强地方、学校和教师的自主权，使之根据自身特点与需要，灵活且多方面推进核心素养教育的实践，充分发挥地方、学校和教师的教育创造

---

① 中共中央国务院印发《中国教育现代化2035》［N］. 人民日报，2019-02-24（3）.

② 钟启泉. 核心素养十讲［M］. 福州：福建教育出版社，2018：73.

力，开展本土化的核心素养教育。

另外，要充分利用社会资源，发挥研究机构或民间组织的力量，支持核心素养教育实践，最重要的是要让各方支持力量形成合力，改变原有的局部、孤立的支持方式，统筹设计核心素养教育的支持体系，加快落实"五个统筹"——统筹小学、初中、高中、本专科、研究生等学段；统筹课标、教材、教学、评价、考试等环节；统筹一线教师、管理干部、专家学者、社会人士等力量，形成育人合力；统筹课堂、校园、社团、家庭、社会等阵地。①

核心素养教育支持环境的创设既是核心素养教育实践的重要保障，也是对以"核心素养的学习"逻辑起点出发的核心素养理论体系的整体观照，作为核心素养教育要素的衍生要素，在空间层面丰富了核心素养教育要素的内涵，为核心素养教育实践提供着支持与保障。

---

① 教育部：研究制定各学段学生发展核心素养体系［J］. 中小学德育，2014（05）：94.

专题 05：走向核心素养的学校教育转型①

【摘要】　核心素养教育作为对全面发展教育的继承而不是抛弃、对素质教育的升华而不是否定，认识到全面发展教育、素质教育和核心素养教育之间这种前后相继、发展升华的关系，是稳步推进教育改革、不断提高教育质量的基础。在学校开展核心素养教育时需要从整体上进行设计：一是基于对核心素养教育理论的学习，实现从素质教育到核心素养教育的教育理念转变；二是基于对课程变革逻辑的理解，创建核心素养教育的课程；三是基于对核心素养教育的志趣，实现教育过程从知识授受到发展核心素养的转型；四是基于测评素养的导向，实现从唯分数论到核心素养水平测评的改革；五是基于核心素养培育时空扩展的需要，营造覆盖全时空和全社会人员的环境；六是通过扩容师资队伍、提升教育胜任力来加强师资队伍建设。总之，学校核心素养教育是一个系统工程，需要通过对各个方面的改革以建成崭新的教育体系，才能够实现现代学校教育从知识与技能、过程与方法、情感态度价值观的"三维"目标教学升华、深化到核心素养的培养上来，实现学校教育的全面更新。

【关键词】　素质教育；核心素养教育；继承；深化；挑战；应对

一、认识基础：走向核心素养教育

（一）起点：在反思中提出核心素养教育

20 世纪 80 年代中期，随着对外开放和社会主义现代化建设的进一步扩大，以考试得分为手段，片面追求升学率的应试教育不能满足个人与社会发展的需求，全面提高学生素质的呼声日益高涨。在此背景下，提出了素质教育——以

---

①　本专题撰写作者：徐竹君（教育学硕士、乐山师范学院教师）；唐一山（西南大学博士研究生）。

促进学生身心发展为目的，以提高国民的思想道德、科学文化、劳动技术、身体心理素质为宗旨的基础教育①。随后，党中央、国务院及教育部在颁布的《中国教育改革和发展纲要》《关于当前积极推进中小学实施素质教育的若干意见》《关于深化教育改革全面推进素质教育的决定》《面向 21 世纪教育振兴行动计划》等系列文件中，都要求中小学要由应试教育转向全面提高国民素质的轨道②。综观实施素质教育的 30 多年来，我国取得了较大的成效，尤其是落实素质教育的新课程改革，不但教育理念深入人心，而且实践效果也较为显著，如"两基"工作如期完成、全民受教育水平得到很大提高，聚焦课程与教学改革促进了教育创新与人才的转型，强调全面发展教育缓解了教育产出与社会需求的矛盾等。

但是，在素质教育多年来的实施中一直面临诸如素质教育之素质的基本范畴及其各学段素质的层次性目标模糊不清，素质教育之素质的课程落实及其教学落地抽象空洞，中小学课程目标衔接不够、学科内容交叉、教材系统性和适应性不强，素质教育之素质的测量与评价没有根本性突破等问题③。结果，在理论上呈现"素质教育是个筐，萝卜青菜往里装"、在实践上呈现"素质教育轰轰烈烈、应试教育扎扎实实"的奇怪现象，带来了诸如学生身体素质下滑、社会适应力不强、社会负面情绪较多、创新和实践能力不足等等问题④。因此，这些与培育社会主义核心价值观、落实立德树人根本任务的要求存在较大的差距，素质教育需要核心素养及其教育来发展。

（二）创新：在吸收中构建核心素养教育

那么，何谓核心素养？何谓核心素养教育呢？众所周知，我国的核心素养源于境外的关键能力研究。亦即自 20 世纪 80 年代中期以来，在欧洲及亚太地区出现了以适应终生学习社会的关键能力研究、在美国出现了以适应未来职业胜任的关键能力研究，并且提出多种关键能力的结构模型。我国学者在吸收境外关键能力这个概念的基础上，结合我国文化教育中立德树人的历史传统、培

---

① 柳斌. 柳斌谈素质教育 [M]. 北京：北京师范大学出版社，1998：3.
② 中共中央 国务院. 中国教育改革和发展纲要 [EB/OL]. (1993-02-13) [2021-01-27]. http：//ggw. mku. edu. cn/info/1003/1011. htm.
③ 张磊，孙曙. 无限趋近"核心素养"的三个追问 [J]. 基础教育论坛，2016 (24)：60-62.
④ 林崇德. 21 世纪学生发展核心素养研究 [M]. 北京：北京师范大学出版社，2016：11.

养社会主义建设者和接班人的时代特质，增加了必备品格这个重要的素养结构，并创造性地使用"核心素养"这个概念予以统之。研究者主要以心理学等学科的科学研究方法，在大规模筛选、测试的基础上建构出来了包括文化基础、自主发展和社会参与三个方面、六大要素，细化为十八个基本要点的核心素养框架体系①。

关于何谓"核心素养"，近年来众说纷纭、莫衷一是。在笔者看来，根据《中国学生发展核心素养（征求意见稿）》与《21 世纪学生发展核心素养研究》的表述，核心素养就是学生在接受各学段教育过程中逐渐形成的，学生应具备的能够适应个人终身发展和社会发展需要的必备品格和关键能力②。从内涵上讲，核心素养就是个体的内在素养，具有主体内在性、系统结构性、教育养成性。从外延上讲，它包括文化基础、自主发展和社会参与三个方面、六大要素、十八个基本要点，是一个具有内在逻辑结构的科学体系。当然，读者也注意到了，如此包括三个方面、六大要素、十八大个基本要点的"核心素养"其实是一个庞大而丰富、有结构而又有内涵的素养体系，故以"核心素养体系"表述更为恰当③。

当实施发展学生核心素养的教育时，就出现了核心素养教育的概念。所谓核心素养教育，就是指通过对学生各学段教育，逐步培养学生应具备的，能够适应个人终身发展和社会发展需要的必备品格和关键能力的活动。从内涵上讲，由于它是学生"所必须具备的"，所以具有内在性、必要性；它是"教育过程中逐步形成的"，因而具有过程性、发展性；它能"适应个人终生发展"的需要，故具有价值性、稳态性；它还能适应"社会发展"的需要，故还有功能性、社会性。从外延上讲，它涉及核心素养教育的目标、内容、途径、评价，以及教师、管理等方面。当然，读者也可能注意到了，当前不管是对核心素养理论质疑

---

① 教育部. 关于全面深化课程改革落实立德树人根本任务的意见［EB/OL］.（2014-04-08）［2021-01-27］. http：//www. moe. gov. cn/srcsite/A26/jcj_ kcjcgh/201404/t20140408_ 167226. html.

② 林崇德. 21 世纪学生发展核心素养研究［M］. 北京：北京师范大学出版社，2016：11.

③ 教育部. 关于全面深化课程改革落实立德树人根本任务的意见［EB/OL］.（2014-04-08）［2021-01-27］. http：//www. moe. gov. cn/srcsite/A26/jcj_ kcjcgh/201404/t20140408_ 167226. html.

的发声、还是对核心素养落实的思考，其实使用的是"核心素养教育"概念①。

此外，核心素养与核心素养教育是什么关系？如上所述可见，它们是既有区别又有联系。简而言之，核心素养主要从心理学等视角，从内在的角度揭示了新时代全面发展的人的素养结构，具有内在性、主体性；它为进行相应的核心素养教育奠定了理论基础。核心素养教育则是从教育学的视角，从外在的角度提出了发展学生核心素养的活动，具有外在性、工具性；它以核心素养理论为基础，以发展学生的核心素养为目标，是培育核心素养的过程。明晰核心素养与核心素养教育两个概念之间的这些关系，就容易看清人们不知不觉地使用"核心素养教育"在叙说、并以此概念来质疑"核心素养"的现象。当然，核心素养本身还有诸如概念厘定、核心素养之核心何指等等需要完善的问题②。

（三）承传：在继承中发展全面发展教育

1995年颁布、2015年修订的《中华人民共和国教育法》规定："教育必须为社会主义现代化建设服务、为人民服务，必须与生产劳动和社会实践相结合，培养德、智、体、美等方面全面发展的社会主义建设者和接班人。"③ 这个表述既是马克思主义全面发展学说的中国化发展，也是新中国成立以来我国教育实践中的指导思想，是我国教育的基本方向。今天所推进的核心素养教育仍然是全面发展教育的继承。因为包括三个方面、六大要素、十八个基本要点的必备品格和关键能力的核心素养及其教育，其终极指向仍然是人的全面发展。这是问题的一个方面。

问题的另外一个方面是核心素养及其教育又有对全面发展教育的发展，亦即核心素养及其教育实现了对全面发展教育的具体深化。具体而言，过去几十年所实施的全面发展教育主要从德育、智育、体育、美育、劳动教育等方面入手，设计包括思想、政治、道德及法纪等教育的德育类课程，语文、历史等人文类课程、数学及理化、生地等科学类课程。这种全面发展教育的实践模式存在

---

① 唐智松，徐竹君，杨士连. 核心素养概念的混沌与厘定 [J]. 课程·教材·教法, 2018, 38（08）：106-113.

② 唐智松，徐竹君，杨士连. 核心素养概念的混沌与厘定 [J]. 课程·教材·教法, 2018, 38（08）：106-113.

③ 全国人大常委会. 全国人大常委会关于修改《中华人民共和国教育法》的决定 [EB/OL]. （2015-12-27）[2021-01-27]. http：//www. gov. cn/xinwen/2015-12/28/content_5028328. htm.

全面发展的总体目标与各学科及课程的缺乏较高逻辑关联的衔接、在课堂教学等活动中更缺乏具体化落实的要点细则，其结果是容易导致全面发展处于流空、全面发展教育形同虚设。核心素养及其教育则首先科学研制、设计全面发展的核心素养结构，并且以课程标准及教材为载体，实现了把全面发展构成深化为三个方面、六大要素、十八个基本要点，从而成就了核心素养链接教育方针、培养目标与教学实践的中间环节地位①。

总之，在认识全面发展教育与核心素养及其教育的关系时，需要清醒地认识核心素养对全面发展、核心素养教育对全面发展教育不是抛弃，而是一以贯之的继承。同时，还需要清醒地认识到核心素养实现了对全面发展、核心素养教育实现了对全面发展教育的具体化，是对全面发展及其教育的时代发展。

（四）发展：在承接细化中升华素质教育

如上所述，素质教育实施的三十多年来，未能取得较高的预期效果，造成这种结果的重要原因就在于素质教育的课程标准、课程设计、教学目标、评价标准等系列要素上到底体现哪些具体的素质、如何在载体上渗透这些素质、在过程中如何激活这些素质、测评上如何反映哲学素质等等，大多处于模糊乃至阙如的状态。因此，深化素质教育至少需要将全面发展的人的素质进行结构化的揭示、指标化的分解，并融入课程之中，以及给出教学建议。如此，素质教育才能落地。因此，核心素养教育在承接素质教育的基础上，以核心素养的概念对素质教育中的素质给予了具体化。亦即从文化基础、自主发展和社会参与三个方面给出了包括人文底蕴、科学精神、学会学习、健康生活、责任担当、实践创新的六大核心素养要素结构，并且进一步将六大核心素养细化为十八个基本的要点。如此情况，为教育工作者提供了抓住哪些基本要点以培养学生哪些素质或核心素养就较为明确了。由此可见，核心素养教育之核心素养在承接了素质教育之素质的基础上，通过细化素质/素养来实现了对素质教育的深化。

同时，核心素养教育较之素质教育的深化还在于以核心素养替代了素质这个概念。比较而言，素质教育中的"素质"是基于心理学科的视角，依据素质的功能而划分为品德素质、文化素质、科学素质、身体素质、审美素质等，因此，素质教育是偏向于学科的分科式教育。核心素养教育中的"素养"却是基

---

① 唐智松，徐竹君，杨士连. 核心素养概念的混沌与厘定 [J]. 课程·教材·教法，2018，38（08）：106-113.

于情景需要的视角，依据素养的内在特性而将其划分为人文底蕴、科学精神、学会学习、健康生活、责任担当、实践创新等，因此，核心素质教育是倾向于契合现实情境的整合式教育。可见，核心素养教育以其整合性、动态性和终身性实现了从素质教育的分科式教育向整合式教育的转变和超越。

此外，核心素养教育通过突出主体性而实现了对素质教育的超越。如上所述，2001年启动基础教育课程改革，提出了重新整体设计课程体系，并通过教材的重新编写解决已有课程"繁、难、偏、旧"等问题；确立"知识与技能、过程与方法、情感态度与价值观"的三维教学目标，并通过强调探究学习、合作学习和实践活动等形式创新教育教学活动①。但是，它所提出的三维目标仍然是客体，且外在于人，是非主体性的教育。而核心素养教育所发展学生的核心素养是内在于人的，是真正意义上的主体性教育。基于"千万次的外在教育，不如学生一次性的觉醒"教育实践常识，核心素养教育较之素质教育则是真正实现了向主体性教育的迈进。

二、转型指南：走入核心素养教育

（一）转变理念：素质教育到核心素养教育

1. 认识教育发展基本趋势

要求学校全体教职员工在内心接受核心素养教育理论、在行动上愿意自觉地开展核心素养教育活动，首先就是要他们认识开展核心素养教育是基于改革与发展的基本态势，我们需要服从、参与到这个态势中去。也就是说，通过学习，让全校的教职员工们认识到，改革开放以来，我国教育在取得巨大进步的同时，也存在诸如学生身体素质滑坡、社会适应能力不强、负面情绪较多、实践和创新能力不足等问题②。对于这些问题，各方都在探索应对之策。如，一方面，一批学者近年来纷纷提出将全面发展素质教育过渡为核心素养培养上来，并且取得了诸如《中国学生发展核心素养》③ 和《21世纪学生发展核心素养研

---

① 汪瑞林，杜悦. 凝练学生发展核心素养，培养全面发展的人——中国学生发展核心素养研究课题组负责人答记者问［N］. 中国教育报，2016-9-14（1）.

② 林崇德. 21世纪学生发展核心素养研究［M］. 北京：北京师范大学出版社，2016：11.

③ 中国教育学会. 中国教育学会关于征求对《中国学生发展核心素养（征求意见稿）》意见的通知［EB/OL］.（2016-02-22）［2021-01-27］. https：//www. pep. com. cn/xh/zyh_ 174090/tz/201605/t20160505_ 1264857. shtml.

究》①等众多理论研究成果。另一方面，教育部在有关文件中指出，将组织力量深入研究并提出各学段学生发展核心素养体系……根据核心素养体系，明确学生完成不同学段、不同年级、不同学科学习内容后应该达到的目标，指导教师准确把握教学的深度和广度，使考试评价更加准确反映人才培养要求。各级各类学校要从实际情况和学生特点出发，把核心素养和学业质量要求落实到各学科教学中②。上述情况表明：核心素养教育不但具有学界理论层面的支持，而且也有行政政策层面的支撑，未来中国教育将走向核心素养教育。那么，在即将走进核心素养教育的形势下，学校作为落实核心素养教育的主体，它自然面临新的挑战，并做出应对之策。因此，本文就这些问题从教育理念、课程设置、过程实施、评价改革、环境支持和师资建设等方面提出了对策性的思考。

2. 学习核心素养教育理论

首先，了解核心素养提出的背景。近 20 多年来，在经合组织、欧盟等国际组织，英、德、美等国家掀起了"关键能力"（key competencies）研究的热潮，出现了诸如学习能力模型、职业能力模型、生存能力模型等关键能力培养的模式。③我国学者受此"关键能力"思潮的影响，结合中国教育的历史与文化传统，在继承全面发展教育、发展素质教育的基础上，创造性地提出了"核心素养"（core quality）的概念，其范畴不但包括境外的关键能力，而且增加了具有中国特色的必备品格（essential character）。

其次，理解核心素养的概念。按照核心素养研究的代表性著作——《中国学生发展核心素养》和《21 世纪学生发展核心素养研究》的观点，核心素养就是学生在接受相应学段教育的过程中逐步形成的，适应个人终生发展和社会发展的需要所必须具备的必备品格和关键能力。从内涵上讲，核心素养是一种必备的品格、关键的能力；从外延上讲，核心素养涉及文化基础、自主发展和社会参与三个方面，包括学会学习、健康生活、人文底蕴、科学精神、责任担当、实践创新六大要素，同时还可具体细化为健全人格、乐学善学、人文积淀、理性思维、问题解决、国家认同等十八个基本要点。

---

① 林崇德. 21 世纪学生发展核心素养研究［M］. 北京：北京师范大学出版社，2016：11.
② 教育部. 关于全面深化课程改革落实立德树人根本任务的意见［EB/OL］.（2014-04-08）［2021-01-27］. http://www. moe. gov. cn/srcsite/A26/jcj_ kcjcgh/201404/t20140408_ 167226. html.
③ 卓晓孟. 核心素养研究的回顾与展望［J］. 现代教育科学，2017（10）：144-150.

最后，掌握核心素养教育的内涵。核心素养与核心素养教育是有区别而又有联系的两个概念，简而言之，核心素养教育是基于核心素养的教育。具体而言，核心素养教育是通过各学段，逐步培养学生适应个人终生发展和社会发展需要的必备品格和关键能力的活动。它具有追求生命卓越的存在论、提升生活品质的生活能力论、追求社会正义的政治哲学论①等哲学基础。从内涵上讲，核心素养教育的本质是培养学生的必备品格、关键能力；从外延上讲，核心素养教育包括发展学生三个方面、六大要素、十八个基本要点的核心素养。核心素养教育与知识本位教育相比，它关注的是素养的养成、所学知识的生活运用，而非知识的理解识记、考试再现，关注的是学习本身的持续、而非学习时间的长度。

3. 促进教育理念的转变

第一，全面发展到核心素养教育的转变。我国全面发展教育既是对西方从亚里士多德以降的体育、德育、智育等"完人教育"的总结，也是对中国古代礼、乐、射、御、书、数"六艺"以降的"立德树人"的继承。但是，全面发展教育的范畴较之核心素养教育所包括的三个方面、六大要素、十八个基本要点而言，显得较为抽象，现代社会对人要求越来越多，应在实践上区分主要与次要。所以，这就需要通过诸如核心素养教育理论来继承和创新。因此，学校需要组织全面发展教育与核心素养教育的关系及其转变的必要性这一理论学习，促进从全面发展教育到核心素养教育的理念转变。

第二，素质教育到核心素养教育的转变。素质教育是全面发展教育在改革开放下的继承和发展，它虽然产生过重要的推动作用，但由于它在素质的具体构成与相应的实践操作等方面同样面临抽象的问题，出现了"素质教育是个筐，什么东西都往里面装"的混乱现象。比较而言，包括三个方面、六大要素、十八个基本要点的核心素养就将素质进行了具体化。可见，素质教育在新时代需要核心素养教育来具体化。因此，学校需要通过素质教育和核心素养教育的比较及其转变必要性的理论学习，促进从素质教育到核心素养教育的理念转变。

第三，占有式主体向共存类主体的转变。人类教育史上出现了个人或社会本位、生活或职业本位、通识或专业本位等诸多的教育目的观，但它们都是在把学生培养成为"占有性的个人主体"，其结果带来了诸如贪婪掠夺、冲突纷

---

① 高伟. 论"核心素养"的证成方式 [J]. 教育研究，2017（07）：4-13.

争、环境破坏等弊端。于是，学界提出用以克服该弊端的"共存的类主体"培养思想①。分析认为，核心素养教育提出培养具有诸如理性思维、健全人格、自我管理、乐学善学等关键能力，培养具有诸如珍爱生命、人文情怀、社会责任、国家认同等必备品格的追求，就是主体的人、共存的人，契合培养"共存的类主体"的价值追求。因此，学校需要组织辨析这些价值追求，认识到核心素养教育对人类已有价值追求的超越，提高转向核心素养教育理念的自觉性。

（二）把握核心：设计课程与开展教学活动

1. 设计发展核心素养教育的学校课程

（1）理解课程变革的逻辑

在全面发展教育及素质教育下，积累了一定的课程建设经验与成就。当从全面发展教育及素质教育向核心素养教育转变时，相应的课程变革逻辑也由此产生了。

首先，明白当前课程的缺陷及变革的必要性。经过 2001 年启动的新课程改革，当前中小学课程虽然在结构较为齐全，但它的"灵魂"是学科中心，其范畴包括知识与技能，过程与方法，情感、态度和价值观的"三维"目标。如若追问：知识——哪些知识？技能——什么样的技能？过程——什么样的过程？方法——哪些具体的方法？情感——哪些情感内容？态度——什么样的态度？价值观——哪些方面的价值观？相关文件则对于这些问题的阐述是较为抽象，从增强实践的可操作性看，自然需要相应的发展来解决。

其次，理解核心素养课程的特质及变革的科学性。基于已有"三维"课程目标的不足，适应从全面发展教育、素质教育到核心素养教育的转变，则需要以学生素养发展为中心重新设计课程：实现课程设计"灵魂"的升华——培养必备品格和关键能力，实现课程范畴的升华——落实三个方面、六大要素、十八个基本要点的核心素养。可见，核心素养教育的课程不是已有学科知识中心课程的历史延续，也不是"三维"目标下课程的简单修补，而是基于核心素养科学研究成果的整体性课程重建。

（2）创建核心素养课程

路径一：在已有课程中融入核心素养。该路径的做法：首先是研制课程标

---

① 冯建军. 个人主体教育的反思与类主体教育的建构［J］. 南京师范大学学报（社会科学版），1999（06）：60-66.

准，然后以课程标准为参照，解析出课程内容版块。其次是分析每个内容版块可以落实的核心素养要点，开列核心素养要点落实表。最后是整合形成贯穿核心素养灵魂、落实核心素养基本要点的新的课程体系。这种"融合式"的设计路径是目前较为普遍的做法，它是对已有课程的形式继承、内涵更新，它的优势是能够保持已有课程制度的持续、有利于教师教学的平稳过渡，但也面临着一些核心素养难以落实之虞。

路径二：分解核心素养后再创生课程。该路径的做法：首先是理解和分解核心素养及其教育目标。其次是思考设计相应的课程结构体系及具体的课程。最后是寻找、组织包含相应核心素养基本要点的素材去形成课程的载体——教材，从而完成新的课程体系建设。如北京教育学院附属丰台实验学校，就是基于对核心素养要点的理解，从发展学生素养出发，建构健体学子、敬业学子、博识学子、求真学子、创新学子、乐群学子、阳光学子、文艺学子、巧手学子、天地学子的体系化校本课程①。这种"创生式"的设计路径实现了课程体系的重构、课程标准的重建，它较之"融合式"课程设计路径，具有核心素养要点全面覆盖的优点，但也面临课程重建的诸多挑战。

当然，核心素养教育的课程创新也提出了管理改革的要求。遵照教育部的要求，相关工作包括：一是在国家层面要整体设计义务教育、中等教育和高等教育等各段课程，明确规定各段应开设的国家课程、地方课程和校本课程，颁布各门课程评价对学生及学校、教师的具体要求。二是在学校层面要开设门类齐全的核心素养课程，赋予学生课程选择的权利和机会，并通过诸如生涯规划等课程引导学生理性选课。三是引入和发挥第三方评价机构的作用，利用其客观、公正、专业的品质，对核心素养课程的设计及其实施进行科学评估，以便于对核心素养教育课程建设的督导。

2. 开展发展核心素养的教学探索

（1）明辨教学过程的旨趣

核心素养教学活动过程要求首先对活动旨趣达成共识，亦即需要明晰知识"传授—接受"型教育过程与核心素养教育过程在旨趣上的不同追求。

首先，反思知识型教学过程取向的弊端。长期以来，在追求考试分数的导向下，教学过程的空间被压缩到学校（甚至教室），时间被固化在识记（甚至刷

---

① 杨志成. 核心素养的本质追问与实践探析 [J]. 教育研究，2017（07）：14-20.

题），对象被窄化到教材（甚至考试模拟题），教师束缚在讲授（甚至猜题）活动中，学生被定格在刷题，效果被缩小到考试分数。这种学生为考试而学习、不是为发展而学习，违背了教育本质的活动、压抑儿童发展，学生身体健康受到伤害，思想品质得不到提高①；产生了诸如学生社会责任感、创新精神和实践能力较为薄弱等问题②。

其次，明晰核心素养教学过程的价值追求。核心素养教育过程是以培养共存类主体人为旨趣：教育活动是引导学生思考过什么样的生活，形成诸如珍爱生命、自我管理、乐学善学等素养；教育活动是指导学生探索做什么样的人，形成诸如人文情怀、审美情趣、理性思维等素养；教育活动是开导学生尝试做什么样的公民，形成诸如劳动意识、社会责任、国家认同等素养。总之，核心素养教育过程，不是培养"刷题机器"的应试训练，而是培养共存类主体的指导自主发展活动，其旨趣不是分数的提升，而是素养的发展。

当然，核心素养教育过程的这种旨趣还需要让学生知晓和实践，亦即通过诸如生涯规划教育等课程来激发、培育其学习、发展的主体性，帮助学生了解职业分布、行业特点、人才需求等情况，引导学生憧憬专业学习、职业选择、生活景象，让学生成为发展的主人。

（2）推进教学过程的创新

核心素养在社会参与等范畴上的宏大视野，决定了它必须突破过去知识"传授—接受"型的教育活动，通过扩展教育活动的空间和综合利用组织形式来实现向发展学生核心素养的教育过程转变。

第一，通过扩展教育活动空间培养核心素养。一方面，要继续利用传统的学校课堂或实验室、学校校园等空间，但同时需要拓展这些教学空间的内涵，如改校园理科类实验室为"科学中心"——不但是理工科类智能传授之地，也是科学探究之地；改学校图书馆类场地为"人文中心"——不但是社会类知识传授的之地，也是人文精神情怀熏陶之地。另一方面，还要扩大、利用校外空间，诸如高等院校及科研机构、政府办公场地、企业生产场地、文化旅游胜地、博物馆、科技馆、图书馆等（建议免费向学生开放），开展诸如社区服务、社会

---

① 顾明远. 学生不是为考试而学习，而是为发展而学习 [N]. 中国教师报，2018-05-30.
② 教育部. 关于全面深化课程改革落实立德树人根本任务的意见 [EB/OL]. (2014-04-08) [2021-01-27]. http：//www. moe. cn/srcsite/A26/jcj_ kcjcgh/201404/t20140408_ 167226. html.

实践、生产劳动、创新制作等活动，以及创新使用研修旅行开展诸如营地身体素质训练，考察文化古城古镇、民族宗教场地，游览名人故居故地、历史博物馆陈列馆等活动。由此建成空间多样的、态势开放的核心素养教学空间。

第二，通过综合利用组织形式培养核心素养。观照教育公平正义与质量效率、个性养成与共性培养、公民养成与精英选拔等诸多关系的协调诉求，核心素养的学校教学组织形式需要整合创新，亦即需要把大班教学、小班走班和小组研讨综合起来使用，以便克服目前片面追求升学下单一的班级教学现象。其中，依据兼顾人才选拔需要，如何创新性地组织和管理好小班走班教学是重中之重。实践中，如北京教育学院附属丰台实验学校基于个人与健康、自然与科学、人文与社会的"三元"课程体系，综合利用各种组织形式，形成"三元全息"的教育活动①，为核心素养教育组织形式的综合利用提供了一个成功范例。

第三，通过教育过程内涵变革培养核心素养。有研究指出，核心素养教学是对传统课堂教学的全面性变革②。这种变革包括：教学目标是发展学生素养，实现从文化知识传承向必备品格和关键能力提升的转变；教学任务是落实核心素养，实现从被动式接受学习向充分发挥学生的主体性学习转变；教学内容是核心素养基本要点，实现从学科知识中心向核心素养中心的转变；教学方法以启发式为主，实现从讲授接受向指导发展的转变；教学评价以素养发展为尺度，实现从分数等单一标准向素养形成综合评价的转变。显然，这种系统性的教育过程变革，有利于发展学生核心素养。

（三）抓住关键：提升教师素养与改革评价

（1）扩容师资队伍规模

核心素养教育对校外人员与教育空间的呼唤在已有学校教师队伍的基础上，吸收广大校外相关人员参与，整合打造一支专职和兼职相结合的师资队伍。

首先，扩大专职教师队伍的规模。在岗教师无疑仍然是核心素养教育的主要力量，需要继续发挥"立德树人"的作用。同时，在教育过程小班化、个性化的趋势下，相应需要增加班额、降低师生比，这要求增加学校教师编制、扩大学校教师队伍规模。

其次，组织专家等社会人员参与。高校和科研机构的专家在对学科专业介

---

① 杨志成. 核心素养的本质追问与实践探析 [J]. 教育研究, 2017 (07)：14-20.

② 张建桥. 培养学生核心素养亟待教学转型 [J]. 中国教育学刊, 2017 (02)：6-12

绍、学生志趣诊断和引导、配合中小学生涯教育等方面有特殊作用。同时，各种社会文化机构、团体的专职人员及退休教师在核心素养教育资源提供和效果测评等方面有其独特的作用。

最后，吸收公务员及企业人员加入。国家公务员能为学生提供参观政府场地、展现政府运作，培养学生公平、正义、责任、使命等品质。企业人员能为学生提供生产观摩场地、展现问题解决和技术创新，培养学生劳动意识、技术运用、自我管理、社会责任等品格。

（2）提高核心素养教育胜任力

核心素养教育作为一种崭新的理论与实践，对于在职教师及其他人员来说，都面临重新学习和实践探索的问题。其中对学校教师而言，在对核心素养教育理解的基础上，涉及课程开发、活动组织、学生指导、策略评价等胜任力。

第一，形成核心素养的课程开发力。教师作为核心素养教育的执行者，自然需要在国家课程、地方课程和校本课程的基础上，结合所教课程的特点、课程的实施情况、学生的学习情况等进行课程再开发。对此，教师需要通过吸收借鉴、自主研究等方式实现核心素养下的课程再开发，并形成可执行的核心素养教育课程实施材料。

第二，提高核心素养教育的组织力。核心素养教育不仅要求教师继续提高课堂教学、校园活动的组织能力，还要求教师发展利用社会文化场所、政府及企业场地的组织能力。为此，教师需要具备对学生、课堂、校园、文化场所、政府机构和企业等对象的信息搜集能力，具备对学生活动与学校各种要素、与社会各种场所的协调沟通能力，具备核心素养发展活动中场地使用、时间衔接、接待安排、出行组织和活动指导等方面的组织能力。

第三，提高学生素养发展的指导力。学生在核心素养教育中的课程选修、过程参加、评价参与等活动，要求他们具有相应的能力。这就给教师提出了指导学生发展这些能力的要求。对此，教师一要善于了解学生，全面把握学生集体和个体各个方面的情况；二要善于研究学生，科学判定学生六大素养的发展状况；三要善于沟通交流，把教育指导转化为学生认同的态度和行为；四要善于预防及纠偏，对学生核心素养发展中可能出现的偏差、问题要有预防或纠正措施。

第四，形成核心素养教育的评价力。教师在理解核心素养教育评价的过程性、发展性、指导性基础上，形成相应的评价力：一是掌握科学的教育测量和评价的方法、技术；二是熟悉教育活动中各种信息的搜集、整理和分析工作；三是坚守客观真实、公平公正的测评精神，保证测评的可信性。

2. 发展促进核心素养教育的评价

教育测评具有教育活动"指挥棒"的功能，可以科学地利用它来推进从唯分数论到核心素养测评的转变。

（1）认识核心素养教育测评的内涵

由于"高考指挥棒"导致考试分数的权重越来越大，忽视综合素质，升学竞争演变为"分分计较"，导致"只招分，不看人"的后果①。核心素养下教育的测评需要反思这些问题，实现教育测评的科学升华。

首先，测评尺子的多样化。在测评的方向上，核心素养教育测评是减少终结性、一次性评价，主要使用多元性评价、指导性评价、发展性评价、过程性评价，目标是判断学生在核心素养各个要点上达成的水平层次（如完全形成、大部分形成、少部分形成、模糊状态和没有形成），以此为学生的发展指出努力的方向和目标。

其次，测评指标的具体化。核心素养教育测评的项目涉及三个方面、六大要素、十八个基本要点，是一个完整的体系。其中如人文情怀、珍爱生命、社会责任、国家认同、国际理解等必备品格项目纳入测评，是对过去片面的文化知识、心智技能的考试的突破。同时，如此具体化的评价，不但有利于克服长期以来应试教育下测评的弊端，而且也提高了教育测评的可操作性、科学性。

最后，评价层次的科学化。根据教育测评的科学理论，核心素养下教育评价包括认知、情感、技能三大方面。其中认知领域包括识记、领会、运用、分析、综合、评价的六个水平层次，情感方面包括接受、反应、形成价值观念、组织价值观念系统、价值体系个性化的五个水平层次，技能方面包括整个身体运动、协调细致的动作、非语言交流的动作、言语行为的四个方面。共计三大方面、十一个水平层次和四个方面。这较之过去仅仅局限于认知的识记、领会及简单地运用、分析的考试，核心素养教育的评价是完整人教育的评价，具有更高的科学性。

（2）掌握运用科学的测评技术

教育测评是以哲学、数学、统计学、心理学等学科知识为基础，是一项具

①　顾明远. 高考，应从"招生"转向"招人"［N］. 解放周末，2017-6-16.

有较强专业性的工作，它较之简单的对错判断、得分多少相比，是复杂而科学的测评技术。

第一步：绘制评价双向细目表。具体操作是：一方面，可以用核心素养十八个基本要点中的任何要点作为一个维度。另一方面，可以用认知领域的识记、领会、运用、分析、综合、评价六个水平层次分别作为一个维度，构成一个双向细目表矩阵，测试核心素养某个要点的达成水平；或者可以用情感领域的接受、反应、形成价值观念、组织价值观念系统、价值体系个性化五个水平层次作为一个维度，构成一个双向细目表矩阵，测试核心素养某个要点的达成水平。

第二步：设计评分加总式量表。评分加总式量表用于全面性、发展性、指导性、过程性评价，它是克服"分分计较"的有效办法，其中如李克特量表（Likert scale），它采取属同一构念项目相加计分的方法来判断被调查者对调查项目的认同程度（具体区分为：非常/完全同意计 5 分、同意计 4 分、不一定/无所谓计 3 分、不同意计 2 分、非常/完全不同意计 1 分）。测评人员应该掌握这些测评技术原理，并能设计出测评核心素养某个要点的量表。

第三步：实施核心素养教育评价。在核心素养教育测评的操作上，国际上已有一些值得借鉴的方法，如尼德尔斯特、穆德等人建构的矩阵模型。它由两个维度构成：一是素养教育的原则，涉及教育项目的设计基于素养设计出职业性素养的课程、素养在学习的前中后全段测量、学习活动的真实环境、学生的自我责任和反思精神、教师是否发挥专家和教练的角色、学生终生学习的态度等方面；一是素养达成的水平，包括没有达到、开始达到、部分达到、完全达到的水平层次。[1] 当然，在具体运用时还要考虑我国核心素养的内涵，及不同学段、不同学科的特殊性而创造性地使用。

（四）营造环境：从课堂校园到全社会参与

1. 呼唤社会全时空支持

核心素养教育特别强调社会责任、国家认同等必备品格。显然，这些必备品格的培养需要在传统时空的基础上，动员所有时空力量参与进来。

第一，继续发挥学校课堂教学的主导作用。由于课堂教学在人类智能传授中的间接性、便捷性、高效性，特别是有利于专门、系统的科学智能的培育，

---

[1] 冯翠典. 素养为本的教育：内涵、模式、原则和挑战 [J]. 教育科学研究，2017（04）：30-34.

在诸如信息意识、人文积淀、批判质疑等核心素养的形成上，仍然具有不可取代的专业化功能。因此，仍然需要发挥课堂教学的主导作用。当然，核心素养下的课堂教学还需要在师生地位和心理关系、内容的广度与深度、教学的速度与深度、对象的集体性与个性化等方面进行相应的转变。

第二，强化校园文化的熏陶感染作用。由办学理念、校训、校风、教风、学风等构成的校园精神文化，由学校教育制度、班级管理制度、课堂教学纪律，以及学生守则等构成的校园制度文化，由教室、实验室、图书馆以及建筑艺术、文化走廊等构成的校园物质文化等等，它们对诸如健全人格、人文情怀、审美情趣等素养的形成，具有"润物细无声"的熏陶作用。因此，核心素养教育下呼吁加强校园精神文化、物质文化和制度文化的建设。

第三，发挥社会文明场所的感染作用。校外的博物馆、科技馆、图书馆等文化场地，文化古镇、名人故居、历史纪念馆、革命圣地等文明场所，它们对于诸如人文情怀、审美情趣等素养的养成，具有寓教于游的感染作用。因此，建议这些社会文明场所定时、免费向学生开放。

第四，利用政府和企业的示范作用。诸如政府机关是如何架构的、如何运行的，企业的组织、生产、销售是如何运转的等等都是培养核心素养教育的时空，它们对于诸如自我管理、社会责任、国家认同、劳动意识、技术运用等素养的形成，具有示范作用。因此，建议政府机关及街道办事处、企业车间及工厂场地等地方定期、定向对学生开放。

第五，发挥高校和科研单位的牵引作用。高等院校及其研究机构、专门的科学研究机构等，它们身上承载的知识分子、智者、科学家形象及社会地位等，对于学生未来专业学习调适、职业就业选择等等具有重要的引导作用，对于学生诸如信息意识、批判质疑、勇于探究等素养的养成具有独特的作用。因此，建议高等院校、科研机构组织向学生开放。

2. 呼吁社会全员参与

第一，高校招生要发挥"指挥棒"作用。虽然学生核心素养发展的评价需要平时测量、过程评价、升学考试等"多把尺子"，但升学考试仍然是极其重要的一把"尺子"，特别是对学生在诸如信息意识、人文情怀、理性思维、问题解决等多方面素养的养成和测量上具有无法取代的作用。因此，高效"对接"核心素养教育的招收，有助于推进核心素养教育。

第二，单位用人发挥"标尺"作用。社会用人单位的标准是学生为升学、就业做准备的"风向标"，具有特殊的引导作用。同时，由于社会各个用人单位在规模相对较小、能够实施深度谈话面试的情况下，可以对应聘者诸如人文情怀、理性思维、社会责任、国家认同等素养进行测评，并作为是否录用的重要标准。以此，人们自然重视提升核心素养。

第三，政策法规发挥"强制"作用。对法律、政策的敬畏等构成了规范公民言行的基础。可以运用国家政策、法律的规范、强制性力量，对相关涉事者理性思维、社会责任、国家认同等素养进行评判，并给予相应的奖励或惩戒。如此的规范、强制性力量，有利于引导学生等全体人员在核心素养的范围内行动。

第四，舆论媒体发挥"风评"作用。新闻等媒体是促进社会健康的"啄木鸟"，在进入自媒体时代以来，以网络为主阵地的现代媒体，具有参与人员众多、信息搜集广泛、信息传播迅速、舆情压力较大等独特功效。因此，可以利用网络等各种媒体在观察、评价、褒奖社会成员核心素养上的"风评"作用，形成提升核心素养的舆论环境。

中篇

02

实践设计：教育转型与教师胜任

Ⅰ. 本篇的专题目录

★专题06：核心素养下学校教育活动审视

★专题07：发展核心素养的培养模式建构

★专题08：发展学生核心素养的课程重构

★专题09：教师核心素养教育胜任力研究

Ⅱ. 本篇的内容概要

"中篇　实践设计：教育转型与教师胜任"既上接上篇"理论奠基：历史演进与原理探微"，又下接下篇"实践探索：培养活动与评价测量"，主要对指向核心素养教育的当前学校教育活动进行审视，然后对发展核心素养的培养模式、指向核心素养的基础教育课程重构、教师核心素养教育胜任力等专题进行研究。如此完成了核心素养教育从理论到实践的中间环节的学校教育工作层面的制度设计，为接下来的核心素养教育实践活动及其评价等奠定基础。

专题 06：核心素养下学校教育活动审视①

【摘要】 为了确保核心素养教育的针对性、有效性，有必要对学校实施核心素养教育的基本情况进行调查，以便把握校情、预防问题、做好准备。通过调查发现，当前中小学教师在理论上，对核心素养教育的认知大体熟悉，但不深入，对核心素养教育的态度积极肯定，但行动不够主动；在实践上，对核心素养教育课程积极领悟并尝试改革，但未普遍落实在具体的教学上，评价上还未跟进，管理上缺少引领。教师普遍反映在核心素养教育上存在课程整体设计尚未完成、教学过程尚无可仿操作、教师胜任力还远远不够、教育效果测评有待建构、教育支持环境不够给力等问题。总之，抓住当前核心素养教育工作的问题，才可能提出有针对性的举措，从而有效地推进学校教育从素质教育到核心素养教育的深化、转型，建设符合 21 世纪对社会人才核心素养要求的未来学校。

【关键词】核心素养教育；教师访谈；理论认识不足；实践应对不足

一、研究设计：访谈对象与访谈技术

（一）访谈对象

本研究旨在通过访谈教师，对核心素养教育在中小学校实践的现状、存在的问题及影响因素做出相关分析与判断。而当前，尽管核心素养及其教育的研究成果很多，但是核心素养教育并未形成统一、全面的教育实践，通过前期了解，重庆市作为我国直辖市之一，其经济和教育水平位于全国前列，并且各中小学校已经开始了不同程度的核心素养教育实践，基本能反映出当前中小学校开展核心素养教育实践的现状。因此，本研究最终选择了以重庆市部分中小学

---

① 本专题撰写作者：徐竹君（教育学硕士，乐山师范学院教师），唐智松（教育学博士，西南大学教授、博士生导师）。

教师为访谈对象。

考虑到样本选择的的代表性和多样性，以及核心素养教育的实践进程，此次访谈选择了重庆一中、西南大学附属中学、江北中学、朝阳一中、育才中学五所中学以及状元小学、中华小学两所小学的 39 名教师进行访谈，其中男老师有 18 人，女老师有 21 人；教师年龄在 20~50 岁之间，教龄较分散；学历层次在大专及以上，其中包括大学专科生 1 人，大学本科生 26 人，研究生及以上 12 人；任教学段在小学的教师有 10 人，初中教师有 18 人，高中教师有 21 人；在任教学科方面，文科类教师 18 人，理科类教师 15 人，艺体类教师 6 人（见表 6-1）。

表 6-1 访谈对象基本情况

变量	分类	人数（人）	百分比（%）
学校所在地	城市	32	82.05
	县镇	7	17.95
性别	男	18	46.15
	女	21	53.85
年龄	20-30 岁	14	35.90
	30-40 岁	16	41.03
	40-50 岁	9	23.08
教龄	5 年以下	12	30.77
	5-10 年	9	23.08
	10 年以上	18	46.15
学历	大学专科生	1	2.56
	大学本科生	26	66.67
	研究生及以上	12	30.77
任教学段	小学	10	25.64
	初中	8	20.51
	高中	21	53.85
任教学科	文科类	18	46.15
	理科类	15	38.46
	艺体类	6	15.38

（二）访谈技术

本研究参考了"核心素养视阈下的教师关注访谈提纲"①，以研究所建构的核心素养教育的理论体系为主要访谈内容，并根据研究实际需要对访谈提纲做出适当调整，编制了"核心素养理论及其教育实践的教师访谈提纲"。具体来讲，"提纲"分为"核心素养教育理论""核心素养教育实践"以及"核心素养教育期望"三大部分。其中，"核心素养教育理论"部分主要考察教师对核心素养理论研究的认知水平、情感态度和相关行为，包含"您知道核心素养吗？能分别谈谈您对核心素养的来源、概念、具体内容以及与三维目标的关系的理解吗""您是否认同核心素养？您周围的同事对待核心素养持何种态度"和"您是通过哪些方式了解核心素养的？对核心素养及其教育理论是否有自己的见解或研究"三个问题；"核心素养教育实践"部分主要从核心素养教育的课程、教学、评价、学校管理等方面对当前学校开展核心素养教育的实际情况进行考察，包含了"您认为核心素养的提出对贵校的课程带来了哪些影响""您在目前教学中是否能落实核心素养教育，具体是怎么做的""当前贵校有没有与核心素养教育配套的评价或测评"和"您所在的学校重视核心素养吗？有没有采取什么行动"四个问题；而"核心素养教育期望"部分主要是了解教师对核心素养教育实践的建议与期望，对应设计了"您希望获得什么帮助？或者说您对日后贯彻与落实核心素养教育有哪些建议或期待"这一问题。按照访谈方案，笔者于2018年11月20日～12月10日去到重庆一中、西南大学附属中学、状元小学等中小学校，展开实地调研和访谈，在访谈过程中根据教师回答做出适当追问，访谈主要采用边听边记的方式，在征得同意的前提下录制音频。

通过对重庆市部分中小学校的39名在职教师的访谈，可以从中基本了解到重庆市部分中小学教师对核心素养理论的掌握情况及学校核心素养教育的实践现状，由此可以对当前中小学核心素养教育实践的现状及问题展开讨论和反思。通过对所得材料的整理和分析，研究认为当前重庆市中小学教师对核心素养理论比较熟悉，在情感态度上能够认同和支持，能够通过一些渠道了解和学习核心素养，但极少部分教师对核心素养有专门研究；而在核心素养教育的实践部分，从教师口中我们得知，核心素养对于学校课程的影响不大，教师在具体教学中有意识但难以落实，配套评价与测评暂未提上日程，但是学校管理层十分重视，在学校管理中有较大体现；在谈到对核心素养教育期望与建议时，教师们关注点比较相似，且具有重要参考意义和操作价值。

---

① 任悦. 中小学教师对核心素养关注状况的测量研究［D］. 东北师范大学，2018.

二、核心素养教育的认知态度观察

（一）认知：整体熟悉，未能深入

在核心素养及其教育理论认识部分，主要考察教师对核心素养理论内涵与外延的认识，包含了对核心素养概念的认识、对核心素养来源的认识、对核心素养内容的理解和对核心素养与三维目标关系的认识，教师群体呈现出"整体熟悉、未能深入"的认识现状。具体结果如下。

在回答问题"您知道核心素养吗？"时，39名教师均回答"知道"，但在进一步追问对核心素养概念、来源、具体内容和与三维目标的关系时，教师们的认识程度没有如此统一。具体而言，对于《中国学生发展核心素养》中所指出的"学生发展核心素养主要是指学生应具备的，能够适应终身发展和社会发展需要的必备品格和关键能力"这一概念，仅有2名教师能够完整阐述，但当笔者提出该概念时，其中有14名教师能够对此有一些粗浅的理解，22名教师较能科学理解，做出一定解释，3名教师开展专门课题研究，有一些自己的见解。

其次，当笔者问到是否清楚核心素养的来源时，有3名教师表示不太清楚，其余36名教师都有一定程度的了解和认识，他们谈到"核心素养是学习国外经验""借鉴了国外关键能力""是我国学者创新"等观点。而教师们在回答学生发展核心素养的具体内容——三方面六素养十八个要点时，仍有3名教师表示比较陌生，不太了解，其余36名教师比较熟悉，有一些自己的理解，但不能够完整复述出核心素养的具体内容。

最后，当笔者询问教师们对于核心素养教育与三维目标关系的认识时，有11名教师认为核心素养教育是对三维目标的继承与发展，是深化与具体化，但也有28名教师表示不太清楚三者的关系或者认为三者没有明显关系。

由此可见，39名教师几乎对于核心素养的概念、来源、具体内容整体上比较熟悉，绝大部分能够科学地理解和做出解释；对核心素养教育与三维目标的关系有所认识，在一定程度上承认发展学生核心素养的必要性。基于此，研究认为教师们对核心素养理论有一定的认识，比较熟悉。但是，通过访谈结果也可以看出教师们对于核心素养的了解不够深入，在关于核心素养具体内容的访谈中，教师们理解程度不同，仍有教师表示比较陌生，与此同时，对核心素养教育与三维目标的关系比较模糊，没有注意到核心素养教育是三维目标的继承与深化，这也反映出教师们对核心素养理论了解不全面，理解不够深入。

（二）态度：积极肯定，努力践行

对核心素养理论及其教育的态度主要包含教师自身对核心素养理论的态度

以及周围同事对待核心素养的态度。通过了解教师们对核心素养理论的态度可以反映整个学校对核心素养理论的支持程度、宣传程度和认识程度，与此同时，从对教师态度的考察中也能够为培养教师的核心素养教育胜任力提供一些思考。从访谈结果来看，教师们对于核心素养理论的态度较积极，能够接受核心素养及其教育的理念，愿意开展与核心素养相关的教育教学活动。

具体而言，通过问题"您是否认同核心素养"，39名教师一致认为"核心素养理论上是正确可行的"，也有部分教师补充到"核心素养尽管理论上是正确的，但是在实践操作过程中仍然存在一定难度"。另外，通过问题"您周围的同事对核心素养教育持何种态度"，教师们大多谈到"会积极学习核心素养，掌握核心素养教育的相关知识"，"努力践行核心素养，积极推进教学改革"等。

可见，无论是教师个人还是教师群体，对核心素养理论绝大多数都持积极肯定的态度，认为核心素养教育理论上是正确可行的，但是他们也明确提出了核心素养教育在具体教育教学实践中的难操作、不具体等现实困难。例如在与某中学教师的交谈中可以发现学校对于核心素养所持的肯定态度，以及核心素养教育的在具体落实中存在困难。

（三）行为：学习被动，研究较少

认知—态度—行为反映了认识主体对某一理论掌握程度逐步深入的过程，从教师对核心素养理论的认知情况与情感态度我们可以比较清楚地了解到教师对核心素养理论的了解度和接受度，那么在此基础上，教师是否能够有意识地进行核心素养理论的学习活动，能否有意识地开展相关的研究活动成了评价教师对核心素养理论掌握程度的重要参考。

在考察教师核心素养理论的行为部分时，研究主要从教师的学习行为和研究行为两方面展开访谈，通过问题"您是通过哪些方式了解核心素养的"以及"围绕核心素养是否有开展相关研究"我们了解到，教师对核心素养理论的学习比较被动，与此同时对核心素养及其教育的研究较少，具体访谈结果如下：

其一，通过问题"您是通过哪些方式了解核心素养的?"了解到，在39名教师中，有35名教师谈到，他们主要通过讲座培训知道和了解到核心素养，另外"校园文化宣传""正式会议"也是了解核心素养及其教育的主要渠道，有小部分教师还通过一些"非正式交谈""网络学习""自主阅读"等方式学习核心素养理论。

其二，通过问题"围绕核心素养是否有开展相关研究"了解到，绝大部分教师对核心素养目前暂未展开相关研究，目前仍旧停留在了"继续学习"的层面，迫于认识水平和教学压力，绝大部分教师很少投入精力开展核心素养相关研究。不过，在访谈的 39 名教师中，仍有 3 名教师表示自己有申请相关课题或者写作有关核心素养的学术论文，主要是关于与自己任教学科相对应的学科核心素养的研究。

可见，教师对核心素养理论的学习机会和渠道较多，因此能够比较熟悉核心素养理论的概念、来源、内容等，从学习的渠道也可以看出，教师的学习大多数是被动的，"自主阅读"等方式的主动学习较少；在对核心素养理论的研究方面，教师们的投入程度较低，研究意识较弱，极少部分教师对其的研究主要围绕"学科核心素养"，研究视域比较局限。总体来看，教师对核心素养理论的学习较多，研究较少。

三、核心素养教育实践样态观察

（一）课程：领悟课标，尝试改革

通过问题"您认为核心素养的提出对贵校的课程带来了哪些影响"，绝大部分教师谈到了对学校教育目标的影响，提出了"核心素养的提出在一定程度上冲击了原有的三维目标模式，是对育人目标和育人理念的更新"等；其次，是对课程设计与课程体系建设方面的影响，在访谈中有教师谈到了本校的课程体系建设，包括校级校本课程开发和校级特色课程创建等。其中，某小学设计了基于学生核心素养发展的课程体系：首先，基础课程，即国家课程（语文、数学、英语教材等）；其次，德育课程，包括德育实践基地活动，科普实践基地；最后，拓展类课程，即特色课程，包括艺术类、体育类和科学类。而高中教师们大多谈到了新课标的出台与对学校课程的影响力目前还不明显，他们认为尽管对应的学科课标已经下发，但是学校课程的跟进还是一个逐渐接轨的过程。

综上所述，高中围绕已出台的新课标开始逐步跟进学校课程开发与课程创建；初中和小学尽管暂时没有配套课标出台，但也在核心素养教育理念的指引下尝试进行课程设计与课程体系编制。从调查与访谈的结果来看，大部分学校在课程体系建设中有意识地与核心素养相呼应，但是就目前的落实的具体情况来看，并没有完全实现从课标到教材再到课程内容的全面建设。

（二）教学：具备意识，难以操作

通过问题"您在目前的教学中能否落实核心素养教育，具体是怎么做的"，绝大多数教师回答道"基本能落实"，具体落实表现在"结合学科特点，培养学生的实践创新能力，关键能力的培养，如：审题能力培养，信息能力的收取，

阅读能力的提升等""主要是从培养学生音乐鉴赏能力，从音乐出发，让学生拥有发现美，感知美，理解美的能力，这对其一生都是有益的""让学生更多地进行自主合作学习，重视对学生问题意识和解决问题能力的培养，所有的教学基本围绕学生自主学习产生问题、自主或合作解决问题为主线去设计，让学生在此过程中逐渐形成知识的结构""方式转变，注重学生内涵式发展；注重思维训练，注重文化素养培养"等，但其中也有8名教师提出"在教学中有意识偏重，但仍依照考纲要求教学""在尝试阶段""并不能完全落实"等。

可见，在具体教育教学中，尽管多数教师认为基本可以落实核心素养教育，但从其回答中可以看出，教师们目前具备落实的意识，但在具体操作层面仍然缺乏落实的能力，教师们在教育教学中仍旧是依据"三维目标"、套用老教材、依照考纲要求开展活动，核心素养教育目前并不能被很好地落实到中小学校的教育教学中，学校核心素养教学仍处于尝试与探索阶段。

（三）评价：暂未配套，后续跟进

通过问题"当前贵校有没有与核心素养教育配套的评价或测评？"了解到，无论是新课标已经出台的高中阶段，还是新课标正在研制跟进的初中、小学阶段，学校在教育评价部分仍然处于观望状态，当追问其原因时，教师们谈道："我们初中阶段的课标还在研制中，教育评价现在还很难实现""教育评价还是要根据上面的文件精神做出调整""高考评价模式不改革，我们的教育教学评价很难做出实质性变革"。总体来看，被访谈教师所在学校目前暂时未有基于核心素养教育的配套教育教学评价或测评，不过通过教师们的回答，我们可以认为尽管由于主客观的种种原因，学校难以实现或暂未落实核心素养教育教学评价，但是核心素养教育理念在一定程度上影响着学校和教师对于教育教学的评价，他们谈到"基于核心素养的评价更多的在于对学生的学习过程评价，而不仅仅局限于学习结果，并且更加关注学生的内心认知和感受""将评价机制落实到人，关注差异，在差异上具体到每个人的核心素养的提升"等。

可见，核心素养教育教学配套评价仍是中小学校的"待规划工程"，但核心素养教育思想逐渐开始渗透到具体的教育教学评价的过程中，学校核心素养教育评价的跟进将会是一个漫长的过程。

（四）管理：重在引领，缺少保障

通过问题"您所在的学校重视核心素养教育吗？有没有采取什么行动"试图从教师的角度了解当前中小学校在学校管理层面对推进核心素养教育时所采取的具体行动。具体而言，教师们对问题"您所在学校对于落实核心素养教育采取了哪些行动?"的回答,集中在学校对"人"和"物"的管理范畴。学校对"人"的管理部分,主要是对核心素养教育下的教师的管理,其中绝大部分学校教师谈道:"核心素养文件刚发布时,学校教研组组织过统一学习材料""学校会组织专门的核心素养讲座,通过讲座我们可以了解和学习核心素养知识""在教师外出交流学习时,会围绕核心素养的主题学习和讨论""曾经组织过教师围绕核心素养的某个点展开写作"等。在学校对"物"的管理部分,主要体现在学校对核心素养理念的校园文化宣传,例如印制核心素养教育相关文件下发给教师学习,购买相关期刊,在校园宣传栏中对核心素养教育精神进行宣传等。

从对教师的访谈中,可以了解到学校管理层对于核心素养教育的重视程度较高,采取了多种方式督促教师学习核心素养及其教育的相关理论知识,此外也通过校园文化建设,进一步宣传核心素养理念,为核心素养教育在中小学校的实践提供了一定的支持。但是从学校管理的效果来看,目前学校在落实核心素养教育,开展核心素养教育实践上仍是以理念指引为重点,在学校教育制度、管理制度中暂未与核心素养教育挂钩,未能对核心素养教育的实践提供支撑和保障。

四、问题发现:核心素养教育现实窘境素描

(一)课程整体设计尚未完成

核心素养教育课程对于学生核心素养的培育起着决定性的作用,对于核心素养教育来说更是重要。然而,从教师访谈的结果中可以发现,当前中小学校的核心素养教育课程建设进程缓慢,在核心素养教育的课程设计规划方面,核心素养教育的课标、教材、体系内容等并未与核心素养教育理论同步,课程建设不够全面,整个课程的设计处于还没有完成的境地。

一方面,核心素养教育的课程标准未与核心素养理论的发展同步,主要表现在课程标准所覆盖的学段仍不完整。课程标准是国家对课程统一要求的体现,是确定教材和教师进行教育教学活动的直接依据,也是教学质量考核的重要标准。2014年《教育部关于全面深化课程改革落实立德树人根本任务的意见》[1]提出要研制学生发展核心素养、制定和落实各学段的学生发展的核心素养,但

---

[1]　教育部. 关于全面深化课程改革落实立德树人根本任务的意见 [EB/OL]. (2014-04-08) [2021-01-27]. http://www. moe. gov. cn/srcsite/A26/jcj_ kcjcgh/201404/t20140408_ 167226. html.

是到目前为止核心素养教育的配套课程标准仍然未能覆盖所有学段。尽管 2018 年 1 月教育部发布了《普通高中课程方案和语文等学科课程标准（2017 年版）》，首次把学科核心素养纳入教材，而小学、初中等学段的核心素养教育配套课标还处于研制中，由此导致了教师在开展教育教学活动时"无依据""无方向"。另一方面，课程标准作为教育内容的所有学习科目及其进程安排的总和，对教材编写发挥着基础性、关键性的作用，核心素养课程标准的不同步也导致了核心素养教材的不配套。如果说核心素养课程是实现核心素养教育目的的重要保障，那么核心素养教材则是核心素养课程的重要依托和负载，核心素养教育改革能否实现预期目标，关键在于新教材能否体现核心素养教育的理念。从当前教师们的回答结果来看，中小学校并未有核心素养教育的配套教材，这也是教师开展核心素养教育教学缺乏教育素材的直接原因。最后，在调查中我们发现尽管一些中小学校有意识地进行核心素养教育校本课程开发、特色课程创建和课程建设，但从课程建设的内容选择来看，更多的是依据原有的德智体美等全面发展的五模块进行内容设计，缺乏对核心素养及其教育理论的深入观照。

（二）教学过程尚无可仿操作

核心素养教育是通过对学生各学段教育，逐步培养学生应具备的，能够适应个人终身发展和社会发展需要的必备品格和关键能力的教育，与此同时，核心素养教育是对教育中的学生而言的，属于教育性的范畴；核心素养教育以培养核心素养为目标，具有导向性的作用；核心素养可以通过教育而获得，属于获得性的性质；核心素养教育最后要形成学生的核心素养，具有内在性的特质；学生通过核心素养教育而形成素养是稳态的，具有稳定性的属性；核心素养是面向全体公民的要求，具有公共性的品质；核心素养教育能够同时满足个体与社会发展的需要，具有价值性的意义。由此可见，核心素养教育的独特内涵，与"三维目标"指导下的素质教育，在教育的具体目的、内容、方式等方面存在很大的区别，然而在核心素养教育教学过程中，由于教学要求不具体，教学形式多样化，教学模式难选择，使得核心素养教育的实际教学难以操作。

核心素养教育要求培养学生能够适应个人终身发展和社会发展需要的必备品格和关键能力，这与之前"知识与技能、过程与方法、情感态度与价值观"的三维目标有着本质上的区别，核心素养教育更注重培养学生的关键能力与内在涵养，是对三维目标的综合，面对当前多种多样的教育形式及教育模式，一线教师特别是中学教师面临着重大升学压力，很难选择适合的教学模式进行核心素养教育教学，因此在访谈中许多教师在谈到对落实核心素养教育的建议与期待时呼吁有更多的教学示范，提供可以直接模仿、并通过模仿而迅速提高核心素养教育的范式，希望通过教育教学的实际操作领悟核心素养教育教学过程，改变核心素养教育教学难操作的现状。

（三）教师能力还不能胜任

核心素养教育下的教师胜任力是指教师胜任核心素养教育的能力，结合教师专业发展的主要内容——专业理念与师德、专业知识和专业能力，教师胜任核心素养教育的能力可具体为个体所具备的、能成功实施核心素养教育教学的核心素养教育知识、核心素养教育技能、核心素养教育理念和职业道德规范。而当前，随着核心素养教育的全面实践，中小学教师在实践过程中却出现了难以胜任的问题，尽管通过访谈了解到教师们在认知和态度层面对核心素养教育比较了解也表现出肯定和支持的态度，但是在具体教育教学中仍然是"心有余而力不足"，表现在教师的核心素养教育知识储备不足及核心素养教育技能的匮乏。

一方面，教师胜任核心素养教育的知识储备较少，难以支撑核心素养教育教学。从对 39 名教师访谈中可以了解到，教师对核心素养教育理论内涵比较熟悉，但是对具体内容却不甚了解。在核心素养及其教育理论的认知部分，教师对核心素养的概念、来源、结构、具体内容、与三维目标关系的认知水平呈现出依次递减的状态，由此可以说明教师的核心素养及其教育理解不够深入，对核心素养及其教育理论的具体内容没有掌握，反映了教师核心素养教育的知识储备较少的现状。另外，当教师谈到对核心素养及其教育的建议与期待时，对专业指导，系统学习的提议也从侧面反映出教师核心素养教育知识的不足，难以胜任核心素养教育。另一方面，教师较少能学习和获得胜任核心素养教育的技能，难以开展有实效的核心素养教育教学。作为核心素养教育的具体实践者与工作的承担者，教师不仅仅需要掌握和熟练运用核心素养教育的知识，更需要提高核心素养教育的技能，积累教育智慧，在教育教学的方法、原则、手段的选择运用上不断创新。从教师了解核心素养及其教育的途径来看，主要以"讲座培训""校园文化宣传"为主，很少开展关于核心素养教育的系统专业培训，缺少核心素养教育的教学示范，缺乏核心素养知识储备的一线教师难以学习和掌握核心素养教育教学的方法、原则、手段等，这使得教师核心素养教育技能匮乏，难以开展核心素养教育教学活动。

（四）教育效果测评有待建构

核心素养教育的评价是根据核心素养教育的目标，按照一定价值标准，采用科学评价技术，对核心素养教育活动效果进行价值判断的活动。在中小学教师关于核心素养及其教育的访谈中可以发现，绝大部分教师认为核心素养教育落实的关键在于教育测量与评价的变革，不从根本上改变学生学业测评的标准，核心素养教育的落实终究是一纸空谈。

当前教育测评与核心素养教育的不配套主要体现在以下几个方面。一是教育测评与核心素养教育出现的时间不同步。2016年9月，《中国学生发展核心素养》面向社会发布，其中将核心素养定义为"学生应具备的，能够适应终身发展和社会发展需要的必备品格和关键能力"，包含了自主发展、文化基础、社会参与三方面，学会学习、健康生活、责任担当、实践创新、人文底蕴、科学精神六素养以及十八个具体要点①，然而在面向社会公布发展核心素养之时，却并未提及与之配套的核心素养教育测评，以作核心素养教育的价值标准和技术支持，到目前为止，教师教学仍旧按照考试大纲的要求开展，"高考"仍然是当下教育教学的指挥棒。二是现有教育测评与核心素养教育测评不相融，尽管随着核心素养及其教育的出现与确定，核心素养教育测评改革的呼声越来越大，学者们开始对班级建设中的学生发展评价、义务教育中的学生核心素养评价展开研究，但是目前高考、中考、综合素质评价、基础教育质量监测等已有评价与核心素养教育测评有所区别，核心素养教育所特有的一套育人目标体系与现有教育测评目标与指向有所不同，比如在测评内容方面，现有测评体系所涵盖的测评内容更广泛，除"核心素养"之外还有一些非核心的部分，与此同时，现有教育测评也很难评价核心素养中"必备品格"部分，而通过访谈了解到，不改变原有的教育测评，难以驱动课程、教材、教师教学的改变，因此，现有教育测评与核心素养教育的不配套也就成了阻碍核心素养教育的关键问题所在。

（五）教育支持环境不够给力

由于教育的复杂性，核心素养教育的落实与推进除了要加强其自身课程、师资、教学和评价建设外，社会支持环境在核心素养教育的发展进程中也是不可忽视的。通过对39名教师的实地访谈，教师们在回答对外界帮助的期望时，大多提到希望学校、社会、家庭形成合力，多管齐下；希望社会给予理解和支持，创造宽松的改革环境，可见在社会环境中对核心素养教育产生重要影响的要素是家长态度、社会舆论与社会支持体系。

首先，家长态度是影响教育教学改革的重要社会因素，当家长以肯定鼓励的态度支持教育教学时，教师改革更具信心，学校改革更有力量，反之则导致

---

① 核心素养研究课题组. 中国学生发展核心素养［J］. 中国教育学刊，2016（10）：1-3.

教师瞻前顾后，学校改革受阻。当前，由于家庭资本的不同，不同家庭的教养方式、教育观念差别较大，许多普通家庭的家长在高考制度不变的情况下依然坚持"唯分数论"，他们对于核心素养教育理念并不理解，对尝试改革的教师持否定态度，尽管学校支持改革，教师有意识地开展核心素养教育教学，但在家长不支持的态度下只能一步步尝试，核心素养教育落实困难。其次，除了家长态度是影响核心素养教育实践的重要因素，社会舆论也发挥着重要的作用。社会舆论包括家长在内的社会群体的声音，他们代表了大部分公民的认识与态度，在核心素养教育推进的过程中，存在诸多反对的声音，例如"核心素养不核心""核心素养和素质教育无区别""核心素养教育知识新瓶装旧酒"等，这些社会舆论也造成了核心素养教育实践受阻。与此同时，社会支持体系是核心素养教育落实与推进的助推器。目前，核心素养理念已被大多数教育者接受，核心素养教育进入了教育实践阶段，但是社会、家庭和学校在对待核心素养态度上的不一致导致核心素养支持体系难以建立，使得核心素养教育处于"家长不接受，上级难交代，教师也无法全身心投入"的尴尬境地。可见，教育环境中的众多阻力，减慢了核心素养教育的实践进程。

专题 07：发展核心素养的培养模式建构①

【摘要】 由于人才培养模式是教育理论与教育实践的整合，它提供可操作性的技术和容易模仿实施的策略，因而成为教育理论实践的桥梁，在人才培养的实效性上具有独到的价值，构成了学校教育工作的关键。所以，研究核心素养教育的人才培养模式是落实核心素养教育的"钥匙"。本研究运用访谈法调查基础教育阶段的人才培养模式时发现，现今还存在诸如对核心素养理念的认识浅层化、学校培养目标缺乏特色、教学内容衔接核心素养不够、评价缺乏对内隐性素养的关注等问题。通过对核心素养理念和人才培养模式的文献研究，在此基础上从人才培养模式的指导思想、课程设置、教材建设、师资队伍和学校管理等方面进行访谈调查。本研究关注当前人才培养模式的创新，聚焦当前我国核心素养理念下人才培养模式的研究，希望通过研究并尝试性解答我国基础教育阶段的人才培养模式应如何优化和改革，以及在核心素养理念下我国基础教育的人才培养模式的未来走向。

【关键词】学校教育；培养模式；核心素养教育；缺陷；转变

一、研究设计：对象界定与研究技术

（一）对象界定

学者对人才培养模式的概念见仁见智，对人才培养模式的构成要素也表述各异，从不同的角度出发界定人才培养的模式。从人才培养模式整个系统内容的角度界定："人才培养模式是由培养目标、教学内容、教学方式方法、教学组

---

① 本专题撰写作者：李婷婷（教育学硕士，西南大学附属小学教师）；唐智松（教育学博士，西南大学教授、博士生导师）。

织管理等内容组成的。"① 龚怡祖认为人才培养涉及很多方面，"如确立人才培养的教育理念、设定人才培养的目标、培养的对象、培养途径、培养过程及制度保障。"② 朱泳媚也认为人才培养模式具有培养理念、培养目标、培养环境、培养内容、培养方式、评价体系等要素。③ 还有学者从培养模式的结构出发，刘献君等学者认为，"人才培养模式是教育各要素如课程、教学、评价等的结合，但这个结合又不是一个呆板的组织样式，而是一个动态的、强调运行过程的结构。"④ 董泽芳教授则认为人才培养模式属于教育的培养过程，"人才培养模式即培养主体为实现某种特定的培养目标，在教育理念的指引下，由一定要素组成的系统化、开放化、多样化与可模仿的关于人才培养过程的理论与操作模式。"⑤ 此外，也有学者认为培养模式是"培养的总和"，"培养模式或人才培养模式是学校为学生构建的知识、能力、素质结构，以及实现这种结构的方式，它从根本上规定了人才特征并集中地体现了教育思想和教育观念。简而言之，培养模式，实际上就是人才的培养目标、培养规格和基本培养方式。"⑥

　　虽然学者对人才培养模式概念的理解并未达成一致，但存在共识：其一，识别不同的人才培养模式关键在于识别人才培养模式在培养目标上的差异，而识别不同人才培养模式的培养目标关键在于识别所要培养的人才的核心要素；其二，从人才培养模式的要素出发，培养模式由培养目标、课程设置、教育教学、管理与评价等若干要素组成；其三，人才培养模式由三个层次构成，是整个学校的人才培养模式、各个专业的人才培养研究以及从更细微的角度即人才培养方案着手进行人才培养模式的研究；其四，人才培养模式是沟通教育理论与教育实践之间的桥梁，是对于培养过程的建构和设计；其五，任何培养模式都是建构在一定的理论基础之上的，人才培养模式所依据的理论不同，则人才培养模式具有差异性，主要为以知识为中心和以学生为中心两种类型的人才培养模式；其六，人才培养模式具有可效仿的模式，因此具有目的性、规范性、稳定性、实用性和操作性等特点。本研究认为，育人模式是为实现特定的培养

---

①　《教育规划纲要》工作小组办公室. 教育规划纲要辅导读本［M］. 北京：教育科学出版社，2010：128.

②　龚怡祖. 略论大学培养模式［J］. 高等教育研究，1998（01）：86-87.

③　朱泳媚. HG 大学创新人才培养模式的调查研究［D］. 华南理工大学，2012.

④　刘献君，吴洪富. 人才培养模式改革的内涵、制约与出路［J］. 中国高等教育，2009（12）：10-13.

⑤　董泽芳. 高校人才培养模式的概念界定与要素解析［J］. 大学教育科学，2012（03）：30-36.

⑥　黄正平. 关于小学教师培养模式的思考［J］. 教师教育研究，2009，21（04）：7-12.

目标，在一定教育理念的指导下，由一定要素组成的人才培养的操作范式。这种操作范式通常包括培养目标、课程建设、教育教学、教师专业素养、学生综合评价方式以及学校管理等方面。

（二）研究技术

1. 访谈设计

本论文以重庆市 S 区 7 所学校为对象，到学校去进行实地考察，对当前核心素养理念下中小学育人模式的现状进行"诊断"。通过访谈管理者和教师，进行实地考察和资料收集，获得当前研究的第一手资料，分析核心素养理念下中小学育人模式中的问题，归纳和总结管理者及教师积累的经验，进而提出优化育人模式的策略。

为深入且全面考察核心素养理念下的中小学人才培养模式实施的现实情况，笔者到中小学校中去实地考察，与管理者以及各科教师进行半开放式访谈，按照预先设计的问题，对样本对象进行关于核心素养理念下课程、教材、教学、评价以及管理等方面的调查，从而收集第一手资料。本次调查，首先对被访者的基本信息进行了解；其次根据核心素养理念的内涵与外延，访谈管理者以及教师对核心素养理念的看法与态度情况，以及中小学对核心素养理念落实到实践层面的程度；最后，则是深入访谈管理者以及教师对核心素养理念下中小学人才培养模式的各方面的真实情况。

2. 访谈方法

通过访谈等调查方式对重庆市 S 区基础教育阶段学校的教师、领导进行调查和研究。通过对育人模式进行调查，得出相关的数据，为分析我国基础教育阶段的育人模式的现状提供充分的资料。通过开放式访谈的形式，主要从目前我国基础教育育人模式的现状和核心素养理念下引领我国基础教育育人模式的应然状态两方面出发，宏观上把控整个基础教育的育人模式的现状，并深入了解研究对象在育人模式的构成要素即培养目标、课程设置、教育教学、管理评价等方面的现状与问题。并将访谈录音转化成文本，对文本进行整理与加工，并寻求解决问题的对策与方法。

二、人才培养模式的实然状态审视

运用上述研究技术，课题组对重庆市 S 区的中小学进行考察，访谈了 38 位管理者及中小学各科教师。如表 7-1 所示，其中，样本的基本情况为以下几个方面。①样本教师性别情况：男教师共 19 名；女教师共 19 名。②样本教师的年龄情况：20~30 岁的老师共 16 名，占比例为 42.11%；30~40 岁的老师共 16 名，占比例 42.11%；40~50 岁的教师共 6 名，占比例为 15.79%。③样本教师的学历层次：25 名教师为大学本科学历；13 名教师为研究生及以上学历。

调查对象的工作信息为以下几个方面。①样本教师的教龄：10 年以上有 15 名教师；5~10 年有 9 名教师；5 年以下有 14 名教师。②样本教师学校所属地：此次所调查的学校所属地均为城市，无县城和农村学校。③样本教师所任教的学段：小学教师 8 名；中学教师 8 名；高中教师 22 名。④样本教师任教的学科：文科类 18 名教师，占总样本 15.79%；理科类 14 名教师，占总样本 36.84%；艺体类 6 名教师，占总样本的 47.37%。所考察和访谈的样本教师在各个学科都涉及，其中包括管理人员、语文、数学、英语、美术、音乐、政治、地理、化学、美术等学科。

表 7-1　调查对象的基本信息

基本信息		比例
性别	男	50%
	女	50%
年龄	20-30 岁	42.11%
	30-40 岁	42.11%
	40-50 岁	15.79%
学历层次	大学本科	65.79%
	研究生阶段	34.21%

（一）对人才培养指导思想的认识

1. 对指导思想内涵的理解

笔者对中小学校的管理者和教师进行调查访问，通过"您对核心素养理念的态度"这一问题了解被访谈的中小学教师及管理者对核心素养理念的学习现状。被访谈的老师们认为对于核心素养理念"理论正确，实践可行"。综合对管理者及中小学教师访谈的调查，学校有组织教师进行统一和集体的讲座展开理论学习，同时老师们在教育教学中也在落实核心素养。也有老师从自己的教学实践中谈到核心素养理念落实需要循序渐进并逐渐完善其具体的维度指标。

进一步追问"您能准确把握核心素养的概念及内涵"，发现学校在组织讲座对核心素养理念进行学习。综合对访谈数据的分析，管理者及老师对核心素养的概念及内涵的把握度较高，教师自我评价为"较为准确地把握核心素养的理念"。

核心素养理念从根本上界定培养全面发展的人以及学生具体的核心素养，从理论上以更加全面、具体的指标框架指导中小学校的培养目标、课程设置以及教育教学等方面。同时，核心素养理念需要落实到中小学育人模式的实践中去，因此各级各类学校以核心素养的理念为指导探索如何落实对学生核心素养的培育以及学校应该做出怎样的措施。

问及学校对核心素养理念的学习以及老师们对核心素养的理解和实施程度怎样之时，某小学校长表示："我们学校根据课程标准的要求开展学校对核心素养理念的学习和落实。学校组织老师学习核心素养理念，核心素养概念里的三大领域、六大方面以及十八个基本点的具体素养需要落实到具体学科中去。学校对核心素养理念落实到育人的实践层面进行了研究和思考，用核心素养理念指导教育教学需要在各具体学科中找到落脚点。比如，'科学精神'这一素养，就需要在教学过程中有意识的锻炼学生，并且要把这一理念贯穿在一堂课之中。又如，学校根据'全息育人'，从修行、审美、健康、实践这四个方面去育人。"

2. 对指导思想特点的认识

中小学的教育理念是学校办学的指南和方向，指导学校的育人实践活动。中小学校将培养学生的核心素养与培育人相结合，彰显自身特色的教育理念。通过实地到中小学校进行考察和访谈，学校的教育理念具有如下的特点。

首先，突出学生的主体性。学生是学习的主体，学校一切活动的出发点即是"一切为了促进学生的发展"。在学校的教育理念和培养目标中最为显著的核心即为学生的主体性，在尊重学生、遵循教育规律的前提下探究学生的发展。在访谈过程中教师和管理者谈到，学校的理念"以生为本，以教师为抓手，以学生为主体，以学校为引领"中突出了以生为本，以学生为主体。学校的办学理念为"尊重自由，激发自觉"，通过学校的教育活动激发学生的主体性和内在学习的主动性以及选择权。学校的办学目标突出了"一切为了学生更好地发展"的培养目标。

其次，突出基础教育的育人取向，从关注知识的传授到培育学生具备核心素养。基础教育为人的一生发展奠定基础，同时也为高等教育输送生源。基础教育具有基础性，为人的一生发展打下坚实的基础。基础教育的定位是培育人并突出教学育人的价值取向。对中小学学生核心素养的培育研究是关注儿童健康成长成才，提升基础教育质量的重大改革措施，更是对"培养什么样的人"以及"怎样培养人"的追问与回答。在对调查中的中小学办学理念和教学目标的分析后发现学校的理念都指向"育人"。"朝阳树人，树人朝阳""以人为本"

"立人，新民""知行合一，养成公民""育中华的世界人，做世界的中华星"
等中小学校的教育理念定位是对学生进行成人的培养，为学生以后的发展进行
全方面塑造和培育。从关注知识与技能的培育转向对教学育人的取向和趋势，
中小学通过各科的日常教育、生活教育、养成教育等，在实践中从各方面的育
人活动与核心素养相契合。教育最终关注的是人，如何更好地促进人的发展是
焦点。中小学校的教育理念与培养目标关注"育人"而非"育才"的价值取向
与核心素养理念下人的全面发展是相吻合一致的。

再者，突出人的全面发展和教育的终身化。我国的核心素养理念以马克思
关于人的全面发展学说为理论基础，并以人的成长和社会需求为价值取向。人
的全面发展注重关键能力和素养的培养，以知识的传授转向能力的发展，突出
人的全面性和教育的终身性。核心素养理念从个人实现和社会需求两方面着手，
培育学生的核心素养，旨在培养全面发展的人并适应社会发展的需要。中小学
教育理念凸显了培养学生的全面发展，并为学生的终身教育奠定基础。中小学
校教育理念中"以人为本，注重人的全面发展""以人为本，立足于学生的终身
发展""尊重自由，激发自觉，让学生全面发展，激发内驱力""为学生的终身
发展奠基"以及"培养适应未来社会的全面发展的人"等都体现出基础教育培
养全面发展的人以及为人的终身发展奠定基础。

（二）对人才培养课程设置的认识

1. 课程设置的现状观察

核心素养与课程体系的融合分为三种模式：整体嵌入式、部分融合型和整
合型。"为推动核心素养的进一步落实，需要倡导部分融合与个别生成相结合的
整合型融入模式。"① 整合型模式分别对嵌入式和部分融合模式进行了综合，结
合了前面两种模式的思路。基于核心素养理念的课程目标，对课程教材进行修
订，探索课程教学中的育人模式，培育具有 21 世纪核心素养的现代人。2018 年
教育部颁布高中的课程标准之后，中小学根据课程标准进行了积极的探索和实
践。笔者实地考察，通过对老师和管理者的深入访谈，充分收集中小学的课程
体系建设以及校本化课程建设的资料并展开了研究。

以重庆 S 区几所中小学为例，笔者研究了基于核心素养理念构建课程体系
的实例和现状。为了培育学生的核心素养，培养全面发展的人，结合学校的文
化以及教育理念，中小学构建起与核心素养理念相结合的课程体系。例如以某

---

① 徐祎伟，刘霞. 基于核心素养的课程教学改革——基于模式、国际经验及启示 ［J］. 北
京师范大学学报（社会科学版），2017（5）：40-48.

小学的课程功能构建的课程体系——"四群三类"，"四群"即"人文修心"为理念的语文品德课程群，以"数理益智"为理念的数学与科学课程群，以"锻炼健体"为理念的健康课程群，以"艺工达美"为理念的艺术与生活课程群；"三类"则为核心课程、拓展课程、活力课程。还有以"全面发展的人"理念为核心，构建"三位一体"的多彩课程体系，即基础课程、活动课程和拓展性课程。此外，还有学校以国家课程，选修课程以及活动课程对学生核心素养进行有侧重点地培育研究。

2. 课程整合的意识诊断

教师在课程资源挖掘以及特色课程提升过程中的角色与作用显得尤为重要。学校鼓励各位老师开设特色的专业课程，开展丰富多彩的优质课以及实施示范课名师工作体制。学校提供给教师外出培训的机会，通过一系列的培训学习，结合自身的优势与特长，开设多样化并且具有特色的专业课程。在核心素养理念指导下对学生核心素养的培育不仅仅局限于某学科领域，而是在复杂以及具体的情景中进行的。

因此，在访谈调查管理者以及教师在进行培训学习内容之时，访谈"教师经常接受专业外的跨学科知识和专业培训"（见表 7-2）这个问题时，占 31.58% 百分比的老师认为比较符合；部分老师表示说不清楚，占比为 28.95%；占 31.58% 百分比的老师则认为不符合自己的实际情况，较少机会接受专业外的跨学科知识和专业的培训。

表 7-2　专业外的跨学科知识和专业培训

题目	回答选项及回答内容	回答占比（%）
A. 您是否经常接受专业外的跨学科知识和专业培训？	A1. 完全符合	2.63
	A2. 比较符合	31.58
	A3. 说不清楚	28.95
	A4. 比较不符合	31.58
	A5. 完全不符合	5.26

在考察访谈过程中，学校管理者及老师们谈道："学校的课程建设从以教学建设为中心逐步转向以课程建设为中心，以课程建设为中心逐步转向以课程体系建设为中心。学校根据办学理念，在课程设置方面有对课程整合的意识和趋势，有针对性地开展学校的校本课程建设。但在实践落实过程中，管理者和教师进行课程整合的意识和素养还需要提升。"

当实地考察和访谈问及"您能充分利用课内外的课程资源并对课程进行整合"时，管理者以及教师中有一部分表示有意识地进行了课程的整合，同时也意识到核心素养理念指导下培养学生的核心素养需要对学校课程进行整合，但在实践中进行整合的尝试较少，缺乏相应的课程整合路径和策略探索。对老师们的课程整合实践行动进行调查（见表7-3），仅有57.89%的老师认为自己能够利用课程资源并对课程进行整合；还有23.68%的老师对课程整合缺乏相应的实践，处于有意识但缺乏相应实践探索阶段。

表7-3　充分利用课内外的课程资源并对课程进行整合

题目	回答选项及回答内容	回答占比%
B. 您是否能充分利用课内外的课程资源并对课程进行整合？	B1. 完全符合	10.53
	B2. 比较符合	57.89
	B3. 说不清楚	23.68
	B4. 比较不符合	5.26
	B5. 完全不符合	2.63

（三）对人才培养教材建设的认识

1. 对教材本质的理解

"人才的培养，教师是基础，基础教育又是基础的基础。抓好基础教育，提高教学质量，'关键是教材'。"① 核心素养理念指导我国基础教育育人模式的变革，深入我国基础教育课程改革过程的重要环节即是新教材的开发和使用。核心素养理念落实到实践中对学生进行核心素养的培育，新教材教育理念的落实在很大程度上影响着实施效果。部编版教材的实施对中小学老师来说，首要的是转变教材观："从以'教材即是知识'到以'教材是范例'"的观点。② 教师在使用部编版新教材之时，充分把握新教材的传承与创新，并在此基础上将新教材中承载的新理念运用到教育教学中。在各地区统一使用教育部统编教材之后，笔者就中小学教师使用部编版教材这个题项进行了访谈和调查。在访谈中，有老师谈道："在教育教学中培养学生的核心素养，还存在一些问题，例如

---

① 郭戈. 编好教材是提高教育质量的关键——邓小平同志关于中小学教材的论述 [EB/OL]. (2018-12-26) [2021-01-27]. http://www.jyb.cn/rmtzgjyb/201812/t20181226_ 126966. html.

② 靳玉乐，宋乃庆，徐仲林. 新教材将会给教师带来些什么——谈新教材新功能 [M]. 北京：北京大学出版社，2002：2.

每天的授课时间较少，进度快，在一定程度上造成对单元中的核心素养培育时间不足。从教育公平来看，将会影响班级上部分及弱势群体的学习，对学生的核心素养培育也落实得不够全面、具体，造成一定的表层化。"

2. 对校本教材的认识

中小学生需要被培养成为全面而有独特个性的学生，校本教材则是针对学生进行多样且个性化的培养。学校根据自身的特色文化与课程理念，在建构学校的课程体系之时，研发本校的校本课程体系，编写校本教材。在实地考察过程中，中小学校根据自身实际情况和特色有针对性地编写校本教材。有学校针对学校育人模式的教育理念，组织成员编写校本教材，根据教材和教学目标，逐步融合核心素养的理念即核心素养教育。例如某小学在经典诵读方面，根据学生的不同阶段特征编写了1~6年级的语文整体性教学的经典诵读读本。从《诗经》《楚辞》《唐诗》《宋词》等主题内容，全方位培育学生的人文底蕴。S区某中学，建立并实施基于国家课程的学校生命教育校本课程体系，学校开发了《生命之悟》校本课程，包括语文、英语、音乐、美术等10科12本。在教材和教学目标上逐步融入核心素养教育，并通过丰富多彩的课程体系，不同课程的功能类型对学生进行全面的培育。在访谈中，有老师谈到，"学校贯彻陶行知先生的'生活教育'理念，培养学生核心素养，为学生发展搭建多样化平台，整合校内外优质教育资源，开设了形式多样，内容丰富的精品校本课程。"该校通过结合陶行知先生的生活教育理念制定校本课程，校本选修课打破了班级和年级的界限，组织兴趣爱好相近的同学，发挥特长，开展有益于学生身心健康的活动。中小学校在构建课程体系之外，积极挖掘多样的课程资源，学科创新基地建设、家校课程以及网上课程等多类型、多形式课程的教材建设。

（四）对人才培养测量评价的认识

1. 对教育评价现实的反映

访谈调查老师们对以往的评价方式和核心素养理念指导的评价方式的看法和见解，老师们对时下的评价方式一致认为有其不合理的方面。从整体上来说评价体系单一，评价方式主要以学生的分数为主，过度重视学生的结果性评价，忽视了过程性评价。老师们从教育公平、评价环节、评价方式、评价指标等方面探讨了中小学的教育评价体系。

从老师对测量评价的认识中了解到："对学生的评价，虽然我们极力推行素质教育，对学生的评价也尝试从教育公平、多样化的评价方式以及更加全面的教育评价指标等方面对学生进行评价，但从选拔方式来看，逐步科学化，还需要让更多师生群众有所了解，形成良好的竞争机制。从教育公平的角度来看，逐步将城区学生以及不同家庭背景的孩子的情况纳入考核，但是在实际的考核中需要看到分数，所以在某种时刻以分数来评价学生也是一种考核方式。"

2. 对教育评价发展的态度

从总体上来说，老师们认为需要改进，现在的中小学评价对学生分数的评价过于注重，评价体系单一，缺乏过程性、全面性等各方面的评价。老师们对中小学评价体系存在不合理的一面进行阐述，主要包括：一是总体上的评价方式以学生的学业成绩为主要的评价指标，过于注重学生的智育，缺乏全面性地评价；二是评价内容特别是对学生的心理健康状态评价不足，缺乏对学生的全面评价；三是对学生的评价注重结果评价，对学生的培养缺乏前瞻性和规划性。此外，缺乏老师的评价发展机制。通过对教师的访谈得知教师评价发展机制还是主要以行政管理为目的，在一定程度上忽视了教师的专业发展和自身素养的提升；评价人员以校长为评价主体，教师互相评价流于形式，教师自我评价无足轻重。

（五）对人才培养师资队伍的认识

1. 对教师作用的认识

教师对核心素养的关注和学习对培育学生具有重要的作用。核心素养对教师而言最为首要的是教育理念与观点的改变。从知识本位转向核心素养本位，教学更能体现出对育人的价值和发展人的目的。同时以核心素养为本位，在教学中要求以教师为主体的发展来胜任对学生核心素养的培育。笔者通过对中小学管理者和教师的深入访谈，对教师的理念与意识、教学方式和教师培训等方面都进行了调查，研究发现：中小学教师在理念与意识方面有积极主动去学习核心素养理念，并将核心素养理念与实际的教学相结合，大部分教师在学科教学过程中有意识地培养学生的核心素养。

笔者对一线课堂的真实情况进行考察，看到教师在课堂教学中有意识地利用课程资源设计教学内容，对学生进行核心素养的培育。例如在四年级的《口语交际》"提建议"的课堂中，教师就利用听课教师来自不同省会这一教学资源，为学生们创设一个真实的情景："今天课堂里来了许多学习的老师，小朋友们跟老师们打个招呼吧。这些老师都是从很远的地方来到重庆，所以还是第一次来重庆呐。这些老师除去学习的时间之外还想熟悉一下学校周边的环境。同学们作为当地的小主人给老师们提一提建议，告诉他们怎样出行和游览当地的名胜古迹吧。"

在访谈中问到教师在学科教学过程中是否有意识地培育学生的核心素养（见表7-4），有68.42%的教师表示比较符合；完全符合的老师有15.79%；说不清楚的老师达到了13.16%。总体来说，被调查的教师都表示自己有主动学习核心素养理念并在此理念的指导下有意识地培养学生的核心素养以及学科素养。

表7-4 学科教学过程中有意识地培育学生的核心素养

题目	回答选项及回答内容	回答占比%
C. 您是否在学科教学过程中有意识地培育学生的核心素养？	C1. 完全符合	15.79
	C2. 比较符合	68.42
	C3. 说不清楚	13.16
	C4. 比较不符合	2.63
	C5. 完全不符合	0.00

核心素养理念落实需要不同学科的学科素养共同承担起对学生核心素养的培育。笔者深入到中小学中去考察，对不同学科如语文、数学、地理、科学、美术、音乐等科目老师进行访谈调查。通过对不同学科老师的访谈并提问"您认为您所任教学科的核心素养是什么？如何培养学生的核心素养"，老师对自身所教学科的核心素养进行了回答。不同的学科老师结合所任教学科的特点回答了其所理解的核心素养。

综合对教师的访谈调查材料，不同学科老师谈到所任教学科的核心素养时提及的关键词最多次数达15次，即"能力"；"思维"次之，共计出现12次；"文化"与"人文"二词共计出现12次；"审美"出现的次数为7次；"创新"与"批判质疑"共计出现6次；"社会责任"出现3次（见图7-1）。

中小学老师谈到所任学科的核心素养具体有哪些素养，谈及最多的关键词是"能力"一词，从被访谈的中小学老师和管理者的语言关键词从侧面体现出老师们的观点从"知识本位"转向"素养本位"，教师关注学科的核心素养，注重对学生能力的培养以及学科知识魅力。中小学教师在核心素养理念的指导下，在对学生的培育更加注重能力的养成以及思维能力的锻炼等方面，为21世纪信息时代背景下的个人价值实现和社会需要培育学生的核心素养。此外，教

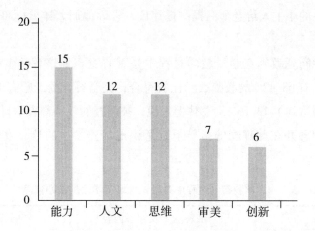

图7-1　"您所任教学科的核心素养具体是什么"的调研结果

师在谈及学科核心素养之时，还注重将所任教学科与其他学科的融合，例如"人文""审美""创新"等词都需要多学科进行融合培育学生的核心素养。

核心素养是一种高级的、复杂的、综合的素养，落实到具体的课程教学中需要多个学科以及跨学科进行培育。教师在教学过程中培育学生的核心素养则需要在具体的情景中进行主题教学，培育学生的学科核心素养。当访问"能否对课程进行多学科和跨学科整合并采用单元主题进行教学"（见图7-2）时，有55.26%的老师表示比较符合，在实际的课堂教学中会对教材资源进行加工形成相对应的主题进行教学，例如整本书阅读等形式；有7.89%的老师表示完全符合自己的实际情况；有18.42%的老师表示处于说不清楚的现状，有18.42%的老师表示自己还没能做到对课程及教学内容进行整合，缺乏相应的主题性教学。

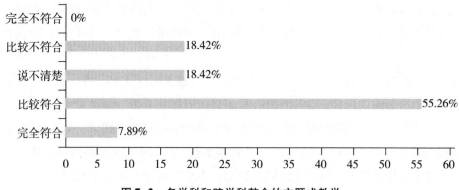

图7-2　多学科和跨学科整合的主题式教学

2. 对教师专业培训的认识

教师专业发展是提升教师的核心素养胜任力的有效途径和措施。教师专业发展需要中小学校为其提供专业发展的各种有效途径，例如教师的校外研修、主题培训、教师共同体等形式。笔者通过访谈了解到大多数老师在课堂教学中有意识对课程内容进行整合并采用主题教学的形式对学生进行核心素养的培育。但在教师专业发展的有效途径即主题培训和外出研修等方面时，从整体上看关于教师跨学科培训和以核心素养为主题的培训还需要进一步加强。当进一步问到"您经常接受专业外的跨学科知识和技能培训"（见表 7-5）时根据老师们的反馈进行整理，仅有 31.58% 的老师表示有机会接受跨学科知识和技能的培训；28.95% 的老师表示说不清楚，并有 31.58% 的老师说很少有这样的培训机会，比较不符合真实的现实情况。

表 7-5　接受专业外的跨学科知识和技能培训

题目	回答选项及回答内容	回答占比（%）
D. 您是否经常接受专业外的跨学科知识和技能培训？	D1. 完全符合会	2.63
	D2. 比较符合	31.58
	D3. 说不清楚	28.95
	D4. 比较不符合	31.58
	D5. 完全不符合	5.26

明确了各学科的学科素养，笔者调查老师们在教学实践中践行核心素养理念的现状及如何培养学生核心素养的方法。老师们对中小学校培育学生核心素养阐述自己的看法："某一门学科要想将核心素养的各个方面都包括进去，能培养一到两个方面就已经很不错了，不能一蹴而就，是需要一个过程并逐步培养起来的。"老师的教育理念在发生转变，积极思索如何将当前的教育教学实践与核心素养的培育相结合："在教育教学中不仅是学科知识的学习，更应让学生体会学科知识的魅力，也要注意与其他学科的融合。"

培养具体的学科核心素养，老师们谈到，对核心素养的培育主要阵地在课堂，通过改变课堂活动的设计来达到对学生的核心素养培育。有老师谈到"主要通过提高课堂的效率，教学中选择体现核心素养的一个点进行训练，做到一课一得，得得相连"；还有的老师谈到"改变自己的课堂，多在课堂中设计活动，通过一个个活动来提升学生的核心素养"；在培育人的教学经验中，教师应注意调动学生的潜在能力和素养，营造一个能进行交际实践的学习环境，并充分利用现有的教学信息手段，努力扩大学生的知识面，帮助学生提高学习能力。对语文及文科性质的学科，老师们采用"整本阅读，推荐经典读物""丰富的校内外延伸活动""主题阅读教学"等方式方法进行教学育人；而理科性质的学科，老师们谈及要注重思维的训练，并强调人文素养的培养；其他学科，主要提升学生的审美情趣，陶冶学生的情操，增强鉴赏能力。

通过对老师们的访谈以及对访谈资料的整理了解到，老师们表示最明显的转变即为更多关注学生的全面发展而不仅仅是分数，从教知识到教能力，教育教学以学生的终身发展为目标。我国中小学教学理念的转变，核心素养的育人理念和育人目标的完善和更新，为不同学科教师、不同学校以及不同学生都带去了不同程度的转变。学校加强组织全校教师参与核心素养理念的学习和讨论，探究如何根据本校的自身特色与培育学生的核心素养相结合。学生层面，学生学习凸显了主体性、参与性和全面性，在课堂上主要表现为学生主动地学，学生在课堂上多思考、多动口、多动手。总体上教育更加关注学生的关键能力和必备品格的培养。教师层面，首先，教师应该加强培训学习，集中教研和外出联合等途径提升理论专业水平；其次，在落实对学生核心素养的具体培养方面，以课程标准为指导，充分推进教育教学；再次，从课堂中的教学内容和教学形式以及教学方法等方面进行改变，应对核心素养理念所带来的变革，中小学教师从教学目标、教学内容和教学反思等途径探究培育学生的核心素养。

（六）对人才培养学校管理的认识

1. 对学校管理现状的观察

对中小学校的管理者进行访谈，有校长谈到学校管理经验以及现行的管理制度："我校现在推行的管理方式为实施文化管理。我认为学校实施文化管理有几点意义：一是落实立德树人的根本任务，文化是培育道德的强大力量；二是以文之力和谐师生关系；三是培育文化之师，承担文化使命；四是丰富和完善学校的文化内涵。再者，中小学校要管理好班级需要从物质、精神、行为和制度文化方面着手建设。"

中小学校的管理成为学校打造的第二课堂，在教学课堂之外对学生进行核心素养的培育，旨在打造促进学生全面发展的环境和氛围。从考察中小学校的管理来看，各学校都根据学校特色进行校园文化打造：有百年老校的百步梯；有以学校教育理念为特色的校园墙的建设；有设置教学楼的小小书架的；也有运用现代信息设备并结合儿童的心理特征的电子学习设备等。当问到学校的管理者和教师在核心素养理念指导下对学校管理的现状及看法，以及在实践管理中的困难时，有管理者及教师谈道："学校的课程设计主要围绕相对应的目标展开设计。现在学校主要围绕新课标进行学习，并组织相关的学术教研活动。主要是通过对教师理念的更新，从而能够围绕核心素养进行教育教学实践。在实践管理中的困难主要表现在培育学生的核心素养这一方面，学校的教育活动不可能涵盖所有的核心素养，只能够有所侧重。在具体的实践和落实方面还需要进一步研究，特别是在核心素养的评价方面，学校还处于积极落实的过程中。"

询问老师们对以往的评价方式和核心素养下的评价方式的看法和见解，老师们对时下的评价方式一致认为有其不合理的方面。从整体上来说评价体系单一，评价方式主要以对学生的分数为主，过度重视学生的结果性评价，忽视了过程性的评价。老师们从教育公平、评价环节、评价方式、评价指标等方面探讨了中小学的教育评价体系。

2. 对学校管理的基本评判

从总体上来说，老师们认为，现在的中小学评价总体上需要进行改进，对学生分数的评价过于注重，评价体系单一，缺乏过程性、全面性等各方面的评价内容。对老师们进行访谈，老师们主要对中小学评价体系存在不合理的一面进行阐述，主要包括以下几个方面。一是总体上的评价方式以学生的学业成绩为主要的评价指标，过于注重对学生的智育教育，缺乏全面性地评价。二是对评价内容特别是对学生的心理健康状态评价不足，缺乏对学生进行全面评价。三是注重结果评价，对学生的培养缺乏前瞻性和规划性。此外，对老师的评价发展机制也相应缺乏。教师评价以行政管理为主要目的，忽视教师的专业发展；对学校管理的主题来说，学校管理应该是多主体管理，包括各成员校长、老师、学生等成员。但实际上是教师评价以校长为主要成员，教师互评和自评得不到重视。

三、核心素养视角下培养模式的评判

（一）人才培养模式存在的问题

第一，对核心素养概念的精神实质和内核认识较表层化。通过对中小学老师和管理者的访谈了解到，老师们对学科的核心素养具有较深入的了解，但对核心素养理念指导下的课堂教学中培育学生的学科素养缺乏相应的措施和方法。被考察的中小学教师在理念上能够从素质教育以及三维目标转化到对学生的核

心素养的具体培养，并能在核心素养对素质教育的超越与继承的基础上更加具体、全面地教学育人。总体上来说，中小学校组织全校师生员工进行核心素养理念的学习并根据学校特色对理念落实到育人模式上进行研讨。但在"如何落实核心素养的培育"以及在具体的育人模式中如何有效地落实需要进一步的深化。基于考察的学校对核心素养理念的学习研究处于浅层化，处于将核心素养作为学校的培养目标以及培养学生的教育目的，没有后续的课程、教学以及评价方面的探索与努力。通过对学校老师们的访谈中看到，老师们对核心素养理念的内涵与外延有较深入的了解与研究，将核心素养以及学科核心素养培育什么样的人作为学校的培养目标，但在后续的课程整合、课堂教学以及评价标准中对核心素养理念的落实缺乏指导。更进一步，在课程方面，核心素养以何种方式融入和指导课程建设，以及如何协调核心素养与学科核心素养之间的差别与联系等都是课程落实方面的困境；在课堂教学中，厘清核心素养与三维目标之间的联系，以及紧跟着教师在课堂中落实核心素养的过程中需要建立相应的评价标准等都是中小学在落实核心素养理念方面的育人模式中需要进一步深入思考和探究的重要问题。

第二，学校培养目标过分统一，限制了学生个性发展。当前中小学对基础教育阶段培养公民的培养目标有较清晰的认识，考察的重庆市 S 区的几所中小学在培养目标上都凸显基础性、育人性和学生主体性。但从总体上来说，对学校的培养目标存在强调基础教育的"统一"，而未能更好地凸显学校的特色。我国教育资源分配不均，城区差异、地区差异等各方面在各个学校的实际情况存在不同，学校应根据核心素养的指导理念在培养目标上更多体现学校的特色。基础教育保障儿童的健康成长，为儿童一生的发展奠定基础。基础教育的基础性是其本质的特征，"基础教育'不管学生下一步是升学还是就业，既不是专为升学的基础教育，也不是专为就业的基础教育，而是共同的基础教育'。"[①] 基础教育在保障学生共同的基础性之外，还应为学生下一步的多样化发展奠定可能。基础教育培育的是社会的公民，在提升基础教育质量和我国的国民素养方面具有重要的意义。而中小学校为学生下一步的发展提供多种可能性，基于学校的定位和特色，聚焦于学生的个性发展。在实际的中小学校教育理念与培养目标调查的基础上，例如"以人为本，立足于学生的终身发展""尊重自由，激

---

① 王策三. 保证基础教育健康发展——关于由'应试教育'向素质教育转轨提法的讨论 [J]. 北京师范大学学报（人文社会科学版），2001（05）：59-84.

发自觉，让学生全面发展，激发内驱力""为学生的终身发展奠基"以及"培养适应未来社会的全面发展的人"等都突出了基础性、育人性等方面的理念，但从整体上来说缺乏针对学校的特色进行个性化的育人理念。

第三，课程缺乏整合，影响了素养培育的连贯性和系统性。为培育学生的核心素养需要学科核心素养共同发挥育人作用，中小学校应根据学校的课程与学科核心素养相结合，对学校课程进行连贯与统整性整合，即"各教育阶段核心素养可与各教育阶段领域/科目进行课程连贯与统整。"① 基于对重庆市 S 区的中小学实地考察之后发现，中小学校的学校课程体系处于整体课程体系数目多样，课程内容主题不一，课程体系上缺乏主题性整合，在教学育人上缺乏对学生进行核心素养培育的连贯性和系统性。中小学校对学校课程建设处于多种渠道挖掘各种资源阶段，在将核心素养与学科素养相联系的前提下，结合学校的教育理念与培养目标，开设各类课程。有老师表示学校建立了课程研发中心，组织编写校本课程，在教材与教学目标上逐渐融入核心素养教育。学校开设多种课程，包括校本课程、选修课程、必修课程、家校课程、综合实践课程、网上课程等多样化的课程类型。通过询问老师们关于学校的校本课程种类，大多数老师对学校课程建设和课程分类标准及培养目标处于不清楚或者模糊的状态。在访问各学科老师对学科核心素养的把握之时，各学科老师都能根据学科特点以及学生的发展阶段特征阐述学科核心素养，但老师们表示每个阶段的核心素养并未与各教育阶段有连贯与统整。总体上看，被考察的学校课程处于积极利用资源对学校课程进行研发，学校课程体系处于不断壮大的现状。此外，中小学在核心素养理念的指导下正逐步于课程目标中融入核心素养，但并未从整体上进行有主题性整合以及根据各教育阶段进行具体的核心素养培育。

第四，课堂教学缺乏综合性，而且对部分核心素养的关注不够。在实地考察学校期间，对教师课堂教学中的核心素养培育现状进行了调查，中小学教师在核心素养理念的指导下对课堂教学进行了一系列的改革。在课堂教学中更加贴近学生的实际生活和学习环境，例如一年级的《毛毛虫很饿》绘本教学，教师通过绘声绘色的表演将学生带入到情景中去，并与学生共同体会了毛毛虫蜕变成蝴蝶的过程。教师还根据绘本内容的资源在教学中引导学生学会学习，学会生活，养成健康的饮食习惯。在课堂教学中以学生的发展为宗旨，在课堂教

---

① 蔡清田. 课程发展与设计的关键 DNA：核心素养［M］. 台北：五南图书出版公司，2012：15.

学中落实对学生核心素养的培育，培育低年级学生自我发展方面的核心素养。通过深入课堂中观察中小学教师课堂的真实情况，发现在课堂教学中缺乏主题性教学，对部分的核心素养的关注度也不够。主题性教学的提出关注了学生整体性的生命成长，一改以往单篇教学的支离破碎以及工具性与人文性割裂等问题。但从实际的访谈中，只有一半的老师们会从培养完整人的教育目标出发，整合多种教育资源，挖掘教学内容的价值，对课程资源进行整合形成主题性教学，在主题性教学过程中形成学生的核心素养。目前中小学课堂教学中存在教师对教学主题进行单元或者某一主题的整合程度不够的问题，还需要在创设情境教学这一环节进一步加强和深化。在实际考察的课堂教学中，教师根据学科核心素养的教育目标通过课程内容进行教学育人，既要实现学科教学又要实现育人的双重教育价值。在总结老师对学科核心素养的认识以及实际课堂中的观察之后，老师们对学生核心素养中的学科核心素养外显性、特色性的素养较为关注和重视，但对内隐性等部分核心素养的关注不够。

第五，考核评价制度单一而且对内隐性的素养关注较欠缺。以核心素养理念为指导的考试和评价的依据为学业质量标准，学业质量标准从基于学科内容到基于能力和素养的转变，打破了学科之间的限制，更加综合性地对学生进行全面评价。对中小学老师进行访谈询问其对学生的评价方式的看法和见解，发现管理者以及教师认为当前的考核评价制度不合理，建议进一步改进和完善。传统的基础教育考核评价在对培育学生成人角度上存在不足和争议，关注者发出对教育评价改革的呼声。"在传统基础教育评价中存在着三种倾向：即'科学主义'的工具倾向、以评价者为中心的场域控制倾向以及以利益相关的违规性现象。"[①] 在对中小学老师的访谈中，他们认为现行的评价体系较为单一，依然是以学生的学业成绩为主，对成绩以外的素养关注很少。此外，在对教师评价方面不足之处还表现为，教师评价以行政管理为主要目的，教师评价的目的是考核教师群体的管理，忽视教师的专业发展；评价人员以校长评价为主体，教师同行之间的评价流于形式，教师对自己的评价无足轻重。最后，通过询问老师们"核心素养理念指导下的评价与原来的评价之比较"，了解到中小学老师的评价体系以及核心素养评价具有理论上的认识，并认为学校评价方式以及评价标准对课堂教学有重要的影响。对以往以学生成绩为主的评价方式需要改进甚至进行变革，从对学生成绩的关注转变到以评价实现育人的价值。他们认为核

---

① 陈斯琪. 基础教育评价中的"维"与"为"［J］. 当代教育科学，2018（12）：85-89.

心素养的评价从评价标准上来说更加科学化，考试和评价依据学业质量，更加实用灵活，有利于知识点迁移能力的创造和培养。核心素养评价以促进学生的发展为出发点，对学生进行全面、科学的评价，全方面培育学生的核心素养。

（二）人才培养模式问题的归因

1. 高考制度的"指挥"作用

为了改变"应试教育"重视智育、以考试为目的造成学生片面发展的现状，我国实行综合素质的评价方式对学生的综合素质进行评价。但实施过程中对学生综合素质的评价指标体系还未完善，中小学校在注重成绩的基础上忽视了学生的个性发展。对综合素质评价需要对指标进行完善，需要对学生的综合素质的各方面进行评价。核心素养理念指导对学生的素养培育，中小学校的育人模式需要进行改革，其教育评价需要建立科学有效的学科素养评价体系。在对重庆市 S 区的中小学管理者和教师访谈过程中发现中小学校在培育学生核心素养方面并未形成有效的评价体系，对核心素养的课程实施没有起到良性促进的效果。对学生核心素养的评价区别于原来以知识的掌握程度为指标的评价标准，相对于传统以考试考核学科知识的掌握程度的评价方式，对学生核心素养的评价更加侧重于全面性和内隐性。核心素养是一种更加综合、内隐性的素养，对教育评价提出更高的科学性和全面性。同时，基于核心素养理念为指导的教育评价方式需要将素养的内隐性通过可测量的外在表现进行评价，这是核心素养评价首先需要解决的问题。基于核心素养理念建立以能力和素养为标准的学业质量标准指导教育评价，对不同学科、不同学段、不同年级的教育质量内容都有具体的规定，具有明确的评价标准，并且在一定程度上使跨学科的综合性的素养评价成为可能。

2. 学校教育的"无奈"选择

基于对素质教育的继承与超越，核心素养理念的接受需要一段摸索与接受的时间。管理层和教师都认可核心素养才能将其具体落到实处，从而开花结果。在中小学生核心素养的培育过程中，教师发挥着举足轻重的作用。中小学教师是教学改革的具体实践者，是连接教育理论与实践的中介，是发展中小学生核心素养的关键点。因此，中小学教师要从教育改革的实施者变成参与者，提升自身理论知识和专业素养，贯彻、实施核心素养理念，从而使教育改革理念切实指导教育实践。正如学者黄宝权所说，"以学生发展核心素养研究的成果，丰富和完善素质教育命题，一方面我们可以更加清楚地认识到素质教育这一命题的独特价值；另一方面，可以进一步理清推进素质教育的思路，站在新的历史起点上寻求素质教育的新突破。"① 对核心素养理念的落实，我们应该持有对其积极探索胜过对其的观望与质疑的态度。

3. 教师执教的"主动"适应

中小学校长和教师大多没有接受专业课程整合方面的理论学习，从整体上来说教师对核心素养理念指导下的课程整合缺乏专业的技术和理论支撑，课程整合是内容知识的整合，并不是真正意义上的整合课程教学。另外教师在对课程内容整合之后，教学课时却不能保障课程整合内容的实施。在培训方面，缺乏从教师终身发展的角度对其进行职前培训和职后培训，不能够保障教师在专业成长的阶段中形成发展核心素养的培养模式。在对老师们的访谈中得知针对教师职前和职后的相关培训较少，基本上是校本教研、外出培训以及专题讲座等方式，缺乏关于对课程整合以及如何在教学中对学生进行核心素养培育的具体措施的探讨。关于学科核心素养方面，学科教师的学科素养需要深化和提升，教师在学科以外的综合素养以及跨学科素养整体薄弱。访谈的教师表示对综合素养以及跨学科的素养方面的培训很少，这对学生全面的素养培育形成阻碍。学科教师以课堂为载体，通过在教学育人过程中长时间的探索和思考，并对教师队伍进行职业培训，提升教师的专业素养，为培育学生的核心素养搭建了坚实的基础。

4. 课堂教学的"应对"之策

教师需要在所任教学科的课堂上完成对学生素养的培育，教师在课堂教学中对课程内容的整合以及教学方式的运用都会影响学生核心素养的培育。在实地考察过程中，中小学校的课堂教学中都在积极探索综合性教学，对创设情景进行探究式教学。如"整本书阅读""群文阅读"以及"单篇阅读"等主题性教学，许多学校探索出的"1+X"模式对应了核心素养对学科教学的综合性需求。但从教师教学实践经验的讲述中老师谈到整体性或主题性教学需要的课时多，任务量大，需要前期充分的准备工作。在课堂教学中培育学生的核心素养需要兼顾课时量少与上课内容耗费时间多之间的冲突。从教学目标上来看，教师应在结合核心素养理念并培育学生核心素养的前提下拟定教学目标。笔者深入课堂中发现中小学教师在课堂上对学生某方面的核心素养进行培育，如在语文的表达与写作，数学的思维与推理等方面进行了有意识地训练和培养。但是

---

① 黄宝权. 中小学生核心素养培养路径探析 [J]. 教育探索，2016 (11)：14-16.

对核心素养理念指导下的核心素养观照度不够，例如对学生的社会责任感、自主发展等方面的培养缺乏重视，在教学方法上，以教师讲解和引导、小组合作和课堂提问等方式为主要的教学方法。对学生进行核心素养的培育是在具体的情景中进行综合性培育，教师在创设具体的情景方面以及对问题的探究方面缺乏探索性和创新性。在教学评价方面，对学生和教师的评价存在不合理的方面主要表现为注重对结果的评价，对核心素养理念中潜在的、隐形的素养缺乏关注。

四、建构发展核心素养的培养模式

（一）顶层设计：指导思想与培养目标

1. 指导思想：核心素养理念

随着时代发展，教育目的的进一步修正和完善，我国课程内容选择、教育质量评价体系等需要进行改革。推行素质教育存在诸多的困境，需要转变教育观念。素质教育需要进一步深化和发展，从而推进我国的课程改革，确立以全面发展为理念的"核心素养"基本框架的课程教学体系与教育质量评价体系，深入探讨信息时代背景下我国"培养什么样的人"的教育目的。当今信息化、知识经济和终身教育的身心发展提出了新的发展要求，而这些新的问题是素质教育所不能解决、并未关注到的领域。在我国课程改革深化推进过程中，核心素养作为教育理念指导课程改革，对已有课程改革的现实问题进行了优化和解决。核心素养与课程改革具有相互促进作用，但与课程目标存在一定的区别。对学生的核心素养的培育是各级各类学校的总体教育目标，而实现对学校总目标的达成则需要通过无数个具体的课程目标的完成来实现总体目标。"这就是说在学校教育中，实现'核心素养'目标是根本，而实现'课程目标'则是实现'核心素养'目标的基本手段与途径。"①

2. 培养目标：发展学生核心素养

核心素养理念在人的全面发展的理论上提出培养学生的核心素养，具体包括三大领域、六大素养以及十八个要点的具体素养框架内容。其中个人价值实现即为学生在身心健康条件下学会学习以及健康生活的自主发展基础上实现个人的价值；社会发展所需的必备品格和关键能力则包括个人在社会中推动社会的发展以及社会发展所需要的责任担当和实践创新、文化基础领域的人文底蕴

---

① 何玉海. 基于核心素养培养的基础教育课程标准建设［J］. 课程·教材·教法, 2016（09）: 20-27.

和科学精神等。核心素养理念是对国家宏观的教育方针的具体化，是对落实立德树人根本任务的具体操作，是连接教育方针和教育实践之间的桥梁，是对教育教学的方向的根本指导。核心素养理念从整体上培育德智体美劳全面发展的人，德育是首要的目的，培养学生的能力并兼顾基础和创新等素养的具体内涵，从宏观上回答了"培育什么样的人"以及"怎样培养"的问题，以此引领我国基础教育的人才培养模式的变革。

（二）中层架构：课程目标与教材建设

1. 课程重建：研究和重新撰写课程标准

当前我国基础教育的课程是以学科知识为中心的课程体系，这是基于人类历史发展的必然选择。19世纪的教育先锋斯宾塞提出科学知识是最有价值的知识并提出开设相应的课程。分科课程从中衍生出来，每门学科应当将学科的科学知识传授给学生。但现行的分科课程从学科逻辑的角度出发进行课程研究，容易导致学科之间出现裂痕，学科之间缺乏联系；分科课程还忽视学生的需要，造成学生与社会生活之间的联系疏远等弊端。从培育学生核心素养的角度来看，学生缺乏主动性导致其创新能力、健康生活等方面的素养得不到重视，综合课程得到越来越多学者的关注和重视。在信息时代以及知识爆炸的时代，人们对知识的学习和获取已经不具有同等作用和意义。

"核心素养具有综合性、稳定性、发展性等特点，目前以知识为本位的分科课程难以落实其培养目标，应开发以核心素养为培养核心的课程体系。"[①] 因此应当积极探究和修订21世纪信息时代背景下我国基础教育的课程标准。在立德树人的根本任务以及培育学生的核心素养的目标下，关于基础教育阶段重新编写新的课程标准已经成为我国课程改革和深化的必然趋势。2018年1月教育部印发《普通高中课程方案和语文等学科课程标准（2017年）》的文件，不断修订我国基础教育的课程标准以适应时代和社会发展对教育培育人的需要。新课程标准的修订和撰写立足于学生的全面发展，增加在核心素养的视角下完成立德树人的基本任务。新课程标准更加突出学生的主体性和学生全面发展素养的重要性，在新时代背景下构建每个学科的"学科素养"，更加细致的划分维度去培育基础教育阶段学生的核心素养。相对于分科教学的弊端，对于学生的综合教育领域的探索应该引起高度重视。课程标准应起到指导一线的教育实践中探

---

① 李霞. 核心素养：人才培养模式改革的召唤 [J]. 教育评论，2018（10）：21-25.

索综合课程培育学生的综合素养的作用，例如全科课程、STEAM 课程、创客课程等。根据素养具有综合性的特征，学校教育则需要做到多学科或者综合的学科对学生进行核心素养的培育，以运动探究、自主和合作的学习方式，提高学生的综合运用能力在复杂情境中解决问题的能力以及扩展学习的深度等。

2. 教材建设：编写渗透核心素养的教材

"教材是教师为实现一定教学目标，在教学活动中使用的、供学生选择和处理的、负载着知识信息的一切手段和材料。"① 以核心素养理念为指导进行课程的深化和教材的开发不同于以往的教材观。首先，核心素养理念提出的理论基础是马克思关于人的全面发展的学说，强调人的价值实现和 21 世纪社会发展对人的需要，因此核心素养所体现的教材观则是落实学生核心素养的育人承载体，是教师和学生进行教学活动的范例。此教材观改变了教师对学生进行简单的知识传授的倾向，提倡运用多样化的传授方式进行教学；激发教师在教育教学过程中的主动性和创造性，教师不仅是教材的使用者，同时也是教材资源和教材整合的开发者；学生在参与教学过程中凸显主体性，使教学活动具有创生性且灵活多样，使学生成为学习的主人。

其次，为了符合《课程标准》的要求，并体现学生的身心发展的特点，教材应依据《课程标准》进行编写，是对教材开发与编写的前提和要求，同时也是区别于其他文本读物的显著特征。核心素养理念根据学生的阶段特征和身心发展特点对学生各阶段的核心素养以及具体的素养做出了具体的说明，对教材的开发与编写需要从阶段性对学生进行核心素养培育。

再次，基于核心素养理念的教材开发与编写具有新的显著特点。核心素养理念下对学生的素养培育本身具有显著的特征，"核心素养的特征表现为关键性、综合性、关联性和生成性。"② 核心素养的关键性指众多素养中关键的且是一个人发展过程中核心的素养；其综合性则表现为核心素养是适应 21 世纪复杂情境且解决问题的关键能力，是一个人的知识、能力、情感等的综合体；关联性则指对核心素养的培育既是对个人价值的实现，同时也满足社会发展对人的需求；生成性指对学生进行核心素养的培育是一个持续的过程，培育体系需要

---

① 靳玉乐，宋乃庆，徐仲林. 新教材将会给教师带来些什么 [M]. 北京：北京大学出版社，2002：2.

② 吕立杰，李刚. 核心素养在学校课程转化的层级分析 [J]. 课程·教材·教法，2016 (11)：50-56.

不断完善和发展。核心素养理念指导下的课程教材开发需要基于核心素养的特征前提下对教材进行编写。

新教材的主要特点有以下几个方面。一是强调学科联系，促进学科以及跨学科的整合。核心素养体现的是多种能力和品格等的综合体，需要学科素养的支撑甚至是跨学科等多学科来共同完成育人价值。因此，新教材在编写过程中需要从学科素养以及跨学科的角度对学生不同阶段的素养进行综合性培育。二是以多样化的传授方式对学生进行核心素养培育。以往教材以学科知识为编写标准，教学中对学生进行简单的知识传授，导致学习内容繁、难，学生的学习压力负担大。新教材关注学生的身心发展，教师为了激发学生的兴趣，采用小组合作、情景探究等形式传授知识。三是密切联系生活实际与社会需求，关注学生的体验。核心素养理念中对人的社会参与和人文底蕴领域进行了诠释，新教材需要使教材与儿童的生活世界结合起来，从日常生活与社会资源中培育学生的家国情怀、社会责任、人文底蕴和科学精神等方面的素养。新教材通过将知识与生活相联系，关注学生的个人体验。四是注重生成性，重视学生的创新与探究。对学生核心素养的培育是一个持续性的过程，其中核心素养培育体系是一个不断完善的过程。我国现阶段学生的创新能力薄弱，为提升学生的创新创造能力，新教材需要引导学生进行探究性和综合性学习，使学生学会学习，培育学生的实践创新和科学精神的核心素养，培育学生的思考能力和批判能力。五是渗透核心素养的教材在具体的编写中构建了课程教材体系。新教材的编写将三个领域的目标综合为一体，将知识与技能，过程与方法，情感、态度与价值观的三维目标有机地结合在一起，以素养为目标编排在教材内容之中，以综合性主题出发培育学生的学科素养。此外，各学校根据办学目标和自身特色进行有针对性的编写校本教材，通过学校的校本教材的开发培育了学生个性而全面地发展。

（三）基层落实：课堂教学与课外活动

1. 掀起课堂教学的革命

实现核心素养的落地开花最为关键的是课堂教学以及教学方式的改革。核心素养理念以全面发展的人为出发点对"培养怎样的人"进行了规划，在实践中则会指导甚至掀起课堂教学的改革和变化。首先，核心素养理念的提出从根本上由"知识为中心"的倾向转变为"以素养为核心的时代"，课堂教学不仅仅是对知识的过渡传授，更重要的是对学生未来的关键能力和必备品格的培养。

教师在此教育理念的指导下会从以往课堂中对学生进行惰性知识的传授转变为培养学生适应未来社会的能力。以往课堂上教师以教材的知识为教学任务，以书本知识传授为重点，忽视对学生主体性的关注以及对学生能力的培养，造成学生填鸭式学习，长此以往学生的主动性被扼杀，学习兴趣荡然无存。核心素养理念对课堂教学的变革则会改变传统课堂已有的弊端和惰性，从理念上对教师和学生提出了更高的要求。

其次，教学内容是对教材内容的再加工，是基于核心素养理念的教师的再创造。核心素养理念指导下对学生素养的培育强调在实际情景中培育复杂、高级的素养，因此对教学内容的选择需要注重学生与生活的联系，创设与学生的实际生活有密切关联的教学情景，通过学生自主的探究和体验去培育核心素养。教学内容还应重点关注学生的社会实践以及探究活动，注重学生的社会责任感、家国情怀、实践创新等方面的素养培育。以往注重对知识的过度传授，忽略了将知识与学生的实际生活相联系，学生对于学到的知识难以与自己的实践相联系，造成不能将所学知识运用于实际生活中的局面，对所生活的世界淡漠且疏远。教学内容中应选择社会实践活动，使学生在参与的过程中掌握知识，培养学生的实践能力。

2. 打造发展立体大课堂

核心素养理念指导下的课堂立足于 21 世纪的信息时代，教育走向现代化，课堂不止于学校，向外延伸拓展到社区、家庭、社会等。核心素养理念指导下对学生的培养需要具有信息意识，包括"主动适应'互联网+'等社会信息化的发展趋势"的课程教学标准。教育信息化首要重点是在于教育云平台的创建，"教育云平台必然成为教育信息化的基础"。[①] 教育云平台的建立促进教育资源的共享、教育大数据和教育终身化体系的发展。教育的现代化为教育空间的拓展提供了可能，课内与课外相关贯通、学校与社区贯通、学校与社会连接等都将实现。教育现代化发展为培育学生提供了多场域、多主体的路径措施。以课堂教学为主，采取教育现代化的教学方式和手段，例如开放网络学习途径，以乐学善学的理念激发学生的学习兴趣，学生在教师的指导下完成教学任务。

在课堂之外，将外在的教学空间与课堂相贯通，打造立体的大课堂。将课堂与课外环境相连接，利用网络空间给师生提供交流的场合，例如有关教学内

---

① 石定国. 从我国现代化建设看教育信息化的使命 [J]. 湖北科技学院学报，2018（06）：16-21.

容的材料、课后作业的交流等，都将不再局限于课堂。课堂与社区的贯通，社区教育将成为培养学生核心素养的方法和途径，满足学生基本的学习需要，面向社会培育现代化的公民。国内外的实践经验表明，社区教育面向社区成员，以人的核心素养以及现代公民的素养发展为核心进行相应的社区教育，如此才能够满足教育需求和解决社会问题。社会教育为公民提供相应的基础设施，例如每个地区的社区学校、图书馆、网络学习、技术培训等。课堂与学校的贯通则拓展多样化的学习方式和挖掘丰富的教育资源。社会教育与学校教育、家庭教育成为共同致力于影响学生发展和促进学生 21 世纪素养养成的重要教育活动。学校与社会组织之间的合作，以及与公益组织之间的连接，将拓展学生实践活动的范围和深入。引导学生积极参与"奉献爱心""保护地球"等系列社会活动，促进学生将学习与生活相联系，缩短与社会生活之间的隔阂。还可通过一系列的探究式活动，运用"调查""观察"等形式，培育学生独立思考、合作探究和创新能力等核心素养。

专题08：发展学生核心素养的课程重构①

【摘要】　以近年来国家颁布的中小学课程政策为依据，运用文本内容分析法对我国基础教育课程结构进行分析发现，一方面它表现出诸如课程类型呈现完整性、科目之间能有效连接、课程标准呈多元化等取向的进步；另一方面，它也存在诸如学科取向主导下难突出实践、分科取向主导下难体现融合、社会取向主导下遮蔽个人价值、知识取向主导下难彰显主体、层次冲突中难以推动核心素养等取向的局限。基于核心素养的教育改革就是要将核心素养融入课程标准，从而进入教学，否则核心素养或许将"陷入沉寂"。为此需要：在坚持教育本体性价值和工具性价值的有机统一、在正视客体价值下凸显个体主体性发展价值、课程由学科知识本位转向核心素养发展本位的理念下，通过课程内在结构的创造性重组、课程实施环境的建设性创设、课程评价制度的革命性改革来实现核心素养下课程结构的重构，最终建立从"三维目标"学科智能为根本的外在性课程结构走出来的、基于发展学生核心素养为基点的内在性的主体性生本课程。

【关键词】中小学课程；结构分析；外在性；主体性；重构

一、研究设计：对象界定与研究技术

（一）对象界定

课程是学校实施教育教学活动的主要载体，学校教育实践是"以课程为轴心展开的"②。关于课程结构，顾明远先生指出，广义的课程结构体现为教学计

---

① 本专题撰写作者：杨原香（教育学硕士，重庆市九龙坡区石坪桥小学教师）；宋乃庆（国家教学名师，西南大学教授、博士生导师）。

② 钟启泉. 现代课程论［M］. 上海：上海教育出版社，1989：1.

划，指"学校课程中各组成部分的组织、排列、配合的形式"；狭义的课程结构体现为教材，是指课程内部各个构成部分的组织、排列、配合的形式。① 综合已有认识，我们认为，课程结构是在一定价值观念、教育目标的导向下，学校课程系统中各组成要素的组织和配合方式。具体分为三个层次：其一，指课程的整体结构，包含课程类别的设置及其相互关系；其二，指科目间的具体结构，包含不同科目之间的组织关系；其三，指各门课程内部的具体结构，包含课程内部要素之间的组织关系。

教育价值取向就是在教育价值实践过程中价值主体所表现出的心理、行为倾向，教育通常被认为具备两个方面的价值，这两个方面的价值源于教育的两个功能，即教育同时具备工具价值和理想价值。其中教育的工具价值强调教育对社会需求的满足，教育的理想价值又被称为教育的本体价值，强调的是对人全面发展需求的满足。② 也就是说，教育价值中的主体是社会和个体，客体是教育实践，教育价值就是教育价值主体与教育实践之间的一种关系，这种关系可以看作是教育实践对于教育价值主体需求的应对方式，具体可以分为本体价值和工具价值。教育价值取向是在对教育价值进行判断的基础上采取的抉择。综合已有认识，我们认为教育价值取向指的是教育价值主体在当前的认识水平下，以一定的客观价值标准为依据，在对自身需求与教育活动之间关系的认识基础上，在教育价值实践过程中所表现出的心理与行为倾向，教育价值取向通常表现为工具性价值取向和本体性价值取向。

（二）研究技术

首先，本研究在具体研究方法、技术上主要运用文本内容分析法，即以我国基础教育课程的结构为分析对象，选取课程方案、课程标准等政策文件，在本研究所拟定的研究框架中对上述文件进行质性文本分析、解读，同时运用NLPIR汉语分词系统对课程标准部分进行数据处理，主要采用关键词提取功能对课程标准中的关键词进行提取，以探寻其背后所隐含的价值取向。同时，以2019年开始使用的部编版小学语文教材为分析对象，以中国学生发展核心素养指标体系为分析框架，对部编版小学语文1~6年级教材中的课文主题进行内容分析，利用Excel软件进行数据统计和分析，得出研究结论。

其次，关于调查对象的选取，本研究对象为我国基础教育阶段的课程结构，

① 顾明远. 教育大辞典［M］. 上海：上海教育出版社，1990：261.
② 孙喜亭. 人的价值·教育价值·德育价值（下）［J］. 教育研究，1989（06）：10-10.

廖哲勋教授在其《论中小学课程结构的改革》一文中已经构建了比较完善的新世纪中小学课程结构框架。① 该框架由宏观、中观、微观三个层次构成，宏观层次和微观层次又进一步区分出亚层，具体如表 8-1、表 8-2 和表 8-3 所示。

表 8-1　新世纪中小学宏观课程结构示意图

结构层次	各成分的组合
第一亚层	国家课程与地方课程的课时比例
第二亚层	新型学科课程与新型活动课程的比例
第三亚层	学科课程的表层组合
	活动课程的表层组合

（表格来源：《论中小学课程结构的改革》）

表 8-2　新世纪中小学中观课程结构示意图

课程类型		各成分的联结方式
学科课程	横向组合	①分科课程、综合课程、短期课程的组合方式与课时比例；②相关学科的科际联系点及其分工与配合；③必修学科与选修学科的横向联系；④必修的综合课内容与相应的选修分科内容的横向联系
	纵向组合	①各分科内容从小学到初中，再到高中的前后衔接；②初中综合课内容与高中有关学科内容的衔接
活动课程	横向组合	①班会内容与社会实践活动内容的横向关系；②科技活动内容与社会实践活动内容的横向联系；③文学活动内容与社会实践活动内容的横向联系
	纵向组合	各类活动课内容从小学到初中，再到高中的前后衔接

（表格来源：《论中小学课程结构的改革》）

---

① 廖哲勋. 论中小学课程结构的改革 ［J］. 教育研究，1997（07）：59-65.

表8-3　新世纪中小学微观课程结构示意图

结构层次	各成分各要素的组合方式
第一亚层	各科教材目标、教材内容、学习活动方式的相互联系、相互制约的方式
第二亚层	各科教目标中，一定知识、技能、能力、思想意识等项指标的比例关系
	各科教目标中，一定知识、技能、能力、思想意识等要素纵横交织的组合方式
	各科教材中若干学习活动方式的组合

（表格来源：《论中小学课程结构的改革》）

学者郭晓明在其著作《课程结构论———一种原理性的探寻》中也构建了一个包含两种类型、三个层次的课程结构分析框架，具体如表8-4所示。[①]

表8-4　课程结构分析框架图

		形式结构		实质结构
宏观结构	形式性宏观结构	①宏观层次课程形式性构成要素的构成；②宏观课程结构各形式构成要素间的比例关系、横向关系和纵向关系	实质性宏观结构	宏观层面课程实质性构成要素的构成及其相互关系
中观结构	形式性中观结构	①各类学科课程及学科课程内的具体科目的构成及其相互关系；②各类活动课程及活动课程各具体活动项目的构成及其相互关系；③各类潜在课程及各潜在课程因素的构成及其相互关系	实质性中观结构	学科课程、活动课程和潜在课程内实质性构成要素的构成及其相互关系
微观结构	形式性微观结构	学科课程、活动课程和潜在课程内部要素各自的形式性构成及其相互关系	实质性微观结构	学科课程、活动课程和潜在课程各自实质性构成要素的构成及其相互关系

---

① 郭晓明. 课程结构论———一种原理性的探寻［M］. 长沙：湖南师范大学出版社，2002：82.

本研究在结合上述两种课程结构分析框架的基础上，结合本研究的研究重点以及我国现行的基础教育课程结构，选取部分内容进行分析，形成如表8-5所示的分析框架。

表8-5　本研究采用的课程结构分析框架图

结构层次		具体分析内容	
宏观	形式结构	各类课程的构成 及其课时比例	①国家课程与地方课程、校本课程； ②学科课程与活动课程； ③分科课程与综合课程
	实质结构	各类课程之间的相互关系	
中观	形式结构	不同类型课程内部课程的比例关系	以学科课程为例
	实质结构	不同类型课程内部课程的相互关系	
微观		各门课程内部各要素的分析	以课程标准和教材为例进行分析

二、课程结构的实然描述

（一）宏观层面的课程结构分析

从形式结构看，课程宏观结构包含各种类型的课程，按照不同的划分标准可以将这些课程进行分类。本研究对于课程宏观结构的分析主要选取的是国家课程、地方课程与校本课程，学科课程与活动课程，分科课程与综合课程，分别从形式结构和实质结构两个方面对其课时比例及相互关系进行分析。

1. 形式结构

2001年教育部发布《基础教育课程改革纲要（试行）》，其中按照小学、初中、高中三个阶段对基本的课程类型构成进行了规定。小学阶段总体上以综合课程为主，开设品德与生活（高年级为品德与社会）、语文、数学、科学、外语、综合实践活动、体育、艺术（或音乐、美术）；初中阶段强调分科课程与综合课程相结合的形式，开设思想品德、语文、数学、外语、科学（或物理、化学、生物）、历史与社会（或历史、地理）、体育与健康、艺术（或音乐、美术）、综合实践活动；高中阶段以分科课程为主，现开设语文、数学、外语、思想政治、历史、地理、物理、化学、生物学、技术（信息技术和通用技术）、艺术（或音乐、美术）、体育与健康、综合实践活动、劳动等。如表8-6、8-7所示。

表8-6 当前我国基础教育阶段课程类型构成表

小学	初中	高中
品德与生活/品德与社会	思想品德	思想政治
语文	语文	语文
数学	数学	数学
外语	外语	外语
科学	科学（或物理、化学、生物）	物理
综合实践活动	历史与社会（或历史、地理）	化学
体育	综合实践活动	生物学
艺术（或音乐、美术）	体育与健康	历史
	艺术（或音乐、美术）	地理
		综合实践活动
		体育与健康
		艺术
		技术（信息技术和通用技术）
		劳动

注：上表中小学、初中阶段资料来源于《义务教育课程设置实验方案》，高中阶段资料来源于《普通高中课程方案（2017年版2020年修订）》。[1]

---

[1] 教育部. 教育部关于印发《义务教育课程设置实验方案》的通知［EB/OL］. （2001-11-19）［2021-01-27］. http：//www. moe. gov. cn/srcsite/A26/s7054/200111/t20011119_88602. html.

表 8-7 义务教育课程设置及比例

课程门类	一	二	三	四	五	六	七	八	九	九年课时总计（比例）
	品德与生活	品德与生活	品德与社会	品德与社会	品德与社会	品德与社会	思想品德	思想品德	思想品德	7~9%
							历史与社会（或选择历史、地理）			3~4%
			科学	科学	科学	科学	科学（或选择生物、物理、化学）			7~9%
	语文	语文	语文	语文	语文	语文	语文	语文	语文	20~22%
	数学	数学	数学	数学	数学	数学	数学	数学	数学	13~15%
			外语	外语	外语	外语	外语	外语	外语	6~8%
	体育	体育	体育	体育	体育	体育	体育与健康	体育与健康	体育与健康	10~11%
	艺术（或选择音乐、美术）									9~11%
	综合实践活动									16~20%
	地方与学校课程									
周总课时数（节）	26	26	30	30	30	30	34	34	34	274
学年总课时（节）	910	910	1050	1050	1050	1050	1190	1190	1122	9522

（表格来源：《义务教育课程设置实验方案》）

（1）国家课程、地方课程与校本课程

上表中所列举的所有课程均为国家课程，也是国家规定的基础教育阶段必须设置的课程。此外，《义务教育课程设置实验方案》中鼓励地方和学校在义务教育阶段自主开发课程，"提供各门课程课时的弹性比例和地方、学校自主开发或选用课程的空间"。① 高中阶段同样如此，《普通高中课程方案（2017 年版

① 教育部. 教育部关于印发普通高中课程方案和语文等学科课程标准（2017 年版 2020 年修订）[EB/OL].（2020-05-13）[2021-01-27]. http：//www. moe. gov. cn/srcsite/A26/s8001/202006/t20200603_ 462199. html.

2020 年修订）》中鼓励各校依据"学生的多样化需求，当地社会、经济、文化发展的需要，学科课程标准的建议以及学校办学特色"自主开发设置课程。①因此，当前我国基础教育阶段课程宏观结构中包含国家、地方和学校三个层级的课程类型。三类课程的设置存在着不同的比例关系。由表 8-2 发现，国家课程九年课时数在总课时数中占比至少达到 80% 以上，综合实践活动、地方与学校课程课时数占比为 16%~20%，表明地方课程与学校课程在基础教育阶段总课时数中的占比不会超过 20%。高中阶段的课程方案设置采用学分制，《普通高中课程方案（2017 年版 2020 年修订）》中规定在高中三年所有课程类型总的必修学分为 88 分，其中校本课程不少于 14 学分，即校本课程学分占比不低于16%（保留整数部分）。如果从数量关系上来看，三类课程之中，国家课程占据着绝对优势的地位。

（2）学科课程与活动课程

2001 年《基础教育课程改革纲要（试行）》发布，在"课程结构"部分，单列出一条，要求"从小学至高中设置综合实践活动并作为必修课程"。在各门学科课程中均出现"综合实践活动课程"这一特殊的课程类型，同时，其作为国家必修课程的地位也得到明确。②《中小学综合实践活动课程指导纲要》中规定了综合实践活动课程"跨学科实践性"的课程性质，虽然不能简单将综合实践活动课程等同于活动课程，但其具备一定活动课程的性质，可被视为一种特殊的活动课程。③ 当前我国基础教育课程宏观结构中既有以语文、数学等课程为代表的学科课程，也有以综合实践活动课程为主的活动课程。如前所述，义务教育阶段中综合实践活动课程和地方课程、学校课程在总课时数中的占比为 16%~20%，而学科课程占比至少达到 80%。高中阶段情况与义务教育阶段情况差异不大，综合实践活动课程的必修学分为 8 分，占总学分比重仅为 9%，若将必修学分为 6 分的劳动课程也归为活动课程，活动课程总的占比也仅为 16%。综合义务教育阶段和高中阶段来看，虽然综合实践活动课程的地位早在 2001 年就得到明确，但在基

---

① 教育部. 教育部关于印发《义务教育课程设置实验方案》的通知 [EB/OL]. （2001-11-19）[2021-01-27]. http：//www. moe. gov. cn/srcsite/A26/s7054/200111/t20011119_88602. html.

② 教育部. 教育部关于印发《基础教育课程改革纲要（试行）》的通知 [EB/OL]. （2001-06-08）[2021-01-27]. http：//www. moe. gov. cn/srcsite/A26/jcj_ kcjcgh/200106/t20010608_ 167343. html.

③ 教育部. 教育部关于印发《中小学综合实践活动课程指导纲要》的通知 [EB/OL]. （2017-09-27）[2021-01-27]. http：//www. moe. gov. cn/srcsite/A26/s8001/201710/t20171017_ 316616. html.

础教育课程宏观结构中以其为代表的活动课程课时数在总课时数中占据的比例较小，无法同学科课程相提并论。

（3）分科课程与综合课程

我国基础教育课程宏观结构中，小学阶段以综合课程为主，共设置国家课程八门（品德与生活、品德与社会视为一门课程），其中综合课程仅品德与生活（品德与社会）、综合实践活动、科学及艺术四门，剩余四门分科课程的课时数在总课时数中的占比达49%~56%。小学阶段分科课程与综合课程在课程门数与课时数上看都未能体现一种以综合课程为主的关系。初中阶段，增设历史与社会课程，体育课程综合为体育与健康课程，九门课程中综合课程为五门（在不单独开设历史、地理与生物、物理、化学情况下），其余四门学科课程课时数在总课时数中占比为39%~45%。在这样的课时数比例分配下，综合课程与分科课程看似达成了一种均衡状态，但在实施中，多数学校仍会把历史与社会、科学这两门课程分化为几门分科课程，分科课程又在课程结构中占据了优势地位。高中阶段课程设置以分科课程为主，十四门课程中，分科课程总计八门（技术、劳动课程也视为综合课程），分科课程必修学分在理想状态下可达到44分，占总学分的比例可达50%。综合地看，基础教育课程宏观结构中综合课程与分科课程的占比相对均衡，但小学阶段综合课程的优势地位并未得到凸显，综合活动课程在真正的课程实施过程中可能会被以分科课程的形式实施，"打破学科中心，还没有得到真正体现"①。

2. 实质结构

（1）国家课程、地方课程与校本课程

自2001年新一轮基础教育课程改革以来，我国开始实行国家、地方、学校三级课程管理机制。国家课程及其标准制订由教育部进行总体规划，国家课程是对公民基本素质的基本要求，是对学生的最低标准，执行方面具有强制性。在国家课程基础上，省级的教育行政部门可以根据国家制定的课程管理政策以及当地的实际情况制定国家课程的实施计划，进行地方课程的规划和设计。在实施国家课程、地方课程的同时，学校可以依据当地社会具体情况，结合学校特色以及学生的需求进行校本课程的开放。总体来看，从国家课程到校本课程，课程的多样性、贴合性逐渐增强，更能满足受教育者多样化的个体需求。此外，课程管理权力逐步下移，但在我国现实情况中，地方和学校开发课程的条件存

---

① 艾兴. 对当前基础教育课程结构的几点思考［J］. 贵州教育学院学报，2008（10）：23-26.

在"先天不足"① 的情况，在权力下移过程中国家课程始终居于主导地位，这在三类课程的课时比例中也能得到证明。三级课程管理体制的构建无可置疑是出于理性的考虑，但课程实施中这种理性是否得到彰显却需要质疑。

（2）学科课程与活动课程

2017 年教育部印发《中小学综合实践活动课程指导纲要》，其中明确指出综合实践活动课程是"与学科课程并列设置"的必修课程，基础教育阶段中学科课程与活动课程的基本关系是并列的。学科课程与活动课程的并列关系并不意味着二者各自独立，相反，二者之间理应达成沟通与合作的关系。综合实践活动课程的主要方式分为"考察探究""社会服务""设计制作""职业体验"四类，这些活动的开展都需要借助学科课程的知识、能力，在活动进行过程中学生的学科知识和能力也能得到进一步的巩固和提升，得到巩固和提升的学科知识、能力只有在被受教育者运用于实践过程中时其价值才得以实现，教育对于个体发展的价值才得以凸显。从理论上来说，学科课程与活动课程地位应是平等的、相辅相成的，只有在这种关系中知识才能发挥其对个体发展的价值，而不止停留于简单继承。然而，在活动课程占比远少于学科课程、且在课程实施过程中所受到的重视程度远低于学科课程的实际状况下，学科课程与活动课程的应然关系无法得到彰显。

（3）分科课程与综合课程

基于基础教育课程结构中现有的综合课程、分科课程来说，分科课程仍然占据了优势地位甚至是主导地位。二者的这种关系不仅体现在形式结构中，也体现在实质结构中。在重视综合课程的小学和初中阶段，综合课程的实施并未得到分科课程那样的重视，甚至某些综合课程的实施出现了分科化现象，原本的综合课程被拆分成分科课程。在此种状态下，分科课程原本的劣势无法得到弥补，综合课程的独特价值也无法实现。总之，从宏观课程的形式结构和实质结构来看，可以得出以下结论：国家课程、地方课程与校本课程中国家课程课时占比处于绝对优势地位，在三者的关系之中，国家课程占据主导地位；学科课程与活动课程中学科课程课时占比处于绝对优势地位，活动课程门类少、课时占比少，学科课程与活动课程的联系不紧密，二者的并列地位、平等地位体现不足；分科课程与综合课程的关系中分科课程仍占据相对主导地位，在小学阶段，综合课程并未得到很好实施。综合课程的课时占比分科课程少，且课程

---

① 余进利. 我国基础教育三级课程管理体制刍议［J］. 当代教育科学，2003（10）：23-25 +27.

实施过程中综合课程有被拆分为分科课程的现象，二者互补的关系体现不足。

（二）中观层面的课程结构分析

中观课程结构主要包括不同类型课程中各门课程之间的形式结构和实质结构，由于地方课程、校本课程的具体课程具有多样性和自主性，无法在课程方案设置中得到体现。由于基础教育课程结构中，主要的课程类型为学科课程，这一类型课程的门数相对较多，内容相对丰富，更具有分析价值。

1. 形式结构

对表8-1进行进一步处理，筛除其中的活动课程，得到基础教育阶段设置的所有学科课程，具体如表8-8所示。

表8-8　我国基础教育阶段学科课程的设置

小学	初中	高中
品德与生活/品德与社会（7~9%）	思想品德（7~9%）	思想政治（6.8%）
语文（20~22%）	语文（20~22%）	语文（9%）
数学（13~15%）	数学（13~15%）	数学（9%）
外语（6~8%）	外语（6~8%）	外语（6.8%）
科学（7~9%）	科学（7~9%）	物理（6.8%）
体育（10~11%）	历史与社会（3~4%）	化学（4.5%）
艺术（9~11%）	体育与健康（10~11%）	生物学（4.5%）
	艺术（（9~11%））	历史（4.5%）
		地理（4.5%）
		体育与健康（13.6%）
		艺术（6.8%）
		技术（6.8%）

注：表格中小学、初中两列中括号内数据为该门课程数在总课时数中所占的比例；高中列中括号内数据为该门课程必修学分在总学分中所占的比例。

廖哲勋教授的研究中将学科课程进一步划分为工具学科、社会学科、自然学科、技术学科和体艺学科，本研究采用此分类方式，对上表所示的所有学科课程进一步分类，具体结果如表8-9所示。

表8-9　基础教育阶段所有学科课程的分类

	工具科	社会科	自然科	技术科	体艺科
小学	语文、数学、外语（39~45%）	品德与生活/品德与社会（7~9%）	科学（7~9%）	——	体育、艺术（19~22%）
初中	语文、数学、外语（39~45%）	思想品德、历史与社会（10~13%）	科学（7~9%）	——	体育与健康、艺术（19~22%）
高中	语文、数学、外语（24.8%）	思想政治、历史、地理（15.8%）	物理、化学、生物学（15.8%）	技术（6.8%）	体育与健康、艺术（20.4%）

　　注：表格中小学、初中两列中括号内数据为该类课程数在总课时数中所占的比例；高中列中括号内数据为该类课程必修学分在总学分中所占的比例。

　　从学科课程中不同类别课程的课时占比这一形式结构来看，占据优势地位的是语文、数学等工具性学科。从课程的价值来看，不同的学科课程对于个体的发展都独具意义，具有不可替代性，因此各学科课程的地位应该是平等的，共同促进受教育者的全面发展。但无论是从上述几门学科课程之间的比例关系来看，还是其在教育活动中的实践情况来看，学科课程之间都出现了"地位不等"的现象。从比例关系来看，正如上表所示，小学、初中以及高中阶段，语文、数学、外语等工具科课程都处于优势地位，其次是体育与健康和艺术等体艺科，而社会科与自然科的课程则处于相对劣势地位。在课程实施过程中，上述课程的"地位"关系又有所变化。例如，语文、数学、外语等工具科的优势地位都无可撼动，家长、学生、教师以及教育管理者都不约而同地在上述科目中"豪掷"大量精力和资源，其他几科则被忽视。在初中和高中阶段，虽然就上述比例关系来看体艺科处于第二顺位，但在实施中，其多数时间只能退居最后。虽然不同学科课程对于学生发展都具有独特价值，但在课程结构设置、课程实施过程中，学科课程之间"地位不等"的现象都是客观存在的。

　　2. 实质结构

　　从实质结构上来看，基础教育阶段不同学科课程之间存在联系不够紧密的现象。就基础教育课程实施的实际状况来看，上述不同类别的学科课程之间不仅"地位不等"，而且存在"各自为伍"的现象。当前基础教育领域内的学科课程的教学通常是选取某一特定知识领域的内容，并根据该领域知识的内在逻辑进行系统教学，教师在进行某一学科的教学时关注的通常只是单一的领域中的知识，而忽视了与其他学科知识的联系，学科之间存在无形的"壁垒"。在众多课程中，人文社会类课程与自然科学类课程的界限尤为明显，甚至出现冲突。当教育中的价值主体用简单的价值标准对学科价值进行判断时，可能出现"重理轻文"等现象，进一步加深了学科之间的界限。

从基础教育课程的中观结构来看，以学科课程为例，存在着课程结构不合理的现象。这种现象主要表现为，不同学科课程在课时数占比、课程实施中存在"不平等"现象；各学科课程之间界限过于分明，学科之间的沟通与合作较少，甚至出现极端的学科对立倾向。

（三）微观层面的课程结构分析

2020 年教育部发布了《普通高中各科课程标准（2017 年版 2020 年修订）》，是我国最新颁布的基础教育阶段的课程标准，该课程标准体现了最为贴合当前时代发展的教育价值取向，且与核心素养教育进行了充分结合，因此，本研究对于课程目标的分析以《普通高中各科课程标准（2017 年版 2020 年修订）》为例。

1. 微观课程结构的课程标准分析

（1）课程标准中课程目标的分析

本部分首先将上述十四门课程的课程标准中课程目标部分进行总体上的探究。具体的探究思路如下：首先，将教育部发布的十四门课程的课程标准中课程目标部分的文字表述筛选出来，形成课程目标文档；其次，运用 NLPIR 汉语分词系统进行数据处理，该系统由张华平博士开发，其核心功能包括中文分词、关键词提取、词性标注、新词识别等，运用该软件"新词发现"功能可对课程目标文档中的新词、高频词、词性、高权重词进行识别统计分析、分词，分析结果是根据特征权重（特征权重是指诸如词频、词长、词性、位置、互联网高权重词等特征对研究文本的重要程度进行计算机自动加权处理）对筛选出的特征词语进行降序排列；最后，根据数据分析结果，结合中国学生发展核心素养框架中"文化基础""社会参与""自主发展"三大方面的内涵对筛选出的特征词语进行分析，尝试归纳出其隐含的课程目标取向及教育价值取向。

运用 NLPIR 系统对所有课程的课程目标汇总文档数据分析的结果如表 8-10 所示。

表 8-10　基于权重排序的目标文本关键词前 20 位

词语	词性	权重	词频	词语	词性	权重	词频
文化	n	25.59	46	探究	vn	15.21	15
中国特色社会主义	n-new	24.55	6	特色社会主义道路	n-new	14.55	3
祖国语言文字	n-new	23.66	7	音乐	n	14.38	20
社会	n	23.11	34	生活	vn	14.31	15
学习	vn	19.33	35	理解	v	14.29	21
历史	n	18.84	27	具有创新意识	n-new	13.8	2
认识	v	18.06	27	作品	n	13.38	18
运用	v	18.01	31	分析	vn	13.18	21
发展	vn	16.97	22	社会责任	n-new	12.64	4
语言	n	15.79	34	英语学习	n-new	12.63	4

　　观察上表发现，十四门课程标准中"课程目标"部分的汇总文档中权重排名前五的词为"文化""中国特色社会主义""祖国语言文字""社会""学习"，此外"社会责任""特色社会主义道路"等词也出现在了排名表中，上述词语主要体现的是核心素养三大领域中"文化基础""社会参与"两个方面。文化基础方面的核心素养主要强调的是学生在人文、科学领域知识、技能的获取及人文、科学精神方面的养成；社会参与方面的核心素养则主要强调的是学生习得协调自我与社会关系的能力，成为合格的社会公民。因此，这两个方面的核心素养对于个体的发展起的作用具有间接性，更多体现的是教育的工具性价值，这种价值取向投射到课程领域细化为课程的社会取向和知识取向。

　　值得注意的是，在权重排名前 20 位的词语中出现了"生活"一词，这表明新的课程标准重视各门课程的知识、技能等对于学生生活的价值，体现了"自我发展"方面的核心素养。课程对于学生生活的价值得以逐步凸显，说明"课程改革必须回归学生生活世界"①的倡议在最新的课程标准中得到了回应。增强课程与生活的联系，更能让学生在课程知识构筑的理性世界中发现生活世界，帮助其将在理性世界中获取的知识、技能运用于生活世界，以更好实现自主发

---

① 张三花. 回归生活世界：基础教育课程改革的价值取向［J］. 教学与管理，2004（19）：33-35.

展，实现教育促进个体完善发展的本体性价值。

最后，观察权重排名前 20 位的词语中的词性，发现"认识""运用""发展""探究""理解""分析"等词语都权重都较高，其中"认识"主要指向的是对知识获取的重视，其权重排名在上述词语中最为靠前，这说明知识的重要性在新的课程标准中依旧能够得到凸显。但在习得知识后，也重视在对"认识"的"理解"基础上"运用"知识去进行"探究""分析"等更为复杂的活动，使学生能够在运用知识解决问题的过程中"发展"自身能力，实现自主发展。经合组织对核心素养的研究中指出核心素养是一个集合体，综合了知识、技能、价值观等，我国核心素养课题组也认为核心素养既包含关键能力也包含必备品格，这表明核心素养不是对知识、技能的忽视，反而是对知识学习提出了更高要求，只有当知识被运用到具体的实践情境中并转化为个体的情感、态度、价值观等才能体现为一种素养，才能真正发挥课程知识的价值，使其被个体运用于自我发展和社会参与。

总的来看，十四门课程标准中课程目标总体上呈现一种社会取向和知识取向，更多体现的是核心素养中"社会参与"和"文化基础"两大方面的核心素养，一定程度上隐含教育的工具性价值取向。但这些课程目标中也显示出对知识与学生生活世界建立联系的重视，强调在掌握知识的基础上对知识的综合运用，这种运用既可以指向个体发展，又可以指向社会参与，同时体现了课程的多重价值，表明其对教育本体性价值和工具性价值的重视。因此，从整体上来说，十四门课程标准中课程目标体现的是课程的社会取向。此外，课程的知识取向和学习者取向也能得到一定体现，在教育价值抉择中更倾向于教育的工具性价值。

（2）课程标准中课程结构的设计分析

依据中观课程结构分析部分中对学科课程进行的划分标准，在工具科、社会科、自然科、技术科、体艺科各挑选一门课程对其课程标准中课程结构部分进行分析，最终选取的课程为语文、历史、物理、信息技术、音乐。2017 年修订的普通高中各科课程标准中课程结构部分对课程设计的依据有明确表述，课程设计依据是课程结构设计价值取向的重要体现，本研究对课程结构部分的分析也主要从上述五门课程的课程结构设计依据入手。

课程结构设计依据体现出了多样性。就语文、历史、物理、信息技术以及音乐这四门学科课程的课程结构设计依据来看，课程结构设计的依据从总体上体现了一种多样性，其中包括对国家政策的响应，对核心素养发展要求的回应，对学科知识规律、学生兴趣、学习特点的遵循以及顺应课程改革趋势等。语文课程设计依据中"以中国特色社会主义理论体系为指导""落实立德树人根本任务"等表述体现的是对国家政策，尤其是对国家教育政策的响应；"着力发展学生的核心素养""以语文学科核心素养为纲"则体现的是对核心素养发展要求的回应；"祖国语文的特点""学习语文的规律"是对学科知识学习规律的遵循；以"自主、合作、探究性学习"等方式进行学习，课程设计体现"层次性与差异性"则表明了对学习规律、学生学习兴趣和需求的遵循和满足。其余四门学科课程依照此思路进行分析，具体的分析结果如表8-11。

表8-11 语文、历史、物理、信息技术、音乐四门学科课程结构设计依据

	国家政策	核心要素	学科规律	学习规律与学生要求	课改趋势
语文	以中国特色社会主义为指导；落实立德树人根本任务	以语文学科素养为纲	语文的特点；学习语文的规律	自主、合作、探究性学习；层次性与差异性	
历史	普通高中方案的相关要求	历史学科素养	历史学科发展的前沿成果	学生发展的多元需求	课程改革的成功经验
物理	对立德树人根本任务的落实	物理学科核心素养	物理学科特点；物理研究成果	个人需求、认知规律；多元发展、循序渐进	课程改革的成功经验
信息技术	立德树人普通高中课程方案		国际信息技术研究最新成果；学科自身发展的特点		
音乐	国家对美育工作的指导意见	音乐学科教学	音乐实践活动的不同表现形式；音乐与相关艺术的密切联系	学生根据自身兴趣与发展需求	高中课程改革的趋势

通过观察上图可以发现，五门学科课程标准中课程结构的设计依据可以大致归纳成五个方面：国家政策、核心素养发展要求、学科规律、学习规律与学生需求、课程改革的趋势。上述五个方面的依据之间无绝对明显的界限，可能存在边界的重叠与交叉。总体上看，课程结构设计的依据呈现出一种多样性，

不再以单一方面的要求和需求进行课程结构设计。就核心素养发展要求这一依据来看，上述五门课程中，除信息技术课程外，其余四门课程都明确地将核心素养发展的要求作为课程结构设计的依据，并将核心素养与学科进行结合，提出了学科核心素养。基于此，可以得出课程结构设计依据具有多样性，核心素养发展要求得到明确回应的结论，课程结构的设计体现出多元共生的教育价值取向。

2. 微观课程结构的教材分析

围绕核心素养的三个领域即文化基础、自主发展和社会参与进行课文主题分析，其中文化基础、社会参与更多倾向于教育的工具性价值，自主发展则更多倾向于教育的本体性价值。具体的分析思路如下：首先，收集部编版小学语文 1~6 年级教材中"课文"单元的所有课文，总计 287 篇，将其作为研究对象；其次，明确我国学生发展核心素养中三大领域、六大素养的基本要点和主要表现描述，在课文主题分析中依据课文内容、教师教学用书等将课文主题中体现的核心素养归入相应的核心素养维度中，进而分析其隐含的教育价值取向。举例如下。

部编版小学语文一年级上册教材中课文《秋天》所在的单元的编排主题为"自然"，该单元的说明中强调要通过唤起学生对季节的感受，激发学生对于自然的热爱之情。该篇课文的主要内容也是在描述秋季的自然景象，基于此，判断该篇课文的主题为激发学生对于自然的热爱之情。在核心素养框架中，热爱自然被归为社会参与领域中的责任担当素养，具体而言，是责任担当素养中的社会责任要点，也就是说该篇课文主题主要体现在社会参与领域中的"责任担当"素养，社会参与领域的责任担当素养频次记 1 次，当某篇课文主题体现多种素养时，根据主要内容最多记为两种素养，分别记 2 次。

下面以一年级上册的语文教材为例，具体的分析结果如表 8-12 所示。

表 8-12　部编版小学语文一年级上册教材中课文主题所体现的核心素养

编号	课文篇目	核心素养领域	核心素养
1	秋天	社会责任	责任担当
2	小小的船	文化基础、社会参与	科学精神、责任担当
3	江南	社会参与	责任担当
4	四季	社会参与	责任担当
5	影子	文化基础	科学精神

续表

编号	课文篇目	核心素养领域	核心素养
6	比尾巴	文化基础、社会参与	科学精神、责任担当
7	青蛙写诗	文化基础、社会参与	科学精神、责任担当
8	雨点儿	文化基础	科学精神
9	明天要远足	自主发展	健康生活
10	大还是小	自主发展	健康生活
11	项链	社会参与	责任担当
12	雪地里的小画家	文化基础	科学精神
13	乌鸦喝水	文化基础、社会参与	科学精神、实践创新
14	小蜗牛	文化基础、社会参与	科学精神、责任担当

选取的 287 篇课文中，共统计主题 431 次，所有的课文主题分析结果如表 8-13 所示。

表 8-13　选取课文主题所体现的核心素养频次统计表

年级		一年级	二年级	三年级	四年级	五年级	六年级	总计	百分比
文化基础	人文底蕴	2	1	7	16	20	21	146	33.87%
	科学精神	14	21	17	14	8	5		
自主发展	学会学习	0	1	3	4	6	3	68	15.78%
	健康生活	7	4	9	13	6	12		
社会参与	责任担当	17	28	41	32	30	29	217	50.35%
	实践创新	1	5	7	6	14	7		
总计		41	60	84	85	84	77	431	100%

观察上表不难发现，部编版小学语文教材，课文主题中体现最多的核心素养为社会参与，这一领域核心素养体现总计 217 次，占总数的 50.35%；其次是文化基础领域的核心素养，体现总计 146 次，占总数的 33.87%；体现最少的则是自主发展领域的核心素养，体现总计 68 次，占总数的 15.78%。具体来看，文化基础领域中科学精神素养体现相对较多；自主发展领域中健康生活素养体现相对较多；社会参与领域中责任担当素养体现相对较多。基于此，基本可以

做出判断，部编版小学语文教材中课文的选取最为关注学生的社会参与素养，其次是学生的文化基础素养，对丁学生的自主发展素养关注相对欠缺。从课文的具体内容来看，近一半的课文主要关注的是人与社会、人与自然的关系，强调的是个体的责任担当素养，关注人与自我关系的课文则很少。三大领域核心素养中，文化基础领域主要强调学生对人文、科学领域知识、技能的习得以及人文、科学精神的培养；自主发展领域则强调学生作为主体的自主性的发展；社会参与领域强调学生融入社会、促进社会发展的能力的习得。由此可见，三大领域中，文化基础和社会参与领域主要体现的是教育的工具性价值，体现的是一种知识取向和社会取向，而自主发展领域则更为强调教育的本体性价值，体现的是一种个体发展取向。那么，基于前面的分析，可以发现，部编版小学语文教材中课文选取主要遵循的是教育的工具性价值取向，重视知识的获取以及个体社会性的养成，对于个体的自主发展及个体主体性的发展关注不够。此外，部编版小学语文教师教学用书中每篇课文前的教学目标描述遵循的仍是一种"三维目标"的思路，即从"知识与技能""过程与方法""情感态度价值观"三个维度确定教学目标，其中"知识与技能""过程与方法"两个维度的教学目标尤其多，这进一步证明了部编版小学语文教材编写的工具性价值取向，再一次印证前文的结论。

三、课程结构的取向评判

（一）课程结构取向的进步性

1. 宏观：课程类型呈现完整性

就宏观课程角度这一层级来看，当前我国基础教育课程结构已经具备了相对完整的课程类型。通过前面章节内容对改革开放以来我国基础教育课程结构沿革的简单梳理，可以发现过去较长一段时间内我国基础教育课程结构中的课程类型是非常单一的，主要是国家统一设置的以分科形式开展的必修性的学科课程，这种单一的课程结构主要强调的是对学科知识的学习和掌握，当受教育者系统地掌握一定的科学文化知识后才能具备社会发展、国家发展所需要的劳动素质，为社会发展做出贡献。这种课程结构下的教育主要是从社会发展的政治、经济等需求进行考量的，是一种讲"职业化、劳动化"的"人力"[①] 的教育，体现出的是对教育工具性价值的重视。

随着我国基础教育课程改革的持续深入，目前我国基础教育课程结构已经

---

① 孙喜亭. 人的价值·教育价值·德育价值（上）[J]. 教育研究, 1989 (05): 17-22.

摆脱了这种单一类型的课程构成方式，地方课程、学校课程、活动课程、综合课程等多种类型的课程逐步进入基础教育课程结构中。不同类型课程对于个体的发展具有独特的价值，增加地方课程和学校课程能够进一步提升课程对于学生需求的适应性；开设综合和活动课程能够进一步提升学生对于知识的综合运用能力；设置选修课程则能够让学生在学习基础知识的基础上获得更加个性化的发展机会。总的来看，当前我国基础教育宏观课程结构呈现出一种完整性的特征，课程结构中的课程类型体现了对课程价值知识取向、社会取向以及学习者取向的重视，从根本上来说是对教育本体性价值认识的深入和重视。

2. 中观：科目之间能有效连接

当前，我国基础教育课程结构中各科目之间建立起了一定的联系，这种联系主要体现在领域相近学科课程上。义务教育阶段，开设品德与生活、品德与社会、科学、艺术等综合课程；普通高中阶段，开设思想政治、艺术、体育与健康、综合实践活动与劳动等带有综合性质的课程。上述的这些课程主要都是相关联领域之间的综合，例如，思想政治、科学、历史与社会、艺术与体育健康课程，其中思想政治课程主要体现品德教育与政治教育的融合，科学课程是物理、化学等具有密切联系的自然科学领域的融合，历史与社会则是历史与地理等带有人文社会科学性质的领域的融合。这些课程原本就存在领域界限的交叉与融合，将课程进一步整合成综合课程不仅可以减少过多科目给学生造成较大的学业负担，还能够促使学生运用一种更为综合、完整的视角去看待世界。

综合课程根据多种不同的分类标准又可以进一步划分成不同类型。例如，将其按照整合的程度不同划分为"融合课程、广域课程和关联课程"；按照整合的知识内容划分为"学生中心整合式课程和学科中心整合式课程"。① 如果按照上述两种标准进行划分，我国基础教育课程结构中的综合课程仍然可以视为一种以学科为中心的关联课程，其内容和教育元素的整合或许还不够深入和全面，但毕竟具有综合课程的性质，在不同科目之间建立起了连接点，是对完全分科式教学状态的突破，体现了课程结构的进步性。

3. 微观：课程标准呈多元取向

在微观课程结构层次，本研究主要分析了课程标准中课程目标和课程结构设计依据部分的内容，从上述两个部分的内容中可以初步得出当前我国基础教育微观课程结构中呈现了一种多元取向的价值观念，具体体现为课程标准的多

---

① 高静，王军航主编. 心理健康教育在综合实践教学中的渗透［M］. 长春：吉林文史出版社，2017：45-46.

元价值取向。在国家发布的最新版高中各科课程标准中，以语文、历史、物理、信息技术、音乐为代表的十四门课程的课程结构设计依据都体现了一种多样性。多数学者认为课程设计的依据无外乎三个方面，即"社会需要""科学技术知识的增长"以及"中小学生身心发展特点"①，这种观点实质上是对泰勒经典课程编制原理的继承。

泰勒认为，在课程编制过程中，尤其是教育目标确定时必须考虑学生、当代社会生活以及学科专家研究这三个方面源，同时又要用教育哲学、学习理论这两个"筛子"对信息进行筛选。这种设计依据既强调学科知识本身的逻辑性又体现了对学生发展和社会发展需求的重视，是一种相对完整且成熟的课程设计观念。从对课程标准的课程结构设计依据来看，我国基础教育微观课程结构设计总体上遵循了上述经典观念，同时又结合本国实际需求进行了丰富，国家政策导向、核心素养发展、课程改革趋势等多方面因素都被列为课程结构设计的依据。课程标准中十四门课程的课程目标表述部分权重排名前20位词语的排名表中同时出现了体现社会取向、学生取向以及知识取向的词语。此外，对于小学语文教材的分析也可以看出文化基础、自主发展、社会参与三个领域的核心素养在语文教材中都得到了体现，这表明在教材编写时教材的社会取向、个体发展取向以及知识取向都有所体现。上述几个部分的分析结果无不表明当前我国基础教育微观课程结构尤其是课程标准中呈现着一种多元的价值取向。

（二）课程结构取向的有限性

1. 学科取向主导下难突出实践

通过从形式结构、实质结构两个方面对我国基础教育宏观课程结构的分析发现，不同类型课程之间均衡性存在不足，具体体现为国家课程、学科课程、分科课程以及必修课程在课时数占比以及课程之间的关系中都占据着相对优势的地位。这种均衡性不足的宏观课程结构主要体现的是一种学科取向，因此其对于学科知识的学习是有利的，但要通过这种课程结构来发展核心素养、开展核心素养教育，则存在问题。

知识的重要价值在于实践，"不能加以利用的知识是相当有害的"②，核心素养作为一种综合性素养也必须在真实情境中得到实践运用才能够实现其价值。核心素养的形成也需要真实的实践情境，只有当知识、技能以及价值观念被学

---

① 刘居富，肖斌衡. 现代学校管理研究［M］. 武汉：武汉测绘科技大学出版社，1999：135.

② 怀特海. 教育的目的［M］. 上海：文汇出版社，2012：7.

生内化并综合展现出来运用于问题解决，才能够将其称为素养。在当前基础教育课程结构中占据优势地位的学科课程、分科课程，通常采取的教学方式是教师的课堂讲授，受教育者在学习的过程中最大的收获往往是学科知识，由知识、技能、态度等综合而成的核心素养则需要在更多的实践情境中才能形成。实践情境往往指向的是综合类、活动类课程。总之，核心素养需要综合课程、活动课程为其形成和发展提供知识和能力能够被真实运用的实践情境，这些情境除了学科活动外，还需要由更多的活动课程、综合课程来提供。现有的基础教育宏观课程结构设置更多体现的是学科取向，偏重的是教育的工具性价值，国家统一的学科课程占据着主导地位，这种完整但缺乏均衡性的课程结构不利于核心素养的形成和发展，需要得到进一步改善。

2. 分科取向主导下难体现融合

通过从中观层次对我国当前的基础教育课程结构中形式结构和实质结构的分析发现，同一类型但不同科的课程存在地位不等且联系不够紧密、甚至"各自为伍"的问题，集中体现为学科课程中工具科、社会科、自然科、技术科以及体艺科的课程之间地位的差异与关系的疏远。这种状况下，各科课程仍围绕单一领域的知识传递进行，体现的仍然是一种分科取向，部分课程的地位明显处于优势，课程实施的跨学科性体现不足，部分学科对于核心素养发展的价值难以实现。核心素养是一种跨学科素养，每门课程对于核心素养发展都具有独特的价值，分科取向导向下同类型课程内部之间地位不等，各自为伍的状态不利于核心素养的培育。

核心素养立足与人的全面发展，是一种具有整体性的素养，若将核心素养分割到各个学科，将其切分为不同的要点无疑是对其整体性的损害，背离了核心素养的本质属性。在核心素养研究的热潮中，许多中小学教师也进行了核心素养的相关研究，但从以上分析发现，他们仍然是站在本学科的立场上探究如何在当前的学科课程中培育学生的核心素养，这种做法实际上还是在试图以单一学科为中心的思路来进行核心素养教育。在这种思路下，那些题目中包含"基于××学科核心素养"的研究层出不穷。其实，"学科核心素养"这种说法本身或许就存在问题，正是在这种说法的导向下，这种仍试图站在单一学科立场上思考核心素养培育的观念才得以不断得到强化。核心素养是人的素养，其主体只能是人，有学者直接指出，学科核心素养的说法是"非科学的不严谨的说法"[1]，

---

[1] 石鸥，张文. 学生核心素养培养呼唤基于核心素养的教科书 [J]. 课程·教材·教法，2016，36（09）：14-19.

这种观点不无道理。可以发现，我国基础教育课程结构中学科课程本就占据优势地位，而学科课程内部，多数学科仍以分科形式开展，与其他科目课程的联系不够密切，甚至存在不同科课程之间地位不等的现象，"学科核心素养"的说法又进一步延续并强化了中小学教师站在单一学科立场上培育学生核心素养的思路，课程的知识本位取向尤其是学科取向和分科取向仍然明显，教育的工具性价值相较其本体性价值更加凸显，在这种状况下，真正符合核心素养本质属性的核心素养教育是难以开展的，核心素养培养的实效性是难以保障的。

3. 社会取向主导下遮蔽个人价值

基础教育课程的社会取向、知识取向是由来已久的，在由国家主导的基础教育中，教育的社会价值取向尤为明显，基础教育课程中重视个体发展的价值观念的出现则相对滞后。以对当前基础教育阶段部分课程标准及教材价值取向的分析为例，无论是课程标准还是教材，基础教育的社会取向是显而易见的，社会取向下，基础教育阶段主要强调将个人作为社会的构成部分，教育中主要提升、培养的是个人融入社会。基础教育阶段中重视对人与社会、人与自然等关系的思考和处理，对于人与自我关系的关注则相对较少，受教育者在接受教育的过程中看到的更多是个人对于各种外在环境的价值，个体自身的价值则很难被受教育者感知到。在这种状况下，个体可能将自己作为外在环境的附属，进而去顺应固有的外在环境，从而忽略了通过挖掘自身的潜能、个性以及创造力去改变固有环境，实现社会的发展与变革。当社会失去发展与变革的活力后，教育对于个体发展和社会发展的真正价值都将难以进一步提升，因此，在基础教育阶段，教育对于个人的价值必须得到进一步体现。

从教育本身的属性来看，教育的社会取向不应单纯地被认为具有片面性而被批判，被批判的应该是社会取向绝对主导下教育对于个体价值的遮蔽。从核心素养的价值取向来看，核心素养仍然强调社会发展取向，因此，要使基础教育真正指向核心素养发展，关键在于从教育的社会取向中重新挖掘教育对个人的价值，认识到作为个体的人的价值，通过教育去促进这种价值的真正实现。

4. 知识取向主导下难彰显主体

新世纪的新一轮基础教育课程改革以来，"双基"逐渐被更新为"三维目标"。但就"三维目标"的划分依据来看，其本质上还是围绕学科展开的。"任何学科的构成总是包含了知识、方法、价值这样三个层面的要素"①，此外知识通常也具有三重结构："表层的'概念命题与理论'、中间层的'过程与方法'

---

① 钟启泉."三维目标"论［J］.教育研究，2011（09）：62-67.

与核心层的'情感态度价值观'。"① 可见，"三维目标"的划分依据是学科以及知识的构成而非完整的人的构成。随着基础教育课程改革的进程逐渐推进，以人的全面发展为核心的核心素养概念进入我国基础教育课程领域。核心素养是对"双基"和"三维目标"的继承与发展，但又与二者存在根本区别，与前面两者从学科知识出发点不同，核心素养是真正围绕人的完整发展构建起来的，人的全面发展是其逻辑起点和价值旨归，个体的主体性在核心素养中得到真正体现。相较于"双基"和"三维目标"，核心素养无疑更为重视个体全面发展，尤其是主体性的发展。

当前的基础教育领域中，无论是课程设计层面还是课程实施层面，课程的知识取向仍是明显的。基础教育课程结构设计中，学科取向、分科取向仍未退出历史舞台，课程实施过程中，对于学科知识、技能的教学与测评仍是教学的核心内容。围绕这一核心内容还构建起了完整的教学模式和策略，在这种教学模式中，主要强调的是个体对于外在的客观知识的接受，教育对于个体主体性发展的价值难以得到彰显。在这种状况下，核心素养兼顾个体发展和社会发展，尤其重视个体主体性发展的价值理念是难以在实践中得到落实的，核心素养教育开展的障碍难以破除。

5. 层次冲突中难以推动核心素养

基础教育宏观课程结构和中观课程结构中价值取向的多元性并没有微观课程结构中体现得那么明显，尤其是宏观课程结构，在国家课程、学科课程、分科课程等课程占据优势地位的状态下，课程的学科取向、社会取向以及教育的工具性价值取向体现更加明显。

目前，最能体现多元的教育价值取向是微观课程结构中课程结构设计的依据，也就是说我国基础教育课程设计的顶层理念中呈现出的实际上已经是一种多元的教育价值取向，核心素养发展的要求也被作为其中的重要依据，符合核心素养发展的需求。而当顶层设计的理念在一步步进入下层结构中时，这种多元的教育价值取向开始逐步向学科取向、社会取向等教育的工具性价值取向靠拢了，这种现象在课程实施过程中无疑会表现得更加明显。虽然课程结构设计的理念中已经融入了核心素养发展要求、多元的教育价值取向，但在顶层设计理念的落实过程中，未能真正形成有利于核心素养教育的课程结构，在课程实施的过程中，也未能创设有利于核心素养教育的课程运行环境。在这种冲突中，

---

① 李润洲. 继承与超越——"三维目标"与"核心素养"的异同辨析 [J]. 当代教育科学, 2016 (22): 11-16.

核心素养教育在理论层面、观念层面呼声高，而最终落空于实践环节的结果或许不难预想。核心素养要从理论层面走向实践层，要真正在实践中落地，必然依赖于学校教育，而作为学校教育主要载体的课程的作用是绝对无法忽视的，有学者甚至认为基于核心素养进行教育改革就是要"将核心素养融入课程标准"，如果无法将核心素养发展与当前的学校课程体系有机融合，构筑起真正指向核心素养发展的学校课程体系，通过学校课程来发展核心素养，那么对核心素养概念的践行或许将"始'鸣'终'默'"①。

（三）课程结构偏差的归因

1. 传统教育观念的影响

首先，我国传统教育观念中就已经存在对于教育价值的片面取向，且这种取向在新中国成立后的一段时期内依然存在。以孔孟为代表的儒家思想是我国传统教育思想的主要来源，儒家教育观念将"封建伦理道德作为教育的最高价值取向"②，强调教育对于社会政治的功能，相对忽视教育的经济、文化等功能，这种片面的教育价值取向在相当长一段历史时期内影响了我国古代的教育实践。进入近代后，由于西方思想的传入以及我国社会现实需求的更新，部分具有先见之明之士逐渐认识到了现代科学知识的重要性，认识到了教育对于社会发展的功能和价值，这种教育价值取向一直延续到了新中国成立。新中国成立后，由于国家发展的需要，我国"更多倾向于教育为社会和国家服务"③，具体来看，又可以分为教育为政治、经济服务，为无产阶级政治服务以及为社会主义建设服务等不同的阶段。在相对长一段时期内，在片面教育价值取向的驱使下，教育中的各个主体对于教育本体性价值的认识存在模糊性。随着社会发展的不断进步，国家现代化进程的推进，更加符合教育本质属性的教育价值取向在我国才逐渐获得广泛认可，教育的本体性价值逐渐开始彰显。这样看来，对于教育工具性价值的重视这一传统观念在我国的存在是根深蒂固的，是扎根在我国现实的社会土壤之中的，其存在本来就具有一种顽固性。

其次，我国教育价值主体，尤其是个体对于自身真正的需求认识不清。由于教育工具性价值取向在社会环境中长期占据主导地位，社会和国家对于个体通过教育获得一定的知识技能后对国家和社会做出贡献始终是持鼓励和认可态

---

① 唐一山，唐智松. 理论·实践·政策：核心素养"冷热"现象的三重审思 [J]. 教育发展研究，2020，40（Z2）：94-100.

② 王坤庆. 现代教育价值论探寻 [M]. 长沙：湖南教育出版社，1990：86.

③ 王卫东，石中英. 关于建国后教育价值取向问题的思考 [J]. 教育学术月刊，1996（04）：1-4.

度的，通过考试选拔制度，国家从个体中挑选出那些能够为国家发展做出贡献的人为国家所用，在这个过程中个体自身也能够从中获得精神和物质上的回报，在这种制度下，个体对于教育价值的认识主要在于教育能够使自己获得一定的社会地位和物质财富。在古代，有"学而优则仕""朝为田舍郎，暮登天子堂"的说法，在当前，人们则希望通过教育获得更高的文凭进而找到更好的工作。在这种期望的驱使下，对于教育，人们最大的期望就是获得在选拔性考试中脱颖而出的能力。不能否认，在通过教育达成上述目的的过程中，个体自身的部分素质和潜能也会得到发展，但遗憾的是，这些指向教育本体性价值的教育成果并非是大多数人最重视的，更多时候，似乎更像是一种附加价值。个体希望通过教育获得更好的物质条件和更高的社会地位固然是符合人的本能的，但个体应首先把教育的本体性价值置于首位，即把发掘教育，发展自身个性、潜能的价值放在首要位置，而非放任某些单一的社会价值观念消解自身的个性和潜能，完全追逐教育的其他附加价值。每个个体的存在都是独一无二的，在社会化的同时充分发挥自身的个性和潜能，彰显自身的主体性才是个体真正理性的追求，如果个体仍无法认识到自身的真正需求，要扭转其对于教育价值的片面认识将非常困难。

2. 实践跟进滞后的制约

首先，主体要接受最新的教育价值理念、课程理念需要一定时间，而要把这些理念内化后再转化为实践行为又需要一定的过程。以核心素养为例，当核心素养概念出现在我国时，首先是理论界展开了对其的讨论和研究，学者们基于自身的学术研究立场对其进行了深入解读，当这种理论研究取得一定成果后，国家开始将新的概念运用于国家教育政策的制订，到了这一阶段，以教师、学术为代表的教育主体必须针对新的教育概念进行学习和理解。在学习和理解的过程中，很容易出现一种倾向，认为这种新的观念不过是旧观念的新包装，这种思想倾向可能导致对新观念即核心素养的错误理解，进一步提升其在实践中落地的难度。哪怕新的观念被教育主体接受并正确理解了，要把这种新观念转化为其教育实践行为仍然是需要时间的。

其次，新的教育观念要在教育实践中落地，必然需要依赖于新的保障制度，新制度的出现总需要现有制度进行扬弃，这一扬弃的过程通常是曲折的。新观念的出现和推广是建立在社会现实的需求上的，符合实践发展的需求，但是在现有制度已经存在较长一段时间的情况下，哪怕现有制度的某些部分已经不符合当前社会发展和个体发展的需求了，新的观念要想对其进行改造也是困难的。以课程结构的改革为例，在某些课程，尤其是学科课程占据主导地位的情况下，教育管理部门、各个学校的课程实施保障机制总是围绕学科课程的实施建立的，而且这种机制已经覆盖了课程实施的全过程，课程实施者也习惯于在这种机制中开展工作。如果要围绕新观念建立符合新需求的制度，进行针对现有制度的改革，就必然牵一发而动全身，必须对现有制度的所有环节都进行符合新的价值取向的改造，这种改造的困难程度是显而易见的。

3. 教育评价滞后的阻抑

我国当前的教育评价制度从总体上来看仍然是建立在过去教育的工具性价值取向基础上的，没有很好适应教育价值取向的多元化发展趋势，这种教育评价制度对于教育价值取向又产生了一种反作用，促使教育价值主体继续关注教育的工具性价值，强化了当前课程结构对于核心素养发展的不利性。

基于教育本体性价值取向所构建的教育评价制度评价的重点应在于判断教育活动对个体发展需要的满足程度，因此发挥的主要功能应是导向、诊断以及育人功能。而就目前来看，我国基础教育阶段所实施的教育评价制度发挥的主要功能仍是鉴定和选拔功能，教育评价演变为一种"高竞争结构"① 的评价，在这种结构中教育评价的"指挥棒"效应呈现出一种负面倾向，导致各种带有"社会达尔文主义"性质的教育口号被教育中的各个主体所追捧，"不让孩子输在起跑线上""只要学不死，就往死里学"等"教育"口号明显带有极端性质，但却仍然被家长视为将各种课外班填满孩子业余时间的理由，仍然被部分教师视为激励学生全力以赴为考试而学习的标语。为了学习全力以赴没有任何问题，但是如果学习的目的只是为了在教育锦标赛中获得通关卡，只是为了争取得到一份好工作的资格，那这样的学习目的显然遮盖了学习的意义，忽视了教育真正的本体性价值。

教育评价制度更像是一柄双刃剑，当前不合理的教育评价制度的存在使教育评价制度的负面作用阻碍了其以评促改应然功能的发挥。在这种评价方式的导向下，教育评价的重点内容是学科知识的掌握情况，评价的主要方式则是标准化的纸笔测验，能够使学生迅速掌握学科知识并在纸笔测验中取得好成绩的教育方式被视为是好的教育方式，那些善于运用这种好的教育方式的学校被视为其他学校学习的"典范"。在这种情况下，学校管理者以及教师就不得不将那些能够高效传递科学文化知识的学科课程视为教学工作的绝对重点，于是，学科课程原本在课程结构中就呈现出的优势地位在课程实施过程中又被进一步强

---

① 李鹏. 评价改革是解决教育问题的"钥匙"吗——从教育评价的"指挥棒"效应看如何反对"五唯"[J]. 教育科学, 2019, 35（03）: 7-13.

化。当核心素养等新的教育理念出现并试图改造这种存在缺陷，违背教育本体性价值的课程结构时，部分教育工作者甚至会出现抵触情绪。

4. 课程实施条件的制约

在课程结构设计理念已经呈现出多元价值取向的当前，基础教育课程结构中以及课程实施过程中以学科课程为代表的部分课程优势地位依然明显的重要原因还在于我国当前课程实施条件的限制，这种限制主要在于活动课程、综合课程以及地方课程、校本课程等多样化课程实施的环境和条件尚不完善。

就前文中提到的各种课程类型来看，学科课程实施所需要的环境和条件是相对简单的。就我国当前基础教育学科课程实施的情况来看，学科课程的教学仍以知识、技能的传授为重心，开展学科课程教学通常只需要学校课堂这一教学环境，教学资源主要是现有的比较完善的学科知识体系和在此基础上建立起来的课程资源库，课程实施对于教师的要求也相对较低，教师往往只需要掌握一定的学科知识、就能用讲授法向学生传授学科知识和技能。相较于学科课程，其他类型课程的教学无疑需要更加优越的课程实施环境和条件。就综合课程而言，教师要具备实施综合课程教学的能力，必须要同时掌握多个领域的知识和技能，在此基础上，教师还需具备将多个领域的知识有机融合起来，引导学生进行综合性学习的能力。就活动课程，尤其是综合实践活动课程而言，课程的顺利实施不仅依赖于教师更高的教学能力，课程实施的其他条件也是必不可少的。以综合实践活动课程为例，该课程的实施需要多样化的课程资源、活动场所，还需要安全保障、资金支持以及学校之外家长、社会人士的积极配合。就地方课程和校本课程而言，地方政府和学校必须对地方需求、学校特色以及学生兴趣和需要等多个方面的因素进行综合考察，并在此基础上制定切实可行的课程开发方案，才有可能开发出独具地方特色、学校特色并且对于学生发展具有独特意义的地方课程、校本课程。总言之，多样化课程的设置和实施存在的阻碍和难度非常多，上面的举例仅仅展示了极小一部分。

基础教育课程结构若要进行变革必然是整体性的变革，各个地区，各个层次的学校都应对变革做出回应。而当前我国仍存在教育发展不均衡的现象，部分地区的部分学校实力仍然相对薄弱，尚不具备前面提到的实施多元化课程所需的各种条件和资源，在这种情况下，哪怕课程结构作出了更加符合当前课程结构设计理念的变革，这些学校也很难有条件遵照这种课程结构去开展课程实施工作。

四、课程结构的创生建构

（一）核心素养下课程结构之应然取向

1. 教育本体性价值和工具性价值的有机统一

在教育发展史上，教育本体性价值取向与工具性价值取向的对立和冲突是长期存在的。教育本体性价值取向指向教育对于个体的价值，教育的工具性价值取向指向的则是教育对于社会、知识的价值。由于这种指向的差异，两种价值取向下具体的教育需求也无法完全一致。作为一种社会实践活动，教育不可避免地带有指向社会发展的工具性价值取向，但当工具性价值取向完全掩盖其本体性价值取向时，教育就可能演变成为"影响人的发展的异己力量"①，在这种"异己力量"的作用下，人就演变为了工具，而这种由"工具人"构成的社会显然与人类理想社会相去甚远。因此，在教育本体性价值和工具性价值的对立中，必须尽可能地协调二者之间的冲突，推动本体性价值和工具性价值的有机统一，进而促进个体与社会的共同发展。

在社会主义社会，教育对于个体发展和社会发展的价值从根本上来说应是一致的。"人的解放是马克思的主导价值取向，人的全面发展是人的解放的最高目标"②，人的全面发展既是社会主义社会的现实任务又是其根本价值目标，人的全面发展指向的是作为个体的人，因此促进个体的发展也应是社会主义社会中教育的本体性追求。但作为一切社会关系总和的个体又无法脱离社会而孤立存在，社会环境为个体发展提供了现实的物质条件，因此要达成促进个体全面发展这一根本目标必须以促进社会发展为手段。当教育充分发挥其社会发展功能时，社会的政治、经济、文化等领域得以良性发展，但社会发展的根本目的又不在于此，社会各个领域良性发展的更高目标是为个体发展提供优越条件，最终促使个体全面发展的实现。为了更好地促进个体最终的全面发展，在某些时候不得不暂时选择教育的工具性价值。核心素养的提出是为了同时兼顾个体发展和社会发展的需求，这是毋庸置疑的。基础教育要指向学生核心素养发展，首先应树立一种根本的价值观念，即兼顾教育对于个体发展和社会发展的价值，推动教育本体性价值和工具性价值的有机统一，既不能片面强调教育的社会价

---

① 刘晓伟. 关于素质教育价值取向的思考 [J]. 浙江大学学报（人文社会科学版），2008（01）：192-198.

② 杨兆山. 关于人的全面发展的几点认识——兼论马克思人的全面发展思想的时代价值 [J]. 东北师大学报，2003（03）：112-118.

值，将个体视为工具，也不能孤立地看待个体发展，以个人为中心，片面强调教育对于个体发展的价值。促进教育本体性价值和工具性价值的有机统一既符合教育的本质属性和根本目的，也是新的历史时期教育发展的必然选择。

2. 在正视客体价值下凸显个体主体性发展价值

新的历史时期中，在推动教育本体性价值和工具性价值有机统一的基础上，教育对于个体发展，尤其是个体主体性发展的价值必须进一步得到彰显。与其他国际组织、国家或地区所构建的核心素养框架不同，我国核心素养课题组构建的中国学生发展核心素养框架是以人的全面发展为内核的。马克思的人的全面发展指"人以一种全面的方式，也就是说，作为一个完整的人，占有自己的全面的本质"①。这是从需要人的全面发展的角度来看，必须重视个体发展的原因。从教育价值角度来看，对于个体发展的重视也是必然的。教育首先是一种培养人的社会实践活动，"培养人是教育的本质特征"②，其本体功能就是促进个体的全面发展。同时，作为一种社会活动，教育也具备促进社会发展的功能，这是其派生功能。值得注意的是，教育的派生功能必须借助其本体功能才能得以发挥，也就是说，教育要实现对于社会发展的价值，必须以作为个体的人为载体，通过实现其对个体的价值来实现其对社会的价值。从核心素养提出的现实背景来看，核心素养教育也必须凸显教育对个体发展，尤其是个体主体性发展的价值。

运用马克思主义的观点来看，个体的发展与社会的发展是对立统一的，在社会主义社会，教育对于个体发展的价值和对于社会发展的价值不应是冲突的。因此，作为以人的全面发展为核心的教育概念，核心素养必须兼顾个体取向和社会取向，兼顾教育的本体性价值和工具性价值，同时，在多元的价值取向中彰显个体取向，重视教育对于个体发展的价值，以期在实现教育本体性价值的基础上实现其派生的工具性价值。以基础教育课程结构为切入点，可以发现我国教育中社会取向仍占据着优势地位，个体价值的体现略显不足。核心素养发展是以人的全面发展为内核，而非以社会发展为内核的。此外，核心素养的提出是为了促进个体主体性的发展，进而提升其在复杂多元社会背景中生存和发展的能力。因此，核心素养教育中个体价值必须得到凸显，唯有这样，核心素养教育才不至于失去其核心。为了指向核心素养发展，我国的基础教育必须在

---

① 中共中央马克思恩格斯列宁斯大林著作编译局. 马克思恩格斯全集 [M]. 北京：人民出版社，2009：189.

② 刘复兴. 教育的本体价值与工具价值关系管窥 [J]. 山东师大学报（社会科学版），1991（06）：51-55+78.

兼顾教育本体性价值和工具性价值的基础上，更重视教育对于个体主体性发展的价值，例如，充分发挥教育对于个体个性发展、潜能发展的价值。

3. 课程由学科知识本位转向核心素养发展本位

当前，围绕"双基"和"三维目标"发展而来的基础教育课程体系仍然在一定程度上保留了上述取向，要围绕核心素养构建基础教育课程体系，尤其是基础教育课程结构必须在课程观念上由学科知识本位转向核心素养发展本位，只有当这种课程观念真正在课程实践中得到落实，指向核心素养发展的教育才能真正实现，核心素养教育对于个体发展和社会发展，尤其是个体主体性发展的价值才能得以实现。前文已经提到，从"双基"发展到"三维目标"，毫无疑问可以视为我国基础教育课程观念的一种革新，但无论是"双基"还是"三维目标"，二者的逻辑起点都是学科知识，或者说是静态的客观知识。当课程目标是"双基"和"三维目标"时，课程实施的重点就在于客观学科知识的传递，学科教学的关键就在于以某种高效的教学模式使作为教育对象的个体能够习得既有的科学、人文知识，此时，个体更多时候是被动地作为人类已有认识成果的继承者，个体的主体性在课程实施过程中体现得并不充分。而核心素养教育中的课程观念则与前述二者存在本质上的不同，核心素养教育中的课程的逻辑起点不再是某一学科领域的客观知识，而是素养的发展，更准确地说，是人的素养的发展。核心素养发展本位的课程中，"双基"和"三维目标"并非被舍弃，而是由目的性的存在转变为促成受教育者素养发展的工具和手段，课程实施的重点在于促进受教育者核心素养的发展，在这一过程中，受教育者不再是被动的知识接受者，而被赋予了新知识创造者的重任。个体具备核心素养则意味着其具备主动学习知识、技能并将知识、技能运用于解决复杂情境中的实际问题的能力，具备这种能力的个体应是主体性得到充分发展的个体。在问题解决的过程中，个体将创造新的知识，未来社会的超越性发展也将依赖这种新知识。要达成这种目标，核心素养发展本位的课程必须改变诸如学科取向和分科取向的工具性取向，构建一种具有综合性、实践性，能够指向个体主体性发展的新的课程观念。如果不改变学科知识本位的课程观念，仍在此种观念指导下去理解核心素养，就有可能陷入一种误解，认为核心素养概念的提出不过是"换汤不换药"。因此，基础教育课程要指向学生核心素养发展，必须在课程观念上由学科知识本位转向素养发展本位。

核心素养视野下，基础教育课程结构在价值取向层面，必须推动教育本体性价值和工具性价值的有机统一，同时更加强调教育对于个体发展，尤其是个体主体性发展的价值。此外，当这种价值取向具体落实到课程理念层面时，则体现为课程由学科知识本位到素养发展本位的转向。核心素养概念的实践落地依赖于核心素养视野下基础教育课程结构应然价值取向在课程实践中的落地，即依赖于核心素养教育应然价值取向下的基础教育课程重构和课程实施。

（二）核心素养下课程结构的重构策略

1. 课程内在结构的创造性重组

首先，以核心素养框架构成重新划分基础教育课程类型。我国学生发展核心素养体系由文化基础、自主发展、社会参与三大领域构成。据此，基础教育课程也可以相应地划分为三个领域，即文化基础课程、自主发展课程和社会参与课程，每一领域的课程中又包含国家课程、地方课程、学校课程，必修课程和选修课程等多种课程类型。文化基础课程中包含工具性的基础科目，传统的语文、数学、外语等学科可以纳入其中，作为学习其他课程的工具和基础。此外，文化基础课程还可以划分为人文社会科目和自然科学科目，这两个科目的课程学习主要包括基础问题、经典问题的学习、探究；自主发展课程则包含健康生活科目和自主探究科目，健康生活科目主要教授能够促使个体养成健康生活方式的知识和技能，例如体育、生理卫生、心理健康等领域的知识和技能，其教学目标在于保障受教育者身心的健康发展，自主探究科目则体现出更多的自主性，在这一科目的学习中学生可以通过学习小组的形式，依据自身的学习兴趣选择人与自我、人与自然以及人与社会等问题展开思考、探究；社会参与课程不再以科目进行细分，而是划分为理论学习和实践活动两个部分，其中理论学习主要是指学生在教师的指导下围绕社会这一领域中的现实问题进行理论探究，引导学生思考社会问题，养成责任担当意识，实践活动部分则主要指向当前基础教育课程结构中的综合实践活动课程和劳动教育课程，在这一部分课程中，学生要在教师的指导下参与能够为社会做出贡献的各种类型的实践活动，例如志愿服务、职业体验、义务劳动等。

其次，优化新的基础教育课程结构中不同类型课程的比例。当前基础教育课程结构中虽然具备了多种课程类型，但不同类型的课程在比例关系上存在不均衡现象，新的课程结构必须改善这种不均衡的现象。学习文化基础知识一直是基础教育中的一大重点，但在文化基础、自主发展、社会参与三大领域的课程中，文化基础课程不应再占据绝对优势地位。小学阶段，学生的基础知识相对缺乏，此时文化基础课程课时数的占比在三大领域的课程中可以适当增加；当进入中学阶段，尤其是高中阶段后，学生的主体性、社会性都得到了一定发展，也具备了一定的文化基础知识，学习的重点也变成了在真实情境中解决实际问题，以提升学生的实践能力和创新能力。此时，自主发展课程和社会参与课程的课时数占比就应略高于文化基础课程。从总体上来说，三大领域的课程处于一种平等的地位，不存在核心与外围之分，在整个基础教育阶段，三大领域的课程总体上呈现的是一种较为均衡的比例关系。

2. 课程实施环境的建设性创设

首先，转变课程教学的理念。前面已经提到，当前基础教育课程仍呈现出一种学科知识本位的取向，在这种取向下，课程教学中教师关注的是学生是否在教学过程中很好掌握了客观存在的学科知识，教师是教学过程中具有权威地位的主导者，学生则是知识的被动接受者，教与学在这一过程中的界限是分明的。新的课程结构的实施则要求教学观念做出转变，核心素养的核心是"学习的能力"① 即学力，新课程的实施中，学生自主学习的能力必须得到提升，因此，学生必须是教学过程中的主体，教师的职责则是在恰当的时候对学生做出引导，引导学生去发现知识、理解知识，运用知识解决实际问题，进而提升其学习能力、实践能力和创新能力，在这一过程中教与学是有机融合的。具体而言，在转变教师的教学观念的基础上，构建一种民主、平等的对话式师生关系，采取合作式学习、探究式教学、主题式教学等多样化的教学方式，教师通过多样化的教学方式激发学生的学习兴趣，引导学生积极、主动参与知识建构，改变学生被动接受知识的现状。只有通过课程教学理念转化，才能更有效地使学生主动参与到知识的建构过程中来，使学生习得的知识打上其个人的"烙印"，从而在知识应用的过程中让学生更能体会到自我的价值，促进其主体性的发展。

其次，为新课程的实施组建合格的师资队伍。能够顺利开展新课程教学工作的教师既要具备基础的教师专业能力，又要用新的教育价值理念，具备综合性更强的知识结构，同时具备一定的实践能力。新的基础教育课程结构不再以单一的学科领域为依据进行划分，同时课程中包含更多的问题解决部分和实践操作部分，因此，教师应掌握更加广博的知识，具备跨学科的开阔视野，同时具备知识的运用能力。要组建具有上述能力的合格师资队伍，要抓住职前教育和在职培训两个时机，其中职前教育尤其是师范教育是关键。在职教育要采取集中培训、合作探究、自我反思等多种形式，帮助教师解决实际教学过程中遇到的问题，提升其对于新课程的教育教学能力和教学研究能力。

最后，为新课程的实施提供多样化的课程实施场所。新课程具有较强的整

---

① 唐智松，徐竹君，杨士连."核心素养"概念的混沌与厘定［J］.课程·教材·教法，2018，38（08）：106-113.

合性、实践性，课程实施环节中需要教师和学生在真实情境中解决实际问题，参与社会实践活动。因此，传统的课程实施场所——学校内的教室已经不能完全满足课程实施的需求。指向核心素养发展的新的基础教育课程的实施更加依赖于学校教育、社会教育以及家庭教育的配合，将课程实施的场所从学校扩展到家庭和社会。核心素养教育的实施依赖于多样性和复杂性的真实情境。因此，丰富新课程实施场所的关键在于加强学校与社会的联系，在广阔的社会领域内为课程实施创建真实情境。例如，学校可以与高等院校、研究所、博物馆、科技馆、艺术馆等机构或组织建立长期合作关系，在与这些机构或组织进行合作的过程中，三个领域课程实施的实效性都将得到提升。

3. 课程评价制度的革命性改革

首先，转变教育评价的传统观念。重视教育评价的诊断功能以及促进受教育者素养发展的功能，由关注评价结果转向关注评价过程。在教育评价中，评价者以及被评价者关注的重点要由学科知识的掌握程度转向核心素养发展的情况，改变对评价结果中测验分数过分关注的状况。核心素养具有发展性，其培育需要一定的过程，单一的测验分数是无法完全展现学生核心素养发展的真实状况。

其次，利用多样化的评价方式和工具。相对于传统的以知识、技能为核心的教育评价而言，基于核心素养的教育评价难度无疑更高，核心素养中"所包含的大量隐性知识和态度层面的要素，给评价带来极大挑战"[1]，单一的纸笔测验无法满足评价需求。核心素养评价应采取过程性评价与结果性评价相结合，量化评价与质性评价相结合等多样化的评价方式。此外，核心素养教育评价的实施还需要教育研究者、教育实践者借助现代技术开发以核心素养指标为评价内容的新的评价工具，在多样化的评价方式中使用这些新的评价工具将有助于教育评价真正价值的实现。

最后，丰富教育评价的主体。由于新基础教育课程的实施场所得到了扩展，参与课程实施的人员也呈现出了多样性，参与教学活动的教师、教育管理者、学生、家长以及社会人士都是学生素养发展的见证者。保障核心素养教育评价主体的多元化，才能够在多角度的视角中更为真实地还原受教育者立体的发展过程，从而充分保证评价的真实性和有效性，为学生未来的发展指明方向。

总之，已有核心素养下的课程开发仍然是囿于现有学科课程探索。通过新

---

① 褚宏启，张咏梅，田一. 我国学生的核心素养及其培育 [J]. 中小学管理，2015（9）：27-31.

的课程内容组织方式以及教学方式实现课程培育核心素养价值。只要课程开发与研究不改变现有的以学科课程为主导的开发模式，不在价值取向层面实现转向，"基于核心素养的课程开发"中的"基"就会陷入虚无境地，核心素养的本质属性无法彰显，核心素养应然价值无法实现，核心素养时代的基础教育改革质的跨越就无法达成。

专题09：教师核心素养教育胜任力研究①

【摘要】 当前中小学教师具有胜任核心素养教育的素养吗？本着对这个问题的疑问，我们开展了相应的调查、访谈，结果发现：中小学教师核心素养教育胜任力总体水平不高，在核心素养教育理论认知、学科核心素养整合、教学创新性、管理评价等方面均存在问题。而且在不同学段、职称、地区、婚姻状况的教师在核心素养教育的理论认知、教学实践和反思判断上胜任力表现水平不一。分析认为，造成上述问题的原因众多，且各个因素之间的影响程度不一，如教师自身主观判断、同事间相互影响、学校领导的引领、学校提供的保障、教师发展机会，以及学生生源和家长的支持力度等。为了提高中小学教师核心素养教育胜任力，我们建议：通过面授+网络教育的培训方式，提高教师核心素养教育的理论认识；通过专家专业引领，提高教师核心素养教学的创新性；通过发展教师专业共同体，提高教师的学科核心素养整合能力；通过培育教师教育技术，提高教师现代化评价能力；通过立足教师个体差异，开展基于不同性别、教龄、职称、学段、地区、学历、岗位和婚姻状况的教师的培育路径。

【关键词】 中小学教师；核心素养教育；胜任力；评判；培育

一、研究设计：对象界定与研究技术

（一）对象界定

"胜任力"在国内被解释为"素质、能力、胜任力、胜任特征"②，在国外多用"competency"来表示。戴维·麦克米兰提出胜任力是指与工作或工作绩效

---

① 本专题撰写作者：唐艺祯（教育学硕士，重庆市工商职业学院教师）；唐智松（教育学博士，西南大学教授、博士生导师）。

② 王强．"知德共生"教师胜任力发展研究［D］．上海：华东师范大学，2008.

或生活中其他成果直接相联系的知识、技能、特质或动机①。斯宾塞认为胜任力特征是指能将某一工作或组织、文化中表现优异者与表现平平者区分开来的个人潜在的、深层次特征，它可以是动机、特质、自我形象、态度或价值观、某领域的知识、认知或行为技能——任何可以被可靠测量或计数的，并且能显著区分优秀绩效和普通绩效的个体特征。② 通过对国外相关文献的梳理，本研究认为，胜任力是指可以区分表现平平者和表现优异者的，可以通过外界培训的，外显为行为、内隐为品质的个体的知识、技能、态度。

卡尔·奥尔森指出，教师胜任力是指教师个体具备的、与实施成功教学有关的一种专业知识、专业技能和专业价值观③。联合国提出教师胜任力是技能、特质和行为的结合，与在某个岗位上的表现成功与否具有直接关系④。仲理峰认为教师胜任力是指把某职位中表现优异者和表现平平者区别开来的，个体潜在的、较为持久的行为特征⑤。综合已有认识发现，虽然学者对教师胜任力概念的表述不尽相同，但是其表述的本质内涵是一样的，都认为教师胜任力应该包括与实施成功教学有关的专业知识、专业技能和态度价值观。

基于上述对胜任力以及教师胜任力概念的理解，紧密结合核心素养，得出核心素养教育下的教师胜任力就是教师胜任核心素养教育的能力，结合对教师专业标准的理解、对核心素养教育活动实践的解析，从理论认知、教学实践、反思判断这三个维度来解剖教师核心素养教育胜任力。从理论认知上，包括教师对核心素养教育的态度、对核心素养教育等相关概念的理解和对核心素养理论框架的认识；从教学实践上，教师核心素养教育胜任力包括活动设计、组织实施、示范指导、环境调适、综合创新、管理评价；从反思判断上，包括教师对自己、对同事、对学校的评价。

（二）研究技术

本研究首先是自编中小学教师核心素养教育胜任力调查问卷，探究中小学

---

① McClelland, David C. Testing for Competence Rather Than for "Intelligence" [J]. American Psychologist, 1973, 28 (1)：1-4.

② Spencer L. M, Spencer S. M. Competence at work：Models for superior performance [M]. New York：John Wiley Sons. Inc, 1993：222-226.

③ Olson, Carl O, Wyett, Jerry L. Teachers and affective competencies [J]. Project Innovation Summer Education, 2000, 120 (4)：741.

④ 滕珺, 曲梅. 联合国未来胜任力模型分析及其启示 [J]. 中国教育学刊, 2013 (03)：5.

⑤ 仲理峰, 时勘. 胜任特征研究的新进展 [J]. 南开管理评论, 2003 (02)：4-8.

教师核心素养教育胜任力的现状，并对调查的数据进行分析与处理。其次是通过前面对中小学教师核心素养教育胜任力的现状分析，找出中小学教师核心素养教育胜任力的问题。最后是对调查结果中关于中小学教师核心素养教育胜任力的各个培育路径进行分析，找出对提升教师胜任力影响显著的路径，提出提高中小学教师核心素养教育胜任力的对策。

通过对重庆市中小学的教师、领导进行调查和研究，把得出的数据用来分析我国中小学阶段的教师胜任力现状与问题。用于调查的问卷是以教师核心素养教育胜任力为基础而编制的，而中小学教师核心素养教育胜任力特征是根据前面的文献分析而提出的教师这一岗位的胜任力特征。通过问卷调查，并对回收的问卷进行数据统计分析和验证，最终正式形成教师核心素养教育胜任力的评价问卷。在此基础上，实地调查走访学校，面向重庆市中小学进行问卷发放与收集。

本研究通过运用访谈法，主要借助管理学领域中的行为事件访谈法。分为两个部分，第一个部分是和教师谈对核心素养的理解，和怎样把核心素养与自己的教学相结合。第二个部分就是针对前面提道的第二个问题，关于教师怎样结合核心素养和自己的教学，举一个具体的例子，围绕这个例子来展开具体访谈。最后分析记录的文本内容，并加以整合，提取相应的关键字，得到被访谈者在事件中的核心素养教育胜任现状。

二、教师核心素养教育胜任力的现状调查

为了把握中小学教师核心素养教育胜任力的状况，课题组走访了重庆市三所小学、三所中学，共六所学校，采用网络问卷、当面访谈的形式来展开调查。其中，调查问卷《中小学校教师核心素养教育胜任力调查问卷》包括中小学教师的基本信息、核心素养教育胜任力现状、核心素养教育胜任力的影响因素、核心素养教育胜任力培育路径四部分，并对调查问卷做了信度和效度的合格性检验，调查后用SPSS 25统计软件进行一系列的处理和分析。访谈选择了中小学的校长、教务主任、教研组长、普通教师等重庆市中小学校共计二十三人作为访谈对象，他们所教科目包括语文、数学、英语、体育、音乐、美术、地理、历史、政治、物理、心理等中小学学科，学段包括小学、初中、高中各个学段；访谈类型与内容涉及教师对核心素养的理解、在实际教学中对核心素养教育的运用情况（见表9-1、9-2）；访谈后将访谈录音结果转化成文本，并进行整理。

表 9-1 接受访谈人员的基本情况

访谈对象代码	岗位	性别	教龄	年级与科目	学历	职称
01-Q-Y	教学兼行政（副校长）	男	28 年	小学五年级数学	本科	高级
02-Q-Z	教学（班主任）	女	21 年	小学四年级语文	专科	一级
03-Q-T	教学	男	37 年	小学四年级数学	专科	高级
01-X-Z	教学兼行政（年级主任）	男	——	小学五年级语文		一级
02-X-H	教学	女	——	小学三年级美术	——	一级
03-X-L	教学	男	1 年	小学五年级数学	硕士研究生	无
04-X-R	教学	女	2 月	小学一年级语文	硕士研究生	无
01-B-D	行政（综合部部长）	男	9 年	——	本科	一级
02-B-L	教学兼行政（副校长）	女	20 年	小学一年级语文	本科	高级
03-B-G	教学	男	2 年	小学音乐（一到三年级）	本科	无
01-J-Z	教学兼行政	女	2 月	高一语文	本科	无
02-J-X	教学兼行政	女	2 月	初一心理	本科	无
03-J-L	教学兼行政	女	13 年	初二数学	本科	
04-J-A	教学	女	13 年	初二语文	本科	一级
05-J-Y	教学	女	1 年	高二英语	本科	三级
01-F-J	教学（班主任）	男	14 年	高一政治	本科	一级

续表

访谈对象代码	岗位	性别	教龄	年级与科目	学历	职称
02-F-A	教学	男	10 年	高一物理	本科	一级
03-F-Y	教学	女	2 月	初一数学	本科	无
04-F-S	教学兼行政	男	15 年	初一语文	硕士研究生	高级
01-S-R	教学；教研室	男	5 年	初二历史	本科	二级
02-S-W	教学（班主任；年级主任）	男	8 年	初二英语	本科	二级
03-S-G	教学兼行政	男	10 年	高一地理	本科	一级
04-S-B	教学	男	8 年	高一物理	硕士	二级

表 9-2　调查样本的基本信息统计

描述统计			
名　称	分类	频次	有效百分比（％）
1. 性别	男	105	26.7
	女	288	73.3
2. 教龄	3 年以下	66	16.8
	4～14 年	107	27.2
	15～25 年	139	35.4
	26 年以上	81	20.6
3. 学段	小学	243	61.8
	初中	125	31.8
	高中	25	6.4
4. 学校所在地	城市	171	43.5
	农村	76	19.3
	城乡接合部	146	37.2
5. 婚姻状况	已婚	312	79.4
	未婚	73	18.6
	其他	8	2

续表

描述统计			
名　称	分类	频次	有效百分比（%）
6. 学历	专科以下	59	15
	专科、本科	332	84.5
	硕、博研究生	3	0.5
7. 职称	无	0	0
	三级	173	44
	二级	130	33.1
	一级	1	0.3
	高级	48	12.2
	正高级	41	10.4
8. 岗位	教学	357	90.8
	行政	6	1.5
	教学兼行政	30	7.6

（一）核心素养教育胜任力的总体评估

根据"中小学教师核心素养教育胜任力的现状调查"量表收集到的调查数据，并对调查结果进行描述性统计分析，得出表9-3，其中均值为3.718，处于最小值1和最高值5之间的中间偏上状态，因此，通过该均值可以认为：中小学教师核心素养教育胜任力水平不高，处于中等略微偏上的状态。

表9-3　中小学教师核心素养教育胜任力现状的描述性统计

描述统计						
题项	内容	有效问卷数	最小值	最大值	均值	标准偏差
Q9_R1	我自己认为，能够正确区分境外关键能力与我国核心素养理论之间的关系	393	1	5	3.44	0.993
Q9_R2	我自己认为，能够科学地理解我国学者关于核心素养基本框架的理论	393	1	5	3.55	0.844

续表

题项	内容	有效问卷数	最小值	最大值	均值	标准偏差
			描述统计			
Q9_ R3	发展学生核心素养是我国全面发展教育理论与实践的继承和发展	393	1	5	3. 99	0. 906
Q9_ R4	发展学生核心素养是长期以来素质教育理论与实践的深化和具体化	393	1	5	4. 02	0. 845
Q9_ R5	我能够较为准确地说出核心素养中三大方面、六大要素的基本内容	393	1	5	3. 42	0. 917
Q9_ R6	我能够较为准确列出十八个核心素养要点的大部分内容	393	1	5	3. 12	0. 951
Q9_ R7	对于发展学生核心素养，我是持比较支持、赞成的态度	393	1	5	4. 21	0. 820
Q9_ R8	研读教材时，能够根据有关核心素养的基本理论，较为准确地把握教学目标	393	1	5	3. 80	0. 787
Q9_ R9	分析教材时，能够采取大单元、大课堂的方式进行核心素养的渗透、融合	393	1	5	3. 78	0. 825
Q9_ R10	备课时，能根据发展学生核心素养需要，设计相应的课堂教学目标	393	1	5	3. 85	0. 784
Q9_ R11	教学前，能根据发展学生核心素养的要点，设计相应的教学进程	393	1	5	3. 83	0. 772

续表

题项	内容	描述统计				
		样本总数	最小值	最大值	均值	标准偏差
Q9_ R12	课堂上，围绕发展学生核心素养而布置学习任务，提供学习支持工具（如思维导图、问题链）	393	1	5	3.75	0.812
Q9_ R13	教学中，能根据发展学生核心素养要求适时地采取措施进行调节	393	1	5	3.80	0.742
Q9_ R14	一个单元教学结束时，能够达到发展学生核心素养的预期目标	393	1	5	3.64	0.722
Q9_ R15	下课后，我能够反思自己的教学是否做到了发展学生核心素养	393	1	5	3.82	0.767
Q9_ R16	我认为通过自己的教学活动，促进了学生某些预期的核心素养的发展	393	1	5	3.81	0.714
Q9_ R17	我能够根据检测技术检测自己的教学促进学生核心素养发展的达成程度	393	1	5	3.56	0.828
Q9_ R18	我对核心素养研究感兴趣，作过一些核心素养及其教育问题的研究	393	1	5	3.50	0.860
Q9_ R19	我认为，周边同事的核心素养教育胜任力都达到了合格的水平	393	1	5	3.61	0.841
Q9_ R20	我认为，所在学校比较重视形成、提升教师们核心素养教育的胜任力	393	1	5	3.86	0.835
有效个案数（成列）		393		3.718		

此外，笔者还从理论认知、教学实践、反思判断三个不同的维度对教师核心素养教育胜任力的水平进行了考察，各维度均值分别为 3.68、3.76、3.66；同时通过标准差和方差分析后发现，当前中小学教师核心素养教育胜任力的现状较为稳定。

（二）核心素养教育胜任力的维度分析

1. 核心素养教育的理论认知

根据"中小学教师核心素养教育胜任力调查问卷"量表收集到的数据，通过描述性统计对其均值进行分析（见表9-4）。核心素养教育胜任力在"理论认知"维度的均值为 3.68，数值的范围整体在 3.12~4.21 之间，属于中等偏上水平，说明中小学教师核心素养教育胜任力在理论认知维度有一定水平，但水平并不是很高。

表 9-4 教师核心素养教育胜任力的"理论认知"维度

描述统计					
	样本总数	最小值	最大值	均值	标准偏差
Q9_R1	393	1	5	3.44	0.993
Q9_R2	393	1	5	3.55	0.844
Q9_R3	393	1	5	3.99	0.906
Q9_R4	393	1	5	4.02	0.845
Q9_R5	393	1	5	3.42	0.917
Q9_R6	393	1	5	3.12	0.951
Q9_R7	393	1	5	4.21	0.820
有效个案数（成列）	393			3.68	

由表9-4中7项均值，结合调查可知："对于教学发展学生核心素养，我是持比较支持、赞成的态度"均值最高，"发展学生核心素养是长期以来素质教育理论与实践的深化与具体化"，其他依次相对降低。通过分析看出，当前中小学教师在核心素养教育理论认知水平这个维度上，虽然有一定理论水平，但仍有待加强。

（1）对核心素养教育的态度倾向

中小学教师核心素养教育持支持和赞同的态度，并对核心素养持有较高的评价。量表调查第7项"对于教学发展学生核心素养，我是持比较支持、赞成的态度"均值为4.21，跟其他6项相比，均值最高，可以看出来中小学教师对核心素养给予肯定性评价。总体而言，正如教师（03-X-L）所说的，"我觉得核心素养其实就是把数学教学最本质的东西给提出来了。很多时候教学，不是教方法、教东西，或者是去练题，而是真正要锻炼每个学生的思维，这就是核心素养那几个方面的问题。"可以看出其对核心素养持有肯定评价。

（2）对核心素养教育概念的理解

中小学教师对核心素养教育和素质教育、核心素养和学科核心素养、核心素养和三维目标等相关概念，不同的学校教师在认识程度和水平上会存在差异。总体而言，中小学教师有一定的了解和认识，但是认识水平不高，存在模糊和混淆状态。比如，有教师（04-J-A）说："我觉得核心素养就是发展学生各个方面的能力，不仅仅是学校各科的知识，更重要的是对一种能力的培养……对于我们一线老师来说，不会去计较核心素养和能力区别在哪里，也不会去做过多的研究。"有教师（02-F-A）谈道自己对核心素养比较感兴趣，而后专门去了解核心素养相关知识，"当时我们全校老师被叫去开会了，专门针对这个核心素养。回来后我还特地去看了学生发展核心素养有哪些，里面有很多要点。看完了之后，我还是不知道里面讲的是什么。虽然看了，但是不怎么看得懂。"

（3）对核心素养理论框架的认识

中小学教师对核心素养中三大方面、六大要素中的具体内容不是很清楚，了解得比较多的是所任教科目的学科核心素养。比如，量表中"我能够较为准确列举出18个核心素养要点的大部分内容"的均值最低，为3.12；"我自己认为，能够正确区分境外关键能力与我国核心素养理论之间的关系"为3.44；"我自己认为，能够科学地理解我国学者关于核心素养基本框架的理论"为3.55。这三个题项在理论认知这一维度中，均值都很低，说明在核心素养相关理论认知上还有待提高。访谈发现，中小学教师个体之间对核心素养的认识存在差异。比如，有教师（03-X-L）提出"数学的学科核心素养①，有十二个字，但是要说具体是哪些，其实我记得也不太清楚。"

---

① 数学学科核心素养包括：数学抽象、逻辑推理、数学建模、直观想象、数学运算、数据分析。

2. 核心素养教育的教学实践

通过中小学教师核心素养教育胜任力在"教学实践"维度的描述性统计，并对均值进行分析，如表9-5所示，核心素养教育胜任力在"教学实践"维度的总均值为3.76，整体数值范围在3.56~3.85之间。可以看出整体数据较集中，数值水平属于中等偏上，但是数值并没有很高，说明中小学教师核心素养教育胜任力在教学实践方面有一定的进展，但其核心素养教育胜任力水平依然有待提高。

表9-5　教师核心素养教育胜任力的"教学实践"维度

描述统计					
	样本总数	最小值	最大值	均值	标准偏差
Q9_ R8	393	1	5	3.80	0.787
Q9_ R9	393	1	5	3.78	0.825
Q9_ R10	393	1	5	3.85	0.784
Q9_ R11	393	1	5	3.83	0.772
Q9_ R12	393	1	5	3.75	0.812
Q9_ R13	393	1	5	3.80	0.742
Q9_ R14	393	1	5	3.64	0.722
Q9_ R15	393	1	5	3.82	0.767
Q9_ R16	393	1	5	3.81	0.714
Q9_ R17	393	1	5	3.56	0.828
有效个案数（成列）	393			3.76	

由表9-5中10项均值，结合调查可知："研读教材时，能够根据有关核心素养的基本理论，较为准确地把握教学目标"均值最高，其他依次相对降低。通过对量表收集到的数据进行分析，可以看出当前中小学教师的核心素养教育胜任力在教学实践这个维度上，已经有了一定进展，但落实程度不够，仍有待加强。

（1）活动设计能力

中小学教师在开展教育活动前，会设计相关的核心素养在教学内容里，但是设计的内容还不够多。比如，从量表第8项"研读教材时，能够根据有关核心素养的基本理论，较为准确地把握教学目标"均值为 3.80；第 9 项"分析教材时，能够采取大单元、大课堂的方式进行核心素养的融合、渗透"为 3.78；第 10 项"备课时，能根据发展学生核心素养的需要，设计相应的课堂教学目标"为 3.85；第 11 项"教学前，能根据发展学生核心素养的要点，设计相应的教学进程"为 3.83。可以看出各项均值很接近，且数值并没有很高，说明中小学教师已经意识到教学内容要结合核心素养，并且在实际的教学设计中已经把核心素养融入进来；但从并不是很高数值可以看出，怎样把具体教学内容与理论上的核心素养更好的相结合仍然存在问题，还有待提高。有教师（03-F-Y）已经意识到教育要结合核心素养，并且在实际的教学设计中已经把核心素养纳入进来，"在我的教学中，基本上是在课堂中慢慢渗透给学生的。比如说在教一元一次方程教学中，会慢慢地渗透给学生，教给他们数学抽象、推理逻辑等这些……要发展学生核心素养，通过逐渐渗透的方式，还是比较能够去做到的。"

（2）组织实施能力

在教育活动中，很多教师会根据情况进行核心素养教学，但是大多数老师都从发挥学生的主动性等方面来谈核心素养教学，忽略了其他方面。在访谈中，对于发挥学生的主动性，教师（02-S-W）表示："在课堂中运用得比较多的有两个，第一个是自主编题，我会让学生自己出题，比如说这个知识点，考试会怎么出？让他们从出题人的角度来看待这个问题。第二个就是课堂翻转，这个就是让学生他们自己来讲，其实这个要求学生自己必须要在已经掌握的基础上，才能更好地讲出来。"针对大多数老师都从发挥学生的主动性来谈核心素养教学，没有更深入的谈及自己到底是怎么组织的，是通过什么方式来发挥学生的主动性来进行核心素养教学的，这个也有可能是访谈时间有限，没有足够的时间给教师展开详细说明。教师认为，实施核心素养教育活动，相比之前会更加关注学生的家国情怀等方面的内容，比如教师（04-S-B）谈道："因为对于我们学校，学生今后会去比较好的大学，最基本的爱家爱国这方面的，尤其是对成绩越好的同学就会要求更高，包括行为习惯。因为这些学生越优秀，因为他们以后掌握的社会资源更多，如果哪些方面没做好，可能对社会的危害就更大，所以对他们要求更高。"

（3）示范指导能力

在教育活动中，学生进行自主化的学习，充分发挥了学生自主学习的能力，离不开教师的引导与支持，但是这种示范指导更多的是面向全体学生，对学生的个别差异有所忽视。通过从前面的问卷调查结果，可以得出"课堂上，围绕发展学生核心素养而布置学习任务，提供学习支持工具（如思维导图、问题链）"（Q9_ R12）为3.75；"教学中，能根据发展学生核心素养要求适时地采取措施进行调节"（Q9_ R13）为3.80。教师（03-X-L）谈道："对于小学生，不可能说完全放手给他做，还是需要一些引导。我的第一个引导就是提供学具，把我设计的学具提供给他，让他依照我提供的工具进行探索。第二个就是给了一个具体的情境，然后让他去通过'分一分'来进行具体的操作。"教师在课堂上提供的教具，需要教师在教学前就做准备，并提前进行设计。

（4）环境调适能力

中小学教师在学校的工作环境中，需要与学生、家长、同事、学校领导等打交道，教师怎样处理和协调好各方的关系，进而更好地开展教育活动，这就需要教师具有一定的环境调适能力。在调研的过程中，访谈道一位心理教师（02-J-X），她当时回答（问：老师您无论是从学这个专业开始，还是到现在做心理咨询这块，平时跟消极的情绪接触得比较多，那您是怎样处理这些负面情绪）的是，"自己封闭一会儿，然后我可能去看几页书或者是休息会儿，这样就好了，而且接触到的这种事你也不能跟谁说呀，就只能自我调节。"有教师（01-X-Z）结合核心素养进行教学，提道："利用本学科的优势，以及进行跨学科的教学实践，一起去培养孩子。"也有教师（02-F-A）通过学生对自己的影响，反过来对自己的教学进行调适，"我们学校有'缤纷艺术大赛'，班上有个学生去表演了节目……这个同学除了成绩不好，其他什么都好。通过这个事情，现在想的是多一些宽容和包容给学生。"

（5）综合创新能力

教师会把自己的教学与核心素养相结合，开展核心素养教育活动，大部分的教师是借鉴其他教师课堂上的创新，以调动学生的学习积极性。教师（04-J-A）谈道："我采取了群文阅读的方法，选取了三首古诗，从不同的角度去分析，但他们主题是一样的，都是离别……其实就是通过这三种不同类型的诗，里面出现的不同意向，再结合作者当时写这首诗的背景，学生就可以从多个方面来理解离别。"当问到这位老师，是什么时候开始运用"群文阅读"的方式进行教学的，她给出了这样的回答："其实就是上个学期，当时参加了一个培训，看到其他老师在介绍，我觉得不错，就用了。"有教师从发挥学生主动性这个角度来谈，比如教师（04-S-B）："我从16年（开始）整个高三都是让学生自己出题，他们那时出的题我都存着呢，两个人一个小组，一人出题，一人做……然后就是在一个学习组里面，学生一起讨论做题、出题情况，再然后全班一起交流，共同来讨论哪些题比较好，并且也会让出题学生讲为什么要这样出题。"

（6）管理评价能力

教师在开展核心素养教育活动后，很少运用检测技术来检测自己的教学是否促进了学生核心素养的发展，更多是采取传统的评价方式。比如，有位教师（01-J-Z）在谈道自己文言文教学时，会关心学生的言语建构这个核心素养，当问到其是怎样判断学生的言语建构这一核心素养是否掌握时（问：在文言文教学时，您是怎样判断学生的言语建构核心素养得到了发展呢?），这位教师回答道："在结束之后，就会布置一个作业……通过他们的作业来判断是否掌握了这些。而且也会观察他们在课堂中的反映。"对于"根据检测技术检测自己的教学"，对于教师而言比较难、不容易做到。在调研中发现，很少教师结合现在教育技术的方式来对学生进行评价。但是在访谈中就遇到一位教师（02-X-H），通过让学生填写问卷，并对收集的问卷进行分析，从而对学生进行评价，这位教师谈道自己想用问卷，还是在和一所高校进行合作时，当时高校的指导教师提出来的建议。不同学校之间的教师对自己核心素养教育管理评价存有差异，有教师（01-B-D）提道自己学校跟企业展开合作，开发了一款学生评价软件，通过这个APP，教师根据标准对学生进行评价；反过来，还可根据对学生的评价情况对自己的核心素养教育进行反思。

3. 核心素养教育的反思判断

通过对中小学教师核心素养教育胜任力在"教师评价"维度的描述性统计，并对均值进行分析，如表9-6所示，核心素养教育胜任力在"教师评价"维度的总均值为3.66，范围在3.50~3.86之间；从评价的结果来看，中小学教师核心素养教育胜任力水平未达到教师自身很满意的程度，仍然有待提高。

表9-6 教师核心素养教育胜任力的"反思判断"维度

描述统计					
	样本总数	最小值	最大值	均值	标准偏差
Q9_R18	393	1	5	3.50	0.860
Q9_R19	393	1	5	3.61	0.841
Q9_R20	393	1	5	3.86	0.835
有效个案数（成列）	393			3.66	

由表9-6中的三项均值，并结合调查问卷，可知："我认为我所在的学校比

较重视形成、提升教师们核心素养教育的胜任力"（Q9_ R20）为3.86，均值最高，其他依次相对降低。可见，教师对自己的评价最低，对学校的评价最高，而对同事的评价则居中。

（1）教师对自己评价

对自己的评价跟对同事、学校的评价相比数值最低，但是中小学教师认为自己的教学对学生的核心素养发展有促进作用，而且不同学校的教师对自己的评价存在差异。有教师（04-F-S）认为："对于我而言，我认为我所教的，就是核心素养所体现出来的……我们不能太功利的去评价高考怎么样不好，其实这些题很有水平、是很好的，要怎么样结合当前的核心素养去出题，这特别考验出题人的水平。"其从高考的角度出发，来看待当前的核心素养教育，并且认为高考能反映学生的核心素养水平。但是也有教师（02-F-A）谈道："其实我们更多地关注的是，对于高考怎么在学生核心素养这个方面去出题，而在课堂中我们怎么去教学生具备这些核心素养，是不关注的。而且对于需要让教师具备什么样的能力，让教师去掌握核心素养，我们其实还是跟以前一样。"这位教师谈道自己的想法的时候，可能是由于在前面的访谈中就表示自己不理解核心素养的内涵，因为不理解核心素养是什么，因此就不知道怎么去结合核心素养开展教学，接着又说道："上面没有说我们应该怎么样具体地去操作……我们基本上关注的是高考怎么出题，看看出题动态与方向，顺应考题的方向，考什么，学什么，然后教什么。"

（2）教师对同事评价

教师对同事的评价态度有两种倾向：一种认为同事的核心素养教育胜任力水平较高，一种认为同事的核心素养教育胜任力水平较低。对于持有"同事的核心素养教育胜任力水平较高"态度的教师，一类是新手教师，认为其他教师做得很好，自己需要学习，比如教师（01-J-Z）说道："我们学校，新进来的老师都有自己的师父，然后我就会去听师父的课……反正听他的课我就学到了很多。"另一类是熟手教师，认为较好教育资源的学校，其教师核心素养教育胜任力水平会比较高。对于持有"同事的核心素养教育胜任力水平较低"态度的教师，认为刚入职的新教师需要再进行锻炼，并且正处在发展阶段上，在一定的磨炼之后其核心素养教育胜任力水平就会提高。也有教师（01-X-Z）认为，其他教师核心素养教育胜任力水平较低，是因为社会、学校没有提供优质的资源，没有提供促进教师发展的机会与空间，"有好多老师理念没有跟上，无论是基础知识和基本能力等这些啊，其实很多老师没有做到位，这个还是要看学校。"

（3）教师对学校评价

教师对学校的评价存在差异。有教师从自己所任职的学校出发，认为自己学校做得不错。比如，有教师（02-X-H）提道："我们学校每年有个家长开放日。一次二年级向家长开放，家长们可以来听课。他们（家长）来听了课，就会觉得原来现在小学的美术课是这样的啊。这些家长想想自己小时候的美术课，然后又来看我们的美术课，觉得完全不一样。"并且还说家长们对这个课很感兴趣，班上的学生经常跟她说："我爸爸妈妈给我买的那套颜料，他们自己先画起来了。"有教师通过对其他学校进行评价，主要有两种态度，一种是认为其他学校在核心素养教育方面做得不错，另一种是认为其他学校在核心素养教育方面做得不好。如有教师（02-X-H）谈道："我从我自己的学科来看，比如说好的学校自然是在教师理念等各个方面走在前面一些。"同样教师（01-X-Z）也谈道不同学校差异，"东部沿海这一块做得比较好，像江浙那一块，包括上海。在西部就感觉还是有地理差异，呈现出点状的状态……主要还是经济带来的差异。"

（三）教师核心素养教育胜任力的个体差异

通过中小学教师的基本信息，包括性别、教龄、学段、学校所在地、婚姻状况、学历、职称、岗位这八个变量，探究各个变量对理论认知、教学实践和反思判断这三个维度的影响。

1. 性别差异的核心素养教育胜任力影响

通过对理论认知、教学实践、反思判断三个维度中的男、女教师均值比较，如表9-7中所示，可以看出女教师的均值高于男教师的均值。

表9-7 教师性别的描述统计

描述统计					
	性别	个案数	平均值	标准偏差	标准误差平均值
维度一	男	105	3.5905	0.75647	0.07382
	女	288	3.7098	0.64600	0.03807
维度二	男	105	3.6810	0.77262	0.07540
	女	288	3.7962	0.61419	0.03619
维度三	男	105	3.5937	0.76931	0.07508
	女	288	3.6782	0.68320	0.04026

同时，为进一步探讨男女教师在核心素养教育胜任力是否有显著差异，通过独立样本 t 检验发现，性别对教师的理论认知、教学实践和反思判断三个维度都没有显著差异，亦即由此可以得出结论：性别对中小学教师核心素养教育胜任力不存在显著性差异。

2. 教龄时间的核心素养教育胜任力影响

通过单因子方差分析来检验不同教龄的中小学教师在理论认知、教学实践和反思判断之间是否有显著差异，如表 9-8，通过方差分析处理后发现，可见理论认知的整体检验的整体性检验值为 0.389，教学实践的整体检验的整体性检验值为 1.889，反思判断的整体检验的整体性检验值为 1.864，三者均未达到显著水平。表示不同年龄的中小学教师在理论认知、教学实践、反思判断均无显著差异。

表 9-8　教龄对教师核心素养教育胜任力显著差异

ANOVA（差异比较）						
		平方和	自由度	均方	整体性检验	显著性
维度一	组间	0.539	3	0.180	0.389	0.761
	组内	179.840	389	0.462		
	总计	180.379	392			
维度二	组间	2.461	3	0.820	1.889	0.131
	组内	168.908	389	0.434		
	总计	171.369	392			
维度三	组间	2.779	3	0.926	1.864	0.135
	组内	193.284	389	0.497		
	总计	196.063	392			

3. 学段高低的核心素养教育胜任力影响

通过单因子方差分析，来判断不同学段的中小学教师在理论认知、教学实践和反思判断之间是否有显著差异，如表 9-9，可见在理论认知、教学实践、反思判断三个维度的总均值都有不包含与相对应的学段均值，所以可以推断得出，这三个维度已达到显著水平，之间有显著差异，可以做事后比较。

表9-9 学段的描述统计

		个案数	平均值	标准偏差	标准误差	平均值的95%置信区间		最小值	最大值
						下限	上限		
维度一	小学	243	3.7666	0.63785	0.04092	3.6860	3.8472	1.29	5.00
	初中	125	3.5154	0.70100	0.06270	3.3913	3.6395	1.14	5.00
	高中	25	3.6286	0.80917	0.16183	3.2946	3.9626	1.14	4.71
	总计	393	3.6779	0.67834	0.03422	3.6107	3.7452	1.14	5.00
维度二	小学	243	3.8420	0.64849	0.04160	3.7600	3.9239	1.50	5.00
	初中	125	3.6344	0.68711	0.06146	3.5128	3.7560	1.00	5.00
	高中	25	3.6760	0.55097	0.11019	3.4486	3.9034	2.80	4.70
	总计	393	3.7654	0.66119	0.03335	3.6998	3.8310	1.00	5.00
维度三	小学	243	3.7791	0.67227	0.04313	3.6942	3.8641	1.00	5.00
	初中	125	3.4507	0.74686	0.06680	3.3184	3.5829	1.00	5.00
	高中	25	3.4800	0.56993	0.11399	3.2447	3.7153	2.33	4.33
	总计	393	3.6556	0.70722	0.03567	3.5855	3.7258	1.00	5.00

表9-10为学段对教师核心素养教育胜任力的显著性分析，从表中可以看出，理论认知的整体检验的整体性检验值为5.872，教学实践的整体检验的整体性检验值为4.386，反思判断的整体检验的整体性检验值为10.182，理论认知、教学实践和反思判断均已达到显著水平，表示不同学段的中小学教师在理论认知、教学实践和反思判断有显著差异，需要做事后比较。

表9-10 学段对教师核心素养教育胜任力显著差异

ANOVA（差异比较）		平方和	自由度	均方	整体性检验	显著性
维度一	组间	5.273	2	2.636	5.872	0.003
	组内	175.106	390	0.449		
	总计	180.379	392			

ANOVA（差异比较）						
		平方和	自由度	均方	整体性检验	显著性
维度二	组间	3.770	2	1.885	4.386	0.013
	组内	167.600	390	0.430		
	总计	171.369	392			
维度三	组间	9.730	2	4.865	10.182	0.000
	组内	186.333	390	0.478		
	总计	196.063	392			

此外，经过多重比较发现：从理论认知来看，小学教师的核心素养教育的理论认知水平显著高于初中教师；从教学实践来看，小学教师核心素养教育的教学实践程度显著高于初中教师；从反思判断来看，小学教师核心素养教育的反思判断能力显著高于初中、高中教师。同时，进一步分析不同学段教师在理论认知、教学实践、反思判断三个维度的平均数发现，无论是在理论认知维度，教学实践维度，还是在反思判断维度，都是小学教师的平均值最高，其次是高中教师，最后是初中教师。

4. 学校所在地的核心素养教育胜任力影响

关于任职学校所在地对中小学教师核心素养教育胜任力差异影响的描述统计，如表9-11，可见，在理论认知、教学实践、反思判断三个维度的总均值都有不包含与相之相对应的任职学校所在地均值，所以可以推断得出，理论认知、教学实践、反思判断与在所在地之间存在显著差异。

表9-11　任职学校所在地的描述统计

描述								
		个案数	平均值	标准偏差	标准误差	平均值的95%置信区间		最小值	最大值
						下限	上限		
维度一	城市	171	3.7185	0.63159	0.04830	3.6231	3.8138	1.29	5.00
	农村	76	3.7951	0.66694	0.07650	3.6427	3.9475	2.43	5.00
	城乡接合部	146	3.5695	0.72475	0.05998	3.4509	3.6880	1.14	5.00
	总计	393	3.6779	0.67834	0.03422	3.6107	3.7452	1.14	5.00

		个案数	平均值	标准偏差	标准误差	平均值的95%置信区间		最小值	最大值
						下限	上限		
维度二	城市	171	3.7883	0.64424	0.04927	3.6911	3.8856	1.50	5.00
	农村	76	3.9382	0.63812	0.07320	3.7923	4.0840	2.80	5.00
	城乡接合部	146	3.6486	0.67428	0.05580	3.5383	3.7589	1.00	5.00
	总计	393	3.7654	0.66119	0.03335	3.6998	3.8310	1.00	5.00
维度三	城市	171	3.7329	0.65741	0.05027	3.6337	3.8322	2.00	5.00
	农村	76	3.7632	0.72176	0.08279	3.5982	3.9281	2.00	5.00
	城乡接合部	146	3.5091	0.73573	0.06089	3.3888	3.6295	1.00	5.00
	总计	393	3.6556	0.70722	0.03567	3.5855	3.7258	1.00	5.00

描述

对任职学校所在地对教师核心素养教育胜任力的显著性分析，如表9-12，观察可见，教师的核心素养教育胜任力在理论认知、教学实践和反思判断三个维度都已达到显著水平，表示任职学校所在的中小学教师在理论认知、教学实践和反思判断这三个维度都有显著差异，需要进行事后比较。

表 9-12　任职学校所在地对教师核心素养教育胜任力显著差异

		平方和	自由度	均方	整体性检验	显著性
维度一	组间	3.042	2	1.521	3.345	0.036
	组内	177.337	390	0.455		
	总计	180.379	392			
维度二	组间	4.349	2	2.174	5.077	0.007
	组内	167.021	390	0.428		
	总计	171.369	392			
维度三	组间	5.034	2	2.517	5.139	0.006
	组内	191.029	390	0.490		
	总计	196.063	392			

ANOVA（差异比较）

此外，采用最小显著差异法（简称 LSD 法）的多重比较发现：从理论认知来看，任职学校在农村的教师显著高于任职学校在城乡接合部的教师；从教学实践来看，任职学校在农村的教师显著高于任职学校在城乡接合部的教师；从反思判断来看，任职学校在城市和农村的教师都显著高于任职学校在城乡接合部教师。

5. 婚姻状况的核心素养教育胜任力影响

关于为婚姻状况对中小学教师核心素养教育胜任力差异影响，如表 9-13，观察发现，理论认知的整体检验的整体性检验值为 0.629，教学实践的整体检验的整体性检验值为 3.039，反思判断的整体检验的整体性检验值为 0.128，只有在教学实践这一维度达到显著水平。这表示不同教师的婚姻差异对中小学教师的教学实践有显著差异，需要进行事后比较；而在理论认知和反思判断没有显著差异，不需要进行事后比较。

表 9-13　婚姻状况对核心素养教育胜任力的显著差异

ANOVA（差异比较）①					
		平方和	自由度	均方	整体性检验	显著性
维度一	组间	0.525	2	0.262	0.629	0.534
	组内	160.966	386	0.417		
	总计	161.490	388			
维度二	组间	2.388	2	1.194	3.039	0.049
	组内	151.632	386	0.393		
	总计	154.019	388			
维度三	组间	0.123	2	0.062	0.128	0.880
	组内	185.541	386	0.481		
	总计	185.664	388			

此外，通过事后多重比较发现：从教学实践来看，已婚教师的核心素养教育胜任力显著高于未婚教师的核心素养教育胜任力。

6. 学历层次的核心素养教育胜任力影响

关于中小学教师学理层次与核心素养教育胜任力的影响，如表 9-14 所示，

①　在分析中，其中有四个样本的数据显示异常，所以上述为删掉四个样本的分析结果，此时分析的数据样本为 389 个。

理论认知的整体检验的整体性检验值为 0.726，教学实践的整体检验的整体性检验值为 2.100，反思判断的整体检验的整体性检验值为 0.279，因此在理论认知、教学实践和反思判断方面都没有达到显著水平，表示不同学历的教师差异对中小学教师的理论认知、教学实践和反思判断都没有显著差异，不需要进行事后比较。

表 9-14　学历对教师核心素养教育胜任力的显著差异

ANOVA（差异比较）						
		平方和	自由度	均方	整体性检验	显著性
维度一	组间	0.669	2	0.334	0.726	0.485
	组内	179.710	390	0.461		
	总计	180.379	392			
维度二	组间	1.826	2	0.913	2.100	0.124
	组内	169.544	390	0.435		
	总计	171.369	392			
维度三	组间	0.280	2	0.140	0.279	0.757
	组内	195.783	390	0.502		
	总计	196.063	392			

7. 不同职称的核心素养教育胜任力影响

关于职称对中小学教师核心素养教育胜任力差异的影响，如表 9-15 所示，理论认知的整体检验的整体性检验值为 1.536，教学实践的整体检验的整体性检验值为 3.045，反思判断的整体检验的整体性检验值为 0.258，因此只有在教学实践这一维度达到显著水平。这表示不同教师职称的差异对中小学教师的教学实践有显著差异，需要进行事后比较；而在理论认知和反思判断没有显著差异，不需要事后比较。

表 9-15　职称对教师核心素养教育胜任力的显著差异

ANOVA（差异比较）						
		平方和	自由度	均方	整体性检验	显著性
维度一	组间	2.096	3	0.699	1.536	0.205
	组内	176.530	388	0.455		
	总计	178.626	391			

续表

ANOVA（差异比较）						
		平方和	自由度	均方	整体性检验	显著性
维度二	组间	3.940	3	1.313	3.045	0.029
	组内	167.374	388	0.431		
	总计	171.314	391			
维度三	组间	0.381	3	0.127	0.252	0.860
	组内	195.563	388	0.504		
	总计	195.944	391			

结合多重比较后发现，从教学实践来看，教师职称为三级的教师显著性不仅高于职称为二级的教师，还高于职称为高级的教师；在教学实践这一维度，职称为三级的教师均值最高，其次是职称为正高级的教师均值，但是正高级的教师和三级的教师两者之间的均值特别相近，再次是职称为高级的教师均值，最后是最低的二级教师的均值。

8. 工作岗位的核心素养教育胜任力影响

关于教师所在岗位的核心素养教育胜任力影响，如表9-16所示，观察可以看出，理论认知的整体检验的整体性检验值为0.319，教学实践的整体检验的整体性检验值为1.539，反思判断的整体检验的整体性检验值为0.180，因此在理论认知、教学实践和反思判断方面都没有达到显著水平。表示不同岗位的教师对中小学教师核心素养教育的理论认知、教学实践和反思判断都没有显著差异，不需要事后比较。

表9-16 岗位对教师核心素养教育胜任力显著差异

ANOVA（差异比较）						
		平方和	自由度	均方	整体性检验	显著性
维度一	组间	0.219	2	0.109	0.237	0.789
	组内	180.160	390	0.462		
	总计	180.379	392			
维度二	组间	1.008	2	0.504	1.153	0.317
	组内	170.362	390	0.437		
	总计	171.369	392			

续表

		平方和	自由度	均方	整体性检验	显著性
维度三	组间	1.383	2	0.692	1.386	0.251
	组内	194.680	390	0.499		
	总计	196.063	392			

ANOVA（差异比较）

三、教师核心素养教育胜任力问题及归因

（一）教师核心素养教育胜任力存在的问题

1. 理论认知整体不高、目标存在偏差

从对核心素养教育等相关概念的理解来看，中小学教师对核心素养教育和素质教育、核心素养和学科核心素养、核心素养和三维目标等相关概念，不同的教师在认识程度和水平上存在差异。存在一大部分的教师认为自己作为一线教师，没有必要去分清其中的区别，并且认为对这些概念的理解对其教学影响不大，因此就只是大概知道核心素养是什么，也并不打算去分清其中的差异，认为这是属于教育研究者应该做的事情。有教师直接把核心素养等同于素质教育，认为核心素养和素质教育是同一件事情。有教师认为核心素养就是指学科核心素养，认为各学科核心素养相加之和就等于核心素养。有教师认为核心素养与三维目标一样，认为核心素养包括知识与技能、过程与方法、情感态度价值观，没有认识到三维目标与核心素养的区别。

从对核心素养理论框架的认识来看，中小学教师对于核心素养三大方面、六大要素中的具体内容，基本上不是很清楚，了解得比较多的是任教科目的学科核心素养。很少有教师专门去阅读相关核心素养理论框架的书籍，即使有，也会因为看不懂其中的内容而弃之不读，并且认为这些内容对于一线的教师而言不容易看懂。更多的教师是结合自己所教的学科来谈对核心素养的理解，其中有些教师能够较为流利和准确地说出自己任教科目的学科核心素养，并且能结合核心素养来进行教学。有教师通过对学科核心素养进行理解后，了解到目前国家倡导的教育是什么，会更加注重教学内容与社会相联系。比如历史的"家国情怀"素养和思想政治的"公共参与"素养，教师就会结合社会发生的热点时事，运用整个社会的情境来进行教学。

2. 学科整合能力偏低、目的性认识模糊

从课程规划到具体课程再到课堂实施，最终回到学生的核心素养发展，这

样一条逐级深入的路径，学科核心素养整合思维也体现在目标、内容、实施等各个课程要素上。教师在开展教育活动前，会根据学科核心素养的课程标准来设计相应的教学目标、教学内容、教学方法，说明中小学教师不仅意识到应结合核心素养，并且在实际的教学设计中已经把核心素养融入。但根据调查发现，教师对怎样把抽象意义上的核心素养和具体意义上的教学更好地相结合仍然存在问题。在准备公开课和新教师备课这两种情况下，教师在活动设计上消耗的时间会更长，会尽可能多地体现学科核心素养，并且在设计时会考虑到学生的现实水平，有选择性地选取相关核心素养。有教师会结合当前社会的时事热点，在活动设计时，把教学内容与社会时事相结合。但是很少有教师认识到，在设计中要强调核心素养，因为学科核心素养是对学科的高度总结，无论是在活动设计中的教学目标还是教学内容，都体现在核心素养之中。

在学科核心素养课程整合的过程中，也需要教师不断地对各个因素进行协调。从教师职业来看，教师自身在不断的成长中，需要不断地发展自己，提升核心素养教育胜任力；从教师所处的工作环境来看，需要与学生、学生家长、同事、学校领导等打交道，在这个过程中涉及教师各方面的协调能力。在当前核心素养教育背景下，有的教师已对自己的教育活动进行调节，比如开始更多地强调学生的全面发展，不再只是着眼于学生的学习。但对于整个课程，在具体操作的过程中，教师们是依照个人的教学理念与风格来对课程进行解读，产生的是一些经验性的、模糊的跨学科教学想法，以至于有的教师将课程整合作为学生生活的调剂而不那么严谨地进行课程整合设计。

3. 教学创新性不平衡、示范和综合创新不足

从教师的课堂组织实施能力来看，有教师从教学内容、教学方法等方面进行创新，但这种有别于传统教学的"新"部分，教师会考虑到各个方面的因素，因此组织实施方面会存在束手束脚的情况。在教学内容方面，有教师围绕教学目标，会直接在教学中通过逐渐渗透的方式，慢慢地引导学生，培育学生的核心素养。在教学方式方面，教师越来越强调学生的主体性，注重学生本身的理解与领悟，会采用一些新的课堂教学方式。比如运用群文阅读的方式，更高效率地运用课堂教学时间；比如让学生自主编题、自主讲题，以此充分调动学生的主动性。这些方式在促进教师有效教学的同时，也是对教师教育活动组织实施能力的一种考验，这种不仅要求教师课前进行精心准备，也要求教师对课堂的充分把控，因此教师在实际的教育活动中，并不是经常运用。

从示范指导能力来看，教师意识到要调动学生的学习积极性，有目的放手让学生自己做事情，在这一过程中需要教师对学生进行示范与指导，但是这种

示范指导多面向全体学生，对学生的个别差异有所忽视。在学生的学习中，离不开教师的引导与支持，不然没有方向的发挥学生的积极性，势必会脱离正常的教学秩序。有教师意识到示范指导并不只是在课堂教学中，也表现在课堂教学之外，除了在知识维度对学生的学习进行指导之外，对学生的言语行为等也进行一些指导和规范。比如有些教师任职的学校开设了一些关于服饰、礼仪等方面的选修课。教师在鼓励学生去学习这些课程的同时，也会对自己的服饰、礼仪等方面的知识做出适当调整。但是学生之间是存在差异性的，不仅有性别差异，也有个性差异，教师更多的是把学生当成一个群体，忽视了学生之间的个体差异。

从综合创新能力来看，教师会把自己的教学与核心素养相结合，开展核心素养教育活动，更多的是借鉴其他教师的创新成果，对于教师自身在教学过程中结合学生的实际情况而进行创新，这个方面还有待提高。有教师在课堂教学中除了运用传统的讲授法之外，还会鼓励学生模拟教师，让学生自主教学、让学生自主出题等等，这种是把创新理解为放手让学生自己完成，只是从发挥学生的主体性这个角度出发来谈创新，忽略了教学的其他要素与环节。有的教师从解决实际问题出发，创设生活中的情境来进行教学，使教学更加贴近生活，有利于联系实际，但是这种解决问题式的教学运用得并不多，有部分教学内容并不适合运用这种方法。

4. 管理评价的主观性强、重视程度不够

从教师对学生的评价以及管理能力来看，在开展核心素养教育活动后，教师不仅能够反思自己的教学是否能够发展学生的核心素养，也能够运用一些方法来判断学生对核心素养的掌握程度。但是这些几乎是属于教师主观方面的判断，运用现代化的检测技术来检测自身的教学是否促进学生核心素养的达成，对于教师而言较难。大部分教师认为自己的教学能够促进学生核心素养的发展，通常会运用课后作业和随堂观察的方式来判断学生对核心素养的掌握程度，由此可以看出其是具有一定的管理评价能力。但是，这些管理评价更多的是教师个人的主观判断，很少运用客观的检测技术来对学生的掌握程度进行评价。在当前信息社会背景下，教师不仅需要具备一定的信息素养，还需要掌握基本的教育技术手段，从更加科学与客观的角度来对学生进行全面的评价，因此教师可以运用符合自己教学的教育技术等方式来提高管理评价能力。

从教师对自己的评价来看，教师认为自己的教育活动促进了学生的核心素养发展，但在自评中认为自己的核心素养教育胜任力水平未达到满意的程度，而且不同学校的教师对自己的评价存在差异。有部分教师认为自己所做的，整个过程就是在促进学生核心素养的发展，并表示自己的教学理念与国家的政策导向是一致的，其实这里可以看出这部分教师没有认识到核心素养教育是素质教育的深化，而是直接把核心素养教育和素质教育等同起来。也有教师认为政策层面的核心素养太宏观，而且没有具体的规定要求教师应该如何做，因此他们在平时较少关注自己怎么实施核心素养教育，自身应该具备什么样的核心素养，更多的是关注出题方向与动态，认为自己的核心素养教育胜任力水平需要提高。

5. 个体差异比较复杂、存在诸多内部差异

教师个体差异对核心素养教育胜任力的影响不一。中小学教师的婚姻状况、所教学段、任职学校所在地、岗位这四个变量都对教师的核心素养教育胜任力有显著影响。探究各个变量对应理论认知、教学实践和反思判断这三个维度的影响程度，通过对不同教师信息变量的核心素养教育胜任力的差异分析，来探讨核心素养教育中的教师个体差异。

其一，就学段而言，初中教师的核心素养教育胜任力偏低，在前面的单因子方差分析中，已经得出不同学段①对教师核心素养教育胜任力有显著影响。在理论认知、教学实践和反思判断这三个维度上均有显著差异。通过对各个维度的均值比较，发现从理论认知来看，小学教师显著高于初中教师；从教学实践来看，小学教师显著高于初中教师；从反思判断来看，小学教师不仅显著高于初中教师，也显著高于高中教师。说明小学教师核心素养教育胜任力水平比中学教师核心素养教育胜任力水平更高，而高中教师的核心素养教育胜任力水平又高于初中教师的核心素养教育胜任力。

其二，就婚姻状况而言，已婚和未婚教师之间的核心素养教育胜任力差异显著，不同的婚姻状况②与教师核心素养教育胜任力之间有显著影响。通过对核心素养教育三个维度的比较，发现不同婚姻状况的教师在教学实践这个维度上有显著差异，已婚教师的核心素养教育胜任力显著高于未婚教师的核心素养教育胜任力。从均值可以得出，在理论认知和教学实践维度，婚姻状况为"其他"的教师平均值都高于已婚和未婚的教师，而已婚教师的平均值高于未婚教师的平均值。在反思判断方面，婚姻状况为"其他"的教师平均值仍然都高于已婚和未婚的教师，未婚教师的平均值高于已婚教师的平均值。

其三，就职称而言，三级职称教师的核心素养教育胜任力数据显示偏高，

---

① 学段：小学 243 人，初中 125 人，高中 25 人。

② 婚姻状况：已婚 312 人，未婚 73 人，其他 8 人。

不同职称①的教师对教师核心素养教育胜任力有显著影响。通过对核心素养教育三个维度的比较，发现不同职称的教师在教学实践这个维度上有显著差异。通过事后比较，发现教学实践这个维度，教师职称为三级的教师显著性不仅高于职称为二级的教师，还高于职称为高级的教师。而且通过对各项职称的均值比较，发现在理论认知维度，职称为三级教师的均值最高，其次是正高级的教师均值，再次是二级的教师均值，最后是高级的教师均值。而对于各个维度中，在理论认知维度，职称为三级的教师均值最高，其次是职称为正高级的教师均值，但是正高级的教师和三级的教师两者之间的均值特别相近，再次是职称为高级的教师均值，最后是二级教师的均值最低。在反思判断维度，职称为高级的教师均值最高，其次是职称为三级的教师均值，再次是二级的教师均值，最后是职称为正高级的教师均值最低。

其四，就学校所在地而言，农村与城乡接合部的教师核心素养教育胜任力反差大，教师任职学校所在地②对教师核心素养教育胜任力有显著影响。通过对核心素养教育胜任力三个维度的比较，发现中小学教师在核心素养教育的理论认知、教学实践和反思判断这三个维度上都有显著差异。从理论认知和教学实践这两个维度来看，任职学校在农村的教师显著高于任职学校在城乡接合部的教师；从反思判断来看，任职学校在城市和农村的教师都显著高于任职学校在城乡接合部的教师。而且通过后面对均值的比较，位于农村学校的教师平均值最高，其次是城市学校的教师，最后是城乡接合部的教师。

（二）教师核心素养教育胜任力问题的归因

从问卷"教师核心素养教育胜任力的影响因素"调研结果中可知，影响教师核心素养教育胜任力的因素有多个。

1. 教师自身因素的影响

教师核心素养教育胜任力与教师自身息息相关。教师个人专业发展的动机、态度对教师的核心素养教育胜任力影响很大。教师个人背景、学习经历、生活条件、认知模式等使教师形成了对教师专业发展独特的理解，以及对专业发展的不同认识，因此教师的个体差异会形成不同水平的教师专业能力。有教师（02-F-A）表示："学生发展核心素养里面有很多要点……虽然我自己记下来看了，但是不怎么看得懂。"也有教师（01-B-D）提出："学科素养在体育这边，

---

① 职称：三级173人，二级130人，一级1人（这组数据未达2个，无法做事后比较，因此已删掉），高级48人，正高级41人。

② 学校所在地：城市171人，农村76人，城乡接合部146人。

就是培养、倡导一种'健康第一'的意识，或者说体育锻炼的意识，然后教会他一些运动锻炼的习惯和技能，让他以后不管是在校或者步入社会，养成健康的意识。"也有教师（04-S-B）认为："脱离传统就题论题去解决实际问题，这其实就是核心素养。"由此可见，教师个人专业发展的动机、态度差异，会对教师的核心素养教育胜任力的认识与形成造成差异影响。教师个人的学历、职称、教龄对教师的影响不大，而在前面通过对中小学教师核心素养教育胜任力的差异分析，得出不同的教师职称对中小学教师有显著影响，而学历、教龄对教师没有显著影响。在本部分中这个因素跟其他因素相比，没有其他因素对教师的影响大，由此也可以看出前后的分析结果是一致的。教师职称是教师专业水平的一个重要表现，在一定程度上，职称的高低代表着教师专业水平的高低，也在一定程度上判断着教师对教师岗位的胜任水平。

2. 同事之间交流的影响

教师同事之间的相互鼓励、支持对教师核心素养教育胜任力有重要影响。教师同事之间的相互鼓励、支持是教师与教师之间相互学习、相互进步的过程。有不少学校会给刚入职的年轻教师配备一个拥有丰富教学经验的"师父"，这种"以老带新"的方式，一方面对年轻教师而言是一种快速的成长，通过这种"手把手"的师父带徒弟的方式，可以让年轻教师感受和学习成熟的教学方式，不停地磨炼自己的教学技能，有年轻教师（01-J-Z）表示："我们学校，新进来的老师都有自己的师父，然后我就会去听师父的课……反正听他的课我就学到了很多。"也有年轻教师（05-J-Y）直接表示对自己师父的欣赏："带我的师父，上课的时候声音不大，但是每个学生都听得特别认真，我每次听我师父的课都觉得时间过得好快，不知道我什么时候才能达到我师父的那个水平。"另一方面对"师父"而言这种方式也是一种成长，他们在对年轻教师的指导过程是一种教学相长的过程，而且对这种"以老带新"的方式很支持。除了上面所提道的"以老带新"的方式，处于同一水平的教师或者不同学科的教师之间，同样也会促进教师核心素养教育的发展。有教师（01-X-Z）提道："在学科里边利用自己这一学科，然后通过一些实践活动，实现跨学科的相互协同，一起去培养孩子。"也有教师（01-B-D）谈道："核心素养，就本学科而言，它又分为学科类的跨联、扩展。"通过这种跨学科的方式，教师与教师之间不断的获得成长，教师的胜任力也在得到不断的提高。

3. 学校环境条件的影响

首先，从学校领导的引领来看，若学校领导本身具有很强的教育教学能力和实践经验，拥有先进的教育理念，能够成为同行们的引领者，能够从专业的角度引导校内教师，会对教师的成长起着重大的作用。学校领导能够针对教师们出现的问题进行诊断、指引，解答教师们平日的疑难问题，通过培训等方式解开教师们心中的困惑，能同授课教师进行探讨、交流，使教师自己在教育教学中面临的现实问题得以解决，对教师来说，这样的学校领导会很受欢迎。其次，从学校为教师提供的保障程度来看，教师（01-B-D）就谈到，他们学校中午教师和学生一起在餐厅用餐，在餐厅的入门口就有这样一张公示牌，上面记录着各个班级的用餐情况。在校园内，充分发挥学生与教师的特长。再次，学校为教师提供的专业发展机会、条件与教师核心素养教育胜任力水平息息相关。前面提道的学校领导的科学领导和正确引领、学校为教师提供的后勤保障和文化环境创设，这些都是属于学校支持的范围。除了这些之外，还有学校建立相应的教师专业学习团体等，以促进教师队伍的持续成长。最后，对于学校工作安排的公平性、科学性，调查发现西南地区超过六成的教师周课时数在 16 节以上，也就是说如果每节课以 40 分钟计算，有超过六成的教师每天上课至少 2.1 个小时，那么每周上课至少 10.7 个小时。除了这些之外，还包括学校对教师所分配的其他任务。

4. 学生及家长因素的影响

学校的生源素质对教师核心素养教育胜任力同样有较大影响。不仅教师个体之间的胜任力水平存在差异，学生与学生之间也会存在差异。有的学校的教师（S 校 J 老师）说道："到高三的时候，我基本上就没有管理班上的事情了，都是班委们自己解决问题，而且我们班当时还是整个年级最好的班，我真的没有操过什么心。"认为学生能够进行自我约束和管理，教师的过多管理对他们而言是多余的，应该放手给学生。也有教师谈到在一次课堂上让学生自己讲题，当时笔者向这位教师问道，其在课上学生自己讲题的情况多不多时，这位教师（03-J-L）立即回答："这种情况还是很多的，其实他们做的习题我也是让他们自己讲，这个不仅是对学生的一种培养，而且对于老师来说也会轻松一些。"学生家长对教师全力的支持对教师核心素养教育胜任力水平息息相关。家长对教师的支持更多的是通过家校合作的方式来得以体现。有学者认为当前家校合作的过程中还存在不少问题，比如，小学生家长因忙于工作，在家校合作中表现出没有太多时间配合学校对孩子进行教育和管理。① 在调研访谈的过程中，有教师（02-Q-Z）谈到会有学生家长主动找老师了解情况，"最开始是她（学

---

① 吴伟霞. 基于家校合作的小学班主任管理策略探究［J］. 科学咨询（科技·管理），2019（12）：34.

生）的父母跟我反映，在家不怎么理父母，就想让我帮着教育一下。"这种情况就是平时家长不联系教师，发觉孩子出现了问题主动找教师。

5. 社会支持力度的影响

调研发现，很多教师会有意识地把教学内容与社会相结合，虽然这只是教师个人把教学和社会相结合，但是正是因为社会的复杂与多变，为学校提供了鲜活的素材，才使得教师的教学更加丰富。比如，有教师（01-X-Z）谈道："把当下的一些热点话题，或者我们周围发生的一些很有意思的事情，纳入我们的教学里面，让它成为一个鲜活的素材。"并且提出："如果我们把孩子当作一个全面发展的人，推开那个（社会）门，世界其实都是语文。"以开放的心态教学生去认识社会。也有教师（01-J-Z）表示："把社会上比较热的事情结合在课堂里，就比如说结合最近的时事热点，让他们写一个新闻评论，然后我再把人民日报的新闻评论拿出来，跟他们自己写的评论进行一个讲解和对比。"一位接受访谈的教师（01-S-R）从思想理念上认为，教师这位"中间人"是将国家所倡导的教给学生。也有教师（02-X-H）从行动上主动联系社会资源："我们学校旁边有个自然博物馆，由于地理的优势，所以开展活动（校馆联动）也比较方便，而且博物馆那边很支持、很配合我们。"还有教师（01-X-Z）会对社会资源进行充分的利用："到某牛奶加工厂去感受整个生产加工的流程，这些其实我觉得都是在培养孩子的社会参与能力，然后在整个过程中进行一些职业的体验，其实我觉得这也是'全面发展的人'在学校这个阵地里面的一些具体体现。"

四、提升教师核心素养教育胜任力的对策

（一）教师教育胜任力培育路径的现状审视

1. 现有培育路径效能的总体评估

通过编制"中小学教师教育胜任力的培育路径"量表，并对量表的信、效度进行科学处理达到要求，获得了有关当前中小学教师各种在职培训路径的效果情况，如表9-17所示。根据李克特五点量表的四个区间，数值在4~5之间，表示培育路径很有效；数值在3~4之间，表示培育路径比较有效。问卷统计显示，所有题目的平均得分为3.7，由此可初步得出结论：当前各个路径对中小学教师教育胜任力的培育处于比较有效的状态。

表 9-17 中小学教师组织培训路径的描述统计

描述统计					
	样本总数	最小值	最大值	均值	标准偏差	方差
Q11_ R1 面授教育培训	389	1	5	3.89	0.780	0.609
Q11_ R2 专家讲座论坛	389	1	5	3.63	0.792	0.627
Q11_ R3 教师专业发展学校	389	2	5	3.92	0.777	0.604
Q11_ R4 网络远程教育	389	1	5	3.35	0.896	0.803
Q11_ R5 校本教学培训	389	1	5	3.80	0.842	0.709
Q11_ R6 校本教研活动	389	1	5	3.95	0.858	0.735
Q11_ R7 教师专业共同体	389	1	5	4.07	0.765	0.585
Q11_ R8 课题指导研究	389	1	5	3.85	0.836	0.699
Q11_ R9 名师工作室帮带	389	1	5	3.80	0.931	0.867
Q11_ R10 专家专业引领	389	1	5	3.93	0.852	0.725
Q11_ R11 教师同伴互助	389	2	5	4.17	0.721	0.519
Q11_ R12 个人自主研修	389	2	5	4.03	0.781	0.609
有效个案数（成列）	389					

对于具体的培育路径，其中均值都高于 4 的包括"教师同伴互助"（4.17）、"教师专业共同体"（4.07）和"个人自主研修"（4.03），说明对于教师而言，教师同伴互助、教师专业共同体和个人自主研修这三条培育路径很有效。

在问卷"中小学教师教育胜任力影响因素"量表的调查中，其中"教师同事之间的相互鼓励、支持"这一项的均值为 4.25，"教师个人专业发展的动机、态度"这一项的均值为 4.46，表示教师同事之间、教师个人意识对中小学教师教育胜任力有很大的影响。由此看出，问卷在培育路径中所调查的数据跟影响因素中调查得到的数据具有一致性。说明在提出提升中小学教师教育胜任力的培育路径时，要注重教师同事之间的互助学习和教师个体的学习。

培育路径的均值在 3.5~4.0 之间的包括："专家讲座论坛"（3.63）、"校本教学培训"（3.80）、"名师工作室帮带"（3.80）、"课题指导研究"（3.85）、"面授教育培训"（3.89）、"教师专业发展学校"（3.92）、"专家专业引领"（3.93）、"校本教研活动"（3.95）。这八项培育路径的均值在 3.62~3.96 之间，可见均值比较稳定，对中小学教师核心素养教育胜任力的培育效果处于较为有效的状态。"网络远程教育"（3.35）均值在3.0~3.5之间，虽然在所有培育路径当中其均值最低，但是教师对此进行的评价仍然是较为有效。

2. 现有培育路径效能的个体差异

前面对中小学教师教育胜任力的培育路径进行了总体评估，发现"教师同伴互助""教师专业共同体"和"个人自主研修"这三条培育路径很有效（均值为4~5之间），而"专家讲座论坛""校本教学培训""名师工作室帮带""课题指导研究""面授教育培训""教师专业发展学校""专家专业引领""校本教研活动"和"网络远程教育"这些培训路径为比较有效（均值为3~4之间）。本部分则是通过具体分析中小学教师的基本信息（性别、教龄、学段、学校所在地、婚姻状况、学历、职称、岗位），探究各个变量对这十二项培育路径的影响。

（1）性别对教师教育胜任力培育路径的影响

通过对不同性别教师在各项培育路径的差异比较，发现教师的性别只对"专家专业引领"这项培育路径有显著差异，与其他各项均无显著差异。同时，相应的检验分析发现，教师性别只与"专家专业引领"这一培育路径有显著差异。并且在"专家专业引领"中，女教师的均值（3.99）高于男教师的均值（3.77），说明女教师认为这一培育路径更有效。

（2）教龄对教师教育胜任力培育路径的影响

通过单因子方差分析来检验不同教龄中小学教师核心素养教育胜任力培育路径的显著差异，结果表明，从教师教龄来看，各项培育路径中的"网络远程教育""校本教研活动""教师专业共同体""课题指导研究""名师工作室帮带""专家专业引领"和"教师同伴互助"与教师的教龄有显著差异。通过做事后比较，发现在"网络远程教育"路径中，教龄为15~25年的教师同时高于教龄为3年以下和4~14年的教师。教龄为26年以上的教师同时高于教龄为3年以下和4~14年的教师。在"校本教研活动"中，教龄为3年以下的教师高于教龄为4~14年、15~25年和26年以上的教师。在"教师专业共同体""课题指导研究"和"专家专业引领"这三条路径中，都是教龄为3年以下的教师高于教龄为15~25年和26年以上的教师，教龄为4~14年的教师高于教龄为15~25年和26年以上的教师。在"名师工作室帮带"中，教龄为3年以下的教师高于教龄为15~25年和26年以上的教师，教龄为4~14年的教师高于教龄26年以上的教师。在"教师同伴互助"中，教龄为3年以下的教师的核心素养教育胜任力高于教龄为15~25年和26年以上的教师，教龄为4~14年的教师高于教龄为 15~25 年的教师。

（3）职称对教师教育胜任力培育路径的影响

通过单因子方差分析来检验不同职称的中小学教师核心素养教育胜任力培育路径的显著差异，结果发现，从教师的职称来看，与各项培育路径中的"教师专业共同体""课题指导研究""名师工作室帮带""专家专业引领"和"教师同伴互助"相比有显著差异。接着对这五项培育路径做事后比较，发现在"教师专业共同体"中，职称为三级和二级的教师高于职称为正高级的教师，职称为高级的教师高于职称为三级、二级和正高级的教师。在"课题指导研究"这一培育路径的有效性中，二级和高级教师高于正高级教师，高级教师高于三级教师。在"名师工作室帮带"中，二级和高级教师高于正高级教师，高级教师高于三级和二级教师。在"专家专业引领"中，三级、二级和高级教师高于正高级教师，高级教师高于三级教师。在"教师同伴互助"中，二级教师和高级教师高于正高级教师，高级教师高于三级教师。

（4）学段对教师教育胜任力培育路径的影响

通过单因子方差分析检验不同学段教师核心素养教育胜任力培育路径的显著差异，结果发现，从教师的学段来看，除了"面授教育培训"没有显著差异之外，其余十一项的培育路径与不同学段的教师均有显著差异，其显著性 p 值均小于 0.05；进一步做事后比较分析，对比组内差异。通过对比，发现在"专家讲座论坛""教师专业发展学校""校本教学培训""校本教研活动""课题指导研究""名师工作室帮带""专家专业引领""个人自主研修"这九项培育路径中，都是小学教师高于初中和高中教师；在"网络远程教育"中，小学教师高于高中教师；在"教师专业共同体""教师同伴互助"这两项培育路径中，小学教师高于初中教师。

（5）岗位对教师教育胜任力培育路径的影响

通过单因子方差分析检验不同岗位教师核心素养教育胜任力培育路径的显著差异，结果发现，不同岗位教师只与"网络远程教育"路径有显著差异。通过事后比较，发现教学岗位的教师高于教学兼行政岗位的教师，即岗位为"教学"的教师比岗位为"教学兼行政"的教师认为这一培育路径更有效。

（6）学校所在地对教师教育胜任力培育路径的影响

通过单因子方差分析，检验不同学校所在地教师核心素养教育胜任力培育路径的显著差异，结果发现，从学校所在地来看，与教师核心素养教育胜任力有显著性的培育路径包括"教师专业发展学校""网络远程教育""校本教学培训""校本教研活动""教师专业共同体""课题指导研究""名师工作室帮带"

"专家专业引领""教师同伴互助",其显著性 p 值均小于 0.05。"教师专业发展学校"中,城市学校的教师高于城乡接合部的教师。"网络远程教育"中,农村学校的教师均高于城市和城乡接合部的教师。在"校本教学培训""校本教研活动"和"教师同伴互助"中,城市学校和农村学校的教师都高于城乡接合部的教师。在"教师专业共同体""课题指导研究""名师工作室帮带"和"专家专业引领"中,农村教师不仅高于城市学校的教师,也高于城乡接合部的教师。

(7) 婚姻对教师教育胜任力培育路径的影响

通过单因子方差分析,检验不同婚姻状况教师核心素养教育胜任力培育路径的显著差异,结果发现,教师的婚姻状况与"网络远程教育""名师工作室帮带"和"教师同伴互助"这三条培育路径有显著差异。在"网络远程教育"这条培育路径中,已婚教师高于未婚教师。在"名师工作室帮带"和"教师同伴互助"中,均是未婚教师高于已婚教师。

(8) 学历对教师教育胜任力培育路径的影响

通过单因子方差分析,检验不同学历的教师核心素养教育胜任力培育路径的显著差异,结果发现,不同学历的教师只与"网络远程教育"这条培育路径有显著差异。通过事后比较,可以看出硕、博研究生学历的教师高于专科以下的教师。

在对中小学教师核心素养教育胜任力的总体评估中,发现当前各个培育路径处于比较有效的状态,特别是"教师同伴互助""教师专业共同体"和"个人自主研修"这三条培育路径更有效。通过教师基本信息中的变量对十二项培育路径的显著性检验,发现性别、教龄、学段、学校所在地、婚姻状况、学历、职称、岗位都与培育路径均有显著差异,而且每个变量的组内又存在差异,说明教师个人诸如性别、教龄、学段、学校所在地、婚姻状况、学历、职称、岗位等基本情况,对各项培育路径的影响程度不一。

(二) 提升教师核心素养教育胜任力的路径

1. "面授+网络"教育培训:解决核心素养教育的理论认识问题

第一,面授和网络培训是提升核心素养教育理论认识的必选路径。当前中小学教师在核心素养教育理论认识水平这个维度上,有一定的认识基础,但是涉及具体的相关理论知识时就出现含混不清的情况。比如,关于核心素养教育和素质教育、核心素养和学科核心素养、核心素养和三维目标等相关概念,不同的教师在认识水平上存在差异。又如,对于核心素养的整个理论框架,中小学教师对于核心素养中三大方面、六大要素中的具体内容,仍然不甚了解。而根据调查数据结果显示，在提升教师核心素养教育胜任力路径中，其中"网络远程教育"（3.35）得分最低，说明当前这一路径有必要进行优化，需要对其加以改进。可以采用"面授+网络"的方式，在面授的同时，建设更适合教师学习的线上学习平台，根据教师个人选择和需要进行学习，对教师核心素养教育胜任力进行培育。

第二，教师培训须以发展学生核心素养的终极目标为圭臬。对于"面授+网络"教育培训的内容，国内学者汤丰林指出，衡量培训的内容并不是以"有用"为衡量标准，这样会不经意间陷入了功利主义的误区，而且"有用"并不一定就具有针对性和实效性，还要结合长效性。① 因此核心素养教育培训的内容，面向一线的中小学教师，要根据其需求，围绕"培养什么样的人""怎样培养人"和"为谁培养人"等主题，重点在"怎样培养人"上，围绕教师的核心素养教育来展开培训。可以从核心素养的提出背景、核心素养的基本框架，以及教师怎样去实行核心素养教学等这些具体的角度，来对中小学教师进行培训。

第三，以多种形式和途径开展教师面授培训和网络培训。对于"面授+网络"教育培训的过程，政府可以让学校与高校或研究院所合作，对教师进行核心素养的理论认识和核心素养的教学实践等方面的专门培训。通过网络平台、送教下乡示范课、传帮结对、讲座等多种形式的活动，紧紧围绕核心素养的培训内容，带动教师核心素养教育理论的进步。通过观看优秀教师上课的录像课程，特别是青年教师的观摩与学习，促进核心素养教育教学技能的提升，形成自己的教学风格。而对学校的教师而言，这种形式多样的线上学习空间，有利于实现核心素养教育的资源共享，可以达到一种专业引领的作用。优秀教师的丰富经验和先进技能，通过示范和帮扶的方式，引领教师职业技能的提高和可持续发展。同时优秀教师的带动学习，是将核心素养的研究成果付诸教学实践的检验，也是对核心素养教育研究成果的推广和应用。

第四，充分利用信息技术的功能提升网络培训的效果。对于"面授+网络"教育培训的形式，可组织培训的学校结合现代人工智能系统进行教学。比如，有些学校在课堂上利用人工智能进行教学，可以对学生的课堂教学行为进行分析，运用个体检测、人脸识别和骨架提取等技术，自动获取学生动作行为的统计结果，为教师后续的课堂教学诊断与改进提供依据。同样，在教师面授培训的过程中，也可以运用这种方法，对教师的课堂教学行为进行分析，捕捉面部

---

① 汤丰林. 教师培训：理性与实践的核心关注［M］. 北京：北京师范大学出版社，2018：9-10.

表情、提取面部特征等，运用机器学习算法进行识别，对教育培训进行检测，针对参培训教师的学习特征，设置个性化的学习路径，为后续的面授培训提供更好的服务。

2. 专家专业讲座+引领：解决核心素养的教学创新问题

第一，充分地发挥专家通过现场讲座及后期指导的引领作用。从专家的角度来看，专家积极深入中小学教育研究工作，不仅能够准确地针对当前中小学教师在核心素养教育中存在的问题和困难，为其提供帮助，对症下药，也能促进专家了解一线教师的核心素养教育的状况，有利于专家为核心素养教育的研究收集相关资料。核心素养引导的基础教育改革进入新时代，在研究的过程中也面临着不同的质疑声，这就需要核心素养教育理论研究引领核心素养教育实践的变革，需要高校的专家把被引导教师所在的中小学学校作为转化、应用核心素养研究成果的阵地，带动教师核心素养教育创新能力的提升，帮助中小学解决核心素养教育教学中的难点、疑点问题，促进教师在核心素养教育教学方面不断创新。

第二，充分发挥教师专业发展的主动性、自觉性和反思性的作用。从教师个人角度来看，需要结合专家的指导意见，解决核心素养教育活动开展中出现的问题，并根据学校、社会等各方面的需要，正视自我、不断地丰富和发展自我，促进自身核心素养教育胜任力水平的持续进步和发展。在专家专业引领中，可以形成专家—教师的核心素养学习共同体，对于教师和专家，可以采取更具有针对性的方式去解决实际的核心素养教学问题，促进教师核心素养教育胜任力水平的提升。汤丰林指出教师培训的核心目标就是激发教师自主学习的动力与行动[①]，只有专家单方面的引领，效果是不显著的，从教师核心素养教育的"自我反思与评价"到"自我深入分析"，再到最后的"教育科研"，需要中小学教师自身不断地学习核心素养知识，不断地把核心素养理论知识转化到教育实践中去。

第三，社会各个方面支持专家引导教师的专业发展。从整个社会环境来看，需要提供专家引领这一培育路径的支持基础。中小学学校与高校、研究院所合作，发展教师专业发展学校，这一方面引领着教师核心素养教育的发展，另一方面也为高校的研究人员提供了很好的核心素养实践平台。在这一过程中，需

---

① 汤丰林. 教师培训：理性与实践的核心关注［M］. 北京：北京师范大学出版社，2018：1.

要学校、政府和中小学之间的紧密合作，实现高校和中小学校的全面对接。①专家按照核心素养—办学理念—育人目标—课程目标的线索逐级分解，层次分明地展现核心素养是如何一步步转化及拓展的，最终落实在课程上，具体的引领教师怎样进行核心素养教学。发挥高校理论研究、师资队伍、学术信息资源等优势，联合中小学教育教学实践经验丰富、学校管理规范等优势，及时把核心素养的教育教学研究成果转化到中小学，成为当地区域教育改革的示范者、引领者。②

3. 教师专业共同体+自学：解决学科核心素养的整合能力问题

第一，专业共同体是提升学科核心素养教育能力的重要路径。本研究发现教师核心素养教育的影响因素中，"教师同事之间的相互鼓励、支持"（4.25）有很大的影响，而在教师核心素养教育胜任力的培育路径中，"教师专业共同体"（4.07）、"教师同伴互助"（4.17）这两条培育路径也显示很有效果。在整个核心素养教育中，从课程规划到课程设置再到课堂实施，最终回到学生的核心素养发展这样一条逐级深入的路径。学科核心素养整合思维也体现在目标、内容、实施等各个课程要素上，对教师的学科核心素养整合能力也提出了较高要求。教师专业共同体，除了有前面提道的专家与教师之间的合作之外，还可以有不同科目、年级教师之间的合作。通过形成教师核心素养教育共同体，在共同体内实现教师群体之间的讨论交流、合作共享，提升教师学科核心素养整合能力，发展学生的核心素养。

第二，充分利用专业发展共同体提升学科核心素养教育胜任力。共同体的概念由来已久，早在古希腊，亚里士多德就已提到，德国社会学家滕尼斯首次系统论述了共同体的概念。③ 关于教师核心素养教育共同体，教师之间可开展核心素养相关的学习和探究，在集体情境中通过合作、交流与知识共享实现共同的目标，促成教师核心素养教育胜任力的集体成长。而且教师专业共同体，不仅面对的是学校的真实课堂情境，呈现的是学校课堂中的真实问题。共同体成员具有相对稳定性，有利于教师之间长期、稳定交流。

第三，依靠校本教研途径有效地提升学科核心素养教育能力。校本教研，

① 张潇文，张九洲. 滇西乡村中小学与高校教师教育合作发展路径 [J]. 教育观察，2019（08）：73-75.

② 舒志定，侯超杰. 教师发展学校的角色定位与改进建议 [J]. 教师教育论坛，2019（03）：25-30.

③ 刘鹏. 构建实践共同体：乡村教师专业发展路径探赜 [J]. 内蒙古社会科学（汉文版），2019（06）：169.

首先要研究"学科核心素养课堂"。跨学科素养的课程形态趋向于多样化，可以以独立学科的形式存在，也可以作为更广泛的课程或学习领域的一部分，还可以贯穿于整个课程体系，由全体任课教师负责。其次是研究"学科核心素养方法"，核心素养的培育，要求教师改进教学方法。在教学改革中，需要倡导的是启发式、探究式、讨论式、参与式教学，激发学生的好奇心，培养学生的兴趣爱好，让学生学会发现学习、合作学习、自主学习。最后是研究"学科核心素养经验"，成功的教学经验是教师发展的宝贵财富。相对优秀的教师，在学科核心素养的课堂教学、学生管理和教学研究方面等各自会有出色的表现。校本教研活动中，就应及时分享他们的经验，这既有利于激发优秀教师的工作热情，也给他们身边的同事提供了可以学习、借鉴的真实素材。

4. 教育技术+评价：解决现代教育评价能力的问题

第一，利用信息技术来提升评价能力。通过本研究的调查结果可以看出教师在教学后会反思自己的教学是否能够发展学生的核心素养，并且也能够通过随堂观察、课后作业等方式来判断学生对核心素养的掌握程度。在学生的"信息意识"这一素养中，要求学生能自觉、有效地获取、评估、鉴别、使用信息，并且具有数字化生存能力，主动适应"互联网+"等社会信息化发展趋势。为了更好的发展学生核心素养，教师也应当具备一定的信息素养。诸如随堂观察、课后作业等评价方式，也可以结合当前的现代化教育技术，更加准确、科学和全面地对学生进行评价。

第二，教师必须学习当代信息技术的教育评价技能。现在 IT 技术的发展，已有不少学者基于人工智能研发了教育系统。比如，余胜泉等研发了基于育人知识图谱的个性化助理系统——AI 好老师，该系统具有育人问题情境化解决、育人知识个性化辅导、育人知识结构化组织、育人案例智能化推理等功能，可以成为教师指导学生的助手。① 又如，汪时冲等以教室为应用场景，构建了云计算平台、大数据平台和边缘计算平台支持下的新型机器人和学生的"三主体"，教师利用人工智能进行教学，可以对学生的课堂教学行为进行分析，为教师后续的课堂教学诊断与改进提供依据。② 又如，江波等提出了一种基于面部表情的学习困惑自动识别算法，利用摄像设备实时捕捉被试者的面部表情、提取面部重要特征点，进而运用机器学习算法进行困惑识别，此方法为教师诊断

① 余胜泉，彭燕，卢宇. 基于人工智能的育人助理系统——"AI 好老师"的体系结构与功能 [J]. 开放教育研究，2019（01）：25-36.
② 汪时冲，方海光，张鸽等. 人工智能教育机器人支持下的新型"双师课堂"研究 [J]. 远程教育杂志，2019（02）：25-32.

学习者的学习状态提供了数据支持。① 教师无论运用何种评价方法，最终的目的就是促进学生核心素养的发展。

第三，组织教师学习掌握基于信息技术的教学探索。教师应该怎样对上述提到的人工智能系统加以运用，这就需要对教师加以培训。一方面，通过构建线上智能学习平台、创建网络研修社区、组织建立名师工作坊，教师之间相互交流相关的技术知识。另一方面，依托物联网技术和人工智能技术，培养参训教师的批判性思维和创新能力。根据不同教师的需要，设置不同类型的学习课程。在学校层面，就需要为教师搭建教师线上学习平台，学校领导要重视教师的实际需求，明白教师想学什么、教师不理解什么，注重教师的个人意见与感受。区域、学校间教育发展的最大差距并不是学校办学设施的差距，而是师资水平的差距。核心素养所具有的整合性、跨学科性及可迁移性等，就我国而言评价重点需要由分科知识的评价转向基于核心素养领域的评价，评价方法技术则要求多元化。②

5. 尊重个体差异+自主抉择：解决核心素养教育的自觉问题

第一，针对性别差异，有针对性地提升男女教师的核心素养教育胜任力。通过对不同性别教师培育路径的显著差异做了描述统计分析，可以发现女教师的均值比男教师要高，即女教师认为各项培育路径更有效。而且通过单因素方差分析，发现教师的性别对"专家专业引领"这项培育路径有显著差异，女教师显著高于男教师。说明对于提高教师核心素养教学的创新性方面，"专家专业引领"这一培育路径，女教师比男教师更有效。因此专家专业引领，可以适当地根据教师的性别做出相应调整。

第二，针对教龄差异，培育不同教龄教师的核心素养教育胜任力。通过分析发现，不同教龄的教师在"网络远程教育""校本教研活动""教师专业共同体""专家专业引领""教师同伴互助"等方面存在显著差异。在"网络远程教育"中，教龄为15~25年的教师核心素养教育胜任力同时高于教龄为3年以下和4~14年的教师；教龄为26年以上的教师核心素养教育胜任力同时高于教龄为3年以下和4~14年的教师。说明网络远程教育培训面向的群体可以向教龄为15~25和26年以上这两个阶段的教师倾斜。在"校本教研活动"中，教龄为

---

① 江波，李万健，李芷璇等. 基于面部表情的学习困惑自动识别法［J］. 开放教育研究，2018（04）：101-108.

② 褚宏启，张咏梅，田一. 我国学生的核心素养及其培育［J］. 中小学管理，2015（09）：4-7.

3 年以下的教师核心素养教育胜任力高于教龄为 4~14 年、15~25 年和 26 年以上的教师，即在开展校本教研活动时，可关注其对教龄为 3 年以下年轻教师的培养。在"教师专业共同体"和"专家专业引领"这两条路径中，都是教龄为 3 年以下的教师多于教龄为 15~25 年和 26 年以上的教师，教龄为 4~14 年的教师多于教龄为 15~25 年和 26 年以上的教师，由此教龄为 3 年以下和 4~14 年的教师可多参加教师专业共同体和专家专业引领的培育方式。在"教师同伴互助"中，教龄为 3 年以下的教师多于教龄为 15~25 年和 26 年以上的教师，教龄为 4~14 年的教师多于教龄为 15~25 年的教师。即在教师同伴互助的路径中，注意培养教龄为 3 年以下和 4~14 年的教师。

第三，针对职称差异，提升不同层次教师的核心素养教育胜任力。如上所述，"教师专业共同体""专家专业引领""教师同伴互助"在教师职称差异上有显著差异。在"教师专业共同体"中，职称为三级和二级的教师高于职称为正高级的教师，职称为高级的教师高于职称为三级、二级和正高级的教师。在"专家专业引领"中，三级、二级和高级教师高于正高级教师，高级教师高于三级教师。在"教师同伴互助"中，二级和高级教师高于正高级教师，高级教师高于三级教师。因为正高级教师已经具备较高水平，相对而言比其他职称教师的核心素养教育胜任力水平更高，因此这三种培育路径对三级、二级、高级和正高级教师而言，三级、二级和高级教师比正高级教师更有效。

第四，针对学段差异，关注不同学段教师的核心素养教育胜任力建设。不同学段的教师，在"教师专业发展学校"、"网络远程教育""校本教研活动""教师专业共同体""专家专业引领""教师同伴互助"等路径的效能之间有显著差异。在"教师专业发展学校""校本教研活动""专家专业引领"这几项培育路径中，都是小学教师的路径效能高于初中和高中教师，在"网络远程教育"中，小学教师的路径效能高于高中教师，而在"教师专业共同体""教师同伴互助"这两项培育路径中，小学教师的路径效能初中教师。

第五，针对岗位差异，不同岗位教师选择相应的胜任力提升路径。如上所述可见，不同岗位的教师只在"网络远程教育"这一路径的效能之上存在显著差异。

第六，针对学校区位差异，为城乡教师提供各自适宜的提升路径。本研究把学校所在地划为城市、农村、城乡接合部这三种，在教师核心素养教育胜任力上存在显著性差异的培育路径包括"教师专业发展学校""网络远程教育""校本教研活动""教师专业共同体""专家专业引领""教师同伴互助"。在"教师专业发展学校"中，城市学校教师的路径效能高于城乡接合部教师。"网络远程教育"中，农村学校教师的路径效能均高于城市和城乡接合部的教师。在"校本教学培训""校本教研活动"和"教师同伴互助"中，城市学校和农村学校教师的路径效能都高于城乡接合部的教师。在"教师专业共同体""课题指导研究""名师工作室帮带"和"专家专业引领"中，农村学校教师的路径效能高于城市学校、城乡接合部的教师。

第七，针对婚姻差异，对不同婚姻状况教师提供适宜的专业发展路径。如上所述，教师的婚姻状况在"网络远程教育"和"教师同伴互助"上存在显著差异。在"网络远程教育"这条培育路径中，已婚教师的路径效能高于未婚教师，说明在网络远程教育这一培训方式，可以面向已婚教师做出适当的调整，比如网络远程教育的培训内容的更新和时间的切割等等，便于已婚教师更好的学习。在"教师同伴互助"中，是未婚教师的路径效能高于已婚教师，说明在教师同伴互助培训活动的开展中，要注重培养未婚教师的核心素养教育。

第八，针对学历差异，为不同学历教师提供相应的胜任力提升建议。对于不同学历的教师，与"网络远程教育"这条培育路径的路径效能上有显著差异，通过事后比较，可以看出硕、博研究生学历教师的路径效能高于专科以下学历的教师。这可能是由于硕、博研究生学历的教师拥有一定的自学能力，其对核心素养教育的理解程度和运用能力可能要高于专科以下学历的教师，因此对于网络远程教育，硕、博研究生学历的教师更为有效的获取自己所需要的知识，为提高核心素养教育胜任力胜任力水平服务。

附件：中小学教师核心素养教育胜任力调查问卷

尊敬的老师：

您好！首先感谢您在百忙之中抽出宝贵时间填写这份问卷！本问卷旨在探究核心素养背景下的教师胜任力情况。问卷勿需填写姓名，你的选择无错对之分，填写信息仅用于学术研究，请您不要有任何顾虑。感谢您的配合与支持！

第一部分：基本信息

1. 您的性别？　　　　□ 男　　　　　　□ 女

2. 您的教龄？　　　　□ 3 年以下　　　□ 4-14 年

　　　　　　　　　　□ 15-25 年　　　□ 26 年以上

3. 你目前所教学段？　□ 小学　　　　　□ 初中

　　　　　　　　　　□ 高中

4. 您任职学校位于什么地方？

　　　　　　　　　　□ 城市　　　　　□ 农村

　　　　　　　　　　□ 城乡接合部

5. 您的婚姻状况？　　□ 未婚　　　　　□ 已婚

　　　　　　　　　　□ 其他

6. 您的学历？　　　　□ 专科以下　　　□ 专科、本科

　　　　　　　　　　□ 硕、博研究生

7. 您目前的职称？　　□ 无　　　　　　□ 三级

　　　　　　　　　　□ 二级　　　　　□ 一级

　　　　　　　　　　□ 高级　　　　　□ 正高级

8. 您所在岗位？　　　□ 教学　　　　　□ 行政

　　　　　　　　　　□ 教学兼行政

第二部分：左列是对教师核心素养教育胜任力的描述，右列是 5 个等级水平。请您参照左列的描述，根据自己情况在相应的选项框内划"√"。

具体描述　　　　　　　　　等级水平	1 完全 不符合	2 不太 符和	3 一般 符合	4 比较 符合
1. 我自己认为，能够正确区分境外关键能力与我国核心素养理论之间的关系				
2. 我自己认为，能够科学地理解我国学者关于核心素养基本框架的理论				
3. 发展学生核心素养是我国全面发展教育理论与实践的继承和发展				
4. 发展学生核心素养是长期以来素质教育理论与实践的深化和具体化				
5. 我能够较为准确地说出核心素养中三大方面、六大要素的基本内容				
6. 我能够较为准确列举出 18 个核心素养要点的大部分内容				
7. 对于教学发展学生核心素养，我是持比较支持、赞成的态度				
8. 研读教材时，能够根据有关核心素养的基本理论，较为准确地把握教学目标				
9. 分析教材时，能够采取大单元、大课堂的方式进行核心素养的融合、渗透				
10. 备课时，能根据发展学生核心素养需要，设计相应的课堂教学目标				
11. 教学前，能根据发展学生核心素养的要点，设计相应的教学进程				
12. 课堂上，围绕发展学生核心素养而布置学习任务，提供学习支持工具（如思维导图、问题链）				

续表

具体描述 / 等级水平	1 完全 不符合	2 不太 符和	3 一般 符合	4 比较 符合
13. 教学中，能根据发展学生核心素养要求适时地采取措施进行调节				
14. 一个单元教学结束时，能够达到发展学生核心素养的预期目标				
15. 下课后，我能够反思自己的教学是否发展学生核心素养				
16. 我认为通过自己的教学活动，促进了学生某些预期的核心素养的发展				
17. 我能够根据检测技术检测自己的教学促进学生核心素养发展的达成程度				
18. 我对核心素养研究感兴趣，作过一些核心素养及其教育问题的研究				
19. 我认为，周边同事的核心素养教育胜任力都达到了合格的水平				
20. 我认为，所在学校比较重视形成、提升教师们核心素养教育的胜任力				

第三部分：左边是对影响教师核心素养教育胜任力因素的罗列，右边为等级水平。请根据自己的感觉，在右边相应的选项上面划"√"。

影响因素 / 等级水平	1 很不 重要	2 不太 重要	3 一般 重要	4 比较 重要
1. 学校在薪水上的奖励或惩罚制度				
2. 学校工作安排的公平性、科学性				
3. 学校领导的德行、能力等素质				
4. 校园的文化氛围、价值取向				
5. 学校为教师提供的后勤服务水平				

续表

影响因素　　　　等级水平	1 很不 重要	2 不太 重要	3 一般 重要	4 比较 重要
6. 教师个人专业发展的动机、态度				
7. 教师个人的学历、职称、教龄				
8. 学校提供的专业发展机会、条件				
9. 教师同事之间的相互鼓励、支持				
10. 学生的生源情况、群体素质				
11. 社会对教师的全力支持				
12. 学生家长对教师全力的支持				

第四部分：左边是对培育教师核心素养教育胜任力相关路径的描述，右边为等级水平。请根据自己的感觉，在右边相应的选项上面划"√"。

具体的路径　　　效果的等级水平	1 没有 效果	2 效果 不大	3 效果 一般	4 比较 有效
1. 面授教育培训				
2. 专家讲座论坛				
3. 教师专业发展学校				
4. 网络远程教育				
5. 校本教学培训				
6. 校本教研活动				
7. 教师专业共同体				
8. 课题指导研究				
9. 名师工作室帮带				
10. 专家专业引领				
11. 教师同伴互助				
12. 个人自主研修				

03

下篇

| 活动探索：培养活动与测量评价 |

Ⅰ. 本篇的专题目录

★ 专题 10：社会实践发展学生核心素养研究

★ 专题 11：劳动实践发展学生核心素养的研究

★ 专题 12：指向发展核心素养学业评价研究

Ⅱ. 本篇的内容概要

本篇是对中篇"完善设计：学校变革与教师胜任"的承接，主要是对在实践中如何利用社会实践发展学生核心素养、劳动实践发展学生核心素养的案例分析，指向发展核心素养的学业评价等专题进行了研究。读者自行观察目录结构可知，这些篇章基本上涵盖了核心素养教育的基本问题。如此算是把核心素养教育从理论研究、制度设计引领到实践活动中，完成核心素养教育理论走向实践的目标。

专题 10：社会实践发展学生核心素养研究^①

【摘要】 为了揭示当前基础教育中运用社会实践活动发展学生核心素养的实际情况，本研究以马克思关于人的全面发展理论作为理论基础，通过论述说明社会服务作为一种实践性活动、与社会不同主体开展交往活动的过程从促进人的实践活动、社会关系、素质和个性的发展三方面促进人的全面发展。通过文献法、调查法发现，由于受社会服务活动缺乏专业教学团队、社会服务课程体系建设不够完善、社会服务开展缺乏支持体系的保障、对社会服务的价值认识较为肤浅等因素的影响，目前学生的社会实践服务活动还存在学生参与意愿偏低、社会服务过程中学生自主性不足、社会服务多样性与连续性不足、社会服务开展状况城乡差异较大、社会服务活动科学评价制度缺失、社会服务活动参与主体较为单一等问题。据此从社会、学校层面提出构建规范且有力的支持体系，支持学校构建科学的评价机制，家庭、学校、社会共同参与，建立连续性的社会服务体系等提升策略。

【关键词】基础教育；社会实践；核心素养；内容；机理

一、研究设计：对象界定与研究技术

（一）对象界定

中小学社会服务是 2017 年《中小学综合实践活动课程指导纲要》（以下简称"2017 年《指导纲要》"）中新提出的概念，目前关于社会服务的研究数量较少，其中部分研究仍采用社区服务与社会实践这一说法。因此，对社会服务的研究综述包括社区服务与社会实践研究。

核心素养研究中对于综合实践活动课程的关注度不高，已有研究者的视线

---

① 本专题撰写作者：杨原香（教育学硕士，重庆市九龙坡区石坪桥小学教师）；杨婕（西南大学教育学硕士研究生）。

也更多集中于综合实践活动课程，而非社会服务这一具体的综合实践活动形式。2001 年教育部发布的《基础教育课程改革纲要（试行）》（以下简称《课改纲要（试行）》）中提出了中小学校设置综合实践课程的要求：从小学至高中设置综合实践活动并作为必修课程，其主要内容包括信息技术教育、研究性学习、社区服务与社会实践以及劳动与技术教育。2017 年教育部发布《中小学综合实践活动课程指导纲要》，重新规范、更新了综合实践活动课程这一概念。2017 年《指导纲要》指出，综合实践活动是从学生的真实生活和发展需要出发，从生活情境中发现问题，转化为活动主题，通过探究体验等方式，培养学生综合素质的跨学科实践性课程。同时规定综合实践活动课程是国家义务教育和普通高中课程方案规定的必修课程，与学科课程并列设置，是基础教育课程体系的重要组成部分。课程由地方统筹管理和指导，具体内容以学校开发为主，自小学一年级至高中三年级全面实施。此外，2017 年《指导纲要》还将《课改纲要（试行）》中综合实践活动课程的主要内容重新划分为四大主要方式：考察探究、社会服务、设计制作和职业体验。本研究中所涉及的"综合实践活动课程"概念以 2017 年《指导纲要》为准。

"社会服务"一词在不同领域内具有不同内涵。《马克思主义百科要览·下卷》中将其定义为一种以提供劳务的形式来满足社会需求的社会活动。[1]《新时期新名词大辞典》中提到，社会服务是在繁忙的现代生活中逐渐形成的为城乡居民进行后勤服务的工作，也是社会学、心理学、教育学等学科在社会中落实到应用的一种实践。[2] 本研究中提到的社会服务仅指基础教育课程体系中综合实践活动课程的形式之一。本研究的"社会服务"概念即综合实践活动课程中的社会服务方式。具体来看，是指学生在教师的指导下，走出教室，参与社会活动，以自己的劳动满足社会组织或他人的需要，如公益活动、志愿服务、勤工俭学等，它强调学生在满足被服务者需要的过程中，获得自身发展，促进相关知识技能的学习，提升实践能力，成为履职尽责、敢于担当的人。社会服务的关键要素包括：明确服务对象与需要；制订服务活动计划；开展服务行动；反思服务

---

① 廖盖隆，孙连成，陈有进等. 马克思主义百科要览（下卷）［M］. 北京：人民日报出版社，1993：1659.

② 马国泉，张品兴，高聚成. 新时期新名词大辞典［M］. 北京：中国广播电视出版社，1992：530.

经历，分享活动经验。①

有学者研究认为，基于核心素养开展的综合实践活动课程能够促进学生健康生活意识、责任担当能力、实践创新能力的培养以及高阶思维的形成。② 有学者提出通过构建特色的实践基地、创建不同主题的实践模式以及拓展素养发展空间等途径促进综合实践活动课程中核心素养的培育。③ 有学者从跨界这一角度提出可通过跨学科融合、跨学科团队教研、多主体参与、多元评价等几个方面的跨界融通来推动核心素养视域下综合实践活动课程的创新。④ 总的来看，这些实施策略是围绕综合实践活动课程的构成要素和实施步骤提出的。本研究依据林崇德先生的核心素养框架，提出利用综合性的社会实践活动发展学生的核心素养。

（二）研究技术

本研究采用实地调查法，到北碚区澄江镇澄江小学，綦江区三合镇的乐兴小学、九龙小学三所学校进行现场观察以及询问，通过图片、文字等形式记录现场具体情况，作为研究资料。调查问卷主要包括调查对象的基本信息、学生对社会实践活动的认识、学生对社会实践活动效果的评价两个主要方面。同时，对调查结果采用 Excel 对所得数据进行处理分析，对结构性访谈问卷的数据进行简单的描述性统计分析。

同时，为了进一步了解社会实践活动发展核心素养的真实情况，还实施了个别访谈，即通过选定访谈对象，拟定访谈提纲，分别对教师、学校管理人员以及学生进行半结构性访谈和结构性访谈。通过访谈，以录音、笔记、问卷等形式收集资料和数据，最后对资料和数据进行归纳、整理与分析。

二、学生社会实践活动的现状调查

为了解当前小学阶段社会服务活动的开展对核心素养培育的促进效果，本研究对重庆市三所小学展开调研，以了解当前小学社会服务的现状。本研究以

① 教育部. 教育部关于印发《中小学综合实践活动课程指导纲要》的通知 ［EB/OL］. （2017-09-27）［2021-01-27］. http：//www. moe. gov. cn/srcsite/A26/s8001/201710/t20171017_316616. html.

② 严金花. 基于学生核心素养开展综合实践活动课程 ［J］. 学周刊：上旬，2018（16）：77-78.

③ 黄英. 核心素养下的综合实践活动探索 ［J］. 辽宁教育，2018（13）：41-42.

④ 景小霞. 跨界融通：核心素养视域下的综合实践活动课程创新 ［J］. 中小学管理，2017（01）：52-53.

重庆市为例，调查范围选取了重庆市綦江区和北碚区。调查对象是学校内的教师、学校管理人员以及学生。学校范围分布展示见表 10-1。

表 10-1 调查学校范围分布

区域	学校数量及类型
綦江区	綦江区三合镇乐兴小学；綦江区九龙小学
北碚区	北碚区澄江镇澄江小学

为从多方面了解小学社会服务开展的现状，本研究以教师、学校管理人员以及学生为研究对象，试图从学校层面了解小学社会服务的实施情况、从学生层面了解学生对社会服务活动的认识情况以及社会服务活动的实际效果，最后综合三方面资料的数据呈现小学社会服务活动开展的现状。

本研究选取 9 位访谈对象（包括学校管理人员的综合实践活动教师）进行 3 次半结构访谈，主要了解三所学校社会服务活动实施的状况。采取方便抽样的方式从三所学校的四、五、六年级中各抽取一个班，每班抽取 20 名学生，总计 180 名学生参与结构化访谈。运用录音、笔记、问卷等形式记录下所有访谈资料与数据，其中结构化访谈问卷发放 180 份，回收有效问卷 178 份，有效问卷回收率为 98.88%。

（一）从学校层面看社会服务活动

三所学校的教师以及学校管理者的半结构化访谈主要围绕学校综合实践活动课程开设情况、开展社会服务活动的形式、内容，教师资源以及评价方式五个方面展开。访谈结果简略呈现如下，其中綦江区乐兴小学命名为 A 小学，九龙小学命名为 B 小学，北碚区澄江小学命名为 C 小学。

表 10-2 三所学校社会服务实施状况概览

现状	A 小学	B 小学	C 小学
综合实践活动课程开设情况	1~6 年级每周开设一节（农耕文化）	1~6 年级每周开设一节	3、4 年级每周开设一节
活动形式	学校统一组织开展	学校组织、社会组织、个人参与	学校组织、社会组织
活动内容	种植、送春联	种植、送春联、学雷锋月、志愿者服务、小记者、文明出行劝导员等	种植、校园清洁打扫、到敬老院看望老人

现状	A 小学	B 小学	C 小学
教师资源	有专门教师指导	有专门教师指导	有专门教师指导
评价方式	以成果展示方式 进行	成果展示、部分活动 给予相应证书	有专门评价表，但未 完全落实

綦江区 A 小学校长在访谈中介绍，该校是一所典型的农村小学，办学规模较小，全校六个年级总计六个教学班。位于地理位置相对封闭的农村，因此该校的社会服务活动资源相对较少。经过思考探索后，该校利用农村小学丰富的土地资源与农耕文化开展了"问耕与引读"活动。在校园内开辟土地供师生共同种植蔬菜瓜果，种植活动以综合实践活动课程形式开展，每个年级每周设置一个课时，各年级学生在专业教师的指导下开展不同类型的种植活动，如改土、育苗等。该校从城市小学专门聘请了一位具有丰富农业耕种经验的专业教师指导学生的种植活动。

除此以外，该校还每年定期开展送春联活动，通过师生共同创作春联这一形式向村民传递祝福。就评价方式而言，该校主要针对种植活动进行评价，采取半期的阶段性评价、展示活动以及期末班主任在综合评价中给予总结性评语的评价方式，但尚未构建标准化的评价体系。

綦江区 B 小学是一所规模较大的城镇小学，地处交通便利、设施完善的城镇地区使得该校拥有丰富的资源开展形式多样的社会服务活动。该校开辟了一块开心农场用于学生开展种植活动，每年三月学雷锋月学校组织开展学雷锋活动，春节时与该校具有特色的书法教育结合开展送春联活动，同时该校附近的社区组织和派出所也会不时组织一些志愿者服务活动让学生参与，但由于条件所限，并非所有学生都有机会参与这些服务活动。学生自己还可以选择在假期到当地媒体机构担当小记者或者到街道上担任文明出行劝导员。该校至少有三名以上综合实践活动课程的专门教师，为学生开展综合实践活动提供帮助与指导。在评价方式方面，该校同样以成果展示为主，展示作品由教师进行综合评定，部分服务活动会获得参与证明。

北碚区 C 小学同样是一所农村小学，但其地理位置相对 A 小学而言更优越，规模也相对较大，全校六个年级总计十八个教学班。与前两所学校不同，该校仅在3、4年级每周设置一节综合实践活动课程，由专门教师授课。主要的社会服务活动是行知农场，该校在学校附近设置了一片土地开展种植活动，师生共同劳动，将收获后的劳动果实与他人分享。

此外，与其他学校不同的是，该校所有校园区域的清洁卫生全部由学生自己负责。每年三月学雷锋月开展学雷锋志愿者服务活动、植树节活动。假期里，学生还可以在村委会、新华书店等校外场所参加简单的劳动服务。在社会服务活动的评价方面，最开始该校根据学校构建的包括生活志向、公德文明、劳技情趣、人际交往、生活自理五个领域的行知生活教育五维目标体系建立了分年级阶段的评价表，该评价表的评价主体包括学生、家长、同学以及教师，但实施一段时间后未能继续实行。

（二）从学生层面看社会服务活动

调查问卷中，学生参与的结构性访谈分为对社会实践服务的认识、社会实践服务实际效果两个方面。如表10-3，为结构性访谈对象的基本信息统计。

表10-3　结构性访谈对象基本信息

基本信息	类别	频率	百分比%
性别	男	88	49.4
	女	90	50.6
年级	四年级	58	32.6
	五年级	60	33.7
	六年级	60	33.7
总计		178	100

1. 学生对社会实践服务的认识

表10-4　结构性访谈问卷题目

题目	A. 很清楚	B. 知道一些	C. 不是很清楚	D. 一点都不清楚
1. 在参与本次调查前你对综合实践活动课程中的"社会服务"了解吗？	40.7	32.8	20.3	6.2

表 10-5 结构性访谈问卷题目

题目	A. 很感兴趣	B. 有一点兴趣	C. 不是很感兴趣	D. 不感兴趣
2. 你对"社会服务"感兴趣吗？	56.2	30.3	10.1	3.4

表 10-6 结构性访谈问卷题目

题目	A. 很有必要	B. 有一点必要	C. 不是很有必要	D. 没有必要
3. 你认为有开展"社会服务"活动的必要吗？	74.7	15.7	5.6	3.9

表 10-7 结构性访谈问卷题目

题目	A. 很愿意积极参加	B. 偶尔积极参加	C. 应付了事	D. 不愿意参加
4. 你会积极参加每次的"社会服务"活动吗？	65.7	22.5	7.3	4.5

对认识层面的四个结构性访谈问卷题目进行了描述性统计分析，结果如上表 10-4、10-5、10-6、10-7 所示。首先，学生对综合实践活动中的"社会服务"的认识整体呈现正面趋势，说明当前小学生对综合社会实践活动持较为肯定、喜欢的倾向。其次，在对社会服务的了解层面，73.5% 的学生都对社会服务有或多或少的了解，其中 40.7% 的学生对于社会服务很了解，这些数据反映当前小学生对社会实践活动的社会服务了解较为肤浅。再次，在对社会服务的兴趣方面，56.2% 的学生对社会服务很感兴趣，30.3% 的学生对社会服务有一点兴趣。这些数据说明小学生的社会实践活动兴趣还不是很高。最后，在对社会服务必要性的认识方面，74.7% 的学生认为很有必要开展社会服务活动，比例最大。此外，在是否愿意积极参与社会服务活动这一方面，65.7% 的学生表示很愿意积极参加社会服务活动。这些数据说明小学生在社会实践活动的意愿与参与度上还是不够理想的。

2. 学生对社会实践服务的效果

表10-8　结构性访谈问卷题目

题目	A. 经常	B. 有时候	C. 很少	D. 从不
5. 在"社会服务"活动开展前，你会通过多种渠道获取相关信息吗？	43.2	30.7	14.2	11.4

表10-9　结构性访谈问卷题目

题目	A. 经常	B. 有时候	C. 很少	D. 从不
6. 你会经常在开展"社会服务"活动的过程中发现问题、提出问题吗？	29.2	32.0	27.5	10.7

表10-10　结构性访谈问卷题目

题目	A. 独立解决	B. 询问老师	C. 和同学共同解决	D. 听同学讲
7. 在"社会服务"活动过程中，遇到困难和挫折，你会？	19.1	25.8	46.1	8.9

表10-11　结构性访谈问卷题目

题目	选项	频率
8. 通过开展"社会服务"活动，你认为你在哪方面有所提高？	沟通、合作能力	22.5%
	创新能力	13.8%
	动手能力	19.2%
	学习能力	11.8%
	师生关系更融洽	8.3%
	独立思考能力	13.4%
	解决问题能力	10.9%

表 10-12 结构性访谈问卷题目

题目	选项	频率
9. 在开展"社会服务"活动的过程中，你所碰到的困难是？	学校可利用资源有限	18.3%
	老师指导不够	10.7%
	自己活动交往能力不够	37.2%
	学习负担重，没时间	19.0%
	家长不支持	2.4%
	不适应小组合作、探究等活动方式	12.4%

表 10-13 结构性访谈问卷题目

题目	选项	频率
10. 你认为这些困难产生的主要原因是？	课时少，时间不够	30.6
	指导教师不足	14.0
	安全因素制约	32.9
	教学资源不足	14.3
	其他	8.1

对实施效果层面的6个结构性访谈问卷题目进行了描述性统计分析，结果如表10-8、10-9、10-10、10-11、10-12、10-13所示。

其一，就实施效果方面来看，73.9%的学生有在社会服务活动开始前主动收集信息的意识。仅有29.2%的学生经常在社会服务活动开展的过程中主动发现问题、提出问题，32%的学生有时候会在社会服务活动开展过程中发现问题、提出问题。

其二，当在社会服务活动开展过程中遇到困难时，46.1%的学生选择和同学共同解决问题，25.8%的同学选择询问老师。

其三，在提及通过社会服务活动在哪些方面的能力得到提高时，沟通与合作能力、动手能力、创新能力被提及频率最高，分别为22.5%、19.2%、13.8%，仅有8.3%的学生认为通过开展社会服务活动师生关系变得更融洽了。

其四，学生在开展社会服务活动的过程中遇到频率最高的三种困难是自己活动交往能力不够，学习负担重、没时间，学校可利用资源有限，频率分别为37.2%、19%、18.3%。

其五，在谈到这些困难产生的主要原因时，32.9%的学生认为是安全因素的制约，30.6%的学生认为是课时少，时间不够。在选择其他选项的8.1%的学生中，学生提到的原因有"家长不支持""害怕做不好""性格内向"等。

三、社会实践活动的问题与归因

（一）社会实践活动存在的问题

第一，存在学生参与意愿与参与能力的矛盾。当前小学社会服务活动的开展存在着学生参与活动意愿强烈但缺乏活动能力的问题。一方面，学生有较强的意愿和热情参与形式多样的社会服务活动，另一方面学生认为自己交往能力差。学生会产生这种想法不难理解，小学生本就处于身心发展尚不成熟的成长阶段，同时长期处于家长和学校的庇护中，与社会接触的机会相对较少，这种状况下，他们缺乏参与社会服务的基本知识、能力以及经验。这种缺乏状态可能会使他们参与社会服务活动时遇到障碍。若不采取正确途径协调二者，学生参与社会服务活动的意愿和热情可能会因为对自己活动参与能力的质疑而渐渐削弱。当学生不愿意参与社会服务活动，甚至因此对社会服务活动产生畏惧时，开展社会服务活动就很难达到预期目标，核心素养的提升也就无从谈起。

第二，社会服务过程中学生自主性不足。社会服务活动开展的过程主要包括明确服务对象需要，制定服务活动计划，开展服务活动，反思服务经历，分享活动经验。当前小学社会服务活动的开展在上述几个过程中无法充分调动学生的自主性。大多数学校在开展社会服务活动时通常是由学校教师或管理人员选定服务对象，进而从学校层面制定详细的服务活动计划，计划制定好后直接告知教师并由教师带领学生开展社会服务活动，活动结束后的反思和分享环节也多由学校指定。整个活动过程中，学生仅仅是服务活动的参与者，而非组织者，显然活动过程中学生的自主性体现不足。活动过程中缺乏自主性，导致社会服务活动实施的效果很难达到理想状态，学生核心素养的发展在这样的活动过程中也并不明显。

第三，社会实践多样性与连续性显得不足。综合实践活动课程鼓励学生从自己的生活实际出发、从成长需要出发来选取活动主题，据此，2017年《指导纲要》中仅列举了一部分社会服务活动的推荐主题，而并未做过多的规定。社会服务活动的主题和类型应是多样的，但当前各学校开展的社会服务活动种类并不算丰富，且社会服务类型在各学校、各年级出现同一化趋向，年级之间缺乏连续性。社会服务范围是多样的，社会服务从低年级到高年级的开展呈现从服务自我、服务集体再到服务社会的过程。因此各年级开展社会服务活动的类型可有所差异，侧重点可有所不同，如低年级开展一些服务自我、家庭的社会服务活动，高年级再给予学生进入社区乃至社会服务的机会，但类型多样性不足的现状阻碍了这种发展。社会服务类型缺乏多样性意味着学生能力培养的单一化，进而影响学生核心素养的均衡发展。同时，类型单一的社会服务导致各年级参与的社会服务活动出现同一化趋向，这使得学生核心素养的发展缺少一个循序渐进的过程，学生发展核心素养的进阶性体现不足。

第四，社会服务开展现状城乡差异较大。仅从本研究调研的三所学校来看，两所农村小学和一所城镇小学社会服务开展的现状就存在一定差异，这种差异主要体现在开展社会服务的类型和师资上。A 小学为农村小学，其主要开展的社会服务活动是耕种，耕种活动将社会服务的劳动性质体现得更为明显，而服务性质体现不足。其次该小学在春节期间开展送春联活动，从活动性质来看该活动的开展频率也并不高。C 小学同样是农村小学，其社会服务类型相较 A 小学更多，这与其地理位置相关。但该校教师在访谈过程中同样提到，在该校社会服务活动并不丰富，由于资源的匮乏，在农村小学很难开展社会服务活动。B 小学作为一所规模较大的城镇小学，开展的社会服务类型更为多样，与 A 小学、C 小学形成了鲜明的对比。从师资方面来看，城镇小学 B 小学拥有更多的专业教师。社会服务在城乡学校的差异，与城乡学校所占有的社会资源之间的差异有很大关联。城市学校相较农村学校拥有便利的交通条件、与其他社会组织联系更加紧密，这为社会服务活动类型的多样性、实施的顺利性提供了更多可能。这种优越性显然是农村学校无可比拟的。在这种城乡差异状态下，社会服务活动对于城镇学校学生核心素养的培育显然优于农村学校。

第五，社会服务活动科学评价制度缺失。当前小学社会服务活动的开展缺乏科学的评价环节。就调研的三所学校来看，三所学校都更重视社会服务活动开展的过程而相对忽略了对于社会服务的评价，评价大多采取成果的展示、教师总结性评语、活动参与证明等形式，这些评价方式多倾向于总结性评价而非阶段性评价。因其特殊性应更重视阶段性评价。规范的社会服务活动中的关键要素包括明确服务对象与需要、制定服务活动计划、开展服务行动、反思服务经历和分享活动经验。这种分阶段进行的社会服务活动需要完整、科学的评价体系配合才能保证其实施的规范性和完整性。因为缺乏稳定的、科学的评价体系，社会服务活动开展的随意性较大。对于课程目标是否达成也无客观的检验标准，相应地，社会服务对于学生核心素养发展的促进作用也就无法衡量。

第六，社会服务活动参与主体较为单一。当前小学社会服务活动多由学校组织，尤其是部分农村小学。学校教育仅仅是教育的一个组成部分，家庭教育和社会教育也是教育中不可或缺的一部分。就社会服务而言，当前参与社会服务活动的主体主要是学校，其次是少部分社会组织，常见的有居委会和敬老院，家庭社会的参与程度不高。而社会服务需要学生在教师的指导下，走出教室，参与社会活动。学校组织社会服务活动，仅仅能保障学生走出教室，进入校园，而无法让学生进入更广阔的社会领域。学校的资源是有限的，仅仅动用学校的资源组织社会服务活动，难以为每一个学生提供参与社会服务活动的机会。B小学虽然相较 A、C 小学有更多的社会服务活动形式，但由于学校资源有限，该校也无法保证全体学生都有机会参与社会领域内的服务活动，大多数学生的服务范围仅仅停留在学校附近范围内。

（二）社会实践服务问题的归因

1. 社会服务活动缺乏专业教学团队

学生对于自身参与社会服务活动的不自信，以及活动过程中自主性的缺失在一定程度上是由于当前多数学校缺乏专业的社会服务教学团队。虽然调研结果显示当前多数小学配备了专门的综合实践活动教师，但这些教师是否形成了专业化的综合实践活动教学团体仍然存疑。学科教师的专业化不是由其专门从事某门学科的教学所体现，只有具备扎实学科知识以及学科教学技能、智慧的教师才能称其为专业化的教师。无可否认，部分学校具备这样的专业教师资源，但这些教师并未形成专业化的教学团队，在教学活动的开展过程中，他们未能根据自身的专业知识与能力进行合作以促成教学活动的高质量实施。具体来看，当前在各小学承担综合实践活动课程教学的教师缺乏指导学生开展社会服务活动的专业知识与技能，同时这些教师们未能形成专业化的团队，导致课程的实施缺乏科学性，教师们往往简单地给出既定的活动实施计划，交由学生实施，而不是把主动权交给学生，适时地给予学生指导。这种状况导致学生在参与社会服务活动的过程中易陷入一种较为迷惘的状态，不能适时从教师处获取指导与帮助，难以顺利完成服务任务，进而对自己的能力产生怀疑。同时学生又被框定在教师制定的活动实施计划中，主动性难以体现。

2. 社会服务课程体系建设不够完善

相较于其他学科课程，综合实践活动课程作为一种跨学科课程在各小学中尚缺乏完善的课程体系，而社会服务作为综合实践活动课程的一个部分，其实施更显随意性。就课程资源的开发以及课程的实施、评价来看，多数学校基本上未构建完善的社会服务课程体系。虽然教育部印发了《中小学综合实践活动课程指导纲要》，但纲要多从宏观角度指导课程的实施，综合实践活动课程的顺利实施仍需要更细化的课程体系的支撑。尤其是仅作为综合实践活动课程一部分的社会服务，其顺利实施同样需要具有针对性的课程体系支持，否则其实施效果难以保障。社会服务课程体系建设的不完善导致各校社会服务活动形式不够多样，各地区学校千篇一律。缺乏上下贯通、循序渐进的课程结构，导致学校各年级的社会服务活动形式缺乏区分性、连续性。同时，在开展社会服务后，难以对学生在活动过程中的表现进行及时有效的评价。在这种状态下，学生的核心素养也难以有循序渐进的提升。

3. 社会服务开展缺乏支持体系保障

在学校范围内开展的社会服务活动，能够把学生置于一个相对安全、简单的校园环境中，学校教师以及教职工也能够有效地对学生在活动开展过程中的行动进行监控，学生的安全也就相对有保障。而当社会服务活动开展的范围扩展到校园外的社区乃至社会，师生所面临的环境也就变得极为复杂，复杂环境里安全隐患也相对较多。有限的指导教师难以保证每一位参与社会服务活动的学生的安全，安全问题也就成了学校和学生都较为顾虑的一个开展社会服务活动的制约因素。在这种顾虑之下，学校难以组织学生大规模的参与校园外的社会服务活动。安全问题成为一大制约因素主要是学校缺乏相应的社会服务活动支持体系，这一支持体系包括安全的校外活动场所和安全管控机制。学校未与校外机构和组织事先协调好适合学生开展社会服务活动的固定场所，非固定的临时活动场所环境相对陌生，学校难以对学生的安全进行把控。缺乏完善的安全管控机制导致学校对学生在社会服务活动过程中的安全问题非常顾虑，且问题一旦出现容易陷入混乱局面。学校因此尽量减少开展社会服务活动的频率，甚至避免组织学生外出参与社会服务活动，这种状况下社会服务活动的多样性难以保障。

4. 对社会服务的价值认识较为肤浅

家庭、学校以及社会对社会服务这一课程的价值和内涵的认识缺乏深度导致在中小学开展的社会服务质量不高，同时各主体的参与度也较低。各主体对社会服务价值认识得不深入主要有三方面原因。一方面，社会服务是综合实践活动课程中的新生概念，并非传统的学科课程，因此其出现在各主体视线内的频率并不算高，大多数家长、学校以及社会机构、人士都将其简单地视为学科课程学习之外的陪衬。另一方面，社会服务将服务、劳动与学习结合在一起，是一种异于传统学习方式的新学习方式，各主体易将其看成是一种简单的实践活动而非特殊的学习方式。此外，当前教育教学实践中，学科课程的学习仍然是主流，一些选拔性考试仍旧以学生学科知识的学习情况作为选拔标准，社会服务很少作为衡量学生学习质量的标准。因此在学校内外的教学活动中，社会服务都不是各主体重点关注的对象。综合上述三方面原因，各主体对于社会服务价值认识缺乏深度是可以理解的。对于社会服务价值认识深度的缺乏，导致各主体不够重视社会服务的开展，参与度较低，从而影响社会服务活动实施的质量。

四、社会实践发展核心素养的建议

(一) 社会支持：体制-评价-参与并重

1. 构建规范且有力的执行体制

当前学校社会服务活动的开展缺乏规范性且受安全因素制约，这迫切需要一个规范且有力的支持体系。首先要提供社会服务活动开展的硬件配套保障设施，学校要建立本校的实践活动基地供学生进行校内的社会服务活动。同时与校外的社会机构、组织如村委会、居委会、福利机构、博物馆等协调合作，建立稳定的合作关系，为学生提供丰富且稳定的社会场所供学生参与社会服务活动。其次学校要建立完善的安全防控机制，包括活动开展前的安全问题预防机制、活动开展过程中的安全把控机制以及安全问题发生之后的协商解决机制和问责机制。为教师提供安全知识培训，让教师有能力在活动过程中保障学生的安全，同时为学生讲授安全知识和自我保护知识，让学生在参与服务活动的过程中具有安全意识。只有通过构建规范且有力的支持体系才能更好保障社会服务活动的顺利开展，让学校有能力、有机会组织更多的社会服务活动，满足学生参与社会服务活动的需求，为学生提供更多锻炼的机会。

2. 支持学校构建科学的评价机制

为保障社会服务活动开展的规范性和有效性，各学校应建立相对稳定的、科学的评价机制。要构建科学的评价机制，仅仅依靠各学校自身的力量难以实现，这需要更多专业教育研究人员的支持。教育研究人员应结合核心素养体系的要求以及综合实践活动课程目标的要求构建具有一定理论基础的综合实践活动课程评价指标体系。各学校在这一科学性的评价指标体系指导下再构建符合学校实际需求的评价机制。学校在构建评价机制的时候应注意评价方式的多样性以及评价主体的多元性。社会服务活动的评价与传统纸笔测验的评价方式存在很大差异，社会服务活动的评价重在学生参与社会服务活动过程中的表现与成长，这一过程中学生得到更多的是一些隐性因素的成长，单一的评价方式难以对其进行科学的评价。因此学校应采取形成性评价、总结性评价等多种评价手段相结合的多样化评价方式。其次，当前学校社会服务评价多由教师单独进行，而社会服务活动开展的过程远不止教师的参与，教师、学生、家长、社会人士以及被服务对象都是社会服务活动过程中可能的参与者。除教师以外，其他参与者也见证着学生在服务活动过程中的行动和成长，因此，他们也应被纳入社会服务活动的评价主体中。评价主体多元化，才更有可能从不同角度对学生在社会服务活动过程中的表现和成长做出全方位的综合评价。

3. 家庭、学校、社会共同参与

当前社会服务活动开展的主体主要是学校，为了保证社会服务活动形式的多样性、实施的有效性以及协调的可行性，应提升对社会服务的重视度，要求家庭、社会与学校共同参与社会服务活动的组织和开展。社会服务强调满足社会组织和他人的需要，因此社会服务活动的开展范围远不止学校，仅仅由学校组织开展的社会服务活动有较大的局限性。在家庭内，家长应有意识地培养学生的劳动和服务意识，并尽可能地为学生的社会服务活动提供帮助与指导。在社会领域内，学校社会服务活动的顺利开展离不开各社会组织与社会机构的支持与配合。只有家庭、学校、社会共同参与社会服务活动的组织和实施才能为学生提供更广阔的活动场所和更有力的保障。

（二）学校改革：体系-资源-师资并进

1. 建立连续性的社会服务体系

学生的成长和核心素养的发展应是一个循序渐进的过程，同时综合实践活动课程在各学段具有不同的具体目标，因此各学校应根据自身学校的特点构建一个各学段既有差异性又有连续性的多样化的社会服务活动体系。

要建立这样一个具有较高连续性的学生社会实践活动的服务体系，学校应从这几个方面进行思考：综合实践活动课程的学段目标、核心素养体系对于学生核心素养发展的要求、学校自身办学理念与实际情况、学校学生的实际发展需求。首先，学校的社会服务体系应处于综合实践活动课程总目标的统领之下，各年级的活动方案应有助于各学段具体目标的达成。其次，将课程目标与学生核心素养发展的要求结合起来，选取有利于学生核心素养发展的服务活动形式。再次根据学校自身的办学理念与实际情况考虑学校有条件、有意愿开展哪些类型的服务活动。最后，对学校学生参与社会服务活动的能力进行评估，确定各年级开展社会服务活动的具体形式。最终形成一个各年级之间既有差异性又有连续性的社会服务活动体系，在此体系下，学生在不同阶段参与不同的社会服务活动，能够更有效、更科学地发展自己的核心素养。

2. 因地制宜挖掘本土课程资源

城乡学校的差异是短时间内较难弥补的，与其盲目学习城镇学校社会服务活动的优越性和多样性，不如创造性地挖掘本土课程资源，因地制宜，开展具有乡村特色的社会服务活动。挖掘本土课程资源可从活动场地、活动主题、师资三个层面入手。从活动场地来看，虽然农村学校处于交通条件有限的地区，与各种社会组织与机构距离遥远，但农村学校大多拥有广阔的自然环境，这样的环境简单，师生得以更安全、更自由地开展社会服务活动。从活动主题来看，学校可设置具有当地乡土风情的社会服务主题。例如，与当地特色农产品相关的服务活动、与当地民风民俗有关的服务活动、与当地传统非物质文化遗产相关的服务活动以及结合当地村民实际需求的社会服务活动。参与这些类型的社会服务活动使学生既是当地文化的传承者又是具有社会责任感的现代公民。从师资层面来看，农村学校师资相对缺乏，学校可与当地具有丰富实践经验的村民、熟悉本地民风民俗的村民、精通传统文化的手艺人以及当地村委会合作，让学生在这些"特聘教师"以及学校专业教师的共同指导下开展社会服务活动，这样可在一定程度上减少农村学校的师资压力。通过挖掘本土课程资源，农村学校也有条件开展丰富多彩的社会服务活动。需要注意的是，农村学校和城镇学校在开展社会服务活动时主要是形式上的差异，在最终目标以及对学生核心素养的培育上应具有一致性。

3. 增强教师社会服务专业智慧

小学阶段，学生缺乏参与社会服务活动的知识、能力和经验，在社会服务过程中易显得盲目和不知所措，此时社会服务活动过程中指导教师的重要性就体现得尤为明显。综合实践活动的指导教师应有一种专业智慧，这种专业智慧意味着教师能够在社会服务活动的开展过程中充分体现学生的自主性，同时又能在恰当的时机给予学生专业化的指导。教师可通过两种途径提升自己的专业智慧：参与综合实践活动相关培训；在活动过程中反思、总结经验。通过参与相关培训，教师可从教育专家处获取组织开展社会服务活动的系统化的理论知识，以及从其他专业教师处了解他人宝贵的教育经验。通过参与培训，教师可为开展社会服务活动奠定理论基础。在开展社会服务活动的过程中，教师要有意识地积累活动经验，在活动结束后进行及时有效的教学反思，思考理论与教学实践之间的关系。以理论为基础调整下一次的活动，根据实践经验完善、丰富、发展相关理论知识体系。通过上述两个途径，教师指导社会服务活动开展的专业智慧得以提升。学生在教师更专业地指导下，能够更顺利地参与社会服务活动，从而减少对自身能力不足的畏惧，增强参与社会服务活动的意愿与热情，在参与过程中学生的核心素养也得以发展。

4. 重新定位活动中的师生角色

社会服务活动开展过程中学生缺乏自主性在很大程度上是因为当前学校活动过程中师生角色划分不明确。要使学生能够在社会服务活动过程中焕发出更多的自主性，必须重新定位活动过程中师生的角色。

在现有的多数社会服务活动中，教师是完全的主导者和组织者，教师事先决定服务主题、制定服务计划，然后将服务计划告知学生，学生在教师的主导下参与社会服务活动，这样的活动开展路径没有给学生提供充足的自我发挥机会。社会服务活动的开展需要把学生作为主体，让学生从自身发展需求以及生活实际出发，自主选择合适的活动主题。学生要自行选择活动内容、制定活动计划，在活动过程中要进行自我管理，在活动完成后要进行深刻的自我总结与自我反思。在整个过程中，教师应扮演一个指导者角色而非主导者角色，在学生有需求时适时地在活动中进行指导。只有这样，才更可能达成社会服务活动的预期目标，促进学生核心素养的发展，而不是让学生仅仅成为一个体验者。

总之，本研究通过调查中小学社会服务活动开展的现状，了解其开展过程中存在的问题，找出解决这些问题的针对性措施，能够为中小学开展社会服务活动提供建议，提升社会服务活动开展的效果，从而更好落实综合实践活动课程。同时，通过梳理社会服务和核心素养之间的联系，能够拓宽中国学生发展核心素养的培养路径。

专题 11：劳动实践发展学生核心素养的研究[①]

【摘要】 劳动教育具有增智、培德、健体、育美等方面的功能，关于核心素养教育与学生劳动教育关系的研究较少。本研究在总结前人研究的基础上，综合运用问卷调查、访谈调查和文献分析、描述性统计分析等方法，以重庆市三所不同类型小学的学生为研究对象，对核心素养教育下小学生家庭劳动教育、学校劳动教育以及自身劳动认识现状进行调查发现，由于单一成才观和错误劳动观导致学生劳动认识偏差、家庭错误劳动教育方法代际传递、城镇化浪潮推进城乡学生流动、缺乏有效的劳动教育保障及考评机制等因素的影响，当前学生的劳动教育中，在家庭劳动教育中存在家庭劳动教育缺乏劳动意识的培养、家庭劳动形式简单和时间短、家长引导方式欠妥等问题，学校劳动教育中存在有劳无教与教而不劳、城市小学生劳动教育人均资源不足、学校劳动教育评价不足等问题，学生自身对劳动认识存在不重视劳动的重要性、劳动认识偏差等问题。因此，结合核心素养教育下劳动教育的新要求从国家、学校、家庭三个层面提出了相应的提升建议。

【关键词】 学生劳动；劳动教育；核心素养；效能；诊断；提升

一、研究设计：对象界定与研究技术

（一）对象界定

《辞海》解释劳动，"就是人们改变劳动对象使之适合自己的需要的有目的的活动，即劳动力的支出和使用。"[②] 马克思认为，"劳动力的使用就是劳动本

---

① 本专题撰写作者：罗丽（华东师范大学教育学硕士研究生）；唐智松（教育学博士，西南大学教授、博士生导师）。

② 夏征农. 辞海（下）[M]. 上海：上海辞书出版社：1999：4619.

身；劳动力的买者消费劳动力，就是叫劳动力的卖者劳动"①。《教育大辞典》解释劳动是"劳动即劳动力的使用与消费"②；《现代汉语词典》认为劳动力可以理解为三点，一是"人类在创造物质与精神财富时所进行的生产活动"；二是"专指体力劳动"；三是"进行体力劳动"③。解读、分析古今中外有关劳动的认识，我们认为，劳动是人类区别于其他动物的重要标志，是人类创造财富的基本途径，是赖以生存、发展的重要基础，是促进人类不断进化、走向文明的重要力量。

《教育大辞典》定义"劳动教育"："劳动教育即劳动、生产、技术和劳动素养方面的教育。"④ 它的主要任务有如下四点：一是使学生具有正确的劳动观点；二是教育学生具有正确的劳动态度；三是培养学生的良好劳动习惯；四是培养学生获得工农业生产基本知识和技能。⑤《中国百科大辞典》对劳动教育的解释为，"劳动教育是以劳动实践为主，结合进行思想教育"。⑥ 在马克思看来，教育与生产劳动相结合是改造现代社会的最强有力的手段之一，是提高社会生产的一种有效方法⑦。综合以上阐释，可以看出劳动教育包括两部分，第一部分是进行思想态度层面的教育，帮助学生树立正确的劳动价值观；第二部分是进行劳动技能与知识层面的教育，培养学生良好的劳动理论知识和实践能力。

小学生劳动教育，就是针对小学生群体进行的劳动教育，根据小学生活泼爱动、学业压力较小、思维能力水平较低的身心发展特点，对小学生进行的劳动教育。小学生劳动教育应以实践活动为主，辅之以思想教育、基础理论讲解，主要包括劳动观念、劳动习惯、一般生产技术知识和劳动技能等，旨在培养其热爱劳动、尊重劳动、珍惜劳动成果的意识，同时使其掌握一些基本的劳动生产知识和技能，促进其全面发展。⑧ 核心素养教育下的小学生劳动教育，是以核心素养教育为背景，以劳动教育为核心，针对小学生群体进行相应的劳动实

---

① 马克思. 资本论（第一卷）[M]. 北京：人民出版社，1975：201.
② 教育大辞典编纂委员会. 教育大辞典 [M]. 上海：上海教育出版社，1990：930.
③ 江潮. 当代小学生劳动教育问题及对策研究 [D]. 广西：广西师范大学，2017.
④ 顾明远. 教育大辞典：增订合编本 [M]. 上海：上海教育出版社，1996：934.
⑤ 赵莹. 核心素养培育下的西安市小学生劳动教育现状调查研究 [D]. 陕西：西安理工大学，2018.
⑥ 中国大百科辞典编纂委员会. 中国大百科辞典 [M]. 北京：华夏出版社，1990：460.
⑦ 舒志定. 人的存在与教育——马克思教育思想的当代价值 [M]. 上海：学林出版社，2004：179.
⑧ 赵莹. 核心素养培育下的西安市小学生劳动教育现状调查研究 [D]. 陕西：西安理工大学，2018.

践和思想理论教育，从而培育其适应未来发展的相关素养的一种教育活动。

（二）调查技术

本研究通过阅读小学生劳动教育相关文献，结合专家建议和现有劳动教育政策分析，形成初测问卷"核心素养教育下小学生劳动教育现状调查问卷"。初测问卷的结构主要包括基本信息和现状调查题项。其中，基本信息主要包括年级、性别和学校类型；现状调查题项主要包括在家劳动教育现状、在校劳动教育现状和个人对劳动的态度三个版块，每个版块 10 道题，共 30 题，大部分为单项选择题，仅有 3 题为多选题。待初测问卷形成后，笔者随机抽取了重庆市北碚区某小学 3~6 年级学生共 50 名发放问卷，剔除无效问卷后得到有效问卷 48 份。对初测得到的有效问卷进行项目分析、同质性检验后对题项进行删减，并结合主成分分析结果调试问卷维度，每个维度留下 6~8 道题目，共计 21 题，而后结合专家意见对问卷进行进一步完善，最后得到研究所用问卷。

本研究的正式调查选取了实施劳动教育的三所不同类型的小学进行调研，分别是重庆市綦江区 Z 小学（城市小学）、重庆市北碚区 Y 小学（乡镇小学）和重庆市綦江区 X 小学（偏远农村小学）。面向这三所小学 3~6 年级学生发放问卷 450 份，获得有效卷 409 份，问卷回收有效率达 90.89%。

根据 Kaiser（1974）的观点，进行因素分析的普通准则至少在 0.6 以上，KMO 统计量值大于 0.7 时效度适中，可进行因素分析，大于 0.8 时效度良好，适合做因素分析。[1] 根据吴明隆教授对前人研究的总结，总量表的信度系数最好在 0.8 以上，如果是分量表，其信度系数最好在 0.7 以上。[2]

首先对问卷进行整体的信效度检验，测得整体的 KMO 值为 0.803>0.8，效度良好，适合做因子分析，并将 21 项题目划分为 3 个维度；整体的克隆巴赫系数为 0.814>0.8，即问卷整体具有良好的信度。其次对各维度的信效度进行检验，家庭劳动教育现状、学校劳动教育现状和自身劳动意识现状三个维度的 KMO 值分别为 0.789、0.752、0.737，均大于 0.7，说明效度合适；三个维度的克隆巴赫系数分别为 0.795、0.748、0.771，均大于 0.7，说明各维度信度良好（见表 11-1）。

---

[1] Kaiser H . A second generation little jiffy [J]. Psychometrika, 1970, 35 (4)：401-415.

[2] 吴明隆. 问卷统计分析实务——SPSS 操作与应用 [M]. 重庆：重庆大学出版社，2010：244.

表 11-1 各维度的信度分析

	克隆巴赫系数	题项数
家庭劳动教育	0.795	7
学校劳动教育	0.748	8
自身劳动意识	0.771	6

在上述调查收集的基础上，本研究采用了调查法。通过查找已有研究的调查量表、文献分析和结合专家建议，针对 3~6 年级小学生设计自编问卷《核心素养教育下小学生劳动教育现状调查问卷》，针对学校主管劳动教育的领导和老师设计访谈提纲，以求得到较为真实、全面、深入的第一手研究资料。同时，本研究主要运用 SPSS 22.0 软件进行相关数据分析，主要运用描述性统计分析方法从家庭劳动教育、学校劳动教育、自身劳动价值观三个方面来对小学生的劳动教育现状进行深入分析，从而得到一个详尽的了解。

此外，本研究在三所小学进行问卷调查后随机选取了少量学生和各个学校专门负责劳动教育相关事务的领导或任课教师进行了深入访谈，从而对每所学校的劳动教育实施情况有了更加深刻和全面的了解。

二、学生劳动教育活动的现状调查

为兼顾研究对象来自不同学校类型、不同年级，同时保证对象具有基本的认知能力，本研究特选取了实施劳动教育的城市小学、乡镇小学和农村小学各一所，针对 3~6 年级的学生进行问卷调查，并随机抽取少量学生进行深入访谈。样本在性别这一名称变量中分布较为均匀，在年级分布上三年级和六年级学生较少，在学校类型分布上城市小学学生人数远远多于农村小学和乡镇小学，具体分布情况见表 11-2。

表 11-2 问卷调查对象基本信息统计

变量	类别	频率（N）	百分比（%）
年级	六年级	94	23
	五年级	130	31.8
	四年级	114	27.9
	三年级	71	17.4
性别	女	216	52.8
	男	193	47.2

变量	类别	频率（N）	百分比（%）
	农村小学	130	31.8
学校类型	乡镇小学	107	26.2
	城市小学	172	42.1

（一）家庭劳动教育的现状

1. 家长对劳动教育的态度

（1）家长是否鼓励孩子做家务

根据调查结果可知（见表11-3），多达88.51%的家长都非常鼓励孩子做家务，9.29%的家长不是很鼓励孩子做家务，仅有2.20%的家长完全不鼓励孩子做家务，说明绝大多数的家长有意识对孩子进行劳动教育培养。在与学生的访谈中我们得知，非常鼓励孩子做家务的家长们主要认为做家务作为孩子生活能力培养的重要内容应该引起重视；不鼓励和不是很鼓励孩子做家务的家长主要出于两方面的考虑：一是觉得孩子年龄较小做不好家务，二是觉得孩子学业繁重不忍消耗其学习时间。

表 11-3　父母是否鼓励孩子做家务

题目	回答选项及回答内容	回答占比%
A. 作为家长，您是否鼓励孩子做家务劳动？	A1. 非常鼓励孩子做家务	88.51
	A2. 不是很鼓励孩子做家务	9.29
	A3. 完全不鼓励孩子做家务	2.20
	A4. 反对孩子做家务劳动	0.00

（2）家长引导孩子做家务的方式

由图11-1可知，一般选择用"耐心告诉孩子必须承担一定的家务"这一方式引导孩子做家务的家长最多，有332人，占81.17%；其次是选择"有一定的奖赏，比如扫地会给孩子几块钱或买零食"这一方式的家长较多，有142人，占34.72%；当然，也有少数家长选择"'逼迫孩子'，告诉孩子如果不做家务就不会得到他想要的东西或者不让他出去玩"或"把做家务当作孩子做错事或考差了的惩罚手段"，分别有48人和52人，分别占11.74%和12.71%。可见，大部分家长能够采用合理方式来引导孩子做家务，但仍有部分家长会采用提供奖赏、强迫甚至把做家务作为一种惩罚等较为不合理的方式来使孩子参与家务劳动。

根据以上两点分析，笔者认为，在所调查的 409 份样本中，家长对小学生的劳动教育重视程度普遍较高，绝大多数家长非常鼓励孩子做家务，但是他们在引导孩子参与家务劳动时所使用的方法还有待改善。

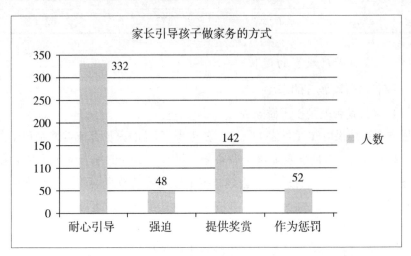

图 11-1 家长引导孩子做家务的方式选择（注：此题目为多选题）

2. 学生参与家庭劳动的情况

（1）做家务的频率

如表 11-4 所示，选择"每周 2~5 次"的学生最多，占 35.94%；其次是选择"基本每天都做"的很多，占 32.52%；然后是选择"每周一次"的小学生较多，占 28.36%；仅有 3.18% 的学生选择了"基本不做"。也就是说，绝大多数的小学生每周至少做一次家务，其中有大部分是基本每天都做的。从频率的角度来看，小学生做家务的情况是比较可观的。

表 11-4 学生每周在家做家务的频率

题目	回答选项及回答内容	回答占比%
B. 作为学生，你平均每周在家做家务的次数是	B1. 每周 2~5 次	35.94
	B2. 基本每天都做	32.52
	B3. 每周一次	8.36
	B4. 基本不做	3.18

在进一步的访谈中笔者了解到，选择"基本每天都做"的学生中有相当一部分是指帮家长倒垃圾或下楼送东西，顺便出去玩，实际花费在做家务上的时

间并不多。因此有必要对学生花费在做家务上的时长进行分析。

（2）做家务的时长

根据统计结果（见表11-5）可知，每天做家务半小时以内的小学生最多，占40.10%；其次是做半小时到一小时的，占37.90%；较少的学生每天做家务达一小时以上，占比20.04%；还有1.96%的小学生是基本不做家务的。由此可知，小学生每天做家务的时长普遍较短。也就是说，尽管小学生每周做家务劳动的频率较高，但其平均每天做家务的时长很短，整体的家务劳动参与情况欠佳。

表11-5 学生每天做家务的时长

题目	回答选项及回答内容	回答占比%
C. 请你估计。你每天在家做家务劳动的时间长度是多少	C1. 多达一小时以上	20.04
	C2. 在半小时到一小时左右	37.90
	C3. 在半小时以内	40.10
	C4. 基本不做家务	1.96

（二）学校劳动教育的现状

1. 学校劳动教育的指导思想及特色项目

本研究所选取的三所小学均为重庆市陶行知研究会基地学校，主要以陶行知先生的"生活教育"相关思想作为学校开展劳动教育的指导思想。在市陶行知研究会专家的指导下，三所学校均设立了"行知农场"作为实践实验基地。同时，根据各所学校具体情况他们还分别设立了相应的特色项目用于开展劳动教育。

"陶先生主张'生活即教育'，也就是说，生活就是教育的主体，那我们学校就在想如何将学生的劳动教育与他们的生活相契合。一方面，小学生对直观形象的事物感知力较强，所以我们决定以动手实践为主要形式；另一方面，我们学校地处农村，有丰富的农业资源和土地资源，孩子们也一直对农村生活比较熟悉，所以我们决定将农耕文化与劳动教育相结合。综合学生特点和本地特色，我们选取了'种植栽培'作为开展劳动教育的主题。"X小学的校长如是说。

依托于学校附近一定面积的土地资源和乡镇的水产业资源，Y小学在具体开展本校劳动教育时选取了"红樱桃林管理"和"金鱼养殖"两个项目作为主要实施项目。其中，"红樱桃林管理"实行"分班责任制"，"金鱼养殖"实行

"个人或团体认养制"，旨在培养学生们的劳动责任感。

相较于地处于偏远农村的 X 小学和位于交通方便且有一定土地资源的 Y 小学，城市学校 Z 小学的劳动教育开展在学生实践方面有所欠缺，主要依靠学校建设的"行知农场"指导学生进行劳动实践。

2. 学校劳动教育课程开设情况

（1）开设劳动教育课程的频率及内容

在与三所小学的劳动教育相关负责人的交流中，笔者了解到这几所学校都没有专门开设所谓"劳动"的课程，而是将综合实践课、科学课以及班会课作为开展劳动教育的主要课程，各学校具体安排如下表 11-6 所示。

表 11-6 各小学开设劳动课程基本情况

学校	课程名称	开设频率	特色项目
X 小学	综合实践活动	2 节/周	"种植栽培"
	班会课、语文课		
Y 小学	综合实践活动	1 节/周	"红樱桃林"管理 金鱼养殖
	科学课	2 节/周	
Z 小学	综合实践活动	1 节/周	无

结合表 11-6 和访谈结果可知，三所学校均开设了综合实践活动课程作为劳动课程，主要用于劳动实践教学，每周至少 1 节，频率合适。其中，X 小学在综合实践活动课程上主要带领各年级学生进行除草、改良土壤、写观察日记等活动，Y 小学是指导学生管理"红樱桃林"和喂养金鱼，均有系统和长效的教学。而 Z 小学则是带领学生到"行知农场"进行农具识别、蔬菜识别、常规菜品种植等活动，或是在教室进行手工制作教学，重在学生体验，缺乏一定的系统性和长效性。

此外，Y 小学还专门开设了科学课，在其中插入劳动知识的理论讲解。X 小学则是开发了校本教材《问耕》，由班主任和语文老师分别在班会课和语文课上进行劳动意识培养和农耕文化传播。由此可见，Y 小学和 X 小学在劳动课程的实施中围绕本校特色项目，将理论与实践相结合，课程内容较为丰富、课程频率安排得当，而 Z 小学的劳动课程虽然频率安排合适，但内容较为单一且缺乏特色，需要得到进一步完善。

（2）学校劳动课程的师资配置

在实地考察与访谈过程中，笔者了解到三所学校均有配备专业教师来实施劳动课程。首先，X 小学负责人与城区的综合实践课程老师交流学习，并从城镇小学引进一位专业教师作为本校"种植栽培"项目的指导老师。该老师对长期的农耕生活与农村学生教学经历进行相应总结，对 X 小学开展以"种植栽培"为主题的劳动教育大有裨益。其次，Y 小学除了聘有专门的综合实践活动课程教师和科学课教师外，还从西南大学动物科技学院引入水产专家作为学校"金鱼养殖"项目的顾问，定期请教授到校进行指导。再次，与 X 小学和 Y 小学不同，由于缺乏特色性劳动课程项目，Z 小学在师资配置方面重在综合实践活动课程教师的引进与培训，包括手工、书法等专业教师的配置。相较于 X 小学和 Y 小学的综合实践活动课程教师，其教师学历更高、专业水平更强。

据以上分析，笔者认为所调查的三所小学在劳动课程师资配置方面有两大特点：一是农村小学和乡镇小学较城市小学更注重打造学校特色劳动课程，故而偏重引进特色化专业教师；二是在作为学校劳动教育实施的主要课程——综合实践活动课教师的配置方面，城市小学整体资源较农村小学和乡镇小学好。

（3）劳动课程是否被其他课程占用

为了解学校劳动课程是否是真正长期有效的实施，本研究特在三所学校针对"劳动课是否被占用"这一问题分别进行了调查，结果如表 11-7 所示。

表 11-7 劳动课程是否被占用（百分比）

学校名称	学校类型	没有被占用	偶尔被占用	经常被占用
X 小学	农村学校	42.31%	48.46%	9.23%
Y 小学	乡镇学校	71.30%	23.15%	5.56%
Z 小学	城市学校	90.64%	5.85%	3.51%

如表 11-7 所示，在三所学校当中，城市学校 Z 小学的劳动课程被占用比例最低，90.64% 的小学生都选择了"没有被占用"这一项；农村学校 X 小学劳动课程被占用情况最严重，过半的学生选择了"偶尔被占用"或"经常被占用"，而乡镇学校 Y 小学的劳动课程被占用情况良好，有 71.30% 的学生选择了"没有被占用"。

笔者在进入 Y 小学进行调查时恰好遇上五年级三班的科学课刚开始就被打断的情况，科学课老师向笔者抱怨，"前几周才被占用两次，这周又被占了，教学任务可是很难完成了呀。"由此可见，劳动课程被占用的情况在乡镇小学很常见，在农村小学比较严重，在城市小学基本不存在。

通过对学生的进一步访谈，笔者了解到，X 小学的劳动课教师会让学生回家完成一定的劳动任务，包括从家里的田地里取土、根据教师在学校的指导，自己在家进行相应的种植任务等，所以在校的劳动课程安排较为灵活，加之地处偏远农村，遇上雨雪等恶劣天气便难以到室外进行实践教学，故而被占用情况严重。而城市学校Z小学课程安排更为严格，对所有教师包括综合实践课程教师也有详细的考核制度，且活动场所也多为室内，因此劳动课程几乎没有被占用。

（4）劳动课程结束后是否考试

表 11-8　劳动课程结束后是否会考试

学校名称	学校类型	不会	偶尔会	经常会
X 小学	农村学校	60.00%	32.31%	7.69%
Y 小学	乡镇学校	85.19%	13.89%	0.93%
Z 小学	城市学校	63.74%	35.09%	1.17%

根据统计结果可知，三所学校有 60% 及以上学生都选择了"不会考试"这一选项，还有一定比例的学生选择"偶尔会考试"，分别占 32.31%、13.89%、35.09%，极少数学生选择"经常会考试"，分别占 7.69%、0.93%、1.17%。通过进一步访谈得知，三所学校均未对劳动课程进行纸质考试，而是定期展示劳动作品的形式，至于那些选择了有进行过考试的学生，他们把老师组织的劳动作品评比当作了考试。

3. 小学生值日情况

（1）小学生值日的频率

为详细了解各学校小学生劳动教育实践的活动情况，笔者首先调查了小学生在校值日的频率。

表 11-9　各小学学生做值日的频率

学校名称	学校类型	从不做值日	每周 1 次	每周 2~4 次	每天都做
X 小学	农村学校	19.23%	41.54%	32.31%	6.92%
Y 小学	乡镇学校	9.26%	72.22%	12.04%	6.84%
Z 小学	城市学校	2.34%	76.02%	12.87%	8.77%

根据统计表 11-9 可知，三所学校比例最高的均是"每周一次"，还有相当一部分选择了"每周 2~4 次"或"每天都做"，也就是说，大部分小学生每周至少做一次值日，频率合适。在"从不做值日"这一选项中，X 小学比列较高，占 19.23%，Y 小学次之，9.26%，Z 小学最低，仅有 2.34%。根据对各小学的

教师进行访谈的结果，笔者了解到三所学校的值日均是每天安排一个小组的同学进行，对于出现一定比例的"从不做值日"和"每天都做"的情况，笔者怀疑是否存在学生受罚或学生之间存在欺凌的现象。

（2）小学生是否因受罚而做值日

为了解小学生是否因受罚而做值日，笔者做出如表 11-10 的统计。

表 11-10　小学生是否因受罚而做过值日

学校名称	学校类型	经常	偶尔几次	只有一次	从未有过
X 小学	农村学校	4.62%	22.31%	7.69%	65.38%
Y 小学	乡镇学校	1.85%	6.48%	10.19%	81.48%
Z 小学	城市学校	0.58%	0.59%	4.09%	94.74%

如表 11-10 所示，农村学校 X 小学的学生因受罚而做值日的比例最高，共有 34.62%，选择"经常""偶尔几次"的比例远远超过 Y 小学和 Z 小学。城市学校 Z 小学学生因受罚而做值日的比例最小，仅有 5.26%，乡镇学校 Y 小学比例居中，占 18.52%。可见，农村小学较城市小学和乡镇小学更容易发生学生因受罚而参加值日劳动的情况。

（三）学生的劳动态度及认识

1. 小学生自身的劳动态度

（1）小学生参加劳动的原因

为了解小学生对于做劳动的态度如何，笔者首先调查了他们参加劳动的原因。如表 11-11 所示，比例最高的是"自己的需要"，占 53.08%，其次是"我想得到老师或家长的表扬"和"同学伙伴的影响"比例较高，分别占 16.92% 和 16.15%，比例最低的是"老师或家长的要求"。由此可见，自身的需求或外界的积极引导更容易让小学生主动参与劳动，而强制性措施效果较差。

表 11-11　参加劳动的各项原因

题目	回答选项及回答内容	回答占比%
D. 作为学生，你认为自己参加劳动的主要原因是什么	D1. 出于自己的需要	53.08
	D2. 我想得到老师或家长的表扬	16.92
	D3. 受到同学伙伴的影响	16.15
	D4. 是被老师或家长要求的	13.85

2. 小学生自身对劳动的认识

（1）劳动岗位是否有高低贵贱之分

问卷当中设置了"您认为劳动岗位有高低贵贱之分吗"这一问题，以此来判断小学生对劳动是否有一个正确的认识。统计结果如表 11-12 所示。

表 11-12　劳动岗位是否有高低贵贱之分

题目	回答选项及回答内容	回答占比%
E. 作为学生，你认为不同的劳动岗位是否有高低贵贱之分	E1. 认为没有高低贵贱之分	47.69
	E2. 不清楚有无高低贵贱之分	30.00
	E3. 存在高低贵贱之分	22.31
	E4. 其他	0.00

据表 11-12 可知，不到一半（47.69%）的小学生选择了"认为没有高低贵贱之分"这一选项，选择"不清楚有无贵贱之分"占 30%，选择"存在高低贵贱之分"的占 22.31%。由此可见，大部分小学生对劳动没有一个正确的认识，他们的认识较为模糊甚至是错误的。

（2）对体力劳动与脑力劳动的认识

为进一步探究小学生对劳动是否有一个清晰且正确的认识，笔者在体力劳动与脑力劳动的关系这一方面设置了"环卫工人打扫卫生与老师给你们上课，这两种行为属于劳动吗"这一问题，回答结果如表 11-13 所示。

表 11-13　对环卫工人打扫卫生与老师上课两种劳动的认识

题目	回答选项及回答内容	回答占比%
F. 对环卫工人打扫卫生与老师上课两种劳动的认识	F1. 环卫工人扫地是劳动，老师上课不是劳动	51.54
	F2. 环卫工人扫地不是劳动，老师上课是劳动	16.15
	F3. 两者都是劳动	22.31
	F4. 其他	0.00

如图 11.13 所示，有 51.54% 的小学生认为"环卫工人扫地是劳动，老师上课不是劳动"，16.15% 的小学生认为"环卫工人扫地不是劳动，老师上课是劳动"，只有 22.31% 的小学生正确选择了"两者都是劳动"。由此可见，大部分小学生对体力劳动与脑力劳动缺乏清晰且正确的认识。

三、学生劳动教育的问题和归因

（一）学生劳动教育中存在的问题

1. 家庭劳动教育存在的问题

第一，家庭劳动教育缺乏劳动意识的培养。笔者在与小学生进行交流访谈时了解到，家长的确会要求他们进行相应的家庭劳动，但也仅仅是要求做劳动，很少会对其进行劳动意识方面的培养。有的家长一开始会很耐心地告诉孩子"作为家里的一分子，有责任也有义务承担一定的家务劳动"，但是在孩子家务完成情况较为糟糕或是学业繁忙时他们往往会忘记初衷，直接为孩子代劳。甚至有一些家长会给孩子传递错误的劳动价值观。"家里请了一位保姆阿姨，所以我们一家人几乎都不做家务的，妈妈说只有没出息的人才会做家务。"学生小 A 如是说。

第二，学生家庭劳动形式简单、时间短。前文分析到，大部分小学生每天做家务劳动的时间都远远不足一小时，与美国小学生平均每日做家务 1~2 小时相比是很短的。在家庭劳动的形式方面，根据访谈情况，笔者总结出小学生在家里做的劳动普遍是倒垃圾、叠被子等简易的劳动，较少有做擦地、洗衣等。学生小 B 说道，"妈妈从来不让我洗碗、扫地，她说我很容易把衣服弄脏。"学生小 C 指出，"我很想帮他们分担的，但是妈妈说我现在还小，只能做些简单的，其他的活儿太难还比较危险就交给他们大人做。"由此可见，很多家务劳动不是小学生能力不够或是懒惰不愿做，而是家长过于呵护孩子不忍放手让其去做，从而给家务劳动的形式设限。

第三，家长引导孩子劳动的方式欠妥。在问卷调查及访谈过程当中，笔者发现家长在引导孩子做家务的方式上主要存在三个问题：以劳代罚、有酬劳动和强迫劳动。比较常见的方式是家长们告诉孩子如果按照要求做一些家务便会得到一定数额的钱或是他想要的玩具等，这种方式非但不能给孩子培养正确的劳动责任意识，长期实行下去还容易给其树立不正确的金钱观，不利于孩子的全面发展。而一些家长在教育孩子的过程中把做家务当作了惩罚孩子做错事或不听话的手段，以此来让孩子因排斥做家务而顺从父母的要求。更有甚者，部分家长因日常工作琐事疲于奔命，将一些家务活交给孩子去做，如果孩子不愿意，他们便使用"不能看动画片""不能出去玩"等条件来强迫孩子，容易使孩子对劳动产生厌恶感。

2. 学校劳动教育存在的问题

第一，有劳无教与教而不劳情况并存。一方面，存在有劳无教现象。每天放学后的值日作为小学生在校劳动的重要内容，尽管日日进行，但实际上并没有得到应有的重视。小学生在做值日卫生的时候并没有老师从旁指导和看管，只有值日结束时检查卫生的老师来指出问题并提出整改意见，有的小学生便趁机敷衍了事或是胁迫其他同学帮忙打扫。值日劳动并没有起到真正的教育意义。另一方面，学校劳动教育存在教而不劳现象，这在城镇学校比较突出。笔者在访谈中了解到，部分劳动课程教师在带领学生进行室外实践活动之前会先讲解一些基础知识，但在实际的操作过程中并不会让学生全程参与或是只让学生参与极少部分简单的步骤。比如有的教师先讲解种植蔬菜的相关步骤，然后带学生到农场简单认识菜品便结束课程，学生们并没有进行真正的劳动实践。

第二，城市学校劳动教育资源不足。笔者在调查过程中发现，城市小学大班额现象普遍，村镇学校多为小班额，城市小学生劳动教育人均资源存在明显不足。本研究所调查的城市学校 Z 小学在建校之前计划安排 36 个教学班、每班 30 人，但在建校之后由于从农村学校涌入大量学生导致全校就学人数过多而增加班级数量到 50 个，每班人数也多达 50 多人。原本承载 30 人的小教室已几乎是水泄不通，只留下左右两条狭窄的过道方便学生行动。据綦江区教委相关负责人透露，城区内其他几所较好的小学也存在同样的问题。为了让学生有一个更好的学习环境，学校甚至腾出几间大的实验室用作教学班，更加减少了学生进行劳动实践的机会。"学生太多了，劳动课老师不可能照顾到每一位学生，有让孩子们动手实践的机会也是让给那些听话、乖巧的学生，有时候学校组织全校统一的劳动活动各班也必须要限制人数。"Z 小学的负责人如是说。

第三，学校劳动教育评价存在偏差。首先，学校劳动教育结果缺乏统一的评判标准。本研究所调查的三所学校对学生进行劳动教育评价主要有三种方式：一是由劳动课教师针对学生平时表现在学生每学期的成绩手册上写课程表现评语；二是由班主任老师向各科教师咨询意见后在学期末对学生进行品德点评，没有专门的劳动评价；三是在"六一"儿童节、学校艺术节等重大节日活动中对劳动成果较好的学生进行表彰，并给予本子、笔等奖励，这三种形式都没有提供一个完善的评价制度，更多是老师的主观判断，评价缺乏科学性。

其次，学校劳动教育评价流于形式。为了避免给学生留下负面档案记录以影响其今后发展，很多老师在写评语时往往都是写学生好的方面，偶有表现很差的学生也只是委婉地写上"有待提升"等词汇敷衍；学校在重大节日活动中表彰劳动表现较好的学生时也几乎是"雨露均沾"，"手工小能手""书法小能手""农耕新星"等荣誉层出不穷，美其名曰"不丢下任何一位学生"，但这种表彰并没有起到实质性的鼓励劳动积极性、鼓励良性竞争与学习的作用，反而给学生留下"不论做什么总会有我的份"这一想法。

3. 学生存在的劳动教育问题

第一，劳动重要性认识比较薄弱。在学业日渐繁重的学习生活中，小学生会认为做劳动是在占用自己的学习时间。加之学校在劳动教育评价方面没有引起较高的重视，与课程频率高、有严格考核标准的语文数学等科目相比，劳动课程在学校依然处于边缘地位。这些情况都导致了小学生对劳动课程、家务劳动或是值日活动的漠不关心，也不可能认识到劳动在其人生发展过程中的重要性。

第二，对劳动的认识存在偏差。小学生没有形成正确的劳动价值观。一方面他们对劳动岗位的认识模糊不清甚至有所偏差，不能清晰地认识到劳动不分贵贱；另一方面他们有一种"劳动就是体力劳动"的刻板印象，对劳动类型的辨别能力有所欠缺，对体力劳动和脑力劳动没有一个明确的区分，以至于在回答笔者提问"环卫工人打扫清洁与老师上课属于劳动吗"时大部分选择了只有前者才是劳动。这两者都是严重的劳动认识偏差，亟须得到引导与修正。

（二）学生劳动教育问题的归因

1. 错误观念导致的学生劳动认识偏差

首先，社会、学校、家庭的单一成才观直接导致了小学生对劳动的漠视。我国自古以来便有"万般皆下品唯有读书高"的说法。长期以来，学习科学文化知识始终占据小学生学校生活的首要地位。随着人才竞争压力的加剧，学生课业负担加重，"读书"至高无上的地位不断影响着家庭教育。社会、学校、家庭四处充斥着"学习最重要"的声音。尽管近年来国家越来越重视劳动教育，家长和学校也紧跟时代步伐开启研学旅行、体验农耕生活等新教育项目，但只要影响孩子"升学"，所有活动都要为之让步。

其次，社会、家庭、学校的错误劳动观潜移默化地导致了小学生的劳动认识偏差。现在一提到"劳动"，人们脑海中首先想到的便是"打扫卫生""建造房子"等体力劳动，往往会忽略掉脑力劳动，这也是大部分小学生认为环卫工人扫地是劳动而老师上课不是劳动的原因。家长在进行教育时会给孩子灌输"不好好读书以后没出息就去扫大街"的想法，老师在学校也会惩罚那些不听话的孩子去做打扫等劳动，这些行为会给学生留下"劳动是可耻的"错误印象，以至于很多小学生都认为劳动岗位有高低贵贱之分。

2. 家庭的错误劳动教育方法代际传递

随着人们对教育重视程度的提高，国家的大力宣传，很多家长也意识到劳动教育的重要性。但他们往往是"心有余而力不足"，不知道应该用什么方法来引导孩子做劳动和培养其良好的劳动意识。初为人父母，对孩子的教育也是在不断模仿和学习中进行的。除了少数从事教育行业的家长，或是家庭经济条件较好可以聘请专业人才进行教育指导，大部分家长最直接的模仿对象是自己的父母。他们通过回忆父母对自己的教导或是直接进行讨教，综合现有情况来对孩子进行劳动教育。如此一来，家庭劳动教育方法代代相传，也传递了诸如"有酬劳动""强迫劳动""以劳代罚"等错误的劳动教育方式，进而促成了孩子错误的金钱观、劳动价值观等。

3. 城镇化浪潮推进城乡学生单向流动

随着我国城镇化进程的不断加快，城镇建筑业、房地产业、餐饮业、家政业等劳动力密集领域和服务行业也不断发展，劳动力需求量大大增加，加之医疗、教育等优质资源进一步向城镇聚集，大大刺激了农村劳动力进入城镇。为了给孩子一个更好的生活、学习环境，农村家长携孩子进入城镇。农村学生大量涌入城镇学校，这种单向的学生流动，导致了农村小学生源严重不足，城市小学大班额现象普遍。以本研究样本为例，农村学校 X 小学现只有 6 个教学班，1~6 年级每个年级各 1 个班，每班只有 20~30 人，而城市学校 Z 小学现有 50 个教学班，每班 50 多人。在这种农村稀薄城镇拥挤的情况下，城市劳动教育人均资源明显不足，学生劳动实践能力的培养有待提高。

4. 劳动教育保障及其考评机制的欠缺

一方面，政府教育部门对于小学生的学校劳动教育没有做具体的规定，缺乏一定的保障机制，社会一般默认学校承担相应责任。学校在安排学生进行劳动实践时考虑最多的就是学生的安全问题，为了保证学生的安全，也为了减轻社会舆论压力、避免承担重大责任、维护学校名誉，他们往往只会组织小规模的、简单的劳动实践。另一方面，评价是对劳动教育成效进行考察，从中发现问题、分析原因，进而解决问题、促进劳动教育更好地实施的重要内容。但现有教育政策中并没有明确规定如何评价小学生劳动教育，缺乏完善的考评机制，不利于劳动教育的有效发展。

四、劳动教育发展核心素养的建议

（一）明确核心素养下劳动教育的要求

1. 在劳动教育中加深"人文底蕴"

人文底蕴主要是学生在学习、理解、运用人文领域知识和技能等方面所形成的基本能力、情感态度和价值取向，具体包括人文积淀、人文情怀和审美情趣等基本要点。① 劳动教育对于沉淀小学生的"人文底蕴"具有重要作用。自古以来的人文成果都来源于劳动生活，是生活的艺术品，具有强大的生命力，小学生只有通过参与劳动才能真实体会其背后的人文内涵。因此，要提高小学生的"人文底蕴"素养，不仅要加强基础人文课程建设，还要积极探索通过劳动教育来加深其人文底蕴的道路，让小学生在劳动中培养浓厚的人文情怀和审美情趣。

2. 在劳动教育中培养"科学精神"

科学精神主要指学生在学习、理解、运用科学知识和技能等方面所形成的价值标准、思维方式和行为表现，具体包括理性思维、批判质疑、勇于探究等基本要点。② 科学精神的树立离不开实践探索，但在我国长期的应试教育制度下，教师对学生进行填鸭式教学和机械训练，导致其探究能力被削弱，科学精神被湮灭。因此，以实践为主要形式的劳动是给予学生自主探究，提升观察力和思维能力的重要机会，开展劳动教育需引入必要的科学项目，助力学生科学精神培养。

3. 在劳动教育中"学会学习"

"学会学习"是学生自主发展的重要内容。学校千篇一律的"老师教学生学"课堂教学使学生养成了"只带着一双眼睛和耳朵上课"的不良学习习惯。在劳动教育中，学生的主体性得以充分解放，从而激发学生自主学习的意识，有利于乐学善学习惯的养成。③ 因此，开展劳动教育要给予学生充分的自由，让其在学习意识形成、学习方法选择和学习进程评估调控等方面得到有效发展。

4. 在劳动教育中学会"健康生活"

健康生活主要是学生在认识自我、发展身心、规划人生等方面的综合表现，

---

① 核心素养研究课题组. 中国学生发展核心素养［J］. 中国教育学刊，2016（10）：1-3.
② 核心素养研究课题组. 中国学生发展核心素养［J］. 中国教育学刊，2016（10）：1-3.
③ 张童明，丁玲. 核心素养视角下中小学劳动教育再思考［J］. 中小学德育，2018（07）：14-17.

具体包括珍爱生命、健全人格、自我管理等基本要点。① 在劳动中，学生通过动手实践可以清楚地了解自己各方面的能力，在劳动的成败中体会人生的酸甜苦辣，在同学间的合作中学会人际交往，从而使身心得到健康发展。因此，开展劳动教育可以在磨砺孩子心智、加强学生互动等方面下功夫。

5. 在劳动教育中强化"责任担当"

人处在社会群体中，必然要承担相应的责任。责任担当主要是指学生在处理与社会、国家、国际等关系方面所形成的情感态度、价值取向和行为方式，具体包括社会责任、国家认同、国际理解等基本要点。② 学生通过劳动担负起自己的责任，懂得珍惜自己的劳动成果、尊重他人劳动成果。同时在团队合作时他们将会有明确分工，学会担当。因此，培养小学生的"责任担当"意识不仅仅依靠学校德育课程，更重要的是让他们在劳动中承担起相应责任，从而尊重劳动、热爱劳动。

6. 在劳动教育中体悟"实践创新"

实践创新主要指学生在日常活动、问题解决、适应挑战等方面所形成的实践能力、创新意识和行为表现，具体包括劳动意识、问题解决、技术应用等基本要点。③ 劳动教育可以给学生提供用所学知识解决一定问题的实践机会，加之小学生本身思维灵活、想象力丰富，劳动教育不仅能够帮助学生巩固知识，还可以培养其面对挑战不退缩的意志和创造性解决问题的能力。也就是说，开展劳动教育应该多从引导学生将创意和方案转化为有形物品或对已有物品进行改进与优化入手。

（二）掌握核心素养下劳动教育的策略

1. 国家：价值宣传，健全机制

（1）加大力度宣传正确的劳动价值观

劳动教育主要包括劳动技能和劳动价值观的培养。小学生心性不定，易受周围环境影响且接受力较强，长期吸收社会环境中的错误劳动观将会导致其劳动认识的偏差。为了正确引导小学生认识劳动，国家应加大力度在全社会宣传正确的劳动价值观，营造一个良好的学习环境。第一，国家可每年定期开展几次"劳动价值观宣传周"活动，联合网络、电视、报纸等各类媒体在全社会进行大规模的宣传，由政府下发有关劳动观的学习文件，交由各学校、各社区召

---

① 核心素养研究课题组. 中国学生发展核心素养 [J]. 中国教育学刊, 2016 (10)：1-3.
② 核心素养研究课题组. 中国学生发展核心素养 [J]. 中国教育学刊, 2016 (10)：1-3.
③ 核心素养研究课题组. 中国学生发展核心素养 [J]. 中国教育学刊, 2016 (10)：1-3.

集全体学生、居民进行劳动价值观学习，由各省市组织劳动价值观知识竞答比赛，以活泼、新颖的形式提高大家学习正确劳动价值观的积极性。第二，国家应充分利用"劳动节"的影响力，提高对一线劳动者的关注度，加大对优秀劳动者的表彰力度，为全国人民树立良好的劳动榜样，以此向大家传递"劳动最光荣"的态度，正向引导大家尊重劳动、尊重体力劳动者和脑力劳动者，从而让大家真正热爱劳动。

（2）建立健全劳动教育的保障机制

完善的劳动教育保障机制是促进劳动教育有效发展的重要基石。随着信息时代的不断发展，政府工作、学校教育教学工作逐渐透明化，稍有不慎便会引发社会舆论，这使得地方政府和学校在开展劳动教育工作时愈发小心翼翼、畏首畏尾，不敢迈开腿大步向前走。但只要有了明确的责任分工，一切都将迎刃而解。因此，国家首先应加强劳动教育的统筹规划，明确责任主体，形成"中央主管—地方分管"的领导机制，由中央政府设定劳动教育的总体目标、原则、主要内容，给予地方政府一定自由，方便其因地制宜，遴选出适合本地小学生劳动教育发展的最佳方案。同时，迫于升学压力，劳动课程在小学相较于语文数学等课程更不受重视，进而导致劳动教师在学校的边缘化。国家应该把劳动素养列为小学生升学的重要考核指标之一，保障劳动教育在小学教育中的重要地位。此外，劳动教育资源的充足对于促进劳动教育发展也至关重要。国家应该加大劳动教育经费投入，促进劳动教育设施设备以及实践基地的建设，包括劳动技术教室、户外实践农场等的建设，条件允许的地方政府可拨资金建立小型的"劳动实验学校"，让学生真正在劳动中学习。特别指出的是，国家应高度重视城市小学劳动教育人均资源不足的问题，可通过建设乡镇寄宿学校等方式来缓解城市小学压力。

2. 学校：融合目标，系统设计

（1）劳动教育中融合核心素养目标

正如前文所说，劳动教育的目标与核心素养教育目标是紧密契合的。为了让小学生的劳动教育得到更好发展，从而促进其核心素养的提升，各学校在制定具体教育目标时应将核心素养教育目标与劳动教育目标相融合。根据核心素养教育对劳动教育提出新的要求，学校可将加深人文底蕴、培养科学精神、学会学习、学会健康生活、明确责任担当、体悟实践创新作为劳动教育的六大目标，在此基础之上来设计具体教育内容。

（2）劳教结合中培养学生劳动意识

劳动教育不是单一的实践活动，而是理论与实践的相结合。学校在提供学生动手实践机会的同时也要加强其劳动意识培养。一方面，学校德育老师应在课堂上进行有关劳动意识的基本理论知识讲解，让小学生简要了解劳动与人生发展的关系、劳动的基本类型以及劳动光荣、劳动不分贵贱等价值观。另一方面，教师可以以团队任务型教学方式指导小学生与同学合作完成某项劳动作品，在此过程中穿插责任、创造、毅力等知识讲解与态度引导，从而有效培养小学生的劳动责任意识、劳动创造意识以及坚持不懈等优秀意志品质。

（3）丰富发展核心素养的劳动形式

据本研究调查结果显示，学校劳动教育主要集中于劳动课和值日两种方式，形式比较单一，不利于小学生发展多维、全面的核心素养。因此，学校有必要开展丰富多彩的劳动实践活动，包括节日主题活动、劳动日记撰写、书法比赛、桥梁模型搭建等手脑并用的劳动形式，促进学生科学精神、人文底蕴等全方位的提升。例如，学校可以结合本地特色文化，组织学生到当地文化博物馆进行参观，然后学习制作相应的文化艺术品，在手工制作中感悟文化传承，体悟创新创造。

（4）完善学校劳动教育的评价机制

为确保学校劳动教育的有效实施，可以从学生劳动过程和结果两方面完善评价机制。一是，学校应针对本校具体情况制定劳动教育过程的量化评价表，在日常的劳动教育过程中由劳动教师对学生的表现进行打分，随时公开分数并及时与学生沟通，确保学生知晓自己的表现情况和得到及时指导，也能促进学生之间的互动学习与良性竞争。这种在劳动教育过程中进行实时评价的方式还可以帮助劳动教师修改教学内容和教学方法，促进其教学技能的提高和教学方式的完善。二是针对劳动教育的结果，学校可采取等级评价制度，将不同分值按范围划分为几个劳动教育结果的等级，处于合格等级之下的学生要求其重修课程，处于最高等级的学生给予其相应奖励（如颁发荣誉证书），以此来激励学生认真对待劳动课程。

3. 家庭：开展劳动，加强合作

（1）科学规划家庭劳动教育

家庭劳动教育比学校劳动教育更具独特性，每位家长需根据自己家庭的具体情况科学规划家庭劳动教育的内容、频率、时长、形式等。一方面，家长应根据自己孩子的能力来选择或设计适合他的劳动教育内容。只有难度适宜的劳动才能达到增强劳动技能、提升核心素养的效果，难度过高会抑制其劳动积极性，难度过低会导致其盲目自大或降低成就感。另一方面，家长应摒弃"学习成绩第一位""只要学习好就行"的错误观念，规定孩子每周必须完成几次劳动、每次劳动时长必须达 1 小时以上，不能因课业负担重而随意打破规矩。当然，进行劳动教育的形式还需要家长充分利用家庭资源，量力选择。

（2）积极开展家庭劳动教育

家长应采取多种方法引导孩子进行劳动，这可以加深其劳动意识和巩固劳动技能，但一定要避免以劳代罚、有酬劳动和强迫劳动等错误引导方式。比如，家长可以和孩子一起制定劳动目标，两人互相比拼，从而调动孩子的劳动积极性；家长将孩子每次劳动的过程用影像记录下来，让小学生见证自己的不断进步，可以获得一定成就感和增强自信；制作家庭劳动光荣榜，家长和孩子一起对每次的表现进行打分，若孩子表现较好要给予一定鼓励，可以口头或是贴小红花，若孩子表现不佳应引导孩子独立想出解决办法，教孩子学会总结归纳和独立创造。

（3）加强家校劳动教育的合作

劳动教育不是学校或家长某一方的单打独斗，而是互帮互助的共同努力，加强家校合作必不可少。一方面，学校在组织学生进行劳动实践活动之前要征得家长同意，尽量邀请家长与孩子共同参与实践，并对家长的一些错误引导方式进行修正，方便学校劳动教育在家庭中得到良好延续。另一方面，老师、家长应利用好班级 QQ 群、微信群，若家长在对孩子进行劳动教育过程中遇到问题可以向群里的老师和其他家长进行讨教，大家一起讨论，分享各自的经验与想法，共同改善家庭劳动教育现状。

专题 12：指向核心素养的学业评价研究①

【摘要】 学业水平评价、全国统一高考和普通高校招生作为学校教育"指挥棒"，在落实核心素养教育中具有不可取代的地位、作用。本研究以全面发展教育理论、核心素养教育、学生学业评价理论为支撑，通过架构课程标准以核心素养为纲领、学业质量以核心素养为统领和考试评价以核心素养为指导的分析框架，通过对高中生毕业考试、全国高考试题和高校自主招生为分析对象，结果发现存在学业水平评价形式化、统一高考中核心素养反映不足、高校招生中聚焦于分数而忽视必备品格等种种消极倾向。分析认为，导致上述问题的原因是在于学校教育的功利化、教学活动的应试化、家庭及社会的消极影响。面对未来，需要通过以核心素养为指引来改革学业评价：通过树立"以人为本"的学生教育观、立"发展核心素养"的学业质量观、营造环境支持；促进家庭社会联动来转变教育观；确立发展核心素养的录取标准、赋权以保证高校招生主体地位来深化高校招生改革；通过强调依据标准考察学生的核心素养、建设考查学生核心素养的试题库、设计核心素养的题目类型搭配来科学地设计学业评价。

【关键词】 学业水平评价；统一高考；高校招生；核心素养；偏离；指引

一、研究设计：对象界定与分析框架

（一）对象界定

基于我国的现实情况，高考是学生学业测评内容甚至测评方式方法的风向标，是教育评价顺利推进的发力点，也是落实发展学生核心素养目标的关键一招。

---

① 本专题撰写作者：向奇风（教育学硕士、重庆市江津区公务员）；彭昊（西南大学硕士研究生）。

关于高中生的学业评价问题，在国内，评估与评价往往混用，陈玉琨教授认为，"evaluation"在我国大陆地区既被译为"评价"，也被译为"评估"，在台湾地区被译为"评鉴""评量"或"评价"。① 关于评估或评价（evaluation）的定义，德科特勒认为是搜集一组足够恰当的、有效和可信的信息，检查这组信息与一组标准之间的符合程度，做出某种决定。② 这个定义直到今天仍然是最具操作性和完整性的。虽然国内外学者用词存在差异，但教育领域的评价或评估"万变不离其宗"，都包含了德科特勒所指的收集信息、对照标准、做出判断。我国关于学业评价起步较晚，已取得一些成果。如蔡敏先生认为，评价就是指根据一定的课程目标和学科课程标准，通过测验等方法，对学生在校课程学习中取得的学习成就进行综合判断的过程。③ 一般来说，学业成就主要指知识、技能方面的学习结果，但随着人们对学业成就的认识增多，更多的成分被加入，对学业成就的界定更加综合。有学者认为学业成就包括知识、技能，也包括兴趣、态度、习惯等诸多方面的成就。④ 因此，学业评估实际上是对学生学业成就的评估，虽然也有一些学者采用"学业质量评估"，但从所指内容来看更多还是强调学生的学业成就。根据国内外研究对学业评价的界定，我们认为学业评价是指对学生的学业成就的评价，指收集学生在完成一定的学习阶段之后的学业成就信息，来判断学生的学业成就水平的过程，只针对学生的学业成就，包括知识、能力、情感态度及三者综合，不包括对教学环境、教师等因素的评估。当然，我们的理解中强调评价是一种终结性评价，发生在一定学习阶段之后；评价包含收集信息、与某组标准的符合情况、做出判断或决定三个部分；评价只针对学生的学业获得，即学生在完成一定阶段的学业之后，在知识、能力、情感领域的学习结果或成就。

其次，本研究从整体性出发，将核心素养作为一种理念探索其指导下的高中生学业评价体系改革；还从核心素养教育出发，对各种学科核心素养进行研究。从各国或地区推进面向21世纪核心素养的教育实践来看，开展指向核心素养的教育评价，是从整体上推动核心素养有效落实的重要途径之一。但目前此类研究不仅数量较少，而且研究不够深入。例如林崇德先生对联合国教科文组

---

① 陈玉琨. 教育评价学［M］. 北京：人民教育出版社，1999：24-26.

② 易克萨维耶·罗日叶. 学校与评估：为了评估学生能力的情境［M］. 汪凌，周振平，译. 上海：华东师范大学出版社，2011：34.

③ 蔡敏. 当代学生课业评价［M］. 上海：上海教育出版社，2006：3.

④ 丛立新，章燕. 澳大利亚课程标准［M］. 北京：人民教育出版社，2005：123.

织、加拿大、欧盟等国际组织或国家的核心素养的测评进行研究。① 黄小莲等人借鉴国际学生评估项目（PISA）的有效经验，提出"基于学生的学习活动、生活活动、社会实践活动、网络活动四维空间，从知识水平、问题解决能力、智慧成长故事三个层次，以大数据为工具开展对学生核心素养评价的构想"。② 索桂芳就核心素养评价进行了深入思考，认为"对外显部分的评价采用定量评价、结果评价以及大规模测试评价的方法，比如用大规模标准化测试的方法了解学生知识技能的掌握情况，而对内隐部分的评价则适合采用定性评价、过程评价、日常性积累评价的方法。同时，评价结果要与招生考试挂钩"。③ 周序认为，"目前的高考还无法有效地对学生的核心素养高低进行衡量，因此高考应加强命题技术方面的改革，减少答题技巧的作用空间，使高考分数能够真正反映学生的核心素养发展状况"。④

　　基于上述，所谓基于核心素养的普通高中生学业评价就是指测评学生时以发展学生核心素养为指导思想，能够具体地把核心素养的要点渗透到相应的测试材料之中。同时，统一高考作为高中生学业成就的终结性评价之一，也是高等院校选拔人才的重要途径，需要把学生核心素养发展的水平作为重要的评价内容纳入其测试评价之中。因此，从核心素养的角度重新审视现有的高考试题、学业水平考试试题，研究现有学业评价体系对核心素养的评价状况以及在此基础上思考"如何以评价落实发展学生核心素养"将是一项有益的工作。

（二）分析框架

　　本研究主要采用了内容分析法，即将非定量的试题材料转化为定量的数据，并依据这些数据对文献内容做出定量分析和关于事实的判断和推论。首先，按照各学科核心素养划分的分析维度用量化方式记录研究对象在各分析维度的量化数据。其次，采用事先设计好的易于统计分析的评判应记录表记录。先把每一分析维度的情况逐一登记下来，然后再做出总计。再次，相同分析维度的评判应邀请两个以上的评判员分别做出记录，以便进行信度检验。评判记录的结果必须是数字形式。

---

① 林崇德. 21世纪学生发展核心素养研究 ［M］. 北京：北京师范大学出版社，2016：239-242.

② 黄小莲，魏晓婷. 基于核心素养的学生评价改革构想 ［J］. 教育测量与评价，2016（09）：23-28.

③ 索桂芳. 核心素养评价若干问题的探讨 ［J］. 课程. 教材. 教法，2017，37（01）：22-27.

④ 周序. 核心素养教育与高考改革的方向 ［J］. 当代教育科学，2017（04）：23-26.

计算内容分析信度的公式为：$R = \dfrac{n \times k}{1 + (n-1) \times k}$，其中 R 代表信度，n 指参与内容分析的人数，k 代表平均相互同意度。平均相互同意度是指两个评判者之间相互同意的程度，计算公式为：$K = \dfrac{2M}{N_1 + N_2}$，其中 M 为两者都完全同意的类目数，N_1 为第一评判者分析的类目数，N_2 为第二评判者分析的类目数。

在《关于全面深化课程改革 落实立德树人根本任务的意见》指导下，2018 年颁布的新课标明确指出："普通高中的培养目标是进一步提升学生综合素质，着力发展核心素养"。[①] 那么，如何展开核心素养教育呢？我国落实核心素养整体思路是将核心素养融入课程标准，建立基于核心素养的学业质量标准，基于核心素养指导考试评价。[②]

1. 课程标准以核心素养为纲领

课程标准是学业评价的依据。为什么学生学业评价要基于课程标准呢？这个问题似乎没有再讨论的必要，但事实上，一些教师在教育教学实践中很容易抛开课程标准，将考试大纲中的考点和等级作为教学依据。因此，不妨回到最原初的问题来思考一番：为什么要进行学业评价？根据价值哲学，对学生而言，学业评价的终极价值是满足学生个体发展的需要，即学业评价应该具有促进学生全面、自由发展的价值；对社会而言，学校（包括教师）、家庭、社会则期望经过学业活动，在某种程度上"可能"满足学校（包括教师）实现其教育功能的需要，也"可能"满足家庭对子女的要求，还"可能"满足社会对未来人才规格的要求。[③] 也就是说，学生学业评价有两个目的：对外，要能满足公众的要求；对内，要能满足学生学习改善的要求[④]，而上述之目的的实现离不开课程标准。因为若是没有统一的课程标准，那么不同的考试之间、各阶段的教学之间就会"各自为政"，甚至会出现相互矛盾的情况，从而难以保证教育质

① 中华人民共和国教育部. 普通高中课程方案（2017 年版）[M]. 北京：人民教育出版社，2018：3.

② 胡定荣. 全面发展·综合素质·核心素养 [J]. 新疆师范大学学报（哲学社会科学版），2018（06）：61-78+2.

③ 母小勇，薛菁. 课程评价：从学业成就评价走向学业评价 [J]. 教育理论与实践，2007（13）：46-49.

④ 崔允漷，夏雪梅. 试论基于课程标准的学生学业成就评价 [J]. 课程. 教材. 教法，2007（01）：13-18.

量，难以应对日益强烈的要求，更难以促进学生的学习。①

新修订的课程标准建立了核心素养与课程教学的内在联系，充分挖掘各学科课程教学对全面贯彻党的教育方针、落实立德树人根本任务、发展素质教育的独特育人价值，各学科基于学科本质凝练了本学科的核心素养；进一步精选了学科内容，重视以学科大概念为核心，使课程内容结构化，以主题为引领，使课程内容情境化，促进学科核心素养的落实；研制了学业质量标准，各学科明确学生完成本学科学习任务后，学科核心素养应该达到的水平。② 有学者总结到，修订后的课程标准，始终以学生核心素养的培养为主轴，真正实现了"育人为本、素养为纲"的设计理念。③ 例如语文课程标准的基本理念表述为"以核心素养为本，推进语文课程深层次的改革"④；数学课程标准将其基本理念表达为"高中数学课程以学生发展为本，落实立德树人根本任务，培育科学精神和创新意识，提升数学学科核心素养"⑤；其他课程也是如此，明言发展学生的核心素养是基本主线，"普通高中英语课程具有重要的育人功能，旨在发展学生英语学科核心素养"⑥；高中物理课程"注重体现物理学科本质，培养学生物理学科核心素养"⑦。总之，核心素养已经融入普通高中课程标准，基于核心素养来进行学业评价既是核心素养教育理论的需求，同时也是教育教学实践现实的依据。

2. 学业质量以核心素养为统领

学业评价的依据已然确立，那么接下来的问题便是评价学业质量的问题。长期以来，受应试教育和我国学科教学的理智传统的影响，学科教学过分关注知识训练和技能操练，将知识点的掌握作为课堂教学的主要目标，由此形成的

---

① 崔允漷，夏雪梅. 试论基于课程标准的学生学业成就评价［J］. 课程. 教材. 教法，2007（01）：13-18.
② 中华人民共和国教育部. 普通高中课程方案（2017 年版）［M］. 北京：人民教育出版社，2018：3.
③ 杨向东. 核心素养与我国基础教育课程改革的关系［J］. 人民教育，2016（19）：19-22.
④ 中华人民共和国教育部. 普通高中语文课程标准（2017 年版）［M］. 北京：人民教育出版社，2018：2.
⑤ 中华人民共和国教育部. 普通高中数学课程标准（2017 年版）［M］. 北京：人民教育出版社，2018：2.
⑥ 中华人民共和国教育部. 普通高中英语课程标准（2017 年版）［M］. 北京：人民教育出版社，2018：2.
⑦ 中华人民共和国教育部. 普通高中物理课程标准（2017 年版）［M］. 北京：人民教育出版社，2018：2.

学业质量观，强调以学科知识点为纲，以知识点的识记、理解和应用水平作为质量水平的划分依据和表述方式。① 这种重视基础的学业质量观是我们的优势，但重视基础的同时还需要进一步提升。在 2016 年的全国教育工作会议上，时任教育部党组书记、部长袁贵仁便提出了以新的发展理念引领教育质量提高。那么何为教育真正的质量、高端的质量呢？教育部基础教育二司司长郑富芝这样回答道："提升教育质量应该以素养来统领，这是进入质量新阶段后非常重要的转型标志。"②

目前研制的学业质量标准以学科核心素养及其表现水平为主要维度，结合课程内容，对学生学业成就表现进行总体刻画，并依据不同水平学业成就表现的关键特征，将学业质量标准划分为不同水平，并对不同水平学习结果的具体表现进行了描述。学业质量水平是考试与评价的重要依据，例如，在化学学科，学业质量水平 2 级是高中毕业生在化学学科应该达到的合格要求，是化学学业水平合格性考试的命题依据；学业质量水平 4 级则是化学学业水平等级性考试的命题依据③。由此可见，学业质量的高低取决于核心素养的发展的程度。

3. 考试评价以核心素养为指导

在我国，由于缺乏正式的评价机构和评价体系，学生学业的评价主要落在升学考试上，并因此形成依据考试分数的高低来评价学生的评价制度。这种单一的考试评价方式，其主要功能是甄别和选拔，在这个过程中，考试逐渐成了教育的主体，而不是手段。④ 考试之所以异化，在很大程度上在于人们对于考试的本体性功能认识不足。所谓本体性功能，就是指与生俱来的、原初的功能。中国的考试制度发端于西周的选士制度，是"我国考试制度的萌生阶段，它对后世的学校考试、用人考试产生了深远的影响"⑤。在《学记》中，对学生学业的考查有过详细的描述："比年入学，中年考校。一年视离经辨志，三年视敬业乐群，五年视博习亲师，七年视论学取友，谓之小成。九年知类通达，强立而不反，谓之大成。"到了汉代，考试有了进一步发展，董仲舒在《对三策》中曾

---

① 杨向东. 核心素养与我国基础教育课程改革的关系［J］. 人民教育，2016（19）：19-22.

② 余慧娟，施久铭. 以素养来统领，是进入新的质量时代的转型标志［J］. 人民教育，2016（05）：25-29.

③ 中华人民共和国教育部. 普通高中化学课程标准（2017 年版）［M］. 北京：人民教育出版社，2018：64-67.

④ 邓友超. 考试理性教育现场背后的无形之手［J］. 湖南师范大学教育科学学报，2005，（07）：22.

⑤ 杨学为. 中国考试制度史资料选编［M］. 安徽：黄山书社，1992：1.

建议太学要"数考问以尽其材"①，足见考试的本初功能是评价学生的学业水平。因此，评价才是考试的本体性功能。

尽管考试的本体性功能是评价，但是显然评价并不是考试的唯一功能。如今，考试被广泛用于社会生活的各个方面，现代考试事业之所以蓬勃发展，是因为它具有多种多样的功能性作用，以高考为例，我国学者关于高考功能的认识也始终是在考试的选拔和育人之间摇摆，企图找到一个平衡点，从而更好地发挥考试的评价功能。例如，清华大学谢维和教授认为，高中教育与大学教育是高考的主要矛盾，所以从整体和本质属性来看，高考的基本定位就是一种衔接，是青少年学生发展过程中不同阶段的一种衔接，是高等教育与基础教育之间的衔接②。教育部考试中心研制的《中国高考评价体系》明确高考"在教育功能上，实现立德树人重要载体和素质教育关键环节的转变；在评价理念上，实现'价值引领、素养导向、能力为重、知识为基'综合评价的转变"。③ 也就是说，考试评价应能评价和培养学生的核心素养。这是因为即使是用考试来选拔学生，其本质也是为了选拔出全面发展的学生，而不是片面地选拔出高的分数。所以，不论是教育系统内的学生学业水平考试还是社会性的统一高考，都不可避免地要以核心素养为指导思想，要承担起育人的职责。

如上所述，从素质教育到核心素养教育是我国教育落实全面发展教育的重要举措，开展核心素养教育是我国基础教育的改革与发展的主旋律，而且当前核心素养已经融入到普通高中课程标准、学业质量、考试评价之中，那么，基于核心素养的普通高中生学业评价亦是必然之举。因此，本研究以新课标对于学科核心素养的界定、水平划分以及学业质量标准为依据，对重庆市学业水平考试样卷、2019年全国卷Ⅱ进行文本分析，分析传统测试评价中学科核心素养的成分，以核心素养的视角重新认识传统的测试评价，同时，核心素养强调的是一种学业上的整合，"核心素养的框架是面向各级各类学生的，是对所有学科而言，它是一个综合的东西"④，如果只是强调各个学科的学科核心素养，那么很容易导致分科主义的横行，从而导致核心素养发展的割裂。因此，本研究也基于中国学生核心素养框架对教师进行调查访谈。

---

① 高时良. 学记 [M]. 北京：人民教育出版社，2016：5.

② 刘清华. 高考改革热点与难点问题研究 [M]. 杭州：浙江教育出版社，2017：118.

③ 教育部考试中心发布《中国高考评价体系》[J]. 中小学德育，2020（02）：78.

④ 余慧娟，施久铭. 以素养来统领，是进入新的质量时代的转型标志 [J]. 人民教育，2016（05）：25-29..

二、核心素养视域下学业水平考试的审视

（一）学业水平考试的内涵：常模参照测试

1. 学业水平考试的功能演进

学业水平考试脱胎于普通高中毕业会考，自 1983 年我国试行会考制度以来，学业水平考试功能定位几经变革，大体可分成以下三个阶段。

第一阶段：普通高中毕业会考时期（1983 年—2004 年）。伴随 1977 年高考制度的重新确立和不断完善，其甄别和选拔人才的功能不断被强化，我国基础教育领域应试教育越演越烈。这种片面选拔精英人才的方式，导致在高中基础教育阶段容易忽视大部分学生对基础知识的全面掌握，无法满足社会对多元化、多层次人才的需求，严重制约着我国高中教育的发展和人才的培养。在此背景下，1983 年，教育部颁布《教育部关于进一步提高普通高中教育质量的几点意见》文件，明确提出"试行初、高中毕业会考"的设想。1985 年，上海率先成为试点，普通高中毕业会考第一次登上历史舞台。随后，部分省份也先后进行了试验。1990 年，国家教委（时名）颁布《国家教委关于在普通高中实行毕业会考制度的意见》文件，普通高中毕业会考制度正式形成，并且在全国范围内进行推广。该文件明确指出："普通高中毕业会考是国家承认的省级普通高中文化课毕业水平考试。它是检查、评价普通高中教学质量的一种手段，也是考核普通高中学生文化课学习是否达到必修课教学大纲规定的基本要求的重要手段。是与高校招生选拔考试具有不同性质的考试。"由此可见，普通高中毕业会考制度设计的初衷功能定位比较单纯，即一方面能够测评普通高中学校教学质量，另一方面是能够获取普通高中毕业证书的达标性考试，不具有选拔的功能，是典型的标准参照测验，与高考没有关系。

第二阶段：普通高中学业水平考试时期（2004 年—2014 年）。2004 年，山东、广东、海南和宁夏三省一区响应教育部号召，率先实施高中新课程改革。为建立一种与新课程改革相适应的考试评价制度，普通高中学业水平考试制度应运而生。率先进入新课程改革的省份在推进新课程改革的同时对原普通高中毕业会考也进行了改革，大多省份逐步用"普通高中学业水平考试"取代"普通高中毕业会考"[1]。2010 年，《国家中长期教育改革和发展规划纲要（2010—2020 年）》中明确指出，"普通高等学校以统一入学考试为基本方式，结合学业水平考试和综合素质评价，择优录取。"基础教育新课程改革正式启动，普通

---

[1] 黄思记. 普通高中学业水平考试定位研究［D］. 河北大学，2011.

高中毕业会考正式转为学业水平考试。学业水平考试诞生后,对普通高中毕业会考功能重新作了定位,根据《教育部关于普通高中新课程省份深化高校招生考试改革的指导意见》规定,学业水平考试区别于普通高中毕业会考的、最主要的表现,即增加了"为高校招生提供参考依据"这一功能。新增的功能定位与普通高中毕业会考制度的设计初衷完全不同,学业水平考试不再是单纯的达标性考试,而是被赋予了一定的选拔功能,在高校人才选拔中作为"参考依据"使用。譬如部分省份允许高校在自主招生时对学业水平考试成绩等提出要求,以类似方式使学业水平考试与考试招生制度进行"软挂钩"。其目的旨在使得学生不再满足于只求学业水平考试及格的目标,而是有更高的追求,从而实现发展素质教育的目的,破解应试教育的难题。

第三阶段:核心素养背景下的普通高中学业水平考试(2015年至今)。在2014年3月30日,教育部正式印发的《教育部关于全面深化课程改革 落实立德树人根本任务的意见》,要求"组织研究提出各学段学生发展核心素养体系,明确学生应具备的适应终身发展和社会发展需要的必备品格和关键能力",随后《深化考试招生制度改革的实施意见》出台,提出"启动高考综合改革试点"①的任务要求:一是要改革高考科目设置,"考生总成绩由统一高考的语文、数学、外语3个科目成绩和高中学业水平考试3个科目成绩组成";二是要改革招生录取机制,"探索基于统一高考和高中学业水平考试成绩、参考综合素质评价的多元录取机制";三是要开展改革试点,"选择有条件的省(市)开展高考综合改革试点"。同年12月,教育部颁布了《关于普通高中学业水平考试的实施意见》,对学业水平考试改革提出更加具体的指导性意见。学业水平考试也因此发生了根本性变化,正式成为带有常模参照色彩的标准参照测试。

2. 学业水平考试的本体优势

(1) 内容上的全面性与综合性

学业水平考试内容上的全面性与综合性可以全面、真实地反映学生高中学习状况。根据教育部出台的《关于普通高中学业水平考试的实施意见》(以下简称《实施意见》)中对考试内容做出的规定:"各省(区、市)根据国家发布的普通高中课程方案和课程标准的规定及要求确定考试内容。要对相关科目的实验操作、外语听力和口语的考试提出要求。命题应紧密联系社会实际与学生

---

① 国务院. 关于深化考试招生制度改革的实施意见 [EB/OL]. (2014-09-03) [2021-01-27]. http: //www. moe. gov. cn/jyb_ xxgk/moe_ 1777/moe_ 1778/201409/t20140904_ 174543. html. P277

生活经验，在全面考核学生基础知识和基本技能的基础上，注重加强对能力的考查。"① 所以从考试内容上来看，学业水平考试考查的是学生高中阶段全部科目的课程标准达成情况，同时还对学生的艺术修养与动手能力也有所评价，因此它相较于高中阶段的其他任何考试对学生的考查都更为全面，也更加注重对学生综合能力的评价，可以真实地、客观地、全面地反映出学生的高中学习情况与综合素质能力。也正是基于此，才能弥补高考在综合能力测评与考试科目方面的缺陷，为高校在录取时提供更为有价值的参考依据，更加充分地发挥赋予其的选拔功能。

（2）考试时间上具有全程性

考试时间上的全程性为提高学生最终的录取概率提供了保障。教育部颁布的《实施意见》中就学业水平考试的考试时间规定如下：学校要均衡安排每学年的授课科目，统筹确定每个年级的学生参加考试的科目数量，原则上高一年级 2 个科目左右，高二年级 6 个科目左右，高三年级 6 个科目左右。每年组织安排的考试要覆盖所有科目，满足不同学生选考的需要，考试时间一般安排在学期结束时。各省（区、市）要积极创造条件，为有需要的学生参加同一科目两次考试以及更换已选考的科目提供机会。根据教育部出台的《实施意见》的规定，所谓全程性即将考试的科目平均安排至高中三年的不同时段，同时给予有需求的学生多次考试机会。这种全程性在一定程度上降低了学生的备考压力，也是在尽最大的可能增加学生最终的被录取概率。这是学业水平考试作为一种带有部分常模参照色彩的考试十分柔性的一面，虽然具有选拔的功能，但却通过分散备考压力和提供多次考试机会的形式来确保每一个学生都有接受高等教育的可能性。这是学业水平考试在承载选拔功能上的一项独特优势，而且对考试时间上的全程性加以完善与改进也是学业水平考试未来的发展趋势之一。

（二）学业水平考试的问题：形式化和功能异化

1. 学业水平合格考流于形式

（1）试卷题型单一，难以考查核心素养

重庆市从 2018 年秋季入学学生开始实施新高考改革政策下的学业水平考试，截止到 2020 年 2 月已公布的所有合格考试的标准说明，因音乐和美术这两门科目的书面测试由各区县自主命题，试题质量不一，因此这两门科目的试卷

---

① 教育部. 教育部关于普通高中学业水平考试的实施意见［EB/OL］. （2014-12-16）［2021-01-27］. http：//www. moe. gov. cn/srcsite/A06/s3732/201808/t20180807_344610. html.

将不做分析。体育与健康是素质测试，未含有书面测试，因此，对其余11门科目的合格性学业水平考试的题量、题型分布、分值分布等数量特征进行统计分析，并将选择题和非选择题的情况从题量和分值两方面进行比较，其中选择题题型包括选择题和判断题，其余题型皆归类为非选择题，具体结果见表12-1。

表 12-1 合格性学业水平考试试卷结构统计表

科目	题型	题量	分值	题量占比	分值占比
语文	选题题	11	33	64.7%	33%
	非选择题	6	67	35.3%	67%
数学	选题题	36	100	100%	100%
	非选择题	0	0	0%	0%
英语	选题题	55	85	98.2%	85%
	非选择题	1	5	1.8%	15%
物理	选题题	18	72	78.3%	72%
	非选择题	5	28	78.3%	72%
化学	选题题	25	75	89.3%	75%
	非选择题	3	25	10.7%	25%
生物	选题题	30	80	93.8%	80%
	非选择题	2	20	6.2%	20%
地理	选题题	24	72	92.3%	72%
	非选择题	2	28	7.7%	28%
思想政治	选题题	30	76	90.9%	76%
	非选择题	3	24	9.1%	24%
历史	选题题	24	72	92.3%	85%
	非选择题	2 或 3	28	7.7%	28%
信息技术	选题题	35	85	94.6%	85%
	非选择题	2	15	5.4%	15%
通用技术	选题题	28	76	93.3%	76%
	非选择题	2	24	6.7%	24%

注：数据由2019年、2020年6月份重庆市普通同中学业水平合格性考试说明整理所得。

在表 12-1 中，从选择题题量分布来看，各学科学业水平测试试卷选择题占比均超过了 60%，并且大部分学科测试试卷中选择题的题量占比超过了 90%；从分值占比来看，除语文学科之外，其余各学科测试试卷中选择题的分值占比分布在 65%~85% 之间，并且大部分占比超过了 70%。也就是说，重庆市高中各学科合格性学业水平试卷在题型选择和试卷赋分上具有较高的一致性，即大量采用选择题来进行测试，并且赋予选择题足够多的分值。

一般而言，选择题具有以下优点：一是考查的知识点内容覆盖面较广，考查的信息量相对较大；二是可以相对更好的控制题目难度；三是评分相对来说比较的客观。但是，选择题也有着天生的劣势，即体现不出学生解题的思维过程。例如，在两个考生都不会的情况下，一个考生靠碰运气、猜测答对了，另一个答错了，我们如何来评价这两个学生的核心素养发展水平呢？即使是两位学生在解答选择题时都选了正确的答案，我们也难以判定学生的真实情况。也许一位学生仅仅是因为运气足够好，盲选得分，而另一位学生则是充分调动相关知识并进行合理的推理与分析而得分，在这种情形下，相同的结果对应着学生核心素养发展的不同水平。因此，选择题往往更多的是用来测量学生对知识的记忆和理解、测量基本原理的理解以及测量学生基本技能的掌握情况。而学生核心素养是知识、技能、态度与经验的整合，发展学生核心素养目标下评估学生的学业水平，如果只是单纯地大量采用单项选择题来进行测验，我们将无法确认学生是否具备将所学知识、技能、态度和经验进行整合应用的能力，那么此时的学业评价更多的是停留于记忆和识别以及机械性模仿等低阶素养，这样的学业水平测试可能使教学停留于围绕具体目标的局部学习，也谈不上发展学生的核心素养。

因此，从试卷的结构特征分析来看，重庆市普通高中合格的学业水平考试试题题型单一，难以考查学生的核心素养。

（2）考试内容简单，难以反映真实水平

合格的学业水平考试主要功能还在于为学生提供毕业资质鉴定，为学生能否毕业而服务，因此从命题难度来看试题整体偏容易。笔者对 11 门科目的合格性学业水平考试的知识内容的不同层次要求的数量进行了统计分析。研究发现，试卷构成当中缺少区分度较高的题目，因此无法反映学习能力较强的一部分学生的真实实力和学科特长，这部分学生无法通过普通高中学业水平考试充分展现自己的能力，因此对于他们来说，普通高中学业水平考试的存在可有可无。学业水平考试的成绩报告基本都是采用标准参照型，即学业水平考试的目的不是区分、选拔考生，而是为了考查某个受试的学业是否达标，是把学生掌握的知识和课程标准要求之间进行比较。因此，即便某个学业水平考试的结果是所有受试者都达标、都优秀，也不足以证明考试命题的质量。

但是，这不是说学业水平考试试题不需要区分度，事实上，要保证学业水平考试考卷的科学性，应该全面地抽样考核中学毕业生应掌握的知识、能力。难度大（如答对率低于 0.25）以及难度小（如答对率高于 0.75）的试题可以各占一定数量，以避免测试的"天花板效应"（Ceiling Effect）或"地板效应"（Floor Effect）。故而，一份比较理想的水平测试必须包括一定数量的、能反映"标准"所要求的最低到最高各能力水平的试题。否则，所设定的标准就会过低或者过高，从而不能准确反映现实。鉴于此，普通高中学业水平考试命题的科学性就显得尤为重要了。现在的普通高中学业水平考试的命题上多偏于传统的命题方式，过于保守，强调的是陈述性知识的识记，而缺少对知识背后能力的测评，因而谈不上核心素养的发展了。

（3）结果运用简单，难以提供有效信息

我国的高中学业水平考试的科目多，但是很少提供关于学生学习的建议，然而事实上，考试结果的运用深度与水平才能真正体现某一考试功能的实现程度。对考试结果进行科学、合理地分析、解释和处理是普通高中学业水平考试为高校招生提供参考信息的最后一个环节，其重要性不言而喻。在合理、规范实施的基础上，普通高中学业水平考试的成绩所包含的信息是十分丰富的，然而多数地区对普通高中学业水平考试成绩的分析使用却仅限于等级的认定，而且等级的分层过于单一，同一等级内部区分度较低，同时获得 A 的两位考生在成绩表现上是没有差别的，这对于高校来说就会无从选择，只能选择总成绩较高的。再有，考试成绩缺少描述性的鉴定，缺少针对具体学科、具体学生、具体能力的深入解释和分析，应用性不强，高校录取时需要的是学生在能力和潜力上的具体展现，而不是简单的某一学科考试等级，现行的普通高中学业水平考试结果不能就学生的专业特长指向和具体能力指向做出明确的说明和展示，导致普通高中学业水平考试在实际的高校专业方向录取选择中参考价值并不大。

（4）过程较形式化，测试和实作走过场

在学业水平合格性考试中，还有一个环节，那就是对于美术、音乐、体育与健康的素质测试，物理、化学、生物实验实作的考查。依据访谈结果，基本了解了重庆市部分普通高中学校对于学业水平考试中实作考查的情况。研究认为，当前重庆市普通高中学校教师对合格性学业水平考试不重视，对于其是否评测了学生的核心素养并不关心；在合格性水平考试的实作考查方式中，实作考查流于形式，存在走过场的现象。

访谈1：您学校是否重视学业水平考试中的素质测试或实验实作考查？

某美术老师：就我们美术学科来说的话，其实不重视素质测试，或者说是这个学科不被重视吧。学校领导更多的是强调高考科目的重要性，班主任也鼓励学生在高考科目上花费更多的时间，而且，并没有素质测试通不过的学生。

可以看出，高考的指挥棒影响很严重，严重干扰了学校领导和班主任对非高考科目的关注程度，导致学业水平考试中的素质测试或实验实作走过场。

访谈2：您认为素质测试或实验实作考查的情况怎么样？

某生物老师：实验考查由各区统一组织，有专门的实验考试试题及评分标准。出发点是为了加强学校和教师重视生物实验教学，加强学生的动手能力。但由于实验考核的评分点设计很难完全反映学生实验动手能力的真正水平，因此实验实作考查的作用不大，仅仅是为考试而考试。有些时候，我们学校的老师也会在实验考查前组织学生集中练习必考的实验，完全背离了实验考查的初衷。目前的高中生物实验考查容易走过场，直接准备要考核的那个实验即可。

2. 学业水平等级考功能异化

（1）等级考试定位模糊

将学业水平考试纳入高考招生体系，使其身兼两职，在衡量考生是否达到高中毕业要求的同时又承担着为高校选拔优秀人才的职责，这一改革目标无疑是科学合理的，也存在一些问题，如国家学业水平考试方案中规定，对纳入高校招生总成绩的3门科目的考试成绩给予等级评分，其他科目的评定方式则只分为"合格"或"不合格"。计入高考总成绩的科目以等级分数呈现，则变成了一种常模参照考试。一旦学生被划分成等级，长期处于竞争氛围中的考生在惯有的优胜劣汰的思维模式中势必要争得最优等级。学业水平考试在一定程度上异化为选拔性考试，违背其最初的职能初衷。

（2）等级计分方式不公

在"千军万马争过独木桥"的激烈的高考竞争中，一分之差往往排名相差甚远，这使得考生对分数锱铢必较。为了改变"分分计较"的现象，学业水平考试中对于选考科目采取划分等级的计分方式。然而，关于等级计分方式的公平性却备受质疑，主要体现在以下几个方面。

第一，考生在不同的考试中取得的成绩是否具有可比性。《实施意见》中规定学业水平考试主要检验学生学习状况，以鉴定学生是否达到毕业和升学的标准和要求。国家将学考分为计入高考招录的合格考试科目和不计入高考招录科目的选考科目学考。国家学考中的"等级"计分的依据是指课程标准所约定的学业等级而不是考生群体赋级，但在实践中的学考方案中，考生的等级成绩与考生群体的整体成绩挂钩，这意味着如果有两位实力相当的考生因其参加的考试场次不同，若其所参照的两个考生群体人数和水平差异悬殊，那么这两位考生将会取得截然相反的两个等级，这对处于人数众多、竞争激烈的地区的这类考生必然是不公的。

第二，同一等级内原始分数较高的考生和原始分数较低的考生间产生了不公。例如，浙江的高中学业水平考试将学生划分为 21 个等级，每个等级相差 3 分。假设 A 考生的原始分数为 79，B 考生的原始分数为 77，C 考生的原始分数为 76，按照原始分数来看，B 考生与 C 考生仅相差一分，实力旗鼓相当，但是按照等级划分，B 考生因"侥幸"和 A 考生同被划分到了第八等级，而 C 考生却因"不幸"被划归到第九等级。也就是说等级分数使得同一等级内原始分数较高的考生失去了优势，错失被划分为更高一等级的机会，对于在同一等级内原始分数较低的考生则具有"运气"的成分。

三、核心素养视域下全国统一高考的审视

（一）高考试卷的内涵：学科核心素养

现行基础教育阶段的高考评价体系是否真正体现了培养和选拔未来人才应具备的核心素养？需要通过对诸如 2019 年高考全国 Ⅱ 卷深入分析以及结合教师访谈，判断现行高考试题中所考查的核心素养以及各维度的素养所考查频率及分布比重，来考察现行高考评价体系和核心素养的关系，以期为未来高中生乃至整个基础教育和整体教育各个学段的学生学业评价提供参考依据。

新修订的课程标准以核心素养为培养目标，如何通过考试评价手段落实课程改革理念和核心素养要求，这是高考内容改革必须回答的问题。当前，教育部考试中心研究构建了"一核四层四翼"高考评价体系，作为高考内容改革和高考命题的理论依据和实践指南。高考评价体系包括考查目的、考查内容和考查要求，即"立德树人、服务选才、引导教学"的高考核心功能，回答"为什么考"的问题；"必备知识、关键能力、学科素养、核心价值"四层考查内容，回答"考什么"的问题；"基础性、综合性、应用性、创新性"四翼考查要求，回答"怎么考"的问题。在这个体系中，学科素养起到贯通上下的作用，成为构建考查内容的关键环节与突破。2019 年是普通高中课程方案和语文等学科课程标准（2017 年版 2020 年修订）颁布后第二次高考，从全国 Ⅱ 卷高考试题来看，命题者依据普通高中课程方案和语文等学科课程标准（2017 年版 2020 年修订）的规定和要求，积极探索创设类型多样、具有一定复杂程度的真实情境作

为试题的任务情境，力求从各学科核心素养的维度来甄别学生的学业水平。

1. 语文试卷的审视

语文命题聚焦语文学科核心素养，紧密衔接高中课程标准。① 例如在作文题部分，试题材料向考生展示了从新民主主义革命的开端到中华民族实现伟大复兴的特定历史时空，从中精心选择五个标志性历史节点：五四运动、新中国成立、改革开放、五四运动 100 年、新中国成立 100 年，突出各自的时代主题，启示考生深刻领悟中华民族站起来、富起来、强起来，实现伟大复兴的历史进程，感受中国青年与祖国、民族共命运的家国情怀。这样，既有利于引导考生将自己与国家、民族的发展融为一体去思考当代中国现实生活，又有利于考查综合辨析、逻辑推理、语言表达等关键能力，推动了语文学科"语言建构与运用""思维发展与提升""文化传承与理解"等素养考查的落地。

2. 数学试卷的审视

数学试题以丰富的真情实景为载体，科学考察学科核心素养。② 例如理科卷第 13 题以我国高铁列车等科技发展成果为背景，反映了我国高速铁路的建设成果；文科卷第 5 题以"一带一路"知识测试为情景设计，引导学生关注社会现实和经济发展；数学试卷考试内容重点考查学生的逻辑思维能力、运算求解能力以及综合运用数学知识解决问题的能力，从而考查了学生的数学学科核心素养。

3. 英语试卷的审视

英语试卷体现了高考评价体系总体要求，重视学科素养和道德品质养成。③ 例如，在阅读理解 B 部分，短文呈现了作者自己参与并鼓励他人参与志愿工作的经历，论述了志愿工作的独特意义；阅读理解 D 部分则介绍了美国一所中学与 NASA 合作开展联合科研，鼓励学生发展创新思维。高考英语学科考试内容改革通过精心选材和巧妙设问突出了学科素养导向，强化核心价值引领。

4. 理综试卷的审视

在理科综合试卷中，高考物理试题严格遵循考试大纲，密切衔接高中物理课程改革理念，以物理观念、科学思维、科学探究、科学态度与责任的物理学

---

① 健全立德树人，促进全面发展——2019 年高考语文试题评析 ［J］. 中国考试，2019（07）：1-6.

② 以真情实景落实"五育并举"以理性思维践行"立德树人"——2019 年高考数学试题评析 ［J］. 中国考试，2019（07）：7-10.

③ 立足全面发展育人导向 引导基础教育英语教学——2019 年高考英语试题评析 ［J］. 中国考试，2019（07）：11-14.

科素养为导向。第 15 题以太阳内部核反应主要模式之一的"质子—质子循环"过程为背景设计试题，将核反应和爱因斯坦质能方程有机结合，考查学生理解和掌握核反应方程、核子质量的表示方法和爱因斯坦质能方程等基本概念和规律的程度。化学试题以高考评价体系为指导，精选试题情境素材，凸显学科素养考查。高考生物试题坚持学科素养导向，着意传递保护环境的社会责任意识与建设生态文明的使命担当。高考生物对生态系统、生态环境保护等内容进行考查，积极倡导生态文明。例如，第 37 题针对土壤污染问题，创设筛选能降解土壤污染物细菌的情境，考查考生对微生物分离、培养、筛选等内容的理解和运用。

（二）试卷功能评判：落实关键能力

基于高考试卷以学科核心素养为导向，笔者将依据学科核心素养的内涵界定以及水平划分，对 2019 年高考全国 II 卷进行文本分析。

1. 分析技术

首先，确定分析对象。选取 2019 年高考全国 II 卷进行研究，其中数学试卷分为文科数学卷和理科数学卷，物理、化学、生物合卷，地理、思想政治、历史合卷，一共 6 套试卷。

其次，确定核心素养指标。试题的分析框架依托于教育部制定的普通高中各学科课程方案（2017 年版）中学科核心素养的内涵、学业质量描述以及水平划分描述。

再次，进行内容编码。其一，明确课程标准中的各学科核心素养的内涵界定。在试卷内容编码分析中，试题内容所体现出的核心素养归入相应维度中。其二，内容分析以题为单位进行编码。在每一题中，若确实考查到一个以上学科核心素养，以最主要考查的核心素养分别编码。举例如下。

理科数学卷第 1 题：

设集合 $A = \{x \mid x^2 - 5x + 6 > 0\}$，$B = \{X \mid X - 1 < 0\}$，则 $A \cap B =$

A. $(-\infty, 1)$ B. $(-2, 1)$ C. $(-3, -1)$ D. $(3, +\infty)$

分析：本题以集合的交集为载体（必备知识），旨在考查集合的运算（关键能力），主要体现了"数学运算"这一学科核心素养，记 1 次。

最后，请一位任教高三的特级教师对编码结果进行评判，编码结果有争议时参考特级教师的建议，形成最终编码结果。

2. 编码结果

根据课程标准，对 2019 年高考全国 Ⅱ 卷的全部试题进行内容编码，下面以语文试卷为例。表 12-1 为语文试卷分析（学科核心素养：A. 文化传承与理解；B. 语言建构与运用；C. 思维发展与提升；D. 审美鉴赏与创造）。

表 12-1　语文试卷分析

题号	命题立意	学科核心素养
1	理解文中重要概念的含义，筛选、整合信息	C
2	分析文章结构，分析文本论点、论据及论证方法	C
3	分析概括作者观点态度，整合信息进行推断	C
4	理解文中句子含义，归纳整合、概括分析文中信息	C
5	归纳整合，区分事实和观点，评价文本观点和影响	C、D
6	筛选整合信息，分析文本文体特征和表现手法	C、D
7	分析鉴赏文学作品的思想内涵、艺术特色	D
8	对塑造人物形象时的表现手法的综合把握	D
9	对小说情节中具体元素在情节中作用的认识和理解	C、D
10	理解文言文	B
11	理解文言诗词中的文化意义	A
12	筛选文中信息、归纳内容要点	C
13	文言文理解和翻译	B
14	评价作品的思想内容和作者的观点态度	D
15	鉴赏作品语言和表达技巧	D
16	名篇名句默写	A
17	选择正确句式使表达简明连贯	B
18	辨析引号在具体语境中的作用	B
19	判断并修改病句	B
20	正确应用语言文字进行准确表达	B
21	提取关键信息并简洁流畅地进行表达	B
22	写作	A、B、C

3. 结果讨论

为了列示全国高考试卷命题内容对学科核心素养的反映，我们将 2019 年高考全国 Ⅱ 卷考查的核心素养进行频次统计，如下表 12-2、12-3 所示。

表 12-2　全国 II 卷考查核心素养统计表（一）

素养＼科目	语文		英语		理数		文数		生物	
	频数	权重	频数	权重	频数	权重	频数	权重	频数	权重
素养1	8次	29.7%	63次	86.3%	1次	2.6%	1次	2.8%	4次	26.7%
素养2	9次	33.3%	0次	0%	11次	28.9%	9次	25%	6次	40%
素养3	7次	25.9%	9次	12.3%	0次	0%	0次	0%	5次	33.3%
素养4	3次	11.1%	1次	1.4%	10次	26.3%	9次	25%	0	0%
素养5					14次	36.8%	15次	41.7%		
素养6					2次	5.3%	2次	5.6%		
总计	27次	100%	73次	100%	38次	100%	36次	100%	15次	100%

表 12-3　全国 II 卷考查核心素养统计表（二）

素养＼科目	化学		物理		地理		思想政治		历史	
	频数	权重	频数	权重	频数	权重	频数	权重	频数	权重
素养1	7次	46.6%	7次	33.3%	5次	27.8%	5次	31.2%	2次	11.1%
素养2	2次	13.3%	12次	57.1%	7次	38.9%	9次	56.3%	4次	22.2%
素养3	2次	13.3%	2次	9.5%	6次	33.3%	2次	12.5%	1次	5.6%
素养4	3次	20%	0次	0%	0次	0%	0次	0%	11次	61.1%
素养5	1次	6.8%								
总计	15次	100%	21次	100%	18次	100%	16次	100%	18次	100%

　　注：其中素养1~n，分别依次对应各学科核心素养。在语文学科，素养1~4分别是语言建构与运用、思维发展与提升、审美鉴赏与创造、文化传承与理解；在英语学科，依次是语言能力、文化意识、思维品质、学习能力；在数学学科，素养1~6依次为"数学抽象""逻辑推理""数学建模""直观想象""数学运算"和"数据分析"；生物学科依次为生命观念、科学思维、科学探究、社会责任；化学学科依次为辨识与微观探析、变化观念与平衡思想、证据推理与模型认知、科学探究与创新意识、科学态度与社会责任；物理学科依次为物理观念、科学思维、科学探究、科学态度与责任；地理学科依次为人地协调观、综合思维、区域认知、地理实践力；思想政治学科依次为政治认同、科学精神、法治意识、公共参与；历史学科依次为唯物史观、时空观念、史料佐证、历史解释。

　　从广度上来看，高考试卷基本涵盖了各维度学科核心素养的考查，基于高考对教学的引导作用，在一定程度上有利于学科核心素养在教学过程中的落实，从而发展学生的核心素养。但是，就学科核心素养考查的均衡性而言还有待加强，因为各个维度的学科核心素养本身的重要性程度是没有区别的，无论是哪种素养的缺失都不能说学生较好地发展了该学科的核心素养。例如，无论是物理试卷还是化学试卷或生物试卷中，"科学态度与社会责任"这一学科核心素养在试题中所占比重很小，说明在一定程度上忽视了试题情感态度价值观的渗透作用，也可能会加强教师在日常教学中片面强调知识与技能的不良倾向，从而不利于学生核心素养更高水平上的发展。

进一步来看，九门高考试卷考查频次最高的学科核心素养分别为思维发展与提升（33.3%）、语言能力（86.3%）、数学运算（36.8%和41.7%）、科学思维（40%）、宏观辨识与微观探析（46.6%）、科学思维（57.1%）、综合思维（38.9%）、科学精神（56.3%）、历史解释（61.1%）。可以总结出，这些素养更多的还是倾向于认知领域；同时，对于学生的思维能力要求很高，因而，可以说，目前的高考命题是以能力立意，考试结果评价了学生的关键能力。

（三）试卷问题分析：必备品格的偏废

从上文分析中可以看到高考试卷在试卷设计上突出了核心素养的导向，但是测评内容上更多的还是倾向于认知领域，对于学生的情感态度价值观方面的学科核心素养测评有限。为进一步准确把握高考试卷对学生核心素养的测评作用，笔者对一线教师进行了调查访谈。

1. 访谈和调查的对象

教师是学生学习过程的参与者，对学生的能力、品格和成长过程最为清楚，特别是一线教师作为高考的利益攸关方，他们和学生因高考而结为了"利益共同体"①，他们对于核心素养的理解和支持是至关重要的。笔者以重庆市 J 区的 3 所高中为对象，实地深入学校，通过个别访谈与问卷调查相结合的方式进行调研。样本的基本情况有以下几点。其一，从性别情况来看：男性教师 38 人，女性教师 37 名。其二，从学历层次来看：学历为专科的教师 1 人，大学本科学历的教师 57 人，硕士研究生及以上学历的教师 17 人。其三，从教龄情况来看：0~4 年教龄的教师 10 人，5~15 年的教师 29 人，15 年以上教龄的教师 36 人。可以认为大多数教师都是熟手型和专家型教师。其四，从职称情况来看：3 人尚未评定职称，19 名二级职称教师，29 名一级职称教师，24 名高级职称教师。其

---

① 周序. 核心素养教育与高考改革的方向 [J]. 当代教育科学, 2017 (04)：23-26.

五，从任教学科来看：高考中的各个学科均有涉及，其中调查和访谈语文和物理教师人数最多（见表12-4）。

表12-4　访谈及调查样本基本信息

变量	分类	数量（人）	权重（%）
性别	男	38	50.67
	女	37	49.33
学历	专科	1	1.33
	大学本科	57	76
	硕士研究生及以上	17	22.67
教龄	0~4年	10	13.33
	5~15年	29	38.67
	15年以上	36	48
职称	无	3	4
	三级	0	0
	二级	19	25.33
	一级	29	38.67
	高级	24	32

2. 访谈和调查的结果

（1）访谈结果分析

高考一直以来被称为学校教育的"指挥棒"，可见教育评价对于学校教育的发展方向有着重要的导向作用。那么，核心素养教育得以最终实现需要依靠与之配套的教育评价支持。笔者就目前高考评价方式和基于核心素养的高考评价方式的看法和见解对老师们进行了访谈调查。

从整体上来说，老师们认为当前对于学生的学业评价主要还是依托于学生考试成绩，尤其是高考分数。有老师就这样说道："现在我们的教育对学生的评价还是比较单一，主要是看他的成绩的好坏。只要成绩优秀，那就是王道。"

尽管2018年教育部已经印发了普通高中新课标，但学校在教育评价部分仍然处于观望状态，当追问其原因时，老师们最为一致的看法是"高考评价模式不改革，针对学生的学业评价也很难有实质性进展"。核心素养教育思想逐渐开始渗透到具体的高考命题中，高考在落实发展学生核心素养方面具有强大的导向作用，但学校核心素养教育评价的跟进将会是一个漫长的过程。

尽管学校难以实现或暂未落实核心素养教育教学评价，但是核心素养教育理念在一定程度上也影响着学校和教师对于学生的评价，并且坚信核心素养教育是教育改革的方向。例如有老师这样描述："我自己也是从这样的评价机制（唯分数评价机制）里出来的，那时上了大学什么也不会，玩不如别人会玩，学也没有别人厉害，由内而外的自卑根本不敢与外界有过多接触。如果几十年后我们的学生、我的孩子还来重蹈覆辙，那我们的教育也算是很失败了。这样培养出来的人，不说为社会做出多大贡献，他可能连自己的幸福感都没有多少吧。因此，我们还是要搞核心素养评价的。"

同时，有不少老师表示，高校招生的其他方式更能促进和发展学生的核心素养。"我们班上有很多同学都会走自主招生这条路，自主招生其实对于学生的综合素质要求还是很高的，这个招生方式更能促进学生核心素养的培养吧。所以我会带学生去研学旅行。其实老师带着学生出去跟父母带着孩子出去是有很大不同的。比如说如果是父母带出去的话，可能就是看看这个城市的繁华，然后去一下当地的大学，看看这个大学的外观。但是我不是，我一定会给他们一个主题，比如说，首先我带学生去到一个陌生城市，告诉他们我们的目标就是在这个陌生城市当中生存下去，甚至是要对这个城市的发展有自己的贡献。在这种情况下，我就会引导他们去看这个城市的规划，去看看这个城市的发展状况，了解在这个城市中，哪些行业是具有优势的。"

（2）调查结果分析

目前，高考依然通过经典的纸笔测试的方式来对学生的学业进行测试与评价的。可以说纸笔测试这种方式简洁、有效，但是纸笔测试究竟能够达到什么样的测试效果，能否测试出学生的核心素养，能测出哪些素养？笔者通过设计问卷调查的方式来予以确定。调查对象是具有高三教学经验的高中学科教师，这些调查对象熟悉高考试题，能够较好地把握高考评价体系对学生学业的考查情况和甄别能力，而且基于教学经验、一线教师对学生的了解等多重因素，有理由相信他们所反馈信息的真实性、可靠性和准确性。当然，由于本调查研究存在一定的主观态度，每位教师的辨析与回答当然也有可能不完全相同，但笔者可以从中仔细分析，寻找、统计共同的规律。

高考对于学生的学业评价主要依托于对试题的作答情况。因此，试题的质量便十分关键。当访问"关于2019年全国卷，试卷在结构、试题难度和区分度控制等方面达到了科学、合理。对此，您是否同意"时，有69.33%和13.33%

的老师表示比较符合和非常符合（见图12-1），表明大部分老师对于2019年的高考试卷的命题质量给予认可。

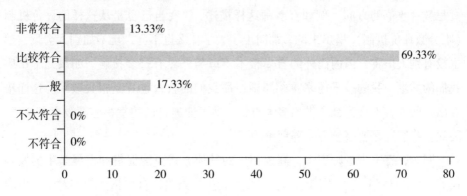

图12-1　对判断试卷在结构、难度和区分度是否科学、合理的调研结果

发展核心素养目标下的学业评价应该在任务设计上强调情境性，为学生创设有利于调动知识、技能、经验和情感态度等资源来完成任务的情境。当访问"关于2019年全国卷，试题题目主要以真实情境为载体，紧密联系学生学习和生活实际。对此，您有什么看法"时（见图12-2），16%的教师表示现在的高考试卷脱离了传统的就题论题，都是解决实际问题，2/3的老师认为高考试卷很好地联系了学生的生活经验。这表明高考试题不再孤立地考查学生的知识点，而是强调一种学业上的整合，在情境中综合应用知识的能力。

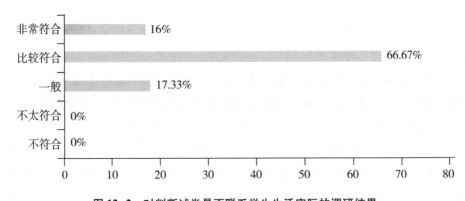

图12-2　对判断试卷是否联系学生生活实际的调研结果

在进一步问到"关于2019年全国卷，试题题目反映了对中学教学的要求，对基础教育能够发挥引导作用。对此，您有什么看法"时，超过70%的老师都认为高考试题对基础教育有强烈的导向作用。高考的高利害性使其具有极强的导向功能，应试者、教师以及教育管理人员的学习和工作总是围着考试的"指挥棒"转。考试通过它的考试方法、考试内容、试题类型、评分标准等几个方面影响着参考者的学习方向和教师对教学重点的取舍。需要指出的是，也有近1/4的老师持有相反看法，认为高考试题并没有很好地反映中学教学要求，甚至有老师这样描述："高考不是引导了教育，而是绑架了教育，中学教学就是在戴着镣铐跳舞。"

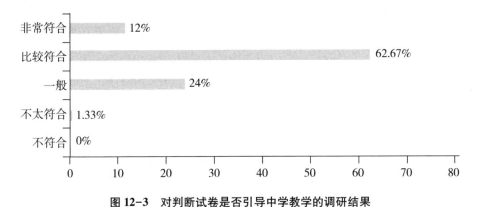

图 12-3　对判断试卷是否引导中学教学的调研结果

整体来看，绝大部分的教师对于高考试题的设计给出了正面的看法，可以认为 2019 年高考试卷试题质量是较高的。在此基础上，请老师们在问卷调查中按照十分同意、比较同意、一般、不太同意、不同意五个等级对试题在考查学生所体现出的各项核心素养进行判断（见图 12-3），并对这五个等级分别赋予5、4、3、2、1 的数值，以便问卷调查统计工作的进行。在分析调查问卷的数据时，应用 SPSS 22.0 统计软件，计算各项素养因素的各类统计量（见表 12-5）。

表 12-5　各项核心素养统计量

核心素养	人数	最大值	最小值	平均值	标准差	方差
人文底蕴	75	5	2	3.92	0.466	0.217
科学精神	75	5	2	3.97	0.615	0.378
学会学习	75	5	2	3.53	0.556	0.309
健康生活	75	4	1	2.78	0.407	0.166
责任担当	75	4	1	2.94	0.504	0.254
实践创新	75	5	1	2.75	0.571	0.326

由统计结果中的平均值容易看出：教师对人文底蕴和科学精神的评价较为

集中。换句话说，高考试题能够较好地对上述两种核心素养进行考查。再观察表格，可以看到教师对"学会学习"这一核心素养的认同度略有降落；而素养"健康生活""责任担当""实践创新"得分就非常低。也就是说，高考试题基本上不能做到对这几种素养的考查。统计结果中的标准差和方差，反映了调查对象对于试题所应体现的核心素养类型看法的一致性程度。结合以上对表格的分析，可以做出总结：教师们较为集中的认为当前以纸笔测试为手段的高考评价体系可以较好地测评学生的人文底蕴和科学精神这两种核心素养，与此同时，也能看到，教师们也比较集中的认为当前高考评价体系不能较好地测评其他素养。

为准确把握高考试卷容易和难以测评六大素养的具体要点，因此，也请教师们判断了核心素养的 18 个基本点的有哪些项目在纸笔测试中可以较好地推断出来，有哪些项目不容易被测评出来（见表 12-6）。

表 12-6　各指标被提及的人数百分比

核心素养	基本点	百分比（%）	核心素养	基本点	百分比（%）
Ⅰ 人文底蕴	人文积淀	30.67	Ⅱ 科学精神	理性思维	64
	人文情怀	21.33		批判质疑	16
	审美情趣	16		勇于探究	26
Ⅲ 学会学习	乐学善学	29.33	Ⅳ 健康生活	珍爱生命	13.33
	勤于反思	25.33		健全人格	8
	信息意识	18.67		自我管理	6.67
Ⅴ 责任担当	社会责任	14.7	Ⅵ 实践创新	劳动意识	5.33
	国家认同	26.67		问题解决	24
	国际理解	4		技术应用	14.67

可以看出，老师们认为可以依据试卷推测出不同核心素养指标，18 个基本点都有覆盖，但是不同指标的差异也十分巨大。老师们在高考试卷测评了"理性思维""健全人格""自我管理""国际理解""劳动意识"项目上容易达成一致的看法：近 2/3 的老师都认为高考试卷较好地测评了理性思维，同时，近90%的老师认为高考试卷在测评"健全人格""自我管理""国际理解""劳动意识"等指标上是失败的。

总之，通过上述对试卷本身和访谈调查结果进行分析，可以归纳出当前全国统一高考试卷在学生学业评价上存在较大局限——必备品格的偏废。

四、核心素养视域下普通高校招生的审视

（一）高校招生的操作：分数面前皆平等

1. 保送生制度

保送生制度是指由中等学校推荐综合素质优异、具有学科特长、突出贡献者及其子女类学生，经高校考核同意，免于参加统一高考的高校招生制度。面向高中应届毕业生的保送生制度始于 1984 年教育部在北京师范大学等 10 余所高校的试点；因试点效果良好，1985 年保送生试点院校扩大到包括北京大学在内的 43 所高校。在此之后，保送生制度历经多次调整，一直保留至今。顾名思义，保送入学完全脱离了高考分数的钳制，中学拔尖学生不需要再把精力和时间用在应考上，可以依据自己的兴趣、爱好、特长选择专业，激励学生全面发展。然而，自 2010 年起，保送生政策遭遇了重大调整，只保留了"获得全国中学生奥林匹克竞赛决赛一等奖并被中国科学技术协会遴选为参加国际（数学、物理、化学、生物学、信息学）奥林匹克竞赛国家队集训的学生"的保送资格，从此保送生成为一种袖珍型的招生选拔模式。

2. 自主招生

在招生评价模式的多元化尝试中，高校自主招生是保送生之外又一种非常重要的评价选拔模式，自主招生赋予高校自行组织笔试和面试考核的权力，但是自主招生评价并没有完全脱离高考，一般通过自主招生考核的考生可获得十分到几十分不等的高考降分优惠，或达到同批次高考最低控制分数线即可录取。事实上，依据 2003 年教育部办公厅印发的《关于做好高等学校自主选拔录取改革试点工作的通知》，高校自主招生人数限制在各校招生计划额度的百分之五以内。

3. 综合评价招生

2011 年 2 月，浙江省启动"三位一体"综合评价招生试点，把高中学考、综合素质评价纳入高考评价体系，给综合评价以全新的、完整的内涵，实现了全要素综合评价，体现了把结果评价和过程评价相结合的理念。综合评价招生模式，其录取依据是由高中学业水平测试成绩、综合素质测试成绩和高考成绩按一定比例合成的综合成绩，具体比例要求由试点高校根据学校培养目标和学科专业设置情况确定，但高考成绩原则上不低于 50%。

纵观以上几种招生模式，可以看出，我国高校招生主要还是依据高考成绩进行的，而且分数成绩，在本质上主要是对学生智能的考察，即偏重于关键能

力的考察，却因此而忽视了必备品格的考察。显然，这样偏重于关键能力、忽视必备品格的考察，不是体现全面发展教育的考察，既不利于引领教育系统的健康发展，也不利于引导学生全面发展。

（二）高校招生的评判：唯分招录少素养

目前，我国高校招生的最大特点是分数至上，或者说是分数面前人人平等，这种相对公平性为高校招生赢来了声誉。然而在一定程度上，我们又不得不承认这样一个事实：高校招生已经被分数一叶障目。这个问题可以从两方面进行证明，其一是唯分数论有着很大的弊端。有学者总结到，"单一测试具有局限性，难以准确测出学生的非智力特质；分数的细微差异不具有统计学意义，不利于科学公平选拔人才；各科分数直接加后按总分排序的招生遮蔽了考生认知结构的差异；当招生分分计较，基础教育自然异化为'唯分数'的应试教育"。① 这些弊端带来的后果便是会导致学生变得平庸，学生核心素养发展的全面失败。表现之一便是学生片面地进行知识学习，高考不考什么，高中就不教什么，学生就不学什么。同时由于高考的高竞争性，学生往往为追求最大的学习强度而大量刷题，不可能把有限的时间合理分配在人文底蕴、科学精神、学会学习、健康生活、责任担当、实践创新等素养培养上，以至于我国教育一直要面对钱学森发出的"为什么我们的学校总是培养不出杰出人才"的拷问。

正如有学者分析的那样，要破解"钱学森之问"的关键便在于择才，"目前高考招生体系下的优秀，多数不是创新素养和发展潜力意义下的优秀；每一位经历了持续十多年单维测评系统下的应试教育的学生，都在创新能力和潜力方面受到不同程度上的伤害，有的甚至被荒废。"② 其二是不唯分数论的招生有其卓越的一面。例如，清华大学"10年生源调查"也支持了这一结论，所招收保送生的平均GPA（平均成绩点数计算）高出全体学生平均水平2分。③ 因此，招收保送生一方面有利于高校选拔和培养人才，另一方面也说明了保送入学有利于学生的自由发展。

再如，有实证研究显示自主招生学生的综合素质总体优于统招生。文斐等人利用2010年"中国大学生学习性投入调查"的数据，以"学习性投入"为概念框架，对九所原985、211院校中自主招生群体和统招学生群体的学习过程、

---

① 张会杰. 考试招生"唯分数"的两难困境：观念及制度的根源 [J]. 中国考试，2019 (01)：10-14+39.
② 郑泉水. "多维测评"招生：破解钱学森之问的最大挑战 [J]. 中国教育学刊，2018 (05)：36-45.
③ 邓晖. 保送生制度：去，还是留？ [N]. 光明日报，2012-11-20 (5).

学习行为进行比较分析，结果发现，自主招生的学生具备更强的沟通能力、主动合作学习能力，具有更大的学术兴趣和学术自觉性，对院校政策环境有更好的理解和认同。① 同样地，综合评价招生也有相同的结论，不唯分数论有利于学生的全面发展。依据盛兰芳的专题跟踪研究可以看到，"与统一高考学生相比，三位一体学生学习成绩并未成为短板，而且专业思想更为稳固，专业特长优势更加突出，时间管理和职业规划能力更强，担任学生干部比例和活动参与度更高，评奖评优表现更好，心理调适能力更强，总体综合素质表现更好。"② 因此，高校依据统一高考分数进行招生，在一定程度上一叶障目便不言而喻了。

（三）招生问题的分析：为何目中不见人

一个关键的问题，为什么高校招生会目中无人呢？第一，不以分数而以人的综合素质进行招生时面临着诸多困难。这是因为综合素质自身是一个"确定性"与"非确定性"相融的概念，本身就存有逻辑悖论，存在学生与学生之间"不可比性"的嫌疑；学生、家长和教师评价的"合理性"是一个长期演进的过程，与高考体系的"严谨性"存在一定的距离；高中生综合素质评价实践处于起步探索阶段，其中的"风险性"与高考体系的"稳定性"极易产生冲突；高中生综合素质评价重要方式"质性评价"，其存在具有"主观的主观性"的弊病，与高考体系的"客观性"二律背反。③ 综合素质评价的这些"难为"之处，导致了综合评价中的综合素质评价没有高考成绩那样的公信力，其结果会受人情、关系、权力的干扰，尤其是"A"等或"优秀"的结果无法保证，缺乏一套基于事实的综合素质评价体系；同时综合素质评价的部分评价内容不可观察、不可比较、不可分析，导致了综合素质评价可操作性不强；综合评价需要学校、社会多方面参与，但目前还缺乏严格的监督体系。因此，种种难为之处让高校自然而然地选择了"招分不招人"。

在另一方面，依据统一高考成绩招生成了公正的代名词，高考维护社会公平的功能被无限扩大。公平是高校招生制度的灵魂。但中国高考制度历经40余年，在履行为高校选拔合格新生本质职能的同时，高考的社会功能已凌驾于教

---

① 文雯，管浏斯. 大学自主招生学生学习性投入初探 [J]. 复旦教育论坛，2011（06）：19-25.

② 盛兰芳. 高校"三位一体"综合评价招生改革跟踪研究 [J]. 教育评论，2016（09）：67-71.

③ 周先进，张睦楚. 高考改革：高中生综合素质评价的"可为"与"难为"[J]. 全球教育展望，2014（07）：101-111.

育功能之上，高考维护社会公平的功能被无限放大。① 这不得不让人重新审视"公平"这个概念，事实上，正如恩格斯指出："关于永恒的公平的现象，不仅因时因地而变，甚至也因人而异。一个人有一个理解。"② 不少学者认为分数面前人人平等是脆弱的公平，不是真正的公平。这种过度地追求形式上的公平反而掩盖了实质上的不公平，最显著的表现是"一张考卷难以测量学生的核心素养、难以匹配高校不一样的培养目标"。但是，尽管北京、上海这些大城市的重点中学校长完全有理由批判以农村学生为主体的"高考工厂"违反教育规律，但是农村学生及家长对其趋之若鹜。③ 可以说，社会对于高考维护公平的沉重期望也让高校招生难以实现"招人不招分"。

事实上，高校"招人不招分"的权力十分有限。尽管《中华人民共和国高等教育法》第三十三条规定了："高等学校根据社会需求、办学条件和国家核定的办学规模，制定招生方案，自主调节系科招生比例。"从法律上明确了高校具备招生自主权力，但实际上自主招生人数都限制在各校招生计划额度的百分之五以内。有学者总结，高校缺乏自主招生的权力，只能按照考试成绩从高到低进行录取，在甄选人才方面缺少高校的实质性参与，本质上是政府主导的考、招、录一体的招生模式。④

五、以核心素养引领学生学业评价的建议

（一）高中学业评价问题及其原因分析

1. 教育偏离了育人的本质

教育是什么？许多学者给予了极其丰富的回答。今天的学校教育呢？也正如有学者指出的：恢复高考以来的三十多年里，我们一直在不停地奔跑，跑得越来越快，也越来越累，却很少停下来问一问自己，我们为什么要奔跑？教育似乎正在变成我们日常生活中不得不去完成的例行公事：教师上课是为了谋生；学生上学在义务教育阶段是国家规定的，在非义务教育阶段是为了通过上一级的考试；校长看上去像是一个企业的总经理等。凡此种种，无不显示出教育的

---

① 郑若玲. 高考改革的困境与突破 [J]. 厦门大学学报（哲学社会科学版），2017（03）：1-10.

② 马克思，恩格斯. 马克思恩格斯选集：第3卷 [M]. 北京：人民出版社 1995：212.

③ 张济洲. "高考工厂"背后的阶层焦虑与机会公平 [J]. 中国高教研究，2015（09）：33-36.

④ 靳培培. 基础教育与高校招生的关系探析 [J]. 江苏高教，2017（05）：86-89.

有效性正在慢慢消失。① 更进一步看，这种学校教育在具体的教学活动上还有诸多极其糟糕的举措，如著名学者易中天指出的，我们的教育"掉了根本，搞坏了脑子：脑子被搞坏的表现之一，是不但不会分析问题，甚至也不会提出问题，包括不会反问、批驳、质疑。不会辩论，是因为不会思考……今日之中国，学校是工厂，院系是库房，班级是车间，学生则是流水线上批量生产的齿轮和螺丝钉，只不过有的镀金，有的镀铜，有的压了塑料膜。但指导思想和生产模式，则是一样的。"②

从较为宏观的社会与教育相互影响的角度看，教育这种偏离本质的现象有其深刻的社会原因，有其教育绩效的错误观念引导。正如有学者分析指出的：每个家庭都陷入了千方百计地去抢占一个所谓的"好学位"的教育焦虑之中……办人民满意的教育，这是多年来各级政府官员挂在嘴上、写在报告上的一个重要理念。但这个理念到了现实中，就直接变成了追求中考、高考升学率……我们之所以说，这种教育政绩观是扭曲的，关键是，这种以升学率为本位的教育政绩观，日益偏离了教育的本质。③

面对上述教育宏观层面的问题，人们对此无不忧心忡忡，如北京大学教授、社会学家郑也夫指出：中国教育是一个天大的问题，不是说我们有多大的本领把它办得多么好，而是我们居然可以把它办得这样糟，这是一个很沉痛的话题……中国教育的问题是复杂的。④ 每个相关主体和部门都有责任和义务去思考：教育如何走向更好地发展。

2. 学校偏离了育人的本职

当前学校教育偏离培养人才的本职，进而走向功利化、形式化，引起了越来越多的关注。

同时，进一步分析笔者认为，全面考试化是学校教育偏离本职的集中表象。下面是原山东省教育厅副厅长张志勇博士对当前学校教育形式化现象的观察。在微信圈中，常常会收到这样的调侃图片：熟睡的婴儿，身边放着一张纸条，上面书写着"离高考还有多少天"的警示……大家都知道，高中学生苦，高中

① 陈志武. 童年被透支的孩子，很难形成健全人格［EB/OL］.（2020-03-16）［2021-01-27］. https：//www. sohu. com/a/380421833_ 387091.

② 易中天. 中国教育不要丢掉根本［EB/OL］.（2015-02-03）［2021-01-27］. https：//www. sohu. com/a/r1029876_ 111230.

③ 张志勇. 该为全民教育焦虑"降降温"了［EB/OL］.（2018-06-29）［2021-01-27］. https：//new. qq. com/rain/a/20201229A033PN00.

④ 郑也夫. 中国教育是一个天大的问题！［EB/OL］.（2018-07-06）［2021-01-27］. https：//www. jianshu. com/p/990c03ef24de.

学生各个学科都有月考、段考、期中考、期末考……凡考试就要排名，就要通知学生家长。由此，家长和孩子的周期性考试焦虑，成为日常生活的常态。我们的教育，哪里是在"育人"，分明是在赤裸裸的"育分"。① 这种应试化现象最后可能是："无法回头的教育末路：疯狂的作业、如潮的补课、尴尬的教师、霸道的名校…谁也停不下来。变态的陀螺要想稳定，只能加速旋转。只要放慢了旋转步伐，就意味着崩溃。这种'剧场效应'下的教育没有未来"。②

　　教育考试也是一种文化心理，中国古代的科举考试就是重要例证，而且形成了"读书—应考—入仕"文化综合现象，并且深入人心，即使来到现代，新发展的各种各样的入职考试文化也是全球正在流行的。但是，学校教育却没有充分注意学校教育考试于社会用人选拔考试的区别，过分地将学校教育考试社会化，形成了"读书，学习—考试、分数—名次、资格—职位、收入"的文化思维链条。一方面，客观地看，教育考试作为一种教育的评价手段，有其不可或缺的作用，比如站在过程性评价以及发展性、指导性评价的角度看，各自考试有助于学生了解自己学习的结果，知道自己的学习进度、明确当前还需要学习的对象。当然，这些各种各样的考试对教师而言，有助于教师了解教学的效果，发现学生已经发展和未得到发展的方面，具有很好的教学效果诊断价值。另一方面，如果把教育考试本身当作"目的"，那就偏离了教育考试、评价的初衷，从而将教育考试引入歧途，同时也将教育引入歧途，导致整个学校教育的畸形。正如有专家无比忧虑地指出："教育不应该有让人种退化的危险，小孩是需要管的，不能完全放任不管，但管孩子什么方面非常重要。我觉得很多家长管的不是地方，孩子在外面做了很多不道德的事情他不管，就是分数管得很厉害。基本的教养和基本的文明是最重要的。"③

　　3. 招生偏离了人的全面发展

　　反观当前的高校招生，是只看分数、隐去了分数上面的人。观察发现，高校招生不但只看分数，而且达到了"分分计较"的境地，如国家重本校、省市重本线，然后是一本、二本分数线，专科分数线；各个分数线对应各个高校的招生资格顺序等等。以至于最后极少数高校成为了所谓的高考状元的选择，这

---

① 张志勇. 该为全民教育焦虑"降降温"了［EB/OL］.（2018-06-29）［2021-01-27］. https：//new. qq. com/rain/a/20201229A033PN00.

② 当代教育家. 无法回头的教育末路［EB/OL］.　（2018-09-16）［2021-01-27］. https：//www. 163. com/dy/article/DRQDI4HL0516DKF5. html.

③ 资中筠. 中国教育不改革，人种都会退化［EB/OL］.（2012-08-22）［2021-01-27］. http：//opinion. china. com. cn/opinion_ 45_ 50945. html.

些高考状元又被这些学校作为对外宣称的资本、媒体又参与其中追踪热捧，再进一步烘托社会对高考分数的认知。

分析认为，学生的高考分数或许在一定意义上反映了关键能力的水平，但如上所述，目前高中生学业评价却难以反映学生的必备品格。其结果是："违背了教育的本质，压抑了儿童的发展……学生为考试而学习，不是为发展而学习，每天十几个小时埋头于沉重的作业负担之中，身体健康受到伤害，思想品质得不到提高，学生的生命受到摧残。① 所以，面向未来，高校招生必须实现"从'招分'转向'招人'。"正如著名教育家顾明远先生所言："新高考改革要解决人才选拔的问题……高考，你考什么老师就教什么，你考什么学生就学什么，很多学生并没有自己的志向，也没有专业兴趣，所以考上大学的不少学生，虽然学习成绩不错，但对所学的专业并不喜欢，缺乏钻研精神。"②

在高校招生"只见分、不见人"的情况下，基础教育的各个阶段无不强调升学教育，特别是高中阶段，为了升学率而达到不择手段的境地。如具有多年基础教育实践工作经验、对基础教育管理工作非常熟悉的著名教师程红兵描述的当下学校把考试作为教育目的的畸形状态："现在有些学校为了赢得突出的高考成绩，几乎到了不择手段的地步……比如挖其他学校的墙角，把他校优秀教师挖到自己学校来。"③ 这种看升学率的现象又反过来强化应试教育，甚至出现"挑学校，看升学率"这种"本末倒置"的认知。④

综上所述可见，当前的学校教育考试就处于既发挥指导作用、诊断作用的地位，同时却又被异化，带偏了学校教育的行为选择，被置于病垢四起的"尴尬"地位。但最后的结果还是"考，考，考，教师的法宝；分，分，分，学生的命根"大行其道，甚至出现了"为了赢得高考，只要学不死，就往死里学""多一分干掉千人"等等高考"拼命"口号。这种教育考试化的后果是非常严重、多方面的。有学者将其总结为：为了取得高考的胜利从孩子一出生就产生了对子女前途命运的焦虑；为了成功升学而选择上一所好的幼儿园、好的小学、好的初中、好的高中的"择校"焦虑；为了"不输在起跑线上"而"抢跑"，

① 顾明远. 学生不是为考试而学习，而是为发展而学习［EB/OL］.（2018-05-30）［2021-01-27］. https：//www. sohu. com/a/233413763_ 479618.
② 顾明远. 高考，应从"招生"转向"招人"［N］. 解放周末，2017-6-16.
③ 程红兵. 教育里丑态很多，但不是全部！［EB/OL］.（2018-10-22）［2021-01-27］. ht-tps：//www. sohu. com/a/270424566_ 100246835.
④ 富晓红. 我们的教育出了哪些问题？作为父母我们能做什么？［EB/OL］.（2019-10-13）［2021-01-27］. https：//www. sohu. com/a/346675730_ 100934.

参加各种各样的课外补习班产生的上课外班焦虑；为了赢得月考、段考、期中考、期末考的反复性、周期性考试而产生的日常考试焦虑。这些焦虑，不仅加重了家庭的教育经济负担焦虑，而且还增加了孩子负担过重的学习焦虑。①

（二）核心素养下完善学业评价的建议

1. 抓住牛鼻子：深化高校招生改革

（1）确立发展核心素养的录取标准

在我国，高考成绩几乎是大学录取的唯一依据，分数的高低决定了考生能否上大学和上什么样的大学，平时成绩、个人在中学的表现、兴趣、爱好，都一概不管。这种录取的唯分主义给高中教学带来极大的负面影响，加剧了学生的片面发展，也助长应试教育的发展。因此，大学录取应采用综合选拔制，除高考成绩外，还要注重平时成绩的考查，了解学生各方面的表现、能力和特长。校长或教师以推荐信的形式如实反映学生在校情况，对特殊才能和优秀的学生，高校可免试入学，有条件的高校还可以对报考学生设置面试。

（2）赋权以保证高校招生主体地位

考试分数将不再是高考录取的唯一标准，将综合评价引入招生评价体系，择优录取，以利于素质教育的实施。普通高校实行自主招生有助于中学全面实施素质教育，形成多元化人才培养模式。长期以来，我国高考制度改革始终跳不出应试教育的圈圈，因此改变现行的不适应高等教育发展要求的招生制度，加快高校自主招生试点工作的进行，将使中学教育由应试教育走向核心素养教育成为可能。普通高校实行自主招生有助于多元化选拔人才，也是实现科学选材的重要保证。我国高等教育的目标，是培养不同性质、不同类型和不同规格的为社会所欢迎和需要的人才。实行自主招生有利于考试评价和选拔录取的多元化，注重对考生能力、素质的考查，提高办学效益，体现不同高校招生的特色要求。

2. 把好考试关：科学地设计学业评价

（1）依据标准考察学生的核心素养

首先，关于普通高中学业水平考试的考试标准应当依据现行的课程标准来制定，明晰知识、能力和价值观的要求，即明晰水平程度的要求，这就是命题的唯一标准。依照各科的课程标准制定、细化普通高中学业水平考试的考试标准，对于学生"知道什么"和"能做什么"做出相应的规范和界定，以此作为

---

① 张志勇. 该为全民教育焦虑"降降温"了［EB/OL］.（2018-06-29）［2021-01-27］. https：//new. qq. com/rain/a/20201229A033PN00.

命题的直接依据。为了充分发挥普通高中学业水平考试选拔的功能要在考查学生基础知识和基本能力的基础之上增强试题的探究性、开放性、灵活性以及综合性，展现并促进学生创造性思维的发挥。而且考试成绩的报告可以按照各个学科的课程和考试内容标准逐项对照给分，细化对学生每个学科领域下每个维度应该掌握的知识和技能方面的成绩认定。

（2）建设考查学生核心素养的试题库

首先，保密等级和更新频次需要提高，以此来保证学业水平考试在发挥选拔功能时所参照成绩真实有效；其次，还需要在选择入库题目的时候提高标准，只有优质的题目才适用于新学业水平考试各项功能的发挥，而所谓优质的题目应该是依据稳定、全面且科学的课程标准而编制的；最后，需要合理规划、建设题库的结构，根据学业水平考试不同的功能定位，在大题库中分设不同类型的小题库，以适应不同功能的需要。

（3）设计核心素养的题目类型搭配

普通高中学业水平考试的首要目的是检验学生高中阶段的基础知识与能力的掌握情况，鉴定学生是否具有取得高中毕业证书的资质，因此其命题的主要取向为基础知识试题，而在这一情况下就易于出现为了保证每个学生都能顺利毕业而将题目设计的过于简单的问题，产生所谓的"天花板效应"，尤其是对于能力较为突出的学生而言，就难以展现其真正的实力，这显然是不利于开发和实现学业水平考试选拔功能的。因此为了避免出现以往普通高中学业水平考试为了应付为学生提供毕业资质鉴定的需要，使得命题过于简单而出现的"天花板效应"，应适当增加提升考试区分度的题目是必要的。笔者认为可以通过增设一到两个不影响最终成绩的选作题目的方式来达到这一目标，不计入总分就不会影响一般能力水平学生通过考试和取得毕业资质，也就不会增加其负担；同时有一定难度的选做题又为学习实力较强的学生提供了展示能力的平台，不会使学业水平考试落入对于这类学生来说食之无味又不能舍弃的"鸡肋"的尴尬境地。

3. 转变教育观：发展学生的核心素养

（1）树立"以人为本"的学生教育观

传统教育评价是以"知识考查"为本位的，教师习惯于在教学中将学生当作被动接受知识的"容器"，通过机械记忆和训练的方式使学生的思想方向和行为方式趋向于定势，考试成绩变成了学生评价的唯一标准，没有把学生视为具有主动性、能动性、创造性的生命个体。因此，应树立"以人为本"的学生观，将学生视为一个个具有独特性、主动性的生命个体，其本身具有促进自身发展的动力机能，通过教师等外界的指导帮助其自主的、创造性的完成对自己的评价和反思。以学生为本就应将学生当作"正在发展中的个体"，初中生具有与其他年龄层不同的身心特点，他们有着独特的发展需要和独立的发展方式，教师不能以成人的标准去评价和要求他们，应该为他们的自主发展提供必要的帮助和支持。

（2）树立"发展核心素养"的学业质量观

针对学生在校期间各项的表现状况所进行的评估可以划分成两大方面：以社会发展为目的和学生自身的进步与成长为目的。实际上包含了两个方面的问题，即：为什么要进行评价？进行评价的出发点是为谁服务？仅仅将学生的最终考试成绩作为判断学生学业水平高低的唯一尺度，变形地将评价的社会价值和本体价值进行分离，其实就是服务于精英人才的培养计划，为重点高中提供适合教育的人才，这样的评价目的观不仅不能促进社会的健康发展，更是违背了教育的根本目的。实际上，社会选拔人才是以个体发展为前提和基础的，教育的根本目的就是促进人的全面成长，给每一个学生个体提供展现和成长的空间，帮助每一个学生的潜能得到最好地开发，这是教育的根本出发点，这才是教育的本真意蕴。评价要想达到促进学生发展与社会选拔人才的双重目的，就必须先树立"发展核心素养"的学业质量观。

4. 营造环境支持：社会与家庭都参与

（1）社会打造核心素养教育的平台

政府作为最主要的支持力量，其政策支持是最有力度的支持方式之一。在国外，许多国家都出台了针对核心素养教育的相关政策以推进核心素养教育的落实，例如西班牙的《教育组织法 2/2006》、泰国的《国家教育计划 2002—2016 年》等。鉴于此，为全面实现核心素养教育实践，我国政府及相关部门有必要制定核心素养教育的相关政策，以全力推进核心素养教育的实践。具体到高中生的学业评价上，就是：一是在政府及重要社会组织用人时强调德才兼备，入职要求规定中强调关键能力与必备品格并举，特别是对必备品格的纳入肯定会对教育系统产生极大的引导作用；二是社会媒体及舆论要发挥积极的核心素养导向，对于那些偏离核心素养的现象进行修正，对于较好体现核心素养的典型事例进行正确引导和宣传。三是诸如图书馆、博物馆、科技馆、各种旅游圣地、历史文化古迹遗址等地方对游客的核心素养提出要求，发挥公共场合的引领作用。四是提供考核学生核心素养时所需的重要材料，特别是涉及学生在校外的社会活动的表现材料，发挥社会参与核心素养教育的共同育人功能。

（2）家庭支持核心素养教育的氛围

家长态度是影响教育教学改革的重要因素之一，当家长以肯定鼓励的态度支持教育教学时，教师改革更具信心，学校改革更有力量，反之则导致教师瞻前顾后，学校改革受阻。因此，要让各方支持力量形成合力，改变原来局部、孤立的支持方式，家庭社会联动来创造核心素养教育支持环境。因此要求：一是家长自己要了解核心素养的理论，把握教育与人才培养的时代方向，保持与时代同步的教育观；二是家长应确立符合时代的教育观，即在孩子的学习与生活活动、学业水平价值取向、升学与就业等方面，树立理性的态度，特别是抛弃片面的人才观、成功观、事业观，回到理性、健康、和谐的人生价值观上来；三是家长在教育孩子的过程中，把核心素养，特别是必备品格落实在对孩子的生活、学习的各种活动之中，以全面、健康、和谐的发展来审视孩子的成长；四是提供学生在家庭生活表现的材料，为对学生进行核心素养教育评价提供家庭场合的表现材料，体现核心素养教育的家庭育人功能。

参考文献

一、中文类

（一）著作类

[1] 马克思，恩格斯. 马克思恩格斯选集（第3卷）[M]. 中共中央马克思恩格斯列宁斯大林著作编译局，译. 北京：人民出版社，1995.

[2] 联合国教科文组织国际教育发展委员会. 学会生存 [M]. 北京：教育科学出版社，1996.

[3] ［德］黑格尔. 逻辑学（上卷）[M]. 杨一芝译. 北京：商务印书馆，1997.

[4] 柳斌. 柳斌谈素质教育 [M]. 北京：北京师范大学出版社，1998.

[5] ［德］沃尔夫冈·布列钦卡. 教育科学的基本概念分析、批判和建议 [M]. 胡劲松译. 上海：华东师范大学出版社，2001.

[6] 梁其健，葛为民. 考试管理的理论与技术 [M]. 武汉：华中师范大学出版社，2002.

[7] 靳玉乐，宋乃庆，徐仲林. 新教材将会给教师带来些什么——谈新教材的功能 [M]. 北京：北京大学出版社，2002.

[8] 雷新勇. 大规模教育考试命题与评价 [M]. 上海：华东师范大学出版社，2005.

[9] 崔允漷. 课程·良方 [M]. 上海：华东师范大学出版社，2007.

[10] 雷新勇. 考试数据的统计分析和解释 [M]. 上海：华东师范大学出版社，2007.

[11] 刘泽文. 胜任力建模——人才选拔与考核实例分析 [M]. 北京：科学出版社，2009.

［12］马俊峰. 价值论的视野［M］. 湖北：武汉大学出版社，2010.

［13］王强. 教师胜任力发展模式论［M］. 上海：华东师范大学出版社，2011.

［14］芦永莉. 申继亮. 教师评价［M］. 北京：北京师范大学出版社. 2012.

［15］陆有铨著. 躁动的百年［M］. 北京：北京大学出版社，2012.

［16］秋田喜代美，佐藤学. 新时代的教师［M］. 陈静静，译. 北京：教育科学出版社，2013.

［17］张芳全. 问卷就是要这样编［M］. 台北：心理出版社，2014.

［18］林崇德. 21 世纪学生发展核心素养研究［M］. 北京：北京师范大学出版社，2016.

［19］安德烈亚斯·施莱歇. 培养卓越校长和教师——来自 PISA 的建议［M］. 胡惠平，赵茜，夏云青，陈亚琴，译. 北京：教育科学出版社，2016.

［20］简涛. 德国当代教师教育研究［M］. 北京：教育科学出版社，2017.

［21］余文森. 核心素养导向的课堂教学［M］. 上海：上海教育出版社，2017.

［22］黄光雄，蔡清田. 核心素养：课程发展与设计新论［M］. 上海：华东师范大学出版社，2017.

［23］杨九诠主编. 学生发展核心素养三十人谈［M］. 上海：华东师范大学出版社，2017.

［24］靳玉乐，张铭凯，郑鑫. 核心素养及其培育［M］. 南京：江苏人民出版社，2018.

［25］高茂军，王英兰. 核心素养引领下的课堂教学革新［M］. 天津：天津教育出版社，2018.

［26］钟启泉，崔允漷. 核心素养研究［M］. 上海：华东师范大学出版社，2018.

［27］钟启泉. 核心素养十讲［M］. 福建：福建教育出版社，2018.

［28］蔡清田. 核心素养与课程设计［M］. 北京：北京师范大学出版社，2018.

［29］刘月霞，郭华. 深度学习：走向核心素养［M］. 北京：教育科学出版社，2019.

［30］何齐宗. 教师胜任力实证研究［M］. 北京：中国社会科学出版社，2019.

（二）期刊类

［1］刁培萼，吴也显. 教育学逻辑起点新探［J］. 教育研究与实验，1987（04）：1-5.

［2］郭元祥. 教育学逻辑起点研究的若干问题思考——兼与有关同志商榷［J］. 教育研究，1995（09）：30-34.

［3］瞿葆奎，郑金洲. 教育学逻辑起点：昨天的观点与今天的认识（一）［J］. 上海教育科研，1998（03）：2-9.

［4］王海燕. 美国专业发展学校的教育行动准备［J］. 外国中小学教育，2002（04）：13-16+8.

［5］仲理峰，时勘. 胜任特征研究的新进展［J］. 南开管理评论，2003（02）：4-8.

［6］邢强，孟卫青. 未来教师胜任力测评：原理和技术［J］. 开放教育研究，2003（04）：39-42.

［7］扈中平. "人的全面发展"内涵新析［J］. 教育研究，2005（05）：3-8.

［8］徐建平，张厚粲. 中小学教师胜任力模型：一项行为事件访谈研究［J］. 教育研究，2006（01）：57-61+87.

［9］张楚廷. 试论教育公理［J］. 高等教育研究，2006（05）：1-6.

［10］丁亦江，冷涛. 层次分析法在地方领导干部政绩考核指标权重设定中的应用［J］. 贵州民族学院学报（哲学社会科学版），2007（06）：59-61.

［11］董建红. 联合国教科文组织教育质量框架探析［J］. 教育发展研究，2007（21）：19-22.

［12］刘钦瑶，葛列众，刘少英. 教师胜任力研究述评［J］. 高等工程教育研究，2007（01）：65-69.

［13］李建忠. 欧盟教育质量监测的指标和基准［J］. 比较教育研究，2009，31（10）：21-26.

［14］滕珺，曲梅. 联合国未来胜任力模型分析及其启示［J］. 中国教育学刊，2013（03）：5-7.

［15］张娜. DeSeCo 项目关于核心素养的研究及启示 ［J］. 教育科学研究, 2013 (10)：39-45.

［16］顾志勇. 基于人力资本视角的高校教师队伍建设 ［J］. 教育探索, 2014 (04)：64-66.

［17］韩二伟. 胜任力模型在民办高校教师招聘中的应用 ［J］. 中小企业管理与科技 (下旬刊), 2014 (08)：251-252.

［18］刘新阳, 裴新宁. 教育变革期的政策机遇与挑战——欧盟"核心素养"的实施与评价 ［J］. 全球教育展望, 2014, 43 (04)：75-85.

［19］辛涛, 姜宇, 王烨辉. 基于学生核心素养的课程体系建构 ［J］. 北京师范大学学报 (社会科学版), 2014 (01)：5-11.

［20］窦桂梅, 胡兰. 基于学生核心素养发展的"1+X课程"建构与实施 ［J］. 课程. 教材. 教法, 2015, 35 (01)：38-42+48.

［21］李三福, 吴姝璇, 邝娅. 农村中小学教师胜任特质的现状及其发展困境 ［J］. 求索, 2015 (01)：188-191.

［22］常珊珊, 李家清. 课程改革深化背景下的核心素养体系构建 ［J］. 课程. 教材. 教法, 2015, 35 (09)：29-35.

［23］李艺, 钟柏昌. 谈"核心素养" ［J］. 教育研究, 2015, 36 (09)：17-23+63.

［24］邵朝友, 周文叶, 崔允漷. 基于核心素养的课程标准研制：国际经验与启示 ［J］. 全球教育展望, 2015, 44 (08)：14-22+30.

［25］褚宏启, 张咏梅, 田一. 我国学生的核心素养及其培育 ［J］. 中小学管理, 2015 (09)：4-7.

［26］辛涛, 姜宇, 林崇德, 师保国, 刘霞. 论学生发展核心素养的内涵特征及框架定位 ［J］. 中国教育学刊, 2016 (06)：3-7+28.

［27］黄四林, 左璜, 莫雷, 刘霞, 辛涛, 林崇德. 学生发展核心素养研究的国际分析 ［J］. 中国教育学刊, 2016 (06)：8-14.

［28］钟启泉. 基于核心素养的课程发展：挑战与课题 ［J］. 全球教育展望, 2016, 45 (01)：3-25.

［29］左璜. 基础教育课程改革的国际趋势：走向核心素养为本 ［J］. 课程. 教材. 教法, 2016, 36 (02)：39-46.

[30] 谢凡，陈锁明. 聚焦教师核心素养 勾勒"未来教师"新形象——中国教育学会小学教育专业委员会2016学术年会暨第三届小学教育国际研讨会综述 [J]. 中小学管理，2016（11）：35-38.

[31] 蔡清田. 核心素养在台湾十二年国民基本教育课程改革的角色 [J]. 全球教育展望，2016，45（02）：13-23.

[32] 李新. 核心素养结构的四种类型比较研究 [J]. 上海教育科研，2016（08）：29-32+20.

[33] 崔允漷. 追问"核心素养" [J]. 全球教育展望，2016，45（05）：3-10+20.

[34] 钟启泉. "核心素养"赋予基础教育以新时代的内涵 [J]. 上海教育科研，2016（02）：1.

[35] 张华. 论核心素养的内涵 [J]. 全球教育展望，2016，45（04）：10-24.

[36] 核心素养研究课题组. 中国学生发展核心素养 [J]. 中国教育学刊，2016（10）：1-3.

[37] 黄小莲，魏晓婷. 基于核心素养的学生评价改革构想 [J]. 教育测量与评价，2016（09）：23-28.

[38] 刘晟，魏锐，周平艳，师曼，王郢，刘坚，陈有义，刘霞. 21世纪核心素养教育的课程、教学与评价 [J]. 华东师范大学学报（教育科学版），2016，v. 34；No. 133（03）：38-45+116.

[39] 程艳霞，程国玺. 学校发展规划评估：学生发展核心素养的视角 [J]. 教育测量与评价（理论版），2016（04）：19-21.

[40] 段力琳，王钟. 论公理化思想视域下的教育——兼论张楚廷教育公理化思想 [J]. 西北成人教育学院学报，2017（05）：16-20+33.

[41] 胡丽园. 教师胜任力评价的影响因素与指标体系构建 [J]. 中国成人教育，2017（09）：36-39.

[42] 曾文茜，罗生全. 教师核心素养的生成逻辑与价值取向 [J]. 教学与管理，2017（28）：1-4.

[43] 赵垣可，范蔚. 深化课程改革背景下教师核心素养发展问题研究 [J]. 河北师范大学学报（教育科学版），2017，19（05）：83-88.

[44] 徐洁，马倩. 我国核心素养研究的现状与展望——基于 2013-2016 年 CNKI 文献的可视化分析 [J]. 教育学术月刊，2017 (06)：39-45.

[45] 李廷洲，陆莎，金志峰. 我国中小学教师职称改革：发展历程、关键问题与政策建议 [J]. 中国教育学刊，2017 (12)：66-72+78.

[46] 周洪宇. 核心素养的中国表述：陶行知的"三力论"和"常能论" [J]. 华东师范大学学报（教育科学版），2017，35 (01)：1-10+116.

[47] 魏志强，杨克瑞. 中小学教师职级制可行性思考 [J]. 上海教育科研，2018 (09)：59-62.

[48] 唐智松，徐竹君，杨士连. "核心素养"概念的混沌与厘定 [J]. 课程. 教材. 教法，2018，38 (08)：106-113.

[49] 李娅玲，方依婷，黄鑫涛，骆娟，官桂婷，彭国栋. 我国近五年教师胜任力研究：进展与思考 [J]. 广东第二师范学院学报，2018，38 (02)：9-16.

[50] 胡卫平，张晓. 教师专业能力发展的理论与实践 [J]. 陕西师范大学学报（哲学社会科学版），2018，47 (02)：139-145.

[51] 王美君，顾銮斋. 论国际视野中的教师核心素养 [J]. 天津师范大学学报（社会科学版），2018 (01)：44-50.

[52] 王光明，张楠，李健，杨蕊，张胜. 教师核心素养和能力的结构体系及发展建议 [J]. 中国教育学刊，2019 (03)：81-88.

[53] 熊英. 发展学生核心素养背景下的中学教师胜任力影响因素分析 [J]. 教育理论与实践，2019，39 (11)：33-35.

[54] 杨汉洲，王坤庆. 教师专业发展的规范性及其实践——基于教育哲学视角的分析 [J]. 湖南师范大学教育科学学报，2019，18 (04)：106-111+125.

[55] 朱宛霞. 教师合作发展模式构建的瓶颈与对策——基于教师专业发展学校本土化的思考 [J]. 南阳理工学院学报，2019，11 (05)：86-89.

[56] 舒志定，侯超杰. 教师发展学校的角色定位与改进建议——以浙江省 8 所教师发展学校为例 [J]. 教师教育论坛，2019，32 (03)：25-30.

[57] 刘鹂. 构建实践共同体：乡村教师专业发展路径探赜 [J]. 内蒙古社会科学（汉文版），2019，40 (06)：169-174+213.

[58] 吕恺悦，孙众. "人工智能+教师教育"的现状、动态与问题 [J]. 现代教育技术，2019，29 (11)：114-120.

［59］罗生全，王素月，王光明. 学校文化建设的价值取向——教师核心素养和能力的视点［J］. 天津师范大学学报（社会科学版），2019（06）：69-74.

［60］徐彬，刘志军. 指向核心素养的课程评价探析［J］. 课程. 教材. 教法，2019，39（07）：21-26.

［61］王海霞，唐智松. 教师核心素养教育胜任力研究［J］. 课程. 教材. 教法，2020，40（02）：132-138.

（三）学位论文类

［1］徐建平. 教师胜任力模型与测评研究［D］. 北京：北京师范大学，2004.

［2］王宪平. 课程改革视野下教师教学能力发展研究［D］. 上海：华东师范大学，2006.

［3］王强. 知德共生：教师胜任力发展研究［D］. 上海：华东师范大学，2008.

［5］李方安. 论教师培育研究［D］. 上海：华东师范大学，2008.

［6］孙远路. 西南民族地区中学教师工作胜任力主要构成因素研究［D］. 重庆：西南大学，2011.

［7］程丽丽. 小学生语文核素养评价研究［D］. 吉林：东北师范大学，2015.

［8］张谨. 中学信息技术教师胜任力提升策略研究［D］. 苏州：苏州大学，2015.

［9］韦庆灵. 乡村小学教师教学胜任力提升研究［D］. 重庆：西南大学，2016.

［10］徐冰冰. 从综合素质评价到核心素养评价［D］. 上海：华东师范大学，2016.

［11］吕晓蕊. 基于学生核心素养的校本课程建设［D］. 上海：华东师范大学，2016.

［12］白虹雨. 中学教师课堂教学核心能力的结构研究［D］. 重庆：西南大学，2017.

［13］邓莉. 美国 21 世纪技能教育改革研究［D］. 上海：华东师范大学，2018.

［14］朱文平. 基于国际理解的教师教学观念转变的课例研究［D］. 重庆：西南大学，2018.

［15］于洋. 核心素养背景下初中语文教师评价素养及其培养研究［D］. 重庆：西南大学，2018.

［16］陈琳琳. 城乡接合部中小学女性教师职业幸福感现状调查与对策研究［D］. 湖北：黄冈师范学院，2019.

［17］任佳瑶. 核心素养视角下学校课程整合的实践研究［D］. 上海：华东师范大学，2019.

［18］李晓娜. 中学数学教师课堂教学核心能力的实证研究［D］. 河北：河北师范大学，2019.

［19］马欣研. 中小学教师信息素养研究［D］. 上海：华东师范大学，2019.

［20］郑旭东. 面向我国中小学教师的数字胜任力模型构建及应用研究［D］. 上海：华东师范大学，2019.

（四）其他类

［1］蔡清田，陈伯璋等. 十二年国民基本教育课程发展指引草案拟议研究［R］. 嘉义：国立中正大学课程研究所，2013.

［2］现代汉语词典（第7版）［Z］. 北京：商务印书馆，2016.

［3］中国教育学会. 中国教育学会关于征求对《中国学生发展核心素养（征求意见稿）》意见的通知［EB/OL］.（2016-02-22［2021-01-27］. https：//www. pep. com. cn/xh/zyh_ 174090/tz/201605/t20160505_ 1264857. shtml.

［4］郭文娟. 基于培养学生核心素养的教师专业发展［C］. 教育理论研究（第一辑）：重庆市鼎耘文化传播有限公司，2018.

［5］中国教育学会. 聚焦核心素养 办适合的教育——中国教育学会第二十八次学术年会在厦门隆重举行［EB/OL］.（2015-11-28）［2021-01-27］. https：//lx. huanqiu. com/article/9CaKrnJRQEV.

［6］钟秉林. 钟秉林：未来中国基础教育应重视这七点［EB/OL］.（2016-12-21）［2021-01-27］. https：//www. sohu. com/a/121471871_ 387107.

［7］四川省人民政府. 四川省人民政府关于统筹推进县域内城乡义务教育一体化改革发展的实施意见［EB/OL］.（2017-03-19）［2021-01-27］. https：//www. sc. gov. cn/10462/10464/13298/13301/2017/3/23/10418073. shtml.

［8］中国教育学会. 中国教育学会第三十次学术年会在沪隆重举行［EB/OL］. （2017-11-18）［2021-01-27］. http：//www. cse. edu. cn/index/detail. html？category=31&id=2031.

［9］中共中央 国务院. 中共中央 国务院关于全面深化新时代教师队伍建设改革的意见［EB/OL］. （2018-01-20）［2021-01-27］. http：//www. gov. cn/xinwen/2018-01/31/content_ 5262659. htm.

［10］教育部. 教育部：普通高中已修订语文等学科17个课程标准［EB/OL］. （2019-06-20）［2021-01-27］. http：//www. moe. cn/fbh/live/2019/50754/mtbd/201906/t20190621_ 386966. html.

［11］教育部. 教育部组织开展中西部贫困地区普通高中校长新课程专题培训［EB/OL］. （2019-07-12）［2021-01-27］. http：//www. moe. gov. cn/jyb_ xwfb/gzdt_ gzdt/s5987/201907/t20190712_ 390194. html.

［12］教育部. 重庆市巴蜀小学校持续探寻基于学科育人功能的课程综合化实施与评价［EB/OL］. （2019-06-27）［2021-01-27］. http：//www. moe. gov. cn/jyb_ sjzl/s3165/201906/t20190627_ 388038. html.

［13］中共中央 国务院. 中共中央 国务院关于深化教育教学改革全面提高义务教育质量的意见［EB/OL］. （2019-06-23）［2021-01-27］. http：//www. moe. gov. cn/jyb_ xxgk/moe_ 1777/moe_ 1778/201907/t20190708_ 389416. html.

二、外文类

［1］Betts G H, Bobbitt J F. New ideals in rural schools［J］. Elementary School Journal, 1913.

［2］Mc C L, David C. Testing for competence rather than for "intelligence."［J］. American Psychologist, 1973.

［3］Boyatzis R E. The Competent Manager. A Model For Effective Performance［J］. competent manager a model for effective performance, 1982.

［4］Spencer L M, Spencer S M. Competence at work：Models for superior performance［M］. New York：John Wiley Sons. Inc, 1993.

［5］Danielson. Charlotte. Enhancing Professional practice：A frame work for teaching［Z］. Alexandria, VA：Association for Super visonan Curriculum Development, 1996.

[6] Olson C O, Wyett J L. Teachers and affective competencies [J]. Project Innov Sum, 2000.

[7] Shippmann J S, Ash R A, The practice of competency modeling [J]. Personal Psychology, 2000.

[8] Elizabeth Beeson, Marty Strange. Why Rural Matters: The Need for Every State to Take Action on Rural Education [J]. Journal of Research in Rural Education, 2000.

[9] Rychen D S E, Salganik L H E. Key Competencies for A Successful Life and Well-functioning Society [J]. hogrefe & huber, 2003.

[10] Rychen D S, Tiana. Developing Key Competencies in Education: some lessons from international and national experience [J]. Unesco International Bureau of Education, 2004.

[11] Pigozzi M J, Secretariat C. Achieving quality education-a UNESCO perspective [J]. Commonwealth Education Partnership, 2004: 65-68.

[12] Commission of the European Communities. Proposal for a Recommendation of the European Parliament and of the Council on Key Competences for Lifelong Learning [EB/OL] Commission of the European Communities, 2004-03-03.

[13] Jean Gordon, Gabor Halasz, Magdalena Krawczyk, etc. Case Network Reports—— Key Competences in Europe: Opening Doors For Lifelong Learners Across the School Curriculum and Teacher Education [R/OL]. Warsaw: Agnieszka Natalia Bury, 2009.

[14] UNESCO Asia and Pacific Regional Bureau for Education. Learning to be: A holistic and integrated approach to values education for human development [EB/OL] unesdoc, 2016-04-10.

[15] Halasz, G, A. Michel. Key Competences in Europe: interpretation, policy formulation and implementation [J]. European Journal of Education, 2011 (3): 289-306.

[16] Voogt, J. &Roblin N. A comparative analysis of international frameworks for 21st century competences: Implications for national curriculum policies [J].

Journal of Curriculum Studies, 2012 (3): 299-321.

[17] Eurydice Network. Developing Challenges and Opportunities for Policy at School in Europe: Key Competences [EB/OL] eacea, 2012-09-01.

[18] The European Parliament and the Council of the European Union. Recommendation of the Eu-ropean Parliament and of the Council of 18 December 2006 on Key Competences for Lifelong Learning [EB/OL] eurlex, 2006-12-30.

[19] Partnership for 21st Century Skills. Framework for 21st Century learning [EB/OL]. battelleforkids. 2016

[20] Renga I P , Peck F A , Feliciano R , et al. Doing Math and Talking School: Professional Talk as Producing Hybridity in Teacher Identity and Community [J]. Linguistics and Education, 2020: 55.

后　记

　　本书是集体智慧的结晶，各专题及其撰写作者如下。《上篇 理论奠基：理事演进与原理探微》：《专题01：核心素养教育的国际经验研究》赵鑫（西南大学）、宋乃庆（西南大学）；《专题02：核心素养教育的本土沿革研究》赵鑫；《专题03：核心素养及其教育概念的研究》唐智松（西南大学教授）、唐一山（西南大学）；《专题04：核心素养教育理论的学理分析》徐竹君（乐山师范学院）、唐智松；《专题05：走入核心素养教育的学校转型》徐竹君、唐一山；《专题06：核心素养视野下学校教育审视》徐竹君、唐智松；《专题07：发展核心素养的培养模式建构》李婷婷（西南大学附属小学教师）、唐智松；《专题08：发展学生核心素养的课程重构》杨原香（西南大学）、宋乃庆；《专题09：教师核心素养教育胜任力研究》唐艺祯（重庆市工商职业学院教师），唐智松；《专题10：社会实践发展学生核心素养研究》杨原香（重庆市九龙坡区石坪桥小学教师）、杨婕；《专题11：劳动实践发展核心素养的研究》罗丽（华东师范大学）、唐智松；《专题12：指向核心素养的学业评价研究》：向奇风（重庆市江津区公务员）、彭昊。

　　到此总结、出版本课题研究成果时，以我代表的课题组成员有许多感谢、感激的话语要表达！

　　首先，要特别感谢的是宋乃庆教授，您作为我们工作上的领导，作为我们专业上的导师，作为我们工作中的同事，作为我们生活中的朋友，您给予了我们学习、研究的机会，给予了工作上的指导、帮助，你的学术水平、做人品格对我们开展、完成研究工作给予了巨大的激励！在此，我们首先要表示衷心的感谢！

　　其次，要感谢西南大学教育学部、基础教育研究中心，西南大学社会科学处的领导们，特别是朱德全教授、李森教授，是你等领导的全力支持才给予了我们课题组学习和研究核心素养教育的机会，同时在资料使用、工作安排、外出调研等研究工作中给予了大力的支持！在此，我们要表示衷心的感谢！

再次，要感谢核心素养研究的专家们！你们众多丰富的研究成果给课题组以极大启示，课题组在研究中学习了你们的研究成果、研究中许多地方引用了你们的结论，参考了你们使用的方法。对注释、参考文献中所列的还有众多因为篇幅限制而没有列出成果的专家们致以崇高的谢意！

最后，要感课题研究工作的同行们！特别是李森教授、赵鑫教授、艾兴副教授在研究工作中贡献了智慧！我的研究生徐竹君、李婷婷、唐艺祯、向奇风、唐一山在实证研究中付出了努力……辛苦你们！我们在核心素养及其教育理论与实践的研究工作中的一起讨论、共同分享是人生中一段非常美好的时光、难忘的记忆！谢谢你们！

2020 年 11 月 20 日